나파륜사

숭실대HK+ 근대계몽기 서양영웅전기 번역총서 **16**

나파륜사

: 유럽을 제패한 영웅 나폴레옹 일대기

저자 미상
박문서관 편집부 역
조상우 옮김

발간사

　숭실대학교 한국기독교문화연구원은 1967년 설립된, 명실공히 숭실대학교를 대표하는 인문학 연구원으로 발전하여 오늘에 이르렀다. 반세기가 넘는 역사 동안 다양한 학술행사 개최, 학술지 『기독교와 문화』(구 『한국기독문화연구』)와 '불휘총서' 30권 발간, 한국기독교박물관 소장 자료의 연구에 주력하면서, 인문학 연구원으로서의 내실을 다져왔다. 2018년에는 한국연구재단의 인문한국플러스(HK+) 사업 수행기관으로 선정되어 또 다른 도약의 발판을 마련하였다.

　본 HK+사업단은 "근대 전환공간의 인문학, 문화의 메타모포시스"라는 아젠다로 문학과 역사와 철학을 아우르는 다양한 인문학 연구자들이 학제간 연구를 진행하고 있다. 개항 이래 식민화와 분단이라는 역사적 격변 속에서 한국의 근대(성)가 형성되어온 과정을 문화의 층위에서 살펴보는 것이 본 사업단의 목표이다. '문화의 메타모포시스'란 한국의 근대(성)가 외래문화의 일방적 수용으로도, 순수한 고유문화의 내재적 발현으로도 환원되지 않는, 이문화들의 접촉과 충돌, 융합과 절합, 굴절과 변용의 역동적 상호작용을 통해 형성되었음을 강조하려는 연구 시각이다.

　본 HK+사업단은 아젠다 연구 성과를 집적하고 대외적 확산과 소통을 도모하기 위해 총 네 분야의 총서를 발간하고 있다. 〈메타모포시스 인문학총서〉는 아젠다와 관련된 연구 성과를 종합한 저서나 단독 저서로 이뤄진다. 〈메타모포시스 번역총서〉는 아젠다와 관련하여 자료적 가치를 지닌 외국어 문헌이나 이론서들을 번역하여 소개한다. 〈메타모포시스 자료총서〉는 숭실대 한국기독교박물관에 소장된 한국 근대 관련 귀중 자료들을 영인하고, 해제나 현대어 번역을 덧붙여 출간한다. 〈메타모포시스 교양문고〉는 아젠다 연구 성과의 대중적 확산을 위해 기획한 것으로 대중 독자들을 위한 인문학 교양서이다.

본 사업단의 연구가 진행되는 가운데 새로운 총서 시리즈인 〈근대계몽기 서양영웅전기 번역총서〉를 기획하였다. 1907년부터 1911년까지 집중적으로 출간된 서양 영웅전기를 현대어로 번역하여 학계에 내놓음으로써 해당 분야의 연구 자료로 제공하자는 것이 기획 의도이다.

총 17권으로 간행되는 본 시리즈의 영웅전기는 알렉산더, 콜럼버스, 워싱턴, 넬슨, 표트르, 비스마르크, 빌헬름 텔, 롤랑부인, 잔다르크, 가필드, 프리드리히, 마치니, 가리발디, 카보우르, 코슈트, 나폴레옹, 프랭클린 등 서양 각국을 대표하는 인물이다. 1900년대 출간 당시 개별 인물 전기로 출간된 것도 있고 복수의 인물들이 약전으로 출간된 것도 있다. 이 영웅전기는 국문이나 국한문으로 표기되어 있는데, 국문본이어도 출간 당시의 언어로 표기되어 있으므로 지금 독자가 읽기에는 다소 어려울 것으로 예상된다. 이에 원문을 현대어로 번역하고, 원자료를 영인하여 첨부함으로써 일반 독자는 물론 전문 연구자에게도 연구 자료로 제공하고자 했다. 현대어 번역은 해당 분야 전문가의 도움을 받았다. 본 시리즈가 많은 독자와 만날 수 있도록 애써 주신 연구자들께 감사드린다.

동양과 서양, 전통과 근대, 아카데미즘 안팎의 장벽을 횡단하는 다채로운 자료와 연구 성과를 집약한 메타모포시스 총서가 인문학의 지평을 넓히고 사유의 폭을 확장하는 데 기여할 수 있기를 기대한다.

2025년 3월
숭실대학교 한국기독교문화연구원 HK+사업단장
장경남

차례

발간사 / 5
일러두기 / 13

나폴레옹사拿坡崙史

제1절 나폴레옹	… 15
제2절 종족 부모	… 18
제3절 어린 시절의 일	… 22
제4절 군대를 거느리다	… 23
제5절 역학(力學)	… 25
제6절 사디니아와 코르시카의 부역(役)	… 29
제7절 툴롱을 공격하다 부상을 입다	… 32
제8절 처음 이탈리아를 공격하다	… 36
제9절 로베스피에르에게 엎어져 나폴레옹이 잡혔다	… 37
제10절 의원(議院)을 보수하다	… 42
제11절 조세핀과 결혼	… 47
제12절 이탈리아 통령을 정벌하다	… 49
제13절 토노토의 전쟁에서 조급해지다	… 50
제14절 로디의 전투	… 55
제15절 페비아의 반복	… 59
제16절 아이굴의 전투	… 63

제17절 레오벤 화친 조약 … 70
제18절 나폴레옹이 사직하다 … 75
제19절 웨니사와 제노아를 뺏다 … 77
제20절 감독의 근심이 더하다 … 93
제21절 몽블랑 조정 … 93
제22절 오스트리아와 화의 … 94
제23절 나폴레옹의 두 번째 사직 … 99
제24절 감독이 이탈리아를 혁명하고자 한다 … 101
제25절 캄포포르미오 조약 … 103
제26절 물러나 전쟁의 일을 논하다 … 107
제27절 프랑스인이 이탈리아 공공 은행을 취했다 … 109
제28절 나폴레옹의 큰 뜻 … 110
제30절 나폴레옹이 파리로 돌아가서 감독이 공연을 베풀었다 … 111
제31절 해안을 조사하다 … 113
제32절 감독이 주문한 동방 함대 … 114
제33절 물길의 험함 … 116
제34절 금자탑의 전투 … 118
제35절 카이로를 다시 배반하다 … 122
제36절 시리아 정벌 … 123
제37절 영국 장군 스미스가 아크레에서 곤란하게 되었다 … 127
제38절 퇴각한 병사의 피해 … 129
제39절 이집트로 돌아가다 … 131
제40절 아이보크의 전쟁 … 133

제41절 이집트로부터 파리에 돌아와서 클레베르에게 그 군대를 직접
　　　통솔하게 하였다 ⋯ 135
제42절 파리 혁명은 나폴레옹의 기회 ⋯ 140
제43절 나폴레옹 정한 법률을 반포하여 이행하고 스스로 대통령이 되었다
　　　⋯ 148
제44절 이탈리아 병사 일을 가지고 스스로 맡다 ⋯ 150
제45절 마렝고의 전투 ⋯ 153
제46절 이탈리아가 기울어져 망하다 ⋯ 156
제47절 파리 왕가당이 지옥기를 사용하여 나폴레옹을 해치다 ⋯ 160
제48절 뤼네빌 조약 ⋯ 164
제49절 영국이 이집트를 취했다 ⋯ 166
제50절 교황이 연합하다 ⋯ 168
제51절 영국과 함께 화친을 의논하다 ⋯ 172
제52절 생도맹그 섬을 정벌하다 ⋯ 174
제53절 나폴레옹이 스스로 치살편 공화국 총통이라 칭하였다 ⋯ 180
제54절 나폴레옹이 영원히 대통령이 되는 공개 선거 ⋯ 183
제55절 새로운 법률을 바로 잡다 ⋯ 184
제56절 공훈의 벼슬을 정하다 ⋯ 185
제57절 영국과 함께 화친을 잃었다 ⋯ 187
제58절 프랑스의 배반을 꾀함 ⋯ 191
제59절 왕족 주엔친 공작을 잡았다 ⋯ 195
제60절 피추로의 죽음 ⋯ 200
제61절 라스토의 죽음 ⋯ 201

제62절 나폴레옹이 황제를 칭하다 … 202
제63절 나폴레옹 대관식 … 204
제64절 유럽 연합군이 프랑스를 공격하다 … 205
제65절 형제를 봉하여 왕으로 삼다 … 209
제66절 예나의 전쟁 … 210
제67절 여러 나라가 영국과 함께 통상을 금지한다 … 212
제68절 푸아투에서 페리란 전투의 비애 … 213
제69절 틸지트 화친 조약 … 216
제70절 영국 고독 … 220
제71절 오스트리아를 대신하여 놀라다 … 223
제72절 테루엘이 다시 배반하다 … 226
제73절 조세핀을 폐위시키고 오스트리아 공주에게 장가들어서 후를 삼았다 … 229
제74절 강토의 넓이 … 230
제75절 로마 교황을 잡다 … 231
제76절 로마왕의 탄생 … 234
제77절 러시아와 함께 헤어지다 … 236
제78절 군대를 주어 러시아를 공격하다 … 241
제79절 발루티노의 전쟁 … 247
제80절 모스크바 도성을 점거하다 … 249
제81절 병사가 퇴각하는 고충 … 250
제82절 멜리토의 모반 … 253
제83절 러시아, 프로이센, 오스트리아 연합군이 프랑스를 정벌하다

	⋯ 255
제84절 연합군이 파리를 에워싸다	⋯ 264
제85절 나폴레옹이 퇴위하고 엘바섬에서 살았다	⋯ 267
제86절 파리로 몰래 돌아오다	⋯ 270
제87절 워털루의 전투	⋯ 274
제88절 나폴레옹이 두 번째 퇴위하다	⋯ 276
제89절 나폴레옹이 죽다	⋯ 281
제90절 총론	⋯ 282
해설	⋯ 286
영인자료	⋯ 504

일러두기

01. 번역은 현대어로 평이하게 읽힐 수 있는 것을 원칙으로 하였다.
02. 인명과 지명은 본문에서 해당 국가의 발음을 한글로 표기하고 각주에서 원문의 표기법과 원어 표기법을 아울러 밝혔다. 역사적 실존 인물인 경우 가급적 생몰연대도 함께 밝혔다.
    예) 루돌프(羅德福, Rudolf Ⅰ, 1218~1291)
03. 한자는 꼭 필요한 경우 괄호 안에 병기하였다.
04. 단락 구분은 원본을 기준으로 삼되, 문맥과 가독성을 위해 필요한 경우 번역자가 추가로 분절하였다.
05. 문장이 지나치게 길면 필요에 따라 분절하였고, 국한문 문장의 특성상 주어나 목적어 등 필수성분이 생략되어 어색한 경우 문맥에 따라 보충하여 번역하였다.
06. 원문의 지나친 생략이나 오역 등으로 인해 그대로 번역했을 때 의미가 잘 전달되지 않는 경우 번역자가 [ ] 안에 내용을 보충하여 번역하였다.
07. 대사는 현대의 용법에 따라 " "로 표기하였고, 원문에 삽입된 인용문은 인용 단락으로 표기하였다.
08. 총서 번호는 근대계몽기 영웅 전기가 출간된 순서를 따랐다.
09. 책 제목은 근대계몽기에 출간된 원서 제목을 그대로 두되 표기 방식만 현대어로 바꾸고, 책 내용을 간결하게 풀이한 부제를 함께 붙였다.
10. 표지의 저자 정보에는 원저자, 근대계몽기 한국의 번역자, 현대어 번역자를 함께 실었다. 여러 층위의 중역을 거친 텍스트의 특성상 번역 연쇄의 어떤 지점을 원저로 정할 것인지가 문제였다. 일단 근대계몽기 한국의 번역자가 직접 참조한 판본부터 거슬러 올라가면서 번역 과정에서 많은 개작이 이뤄진 가장 근거리의 판본을 원저로 간주하고, 번역 연쇄의 상세한 내용은 각 권 말미의 해설에 보충하였다.

나폴레옹사
拿坡崙史

제1절 나폴레옹

나폴레옹[1]은 지중해 제일 섬인 코르시카[2]에서 태어났다. 섬은 이탈리아 서남부에 있어서 산봉우리가 중첩해 있고 물산이 풍부하였다. 처음에는 아랍의 지배를 받다가 예수가 강림한 지 십일 주년에 이탈리아 연방의 제노아[3]가 쌀을 거두어들이고 문인들을 내쫓고 빼앗아서 점거하였다.

처음에 섬사람들이 졸렬하고 순박한 것을 편하게 여겨 문화와 교육을 알지 못하였는데, 로마 교황이 주교를 보내어서 섬 가운데 옮겨 살도록 함으로부터 예배당을 짓고 때에 맞추어서 가르치니 이로부터 말미암아 교화가 젖어 들고 문명에 점차 나아갔다.

제노아에 속한 뒤로부터 오백여 년을 그대로 변하지 못하고 16세

---

[1] 나폴레옹 보나파르트(拿破崙·波拿巴, Napoleon Bonaparte, 1769~1821) '拿坡崙'은 1908년 표기이고, 지금 중국어로는 '拿破崙'이다. 이후 본 책에 표기된 단어 표기도 현대 중국어와는 많은 차이고 보이고 있지만, 본 책의 표기를 기본으로 한다.
[2] 코르시카(科西嘉, Corsica)
[3] 제노아(耕羅亞, Genoa). 현재의 중국어로는 '熱那亞'이다.

기 말기에 제노아의 권세가 점차 쇠약해지더니 섬 백성들이 드디어 배반할 뜻이 있었다. 1736년에 호걸이 떨쳐 일어나 멀고 가까운 곳에 있는 사람들이 화합하여 따르더니 병기를 닦으며 기계를 준비하고 게르만[4] 명사 테오도르[5]를 천거하여 섬의 주인으로 삼아서 제노아 사람들을 다 쫓아내고 자주의 나라가 되니 제노아가 그 섬 전체의 백성이 모두 배반한 것으로 군사를 일으켜 죄를 물으니 그 세력이 매우 세차게 일어나서 섬 백성의 힘으로는 능히 적을 막을 수 없었다.

다행히 1740년에 프랑스 사람들이 도와주어서 드디어 제노아의 군대를 대파하고 프랑스 사람들이 이를 바탕으로 하여 섬에 나아가서 제노아가 설치한 포대와 군영을 점거하였다. 그리고 이르기를 "이 일은 우리의 공이 아니면 어찌 여기에 미칠 수 있으리오. 이제 곧 섬의 주인이 될 것이니 백성들은 나의 은혜에 감동할 지어다" 하고 이에 법률을 새로 만들어서 대중에게 보여서 백성들을 안심하게 하니 오랫동안 조사한 뜻이 드러난 것이다.

섬 백성들이 다 복종하지 않고 섬 안에 있는 산령이 백성들을 불러 모아서 벌처럼 끌어안고서 나아가니 부녀자들도 창을 집고 서로 도왔다. 일찍이 산간[6]에서 프랑스 병사를 만나서 여러 차례 혈전이 있었는데 승리와 패배가 서로 있자 프랑스 사람이 근심하였다.

1755년에 섬사람들이 다시 파스콸레 파올리[7]를 천거하여 통사를 삼은 것은 그 병사를 움직이는 근본을 잘 알고 있어서 전에 제노아에

---

4) 게르만(日耳曼, Germanic 또는 Germany)
5) 테오도르(西烏杜, Teodor)
6) 원문은 '山間'인데, '山間'의 오기로 보인다.
7) 파스콸레 파올리(配握連, Pascal Paoli, 1725~1807)

서 쫓아낼 때에 특별한 공을 드러낸 것으로 했던 일이었는데 애석하다. 이미 통사가 된 뒤에 행동거지가 참녕되어서 엄연히 섬주인으로 살다가 프랑스 사람들에게 쫓겨서 영국으로 도망하였다.

1764년에 공작 마이보프[8]를 보내어서 정예병 60대를 거느리고 이 섬을 점거하였는데 1769년에 이르러서 제노아는 섬 백성이 항복했는데도 돌아갈 뜻이 없었다. 게다가 또 프랑스 사람이 저기에 있는 것을 보고 이르기를 "만일 병사를 거느려서 토벌하면 프랑스 사람이 반드시 서로 도울 것이다" 하고 드디어 전 섬을 프랑스 사람에게 팔았다.

프랑스 사람이 처음 자리 잡았을 때에는 섬 사람들이 자주 국가되는 것을 바래서 오히려 복종하지 않는 사람이 많더니 뒤에 힘이 능히 저항하지 못할 줄 알고 드디어 서로 거느리고 항복하여 판도에 따르기를 원하고 다른 뜻을 띠우지 않았다.

프랑스 사람이 섬에 자리 잡은 지 여러 달에 나폴레옹이 코르시카의 "아작시오[9]" 성에서 비로소 태어나니 이 때는 1769년 8월 15일이다. 혹은 말하기를, 그 아내를 맞아들일 때 쓴 '혼인책'에는 1769년 2월 5일에 출생이라 하니 이로 말미암아서 말하면 프랑스 사람이 이 섬에 웅거하기 전이고, 또 스위스의 저명한 고증가인 밍기자[10]가 말하기를, "아작시오 세례책을 보니 나폴레옹이 실로 1769년 8월 15일에 태어났다"고 하여 한 책을 특히 드러내서 명명하기를 나폴레옹이 프랑스 사람이고, 프랑스 사람이 아닌 것을 가지고 증명한 것이라

---

8) 마이보프(買薄甫, Comte de Marbeuf, 1712~1786)
9) 아작시오(亞及旭, Aiaccio)
10) 밍기자(名意加, Luigi Mingazzi)

하였다. 또 미자[11]가 말하기를, 프랑스 군대 중에서 모든 책을 열어서 보니 나폴레옹의 생일이 세례책과 같고 혼인책에는 그 아내의 나이가 많기 때문에 또한 그 나이를 더했다고 하니 그러면 나폴레옹이 프랑스 사람들이 이 섬을 웅거한 뒤에 태어났다면 이 섬이 프랑스에 속한 것이 적확하게 의심이 없다.

제2절 **종족 부모**

12세기 초에 나폴레옹의 선대가 제노아에서 살다가 15세기 말에 아작시오 성에 옮겨서 섬 가운데의 신사가 되고 그 동족은 토스카나[12]에 나뉘어져 살았으니 유명한 남굴리우[13]는 일찍이 설부서(說部書)를 지어서 한 과부의 일을 기록했고, 유명한 지코파[14]는 또한 한 책을 지어서 1527년에 로마성이 실수한 일을 기록했고, 유명한 루니아[15]는 18세기에 토스카나의 피사[16] 성에 있으면서 대서원(大書院) 장교(掌敎)가 되니 이 때에 이름을 다 알았다.

처음에 이탈리아에는 가르보[17]와 고벨렝[18]의 두 당이 이권을 다투

---

11) 미자(米加, J. B. Miega)
12) 토스카나(忒司克尼, Toscana)
13) 남굴리우(南谷六, Giulio Bonaparte, 1820~1856)
14) 지코파(及考罷, Jacopo Buonaparte)
15) 루니아(崙尼亞, Luigi Buonaparte, 1778~1846)
16) 피사(闢煞, Pisa)
17) 가르보(尉而孚, Guelfi / Guelphs)
18) 고벨렝(尉白林, Ghibellini / Ghibellines)

어서 서로 공격하더니 나폴레옹의 선조가 고벨렝과 함께 무리가 되었다가 가르보에게 토스카나로 축출을 당하여서 드디어 볼로냐[19]와 트레비소[20] 등의 곳에 나뉘어서 살았다.

후에 나폴레옹이 이 일을 알지 못하고 매번 종족을 존경하고 영화로움을 사람들에게 자랑하더니 트레비소의 유사가 선대의 일들을 기술한 것을 보고 듣고 이에 다시 말을 안 했다. 사람들이 물었는데 곧 말하기를, "나의 높은 조상의 남은 음덕을 신뢰함이 아니라 여러 번 전쟁에서 이김을 지나서 얻은 것이다"라고 하였다.

나폴레옹의 아버지 이름은 찰스[21]이니 자태와 용모가 아름답고 구변을 잘하며 피사 대서원(大書院)에서 직업을 익힐 때 형법을 배우고 익혀서 이로써 글에 의지함이 있었다. 나이가 19세에 레티치아[22]에게 장가들어서 아내로 삼으니 그 선대에 이름이 또한 금책에 올라서 샤를[23]과 함께 가문은 서로 비슷했지만 집이 근본적으로 초라했기에 아내를 취한 후에 가난이 더욱 심하다 보니 주선하여 아작시오 율사가 되니 그 총명함과 재치있게 말을 잘하여 여러 율사 위에 뛰어났다.

파스콸레 파올리가 통사(統師)되었을 때를 당하여 안으로 제노아

---

19) 볼로냐(勃羅那, Bologna)
20) 트레비소(脫理微査, Treviso)
21) 찰스(査爾司 또는 Carlo Maria Buonaparte, 1746~1785) 나폴레옹의 부친은 일반적으로 '카를로 마리아 부오나바르테' 또는 '샤를마리 보나파르트'라고도 불린다. 여기는 '査爾司'로 표기되어 있다.
22) 레티치아(臘摩立尼, Letizia) Nobile Maria Letizia Buonaparte née Ramolino. 臘摩立尼은 Ramolino를 번역한 것이다.
23) 샤를(査爾, Charles, 1746~1823)

를 저항하고 밖으로 프랑스를 막으니 바로 섬 가운데에 일이 많을 때이다. 찰스가 일찍 군무의 보좌가 되어 나가면 창을 메어서 싸움을 돕고 들어가면 붓을 잡고서 일을 기록하니 이 때에 그 아내가 장자 조제프[24]를 낳은 후에도 나폴레옹의 태를 품었으니 남편이 파스콸레 파올리와 함께 지극한 벗이 됨으로써 또한 군대를 따라서 산을 넘으며 물을 건너서 함께 풍상을 받더니 파스콸레 파올리가 봉티나프[25]에서 패하여 프랑스인에서 쫓겨나게 되어서 영국에 도착한 것으로 비로소 나누어졌다.

뒤에 생태학자가 나폴레옹의 말을 서술한 것을 근거로 한 즉 말하기를, "내가 만일 병사를 이끌고 나아가서 싸우며 매일 말을 타서 60마일을 가지 않은 즉 마침내 몸이 가지 못하여 질병이 생겼다 하니 그 성품이 달리기를 좋아함은 다만 어머니 태에서 기반한 것이다"라고 하였다.

찰스가 이미 파스콸레 파올리를 이별하고 일찍 뉘우쳐서 말하기를, "파스콸레 파올리는 호걸의 선비이다. 내가 따라가서 영국에 이르지 못한 것이 한이로다. 만일 그 때에 따라가서 영국에 이르렀으면 나폴레옹이 반드시 영국에서 낳고 자라서 그 나라의 문학과 군비를 익히고 몸이 영국 군대에 들어가서 때를 타서 일어났으면 뛰어난 재주와 큰 전략이 유럽을 자리처럼 차지하기 어렵지 않아서 파리를 빙자하는데 견주면 흥기하는 것에 힘이 용이하겠지마는 애석하다. 기회를 잃음이여." 하였다.

---

24) 조제프(約瑟, Joseph-Napoléon Bonaparte, 1768~1844)
25) 봉티나프(傍梯拿服)

그러나 파스콸레 파올리가 영국에서 달아난 뒤를 당하여 찰스가 프랑스 공작 마이보프에게 상을 보일뿐만 아니라 대접하기를 깊이 후하게 하고 아울러 그 권속을 보호하니 나폴레옹이 태어났을 때에 맞추어서 두 사람이 사귀는 것을 바로 잡은 지 두 달이 되어 나폴레옹의 성은 혹 '보나파르트[26]'라 하고 혹은 부오나파르테[27]라고도 말하기 때문에 아작시오 세례책을 상고하면 이 두 개 음을 확실하게 주석을 하였으니 오직 그 아버지와 그 가족들은 다 '부오나바르테'라 하고 나폴레옹은 '보나파르트'라 하니 자못 그 성씨를 아버지 친족과 다르게 하고자 하여 스스로 프랑스인이라 하는 고로 후에 프랑스 황제가 되어서 교지[28]와 맹약에다 고친 성을 쓰고 다시 그 본성은 사용하지 않았다.

1770년에 마이보프가 찰스를 천거하여 부오나바르테에 족장을 삼아서 의원 중에 몸을 담았더니 얼마 안 되어 선출되어서 섬 가운데에 책사를 삼고 또 아작시오[29] 현위를 삼았다.

1716년에 프랑스 황제 루이 16세가 자리에 있을 때에 찰스와 코르시카 직원이 같은 날에 불러서 파리에 이르러서 프랑스 왕께 알현한 것에 먼저 마이보프에 천거한 이유로 사랑을 얻었고, 군주의 글을 나누어주며 그 장자 조제프는 오탱 서원에서 수업을 받고 차자 나폴레옹은 브라이언[30] 군사학교에서 수업을 받았고, 장녀 마리안[31]은 성

---

[26] 보나파르트(補納派胎, Bonaparte)
[27] 부오나파르테(薄納派胎, Buonaparte)
[28] 원문은 유지(諭旨)이다.
[29] 원문에서 욱(旭) 자가 빠진 듯하다.
[30] 브라이언(白利恩, Brienne)

루이 왕가 여학당에서 수업을 받게 하니 이로 말미암아 수업료를 내지 않고 아들과 딸이 각각 유학소에 있었다.

제3절 어린 시절의 일

1779년에 나폴레옹의 나이가 9세이니 비록 나이가 어리지만 비로소 코르시카를 떠나서 브리엔 군사학교에 들어가서 수업을 익히니 비록 어릴 때라도 표현하는 것이 없으나 성질은 잡는 것이 굳세며 기계를 옮김에 빠르고 총명한 것이 무리 중에서 뛰어나서 학교에 있은 지 6년 만에 프랑스 언어와 문자를 익히게 연습하고 산술을 자세히 통하며 역사책 읽기를 즐거워하였다. 그런 즉 라틴어[32]는 자세히 살피지 않고 배움을 공고히 하는 블리언[33]과 함께 막역한 사이가 됨에 이르렀다.

블리언이 일찍이 말하였는데, 그 학교에 있을 때 용모와 행동거지가 족히 이탈리아의 종류에 뛰어났다. 눈빛은 밝아서 번개와 같았고, 이리저리 둘러볼 때에 위엄이 있으며 말을 함에 시원하고 곧아서 한 번 결정한 것은 마침 정하고, 집이 비록 가난했지만 일찍이 사람들 뒤에 있기를 달갑게 여기지 않았다.

동학 중에서 다른 나라 가난한 사람의 아들이라 하여 매번 치욕스

---

31) 마리안(梅利恒, Marie Anne Elisa Bonaparte, 1777~1820)
32) 라틴어(臘丁文, lingua latīna)
33) 블리언(步理恩, Louis-Antoine Fauvelet de Bourrienne, 1769~1834)

럽게 하면 나폴레옹이 반드시 사나운 눈으로 서로 향해서 일찍이 블리언에게 일러 말하기를, "나는 프랑스 사람과 함께 사는 것이 이때로 편안하지 못한 것을 깨달았으니 당연히 이에 오래 살면 반드시 뜻밖의 재난이 있을 것이다" 하였으니 그 뛰어난 것이 무리와 같지 않은 기개를 가히 볼 수 있었다.

제4절 군대를 거느리다

    1783년에 프랑스 왕이 대신 클라리스[34]를 파견하여 군사학교의 모든 학생들에게 시험을 보게 할 때에 나폴레옹이 산술과 국사를 깊이 통찰했고 몸이 강하며 힘이 세고 시찰과 호령을 중하게 하는 것으로 가히 군대의 책임을 맡길만하다고 하여 드디어 같은 해 10월에 파리 육군사관학교에 입학하여 수업을 이어 듣고 책략을 연구함에 더욱 정진하는 것을 구하니 사관학교 교장이 다 그릇처럼 중하게 여겨 이르기를, "다른 날 바람과 구름을 만날 즈음에는 반드시 천하에 크게 할 일이 있을 것이다"라고 하더니 그 후에 저명한 병학가 라플라스[35]의 문하에서 연구하여 상급 무리에 있었다.
    드디어 천거하여 라브랑[36]의 포병 사관을 삼아서 롱커우빈[37]의 피렌체[38] 성에 주둔해서 지키고 프랑스 대영(大營)에 들어가니 이 때에

---

34) 클라리스(克雷利斯)
35) 라플라스(臘不來斯, Laplace, 1749~1827)
36) 라브랑(臘乏蘭)
37) 롱커우빈(龍口濱)

그 아버지 찰스가 위암으로 몽펠리에[39]에서 죽으니 나이 겨우 39세다. 아들과 딸 8명을 보내니 장자는 조제프이고 차는 곧 나폴레옹이고, 다음은 뤼시앵[40]이요, 다음은 루이[41]요, 다음은 엘로미[42]이다. 장녀는 마리안이요, 차녀는 아나시아가이[43]이요, 다음은 칼리타[44]이다.

나폴레옹의 어머니가 남편[45]을 잃음으로부터 집안이 가난해지는 것이 물로 씻겨나가는 것과 같으나 홀로 문호를 능히 지키고 여러 자식을 키울 때에 평생 동안 인륜과 도덕으로 사람을 가르치는데 사람이 마땅히 일이 없어도 식량을 준비하면서 이르기를, "비록 그 아들의 귀한 것이 프랑스 황제가 되고 유럽의 반을 소유하였으나 자기를 보양함에는 검약하게 하여 이에 그 법도를 고치지 않았다"고 하였다.

나폴레옹이 프랑스 군대에 들어간 것으로부터 2, 3년 중에 군대 행정을 부지런히 익히고 장군 참모 등과 함께 사귀는 것으로 관계가 흡족하여 1788년에 피렌체[46]로 말미암아서 군대를 리옹스[47]에 옮길

---

38) 피렌체(乏倫斯, Firenze)
39) 몽펠리에(夢梯彼利亞, Montpellier)
40) 뤼시앵(羅勳, Lucien Bonaparte, 1775~1840)
41) 루이(羅以, Louis Napoléon Bonaparte, 1778~1846)
42) 엘로미(葉落密) 5남의 이름은 제롬 보나파르트(Jérôme-Napoléon Bonaparte, 1784~1860)이다.
43) 아나시아가이(亞那西亞搭) 차녀의 이름은 폴린 보나파르트(Pauline Bonaparte, 1780~1825)이다.
44) 칼리타(加利搭) 3녀의 이름은 카롤린 보나파르트(Caroline Bonaparte, 1782~1839)이다.
45) 본문에는 소천(所天)이다. 아내가 남편을 이르는 말이다.
46) 원문은 '乏倫司'로 위의 피렌체 음차인 '斯'와 다르다.
47) 리옹스(理安斯)

적에 군행을 할 즈음을 당하여 휴가를 청하여 파리에 이르니 성 안에 백성이 다 그 군주가 포학하여 도가 없으므로 그 약속을 받지 않아서 장차 큰 변란에 정형이 있음을 보고 이로 인하여 국정에 참혹한 것을 알고 통한한 것을 이기지 못하여 이에 백성을 돕는 글을 지어서 큰 재난을 양성하였다.

제5절 역학(力學)

옛날에 프랑스 루소[48]가 일찍 때를 살펴서 제목을 표출해서 선비를 시험하게 할 때에 두어 가지 이룬 것으로 제시하여 그 전례를 권장하고 꾸며서 이로써 인재를 고무하도록 하니 이에 이르러서 리옹스 서원에서 또한 한 문제를 냈는데 무슨 법이 가히 세상 사람에게 즐거움을 얻게 할까 하고 물으니 나폴레옹이 또한 시험에 제출하여 그 글이 주관하는 시험에 상을 받아서 선발함에 제1등을 하고 장려하는 금패를 얻었다.

일찍이 코르시카의 역사를 저술하고자 하여 처음에 쓴 원고를 가지고 프랑스인 레노[49]에게 가져가 바로 잡게 하니 그 사람이 일찍이 유럽 각 나라 역사와 동서 인도의 상업 업무를 연구하는 여러 책을 저술하고 본국의 법을 변경할 때 또한 일찍이 책을 지어서 이것으로 민심을 높게 하고 미쳐서 나폴레옹을 밝게 하니 담론이 매우 흡족하

---

[48] 루소(儒盧梭, Jean-Jacques Rousseau, 1712~1778)
[49] 레노(來納, Guillaume Thomas François Raynal, 1713~1796)

고 이를 위하여 코르시카에 고사를 지어서 그 졸업을 권하고 힘쓰게 하니 1789년에 나폴레옹이 아작시오에 알려서 어머니에게 살피시라 하고 다시 책을 레날[50]에게 주어서 역사 원고를 이어서 저술하여 교정을 하라 하였다.

그러나 그 후에 마침내 졸업을 하지 못하고 일찍이 스스로 말하기를, "이 책에 높은 뜻은 백성이 자유롭게 하고자 하는데 밖에서 하지 않아서 서원에서 시험을 본 글로 더불어 생각이 서로 같으니 그 때 시기할까 두려워서 이 원고를 없애고자 하여 세상에 알리지 않게 하고자 했다"고 하더니 그 후에 이탈리아 사람이 간행하여 세상에 행하게 하더니 나폴레옹의 조카 루이 나폴레옹이 금하여 그치게 하였다.

1790년에 프랑스 왕이 영국으로 도망한 파스콸레 파올리를 명하여 나라로 돌아오게 한 후 선발하여 코르시카 총독을 삼으니 그 백성들의 소망을 본디 믿는 것으로 더하여 난의 싹을 끊게 하니 파스콸레 파올리가 연로한 때에 이 관직에 응하는 것이 깊이 영화롭고 행복해 하였다. 드디어 영국으로 말미암아 파리에 돌아와서 프랑스 왕께 들어가서 알현하고 원컨대 뵈온 것처럼 영국에 선정으로 프랑스에 가고 아울러 코르시카에 생각이 미치게 하소서 하니 프랑스 왕이 윤허하였다.

코르시카에 구 총독이 파스콸레 파올리가 장차 온다는 것을 듣고 인원 여러 명을 보내서 파리에 이르게 하여 맞을 때에 조제프가 또한 그 열에 있었다. 파스콸레 파올리가 이미 임무에 임하고 있는데 사람이 있어서 나폴레옹을 끌고 들어가서 보이거늘 파스콸레 파올리가

---

50) 레날(來納爾) 위와 동일인으로 추정된다.

돌아가신 분의 아들인 줄 알고 또한 그 재주와 재능이 다른 사람보다 다른 것을 보고 깊이 그릇처럼 중히 여겨 대접하기를 집안 사람과 같이 하니 곁에서 보던 사람 여러분이 말하기를, "파스콸레 파올리가 자리가 높고 덕망이 중후하거늘 잠깐 나폴레옹을 보고 바로 우대하니 자못 그 재주를 표창하여 이로써 세상에 크게 쓰고자 한 것이다"라고 하였다.

같은 해 4월에 나폴레옹이 리옹스 포병 군영에 돌아가서 병영 안에 한가롭게 있어서 일이 없으면 항상 산술로써 그 동생 루이를 가르치고 또한 루소[51]와 플로트[52] 두 사람이 저술한 책을 선독하여서 이르기를, "그 맨 앞에서 부르짖는 하늘에게 부여받은 민권에 자유와 평등의 말이 이미 뜻으로 더불어 합해진다"고 하였다.

이 때에 보토푸구[53]라는 자가 있어서 코르시카로 말미암아서 국민의회에 사람을 보내서 의원이 되니 모습[54]이 정성스럽고 도타운 듯하여 사람들이 다 믿으나 그 가운데에 간사한 것을 감추어서 애국에 마음이 진실로 없으니 나폴레옹이 한 책을 특별히 저술하여 그 악을 괴롭히고 꾸짖고 자질을 표출하게 하여 출간할 때 붙여서 공화당의 사람들을 기쁘게 하였다.

1791년 4월에 피렌체 성에 돌아가 주둔하고 간행한 책으로 국회에 널리 알리니[55] 군중이 다 기뻐하였다. 포병 군영 중에 보초[56] 아무

---

51) 원문은 '盧梭'로 루소에서 '儒' 자가 빠졌다.
52) 플로트(福祿特爾)
53) 보토푸구(勃脫甫古)
54) 원문은 모(皃)이니 모(貌)와 같은 글자로 얼굴이나 모습을 뜻한다.
55) 원문은 선시(宣示)이다.

개가 있어서 자코뱅당[57]에 들어가니 그 당이 처음에 세력이 심히 성함에 나폴레옹이 또한 가만히 더불어 교통을 하니 이 때 프랑스 왕의 호위병관 아무개가 이 일로 인하여 라인강[58]으로 좌천을 당한 것에 나폴레옹이 드디어 그 결손을 돕고 바로 왕당(王黨)에 따라 고치고서 1792년 3월에 포병 군영 수비에 오르니 그 때를 잘 쫓아 말미암음이다. 그런 이유로 승천이 이같이 빠르고 보직을 받은 후에 군주의 명령을 받들지 못하여 곧 군영을 떠나서 파리에 이르러서 왕에게 다시 쓰임을 구하여 능히 원하는 것과 같지는 못하였다.

7월에 파리[59] 민당(民黨)이 튈르리[60] 왕궁(王宮)에 공격하여 오거늘 나폴레옹이 파리에 있어서 그 일을 목격하고 깊이 민란이 창궐한 것과 프랑스 왕의 유약한 것을 한탄하여 이르기를, "만일 포수존(礮數尊)을 사용하여 공격을 도우면 곧 가히 이 민란을 섬멸할 것이지만 권력이 있지 못하니 어찌 할 수가 없습니다" 하였다.

8월에 민당이 다시 왕궁을 공격하고 왕의 수호 병사를 공격하여 패하게 하고 왕과 비빈을 위협하여 옥에 가두니 나라 안이 크게 어지러웠다. 이 때를 당하여 나폴레옹이 다시 민당을 따랐다. 국회에서 명하여 수군 제독 콜로자토[61]를 도와서 지중해의 사르데냐[62] 등의 섬

---

56) 원문은 초변(哨弁)이다.
57) 자코뱅당(哲哥賓黨, Club des jacobins)
58) 라인강(來因河, Rhine)
59) 파리(巴黎, Paris)
60) 튈르리(拖來哩, palais des Tuileries)
61) 콜로자토(屈魯極脫)
62) 사르데냐(薩諦尼亞, Sardegna)

을 소탕하라 하니 장차 출군하여 정벌할 때 국회가 이미 프랑스 왕을 유배시키고 일체 제도를 바꾸며 성 루이 왕가 여학당을 폐교함에 생도가 이미 다 도망갔음을 듣고 이에 급히 학당에 이르러서 그 여동생 마리안을 찾아 보고 책을 부세리[63] 동사에게 보내서 여비를 줄 것을 청하니 허락하거늘 바로 그 여동생을 데리고 코르시카로 되돌아 갈 때 도로가파리를 지나고 있었는데 바로 민당이 다 혁명에 반대하는 사람을 죽이니 시체가 들판에 가득하고 흘린 피가 거리에 가득하니 눈으로 차마 보지 못할 정도였다.

두 사람이 모험하고 가려고 할 때에 스스로 인정하기를 공화당이 만일 그 일찍 왕당에 붙어 있는 것을 알았더라면 반드시 면하지 못했을 것이라 하였다. 말하는 자가 이르기를, "이 때에 물론 사람을 모으고[64] 반드시 난세가 점점 안정되는 것을 기다려서 바야흐로 감히 행하는 것을 시작하는데 이에 짧은 시간을 정하지 않고 다른 길을 두르지 않으니 마침내 병장기가 난무하는 가운데로 따라서 빨리 옛 마을로 돌아가니 또한 위대하다"고 하였다.

제6절 사디니아와 코르시카의 부역(役)

1793년 정월에 콜로자토 대대 해군을 거느리고 사디니아 수도를 나가서 공격하니 나폴레옹이 특별히 군함을 가지고 보니파시오[65]를

---

[63] 부세리(佛舍利)
[64] 원문은 한글로 '모인'이지만, 의미상으로 사람을 모은다는 뜻으로 생각한다.

말미암아서 길을 에워싸서 마이달리누[66] 작은 섬에 이르러서 나아가 공격하여 이기고, 또 왼쪽 가까운 한 작은 섬을 빼앗아서 획득하고 승기를 타서 큰 섬을 나아가 공격하다가 이기지 못하여 포병을 잃음이 심히 많다고 하니 군사가 다 코르시카 사람으로 애초에 두 번째 군진에 임하여 포를 여는 것이 다 프랑스와 같지 못하기 때문에 큰 적을 한 번 만나서 바로 좌절해서 패함을 만나니 이는 제1차 이익을 잃은 것이다.

콜로자토이 사디니아 수도를 힘으로 공격하니 살체니아 임금이 낮은 담[67]에 올라서 지키고, 큰 대포를 설치하여 놓고서 프랑스 병선 두 척[68]을 공격하여 침몰시키고, 한 척은 불태우니 나머지는 모두 도망치고 나폴레옹이 또한 병사를 이끌고 돌아가다가 이 달에 국민이 머리를 자르는 기계를 가지고 왕을 시해하니 코르시카 총독 파스콸레 파올리가 듣고 심히 분할뿐만 아니라 옛날에 프랑스 왕이 총애로 발탁한 은혜를 생각하고 원수를 복수하고자 하여서 국회를 토벌하니 섬 백성이 한꺼번에 따랐다.

먼저 섬 안에 프랑스 사람을 몰아내고[69] 돌아서서 바로 군대를 일으켜서 프랑스를 공격할 때에 영국 사람에게 서로 도움을 구하니 영국 사람이 허락하였다. 쫓김을 피한 프랑스 사람이 프랑스 병사를 지키는 바스티아[70] 성에 도망가 도착해서 같은 마음으로 적을 막을

---

65) 보니파시오(薄泥法西亞, Sanctus Bonifatius)
66) 마이달리누(買達利奴)
67) 원문은 비(埤)이다.
68) 원문은 소(艘)이다.
69) 원문은 구축(駈逐)이다.

때에 나폴레옹이 코르시카에 있지 않고 파스콸레 파올리와 절교하였으니 집안이 노략질을 당하여서 아무것도 없었다.[71]

옷차림을 고치고 도망쳐서 바스티아 성 의원 리센미슈[72]와 코르시카 위원 살리세티[73]와 함께 툴롱[74]에서 병사를 일으켜서 같이 파스콸레 파올리를 토벌할 때에 병선 두 척을 거느리고 코르시카의 아작시오 해안에 이르러서 파스콸레 파올리의 군사를 마침 만남에 미쳐서 서로 싸우지 못하여 홀연히 성난 시골 사람 한 부대가 있어서 충돌하여 하산하다가 죽어서 종횡으로 달아나니 그 날카로움을 가히 당하지 못하여 나폴레옹이 배를 피해서 돌아가니 이는 제2차 이익을 잃은 것이다.

얼마 안 있다가 영국 해군 제독 넬슨[75]이 프랑스 병사가 지키는 칼비[76] 성을 공격하여 이기고 또 바스티아 성을 깨버리니 이를 따라서 코르시카에 프랑스 사람의 종적이 없었다.

나폴레옹 전 집안이 난을 만나서 프랑스 마르세유[77] 성에 이르니 그 어머니가 삼녀와 어린 아들로 더불어 힘듦을 감당하기 어렵더니 국민회(國民會)가 가난한 이에게 식량을 나누어 줌을 입어서 이로써 날을 헤아릴 때 조제프는 사람에게 책을 품팔이 하고, 뤼시앵은 생바

---

70) 바스티아(白斯武矮, Bastia)
71) 원문은 일공(一空)이다.
72) 라센미슈(拉森密乞)
73) 살리세티(煞立西體, Saliceti, 1757~1809)
74) 툴롱(土龍, Toulon)
75) 넬슨(鼐利孫, Viscount Nelson, 1758~1805)
76) 칼비(開而肥, Calvi)
77) 마르세유(買賽里, Marseille)

크셰멘[78] 군수국(軍需局) 집사로 있으니 나폴레옹이 이미 그 집을 편안히 두고 스스로 파리에 이르러서 기미를 살피어 일을 도모하고자 할 때에 자취를 끊어서 코르시카에 이르지 않고 하나의 글을 지어서 프랑스 남쪽 국경에 각 당의 형세를 자세하게 논술하니 이름하여 말하기를, "케사르보[79]에게 아뢴 것인데, 큰 뜻은 프랑스에 어지러운 난이 이미 다했고 사람의 마음이 흩어지는 것을 이름한 것이니 마땅히 호걸이 있어서 때를 타고 일어서서 연합하여 하나가 된다면 비로소 능히 난을 되돌려 다스릴 것이다" 하여 이내 이 글로써 자코뱅당 중에 흩어 뿌리니 이 때에 작위와 권세가 이 당에 고르게 있는 것으로 나폴레옹이 자못 끌어 당기는 것을[80] 얻었다.

제7절 툴롱을 공격하다 부상을 입다

자코뱅당 영수 로베스피에르[81]가 두려움의 정치로 프랑스를 관리할 때를 당하여 나폴레옹에게 명하여 포대를 거느리고 사령관 카오타[82]를 따라서 툴롱 성을 공격하니 이 때에 툴롱 포대 제조국 등이 이미 왕당이 영국과 스페인에게 서로 주고받아서 연합군이 주둔하여 지킴으로 나폴레옹이 공격하여 이기지 못하고 여러 번 영국군에

---

78) 생바크셰멘(森襪克雪捫, Saint-Maximin(-la-Sainte-Baume))
79) 케사르보(開矮薩潑, Matteo Buttafuoco, 1731~1806)
80) 원문은 원인(援引)이다.
81) 로베스피에르(羅伯斯比爾, Marie Isidore de Robespierre, 1758~1794)
82) 카오타(考塔)

게 패하더니 본래 카오타가 보병에서 일어나서 도략이 없지만 그 화민당(和民黨)에 붙은 연고로 뽑혀서 대장을 삼으니 나폴레옹이 포를 쏘라는 승전의 비결을 교시하였데 이에 탄약만 소비하고 의연히 내쫓지 못하였으니 국회가 불러서 나라에 돌아오고 의원 카슈미르[83]를 보내서 그 군대를 감독하라 하니 카슈미르는 나폴레옹의 지략이 비범함을 알고 깊이 부합[84]이 되었더니 후에 카오타를 이어서 통사가 된 자는 이내 세푸[85] 의사로 이름은 뒤퐁[86]이다. 무능한 것이 카오타와 비등하니 사람들이 모두 웃었다.

얼마 있다가 특별히 병사를 아는 뒤고미에[87]로 바꾸어서 사령관을 삼으니 행진을 오래하여 처리가 바야흐로 있었다. 특별히 나폴레옹을 파견하여 포대 전체 병영을 거느리고 병사 3만 명을 더하여 툴롱 성에 나아가 위협하니 연합군에 추가된 병사가 합해짐에 일만 1천 명에 가득 차지 못하고 스페인 병사는 지치고 나약하고 나머지 병사는 비록 강하나 주된 장수가 조절을 잘못하니 카오타와 뒤퐁으로 더불어 다르지 않았다.

나폴레옹이 병영에 나아가 책략을 만들더니 마침 파리 국회에서 의원 카이나토[88]가 그린 성을 공격하는 지도를 반포하니 뒤고미에가 사용하고자 하거늘 나폴레옹이 말하기를, "성을 공격한 즉 하는 일

---

83) 카슈미르(開司伯林)
84) 원문은 계합(契合)이다.
85) 세푸(賽服)
86) 뒤퐁(杜潑脫, du Pont, 1771~1834)
87) 뒤고미에(度尉迷亞, Dugommier, 1738~1794)
88) 카이나토(揩拿脫, Lazare Carnot, 1753~1823)

없이 헛되이 세월을 오래 보낼 뿐만 아니라 능히 승리하는 것을 반드시 기약하지 못할 것이니 만일 포대를 라르수[89] 산 위에 축조하여 포구에 연합군의 정박한 배를 옮겨 가게 하고 그 돌아가는 길을 끊으면 성 중에 병사들이 머무르기 어려울 것이니 이와 같이 한 즉 툴롱이 우리에게 있을 것이다"라고 하였다.

아깝다! 수 개월 전에 열국 사람이 이미 삼포대를 축조하니 보통과 다름이 공고하여사람들이 일컫기를 작은 보게트[90]라 하고 오직 포대가 모두 바다 면에 임해있어서 오로지 바다를 방어하는 것을 위하여 설치했으니 툴롱에 옛부터 있던 포대로 더불어 방식이 같았다. 진실로 뒷면 산 높은 땅에 근거하여 한 포대를 다시 축조하면 가히 그 뒷면을 합쳐서 갖게 될 것이라 하고 이에 지세를 서로 살펴서 한 대를 모르보스케[91] 높은 언덕에 몰래 축조하니 영국 포대와 더불어 서로 가까이 있고 또 바다 항구를 바로 대할 수 있어서 형세가 최고로 누를 수 있는 요새이다.

11월에 연합과 더불어 교전하다가 불리하여 600명을 잃으니 영국 장성 유크라이[92]가 대대로써 포대를 가지고 와서 공격하거늘 산과 바위로 말미암아 포 공격을 시작하여 공격할 때 바로 포탄 비가 옆으로 날아다닐 즈음을 당하여 나폴레옹이 영국 병사가 높은 곳을 점거하고 낮은 곳으로 임하여 사나운 것이 이상하게 여겨 바로 병사를 이끌어서 나무와 숲이 산처럼 가려진 빈 땅에 숨어서 잠깐 그 싸

---

89) 라르수(拉爾胥, colline du Caire)
90) 보게트(及勃考脫, Petit Gibraltar)
91) 모르보스케(毛而薄司克弍, Malbousquet)
92) 유크라이(屋赫賴, Charles O'Hara, 1740~1802)

우는 것을 피하니 이 땅은 가히 영국 포대의 산과 골짜기를 몰래 통과하기에 유크라이가 알지 못하였다.

자못 프랑스 병사가 근처에 지나가는 것을 보고 임으로 연합군인 줄로 잘못 인식해서 울타리 주변에 장차 이르러서 명령을 내렸다가 홀연히 나폴레옹의 병사들이 갑작스런 공격을 입어서 그 팔을 공격하여 부상을 입어서 잡히게 되니 연합군이 사방으로 흩어져 달아났다.

뒤고미에가 몸소 북을 쳐서 전군을 모이게 하여 쫓으니 살상함은 계산을 할 수가 없고 도망친 병사들은 아주 급하게 배 가운데에 던져서 숨으니 마땅히 힘써 싸울 때에 나폴레옹이 또한 창상을 입고 아파서 눈이 어두워지거늘 나이 어린 병관이 있어서 부축하여 주위를 뚫고 탈출하니 군 부대 이하 장교와 병사가 또한 몸에 중상을 입지 않은 자가 없어서 의원이 와서 치료한 자가 2~3천 명이다. 툴롱이 이미 깨짐에 프랑스 병사가 임으로 규율이 없어지고 또한 무뢰한 유민이 군영에 섞여 있어서 기미를 타서 없애니 군 관리들도 또한 금지하지 못하였다.

파리로부터 의원에서 사람을 보내어 그 성을 와서 지키라 하고 금지를 나아가 보여서 비로소 망녕되이 죽이지못하게 하니 뒤고미에를 돌려 보내서 르방스[93] 해변에 머물러 조사할 때에 난민을 만나서 거의 죽을 뻔했다가 이로 인하여 바로 도망갔다.

---

93) 르방스(拉文次, Ravenna)

제8절 처음 이탈리아를 공격하다

1794년 2월에 당통파당[94]이 자코뱅당으로부터 세력을 잡을 때에 나폴레옹을 뽑아 부장을 삼아서 뒤모피아[95] 장군을 따라서 이탈리아를 공격할 때에 병사를 니스[96]에 주둔하였다.

처음에 뒤모피아가 알프스[97] 산 밖의 나라를 정벌하여 병사들의 사기를 높이려고 생각하더니 이에 이르러 담력과 지략이 뛰어난 메시나[98] 장군과 함께 웅대한 군대를 함께 호령하니 지휘하는 것이 뜻과 같고 다시 나폴레옹에게 도움을 얻어서 전쟁에서 도와준 것이 많이 있으니 얼마 있지 않다가 이탈리아의 세네키아[99]와 오크탈리아[100] 두 성과 알프스 산맥이 다 프랑스 병사에게 빼앗기게 되었다.

메시나가 깃발을 잡고서 먼저 오르니 뭇 병사들이 이어서 드디어 산맥을 넘어 내려서 피엔[101] 성(省)의 우메아[102]에 바로 도달하니 이 땅에 사르데냐와 이탈리아와 오스트리아[103]의 연합군이 있어서 웅거하여 지키고 있으니 프랑스 사람이 감히 지름길로 나아가지 못하고

---

94) 당통파당(丹頓黨, Danton) 격진파(激進派) 공화당(共和黨)의 하나인 당이다.
95) 뒤모피아(杜莫皮亞, Dumouriez, 1739~1823)
96) 니스(尼西, Nice)
97) 알프스(愛爾魄士, Alpes)
98) 메시나(墨西拿, Messina)
99) 세네키아(賽尼其亞, Senigallia)
100) 오크탈리아(屋克靠利亞, Orvieto)
101) 피엔(撇印, Piedmont)
102) 우메아(屋迷亞, Umeå)
103) 오스트리아(奧地利, Republic of Austria)

피엔의 뒤로 몰래 제노아에 임시로 길을 내어 공격하니 제노아가 스스로 명하여 중립의 나라가 되겠다고 하여서 이미 길을 주지 않았다.

나폴레옹이 사람을 시켜 일러 말하기를, "지금 새로운 법률에는 무릇 작고 약한 나라가 이른바 중립이 없고 전쟁을 돕지 않는 자는 바로 적이니 만일 중립하고자 한다면 반드시 나라 세력이 강대하여야 이에 옳고 그렇지 않으면 반드시 길을 임시로 하고 또한 응당 음식을 공급하여 동도(東道)의 주인이 되어야 한다. 무릇 내가 온 것은 장차 국민에 자유권을 펴게 하는 것이니 삼가 뜻이 있어서 사이가 멀어져 죄를 천하에 얻지 말라" 하였다.

이 때에 제노아와 피엔 경내에 다 주권이 국민에 있는 당인(黨人)이 있으니 나폴레옹이 교주에게 많은 뇌물을 가지고 함께 소통을 함에 한 때의 바람을 듣고 소리로 대응하여 알프스 산 기슭으로부터 토아이보[104] 강 해변에 이르도록 백성들이 다 사사로운 모임을 세워서 이로써 군대 맞음을 준비하니 이에 겐페소킨[105]에 막히는 것이 그물이 있고 원하지 않는 것은 즉 시골 후미진 곳에 착한 마음을 가진 사람이라 했다.

제9절 로베스피에르에게 엎어져 나폴레옹이 잡혔다

나폴레옹이 툴롱을 공격할 때에 로베스피에르의 동생 아오구스

---

104) 토아이보(脫愛勃, Po River)
105) 겐페소킨(旌斾所經)

틴[106]과 함께 깊이 서로 관계를 맺었으니 그 권세가 수중에 쥐고 있어서 다른 날에 정부에서 추천하는 것이 반드시 듀메아로 견주면 유력한 것으로 미리 그런 이유로 툴롱 성이 패한 후에 모두 장수와 병사에게 들어서 인민을 찾아 죽이는데 막지 않은 것은 아우구스틴이 의원이 되었을 때에도 나폴레옹과 함께 서로 이탈리아 군대 안에서 만나니 옛친구[107]를 다시 만나는 것이 더욱 기쁘고 좋음을 도탑게 하여 힘써 그 형에게 추천하면서 이 사람은 지혜와 용맹함을 겸비한 장수이니 진실로 중용하면 반드시 그 힘을 얻을 것이라고 했다.

　로베스피에르가 명하여 파리 제독을 삼고자 하다가 그렇게 하지 못하는 어려움이 있었다. 처음에 로베스피에르가 일찍이 제스트[108]와 코샹[109] 두 사람을 보내서 사방으로 가게 하여 재물을 풀어서 사람을 끌어들여서 모임에 들어가게 하더니 뒤에 두 사람이 마음에 두 마음을 품어서 자재를 망녕되이 사용하고 능히 민중을 모으지 못하거늘 나폴레옹이 살펴볼 때에 아우구스틴이 또 명하여 제노아에 군대 정세를 정탐하라 하니 나폴레옹이 가만히 그 성 백성과 함께 서로 통하여 소식을 전하니 로베스피에르가 믿더니 이미 로베스피에르에 형세가 점점 흉폭하거늘 국회가 체포하여 아울러 그 당 여러 사람을 단두대에서 죽이니 자코뱅당이 해산하였다.

　이에 국회가 권력을 회복하여 새로운 의원을 세우고 알비트[110]와

---

106) 아오구스틴(奧格斯丁, Augustin, 1763~1794)
107) 원문은 구우(舊雨)이지만, 의미상 구우(舊友)가 맞아 보인다.
108) 제스트(竭司忒)
109) 코샹(靠霜)
110) 알비트(愛而皮體, Antoine-Louis Albitte, 1761~1812)

살리세티와 라포르트[111] 3인을 파견하여 뒤모피아 군영 안에 이르러서 군영의 사무를 관찰할 때에 나폴레옹이 마침 제노아로 쫓아 와서 군영에 돌아오다가 3인에게 잡혀서 그 몸을 수색해서 종이 한 장을 얻으니 즉 아뢴 것이 정탐한 일이다. 이에 그 죄를 물어서 꾸짖어 말하기를, "너는 하는 일이 매우 의심스러움이 첫째 죄요, 로베스피에르에 둘째 죄요, 제노아에 사사로이 이른 것이 셋째 죄라"고 하여 드디어 그 직을 빼앗고[112] 파리 공안회서로 보내서 장차 사형죄로 정하려고 할 때 3인과 뒤모피아가 이미 수색해서 얻은 종이에 글자를 서명했지만 나폴레옹은 결단코 놀래거나 두려워하지 않고 3인 중에 살리세티는 나폴레옹과 같은 고향이다.

나폴레옹이 한 편지를 지어서 이것으로 의원(議院)에 전하니 간략하게 이르기를, "이 자코뱅당을 따라 하는 것은 적실히 사나움을 제거하고 백성을 구하여서 태평한 시국을 보전하게 함이요, 다른 뜻을 가진 것이 아니로다" 하는 편지를 이미 보내고 감옥에 있으면서 이탈리아 북쪽 경계 지도를 자세히 읽고 알프스 산으로부터 피엔에 이르는 크고 작은 도로 경로를 자세히 살펴서 마음으로만 가만히 알고 있어서 다른 날 행군하며 사용하려 했다.

두 티(體)[113]에게 인사한 후에 새로운 의원이 나폴레옹을 조사한 것에 죄상이 아울러 없고 또 탐색을 했지만 적의 정세는 민주국에서 이익이 많다고 하여 니스에 명령서를 보내서 해석하게 하고 하여

---

111) 라포르트(辣潑脫, François Sébastien Christophe Laporte, 1760~1823)
112) 원문은 치(褫)이다.
113) 알비트와 살리세티를 말한다.

금 그 통령소에 이내 보내서 공안회의 명을 조용히 기다리라 하니 이에 이르러서 나폴레옹이 비록 자유를 얻었으나 오직 능히 아우구스틴과 함께 가서 돌아오지 못하고 또 원래 직을 회복하지 못하는 것을 마음으로 심히 기뻐하여[114] 드디어 통령소를 사직하고 바이새리에 이르러서 그 어머니를 살피니 이 때에 조제프가 바이새리 부자 상인 쿠리야[115]의 딸에게 장가들어 아내로 삼았다. 조제프 아내의 여동생 이름은 칼리[116]이니 얼굴[117]이 매우 아름답고 또 조제프 집에 항상 있거늘 나폴레옹이 서로 보고서 장가들고자 하여 농담으로 일러 말하기를, "나에 운명이 비어질 즈음에 유성과 같아서 지금은 가려져 있고 어둡지만 반드시 빛나는 날이 있을 것이니 당신이 어찌하여 몸을 나에게 의탁하지 않습니까" 하니 칼리가 따르지 않고 뒤에 스웨덴[118] 왕 베르나도트[119]에게 시집을 가서 황후가 되었다.

처음에 뤼시앵이 생바크셰멘 군대 군수국에 있으니 그 지역이 바이새리와 함께 가까워서 바이새리의 자코뱅당 회장이 되어 자못 권세를 쥐고 일을 때에 일찍 공안회에서 옮겨온[120] 범죄를 막으려 하더니 로베스피에르가 이미 넘김에 바로 공안회가 감옥에 넣어 둠을 입었다가 뒤에 사면되는 것을 입어서 석방을 얻었다.

---

114) 원문은 쾌쾌(快快)이지만 문맥상 맞지 않는다.
115) 쿠리야(瞿利耶, François Clary, 1725~1794)
116) 칼리(楷麗, Désirée Clary, 1777~1860)
117) 원문은 모(兒)이니 모(貌)와 같은 글자이다.
118) 스웨덴(瑞典, Kingdom of Sweden)
119) 베르나도트(勃納度脫, Bernadotte, 1763~1844)
120) 원문은 반이(搬移)이다.

나폴레옹이 파리에 다시 이르러서 일을 도모할 때에 통병대신 위버리[121]에게 알현하고 그가 선택해서 씀을 바랬는데 위버리가 나폴레옹이 로베스피에르에 남은 무리로 볼 때 나이가 적다고 하여 만나기를 꺼려하더니 조금 지나서 명하여 라가르드[122] 진영을 잘 모시라고 하니 이 땅에 인민이 왕당에 소속한 것으로 지극히 흥하고 사나워서 정히 난을 일으키려고 하는데 나폴레옹이 힘껏 말려서 나아가지 않으니 사람들이 다 그 기미를 알고 복종하였다.

　이로 말미암아서 군인 책적(冊籍)에서 이름을 제명하고 나란히 월급과 양식을 잘라 바꾸었으며 파리에서 한가하게 사는데 아침과 저녁밥[123]이 지급이 되지 못하더니 다행히 브라이언과 살리세티가 그 음식을 공급해서 비로소 굶주린 배[124]를 면하였다. 항상 힘을 먹이는 무리를 그리워하여 이에 능히 스스로 그 삶을 길러서 말하기를, "내가 파리 성 안에서 마차를 모는 사람에 즐거움만 같지 못하다고 하고 인하여 터키[125] 수도에 이르러서 포병훈련 하기를 생각하고 편지를 브라이언에게 부쳐서 정부에 전달하니 살펴보지 않고 돌려보내서 타포피크[126] 부서(部署) 중에 이르러서 지도를 헤아려 그렸다"고 하였다.

---

121) 위버리(屋勃雷, Paul Barras, 1755~1829)
122) 라가르드(拉岡德, Louis-Marie de La Révellière-Lépeaux, 1750~1824)
123) 원문은 옹손(饔飱)이다.
124) 원문은 효복(枵腹)이다.
125) 터키(土耳其, Turkey)
126) 타포피크(塔潑非克戶, Charles Maurice de Talleyrand-Périgord, 1754~1838)

제10절 의원(議院)을 보수하다

1795년에 국민회 행정이 온화한 것에 점점 가까워지니 9월 23일에 새로운 헌법을 제정하고 상, 하 양의원을 개설하여 5명으로서 감독하게 하는데, 의원을 3분의 2[127]는 그 옛날 인원을 배치하고 그 하나는 새로운 인원을 선발할 때 민간에 산업이 있는 자를 공정한 선거로 보충하니 각 지방에 새로운 행정이 다 고쳐지고 좋은 것을 따라서 인민이 점점 편안한 것을 꾸미는데 귀족당 등은 그 법을 불편하다고 하여 혁명을 몰래 도모한 것으로 국회를 뒤집으려고 하여 말하기를, "의원에 새로운 인원이 한정되어 3분의 1도 얻지 못하니 마땅히 옛날 인원은 일정한 규율로 축출하되 의원으로 하여금 유혈이 파리에 반만 하도록 하고 나머지 하나는 새로운 사람으로 바꾸어서 다만 임금의 권한을 거듭 행하게 하여야 이내 옳다"고 하고 이에 의원의 적이 될만한 자들과 하나의 회를 함께 설치하여 무리를 모으니 4~5만 명에 이르렀다.

나라에 굳세고 용맹하게 서로 도울 자를 불러서 선거일을 기약할 때에 10월 4일에 의원이 튈르리[128] 궁에 모이게 하여 파리 총병(總兵) 미나[129]를 보내서 관군 5천 명과 함께 단련 의병을 거느리고 난민을 해산시키라고 하니 미나가 페네[130]에 가서 도착하여 민가의 현관에

---

[127] '3분의 2법'으로 1795년 국민공회가 왕당파의 위협에 맞서 의원 과반수의 재선과 공화주의 제도의 존속을 위해 통과시킨 법이다.
[128] 튈르리(施來哩) 앞의 한자는 '拖來哩'이다.
[129] 미나(迷拿, Gen. Jacques-François Menou, 1750~1810)
[130] 페네(費呢, Le Peletier)

창 끝이 드러나 있는 것을 보고 아울러 어눌하고 고함치는 가히 두려운 소리가 들렸다. 병사의 군대를 갑자기 멈추게 하여 나아가지 않았더니 조금 있다가 무너져 흩어졌다.

미나도 또한 두려워하여 도망쳐 돌아왔더니, 의원(議院)이 노하여 그 직을 빼앗고 합당한 장군을 뽑으니 말하기를, "바레시[131]이다. 병사를 거느리고 앞서 가라"고 하였다. 바레시가 일찍이 깜깜한 밤에 로베스피에르를 여관에서 사로 잡은 것으로 용맹한 이름이 자못 있었다. 그러나 군영을 지휘하는 것에는 본디 뛰어나지 못하여 능히 필승에 능력을 잡지 못할까 두려워하였다.

한 사람이 있어서 나폴레옹이 일찍이 툴롱에서 깬 것을 기억하고 천거하여서 장수를 삼고자 하더니 이 때에 나폴레옹이 의원(議院)에 마침 있었다. 의원(議員) 카이나토[132]와 트리앙[133]이 다 그 재주를 알고 더하여 말하기를 "가하다"라고 하니 이에 나폴레옹을 불러 앞에 이르게 함에 그 가능 여부를 묻고 바레시를 도와 난을 평정하라 하니 나폴레옹이 주저한 지 오래됨에 비로소 한다고 하니 이에 부장 멜리토[134]를 명하여 사발롱[135] 군영에 가서 군대 무기를 취하여 돌아와서 적에 자본을 없애게 할 것이라 하니 이 때에 이르러 많은 사람들이 과단함이 있다고 하여 가서 베고자 하다가 다행히 멜리토가 2분 전에 먼저 도착하여 되찾는 것을 비로소 얻었다.

---

131) 바레시(白勒斯, Paul Barras, 1755~1829)
132) 앞의 한자는 '揩拿脫'인데, 여기는 '楷拿脫'이다.
133) 트리앙(忒里恩, Jean-Lambert Tallien, 1767~1820)
134) 멜리토(墨勒忒, Melito, 1762~1841)
135) 사발롱(薩白隆, Camp des Sablons)

이 밤에 나폴레옹이 병사를 보내서 튈르리궁을 지키게 하고 군무기를 가진 병사 5천 명과 함께 의병 1만 5천 명을 스스로 거느려서 포도탄 포를 긴요한 길에 안치하고 창과 탄 800개를 의원(議院)에 보내서 이것으로 완급을 준비하라 하니 의원(議員)이 충심이 굳건하다고 하였다.

다음날 새벽에 각 길의 난민이 다 일어나서 장차 의원(議院)을 바로 치려고 할 때에 초빙한 굳센 용사들이 어찌 두려워하여 나아가지 못하는 것을 뜻하겠는가. 정오에 늦게 도착하여 센로우 생로크[136] 예배당에서 의거하고 울타리를 세워서 스스로 지키거늘 나폴레옹이 병사를 살피며 움직이지 않으니 난민이 진퇴의 책략을 상의하여 어지러운 것을 진정하지 못하였다.

그 우두머리 튀링겐[137]과 듀혹스[138] 등이 다 모략이 없고 또 군중에 기계가 적으니 굳센 용사가 비록 많지만, 지휘를 듣지 않아서 멜리토가 능히 부리지 못하는 것을 일찍부터 알았다. 4시 종이 울림에 튀링겐이 선봉을 명하여 흰 깃발을 잡고 4~5백 명을 거느리고 의원(議院)에 이르러서 병사를 물리고 전쟁을 쉬는 것을 청하였는데 의원(議院)이 명하여 그 눈을 가리고 나아가게 함은 그 허실을 엿보는 것을 막는 것이라고 하였다.

처음에 의원(議院)이 나폴레옹의 용맹함과 맹렬한 포에 도움이 겸비하고 있음을 믿고 가히 근심이 없다고 이르더니 바로 온 사람의

---

136) 생로크(森羅區, Saint Roch, 1348~1376)
137) 튀링겐(突里根, Jean-Thomas-Élisabeth Richer de Sérizy, 1759~1803)
138) 듀혹스(杜霍克斯, Charles François Duhoux d'Hauterive, 1736~1799)

말을 듣고 난민의 정당을 결성한 것이 심히 많은 것을 비로소 알고 아울러 서로 놀라고 두려워하여서 이에 그 청한 것을 윤허하고자 하는 자들도 있고 튀링겐과 함께 대면해서 회의를 하자는 자들도 있다.

그리고 먼저 민당에 명령으로 병사를 물린 연후에 의병을 다시 거두자고 하는 자들도 있는데 오직 지치아[139]가 이르되, 의원(議院)이 다른 계책은 별로 없고 오직 더불어 결전하여 이기지 못하면 죽을 뿐이라 하여 뭇사람들이 분분한 의론을 하여서 4시 반에 이름에 홀연 총소리가 함께 발산되는 것을 들으며 총을 들은 자들이 의원 안에 날아 들으니 이에 싸움이 시작되는 것을 알고 바로 각각 군장기를 잡고서 나아가니 이 때에 난민이 의원에 병사가 모자를 흔들어서 보이는 뜻을 보고서 다시 작은 말로 의욕을 북돋아서 스스로를 돕게 하니 많은 병사들은 거짓인 양 듣지 않고 용맹함을 다투어서 창을 열고 소리를 내며 공격하니 난민이 창으로 막아서 피차 서로 지탱할 즈음에 나폴레옹이 빈 곳을 깨부수고 와서 병사를 지휘하여 포도탄 포를 가지고 공격하니 죽은 자가 계산이 되지 않았다.

그런데 죽음을 무릅쓴 백성이 이에 있어서 방과 집으로 포탄을 막고서 포탄이 미치지 못하는 곳으로 따라서 돌격하고 나와서 이 포를 빼앗으려고 하니 이와 같이 여러 차례 하다가 힘이 다함에 물러나니 그 예배당을 근거로 하여 지킨 백성 200여 명이 또한 공격하다가 넘어져 죽으니 나머지는 모두 흩어져 도망가서 예배당을 다시 찾고 다시 수백 명이 있어서 공화 극장을 가지고 있었는데 한 개 포로 해산시켰다.

---

139) 지치아(繼器亞, Louis Michel Auguste Thévenet, 1764~1848)

나폴레옹이 스스로 말하기를, "이 전쟁이 4시반에 시작하여 6시에 이르러서 이미 마치니 이 패배에 백성들이 오히려 군영을 건축하여 스스로 지키고자 하다가 손을 두고 미치지 못하여 각자가 도망가서 사니 난당(亂黨)이 드디어 해산하였다"고 하였다.

국회가 이에 의원을 선거하는 규정을 고쳐서 원로회와 함께 500명 회를 설치하고 그 감독 500명을 두 회(會) 중에서 선거하는데 5년으로 한 번 임무를 하는 것으로 삼는다고 하고 이에 5명을 선정하니 바레스[140], 리프[141], 로버트[142], 기네스[143]이니 루숑보[144] 왕궁으로써 감독하여 일을 다스리는 소임을 삼고 병사를 설치하여 지키게 하니 기네스와 로버가 의원(議院)과 하나가 되지 못하여 감독의 소임을 힘으로 사양하거늘 드디어 카이나토와 바실리움[145]으로 대신하니 카이나토가 이미 감독이 됨에 국가 범죄에 사면하는 것을 내보이고 혁명의 지명으로 이름을 바꾸어서 부르기를 '타이시(太和)'라 하고 연설과 함께 저서를 가지고 프랑스가 다른 나라와 함께 사이가 서로 좋음을 표명하고 오직 오스트리아[146]의 네덜란드[147]를 프랑스에 영원히 주고자 하고 또 땅을 독일[148]과 이탈리아에 개방해서 이를 가지고 영토를

---

140) 바레스(白雷司, Paul François Jean Nicolas, vicomte de Barras, 1755~1829)
141) 리프(李樸, Louis-Marie de La Révellière-Lépeaux, 1753~1824)
142) 로버트(羅勃而利土, Jean-François Rewbell, 1747~1807)
143) 기네스(西以司, Emmanuel Joseph Sieyès, 1748~1836)
144) 루숑보(魯遜勃, Étienne-François Letourneur, 1751~1817)
145) 바실리움(白斯里迷, Jean-Baptiste Bessières, 1768~1813)
146) 오스트리아(奧屬, Republic of Austria)
147) 네덜란드(荷蘭, Kingdom of the Netherlands)
148) 독일(德意志, Federal Republic of Germany) 독일어의 독일, 앞의 게르만은

넓히고자 하였다.

제11절 조세핀[149]과 결혼

1796년에 나폴레옹이 파리에 있으면서 직책을 수행하고 있을 때 나라에 굳센 용사를 정돈하며 감독서와 함께 의원에 위병을 설치하고 무관을 신중히 뽑으며 군사를 엄중히 단속하여 경성에서 시끄럽고 복잡한 구역을 편안하고 고요한 것[150]에 이르게 하고 사람들과 함께 가고 돌아옴에 뜻을 사용하는 것이 깊어서 말을 망녕 되게 발설하지 않으니 들어간 곳의 관록이 풍족하여 감독 사무소[151]에 항상 있으면서 바레스와 사귐이 가장 친밀하더니 다섯 감독 중에 바레스로 그 우두머리를 삼으니 이 때에 민주 국가에 이름이 있지만 실은 망한 것이다.

다섯 감독이 바로 주군이 되니 사람이 루숑보 왕궁에 삶으로 일컫기를 '루숑보 다섯 왕'이라 하였다. 바레스가 사치를 좋아하고 편안한 즐거움을 탐하는 것이 루이 14세와 성정이 서로 같아서 왕실이 지극히 화려하면서 아름답고 나폴레옹이 살았던 방이 또한 굉장히 아름다워서 이를 가지고 귀객과 귀족부인을 연달아 만나니 부인 중 최고의 인연은 말하기를 조세핀이었다.

라틴어의 독일이다.
149) 조세핀(約瑟芬, Joséphine de Beauharnais, 1763~1814)
150) 원문은 안밀(安謐)이다.
151) 원문은 공서(公署)이다.

조세핀은 이미 죽은 자작 부흐나스[152]의 아내가 되었더니 로베스피에르 때에 부흐나스 단두대에서 죽음을 만남에 아내가 바레스와는 인척간의 정의[153]가 있고 또 트리앙의 부인과는 규방 친구이다. 용모가 매우 아름다워서 파리에 이름이 자자했더니 나폴레옹이 처음으로 바레스 사무소에서 만남에 두 사람이 서로 사모하여 머물러 혼인할 뜻이 서로 있지만 확실하게 말하지 않으니 조세핀이 그 친구 라이카도[154]에게 개인적으로 알려서 혼인을 주관하고자 하니 라이카도는 파리의 나이 많은 서리이다. 웃으며 일러 말하기를, "네가 진정 이와 같이 미쳤는가! 저 소년 남자에게 시집을 가고자 하느냐? 저 사람은 가진 것이 없고 불과 한 개 옷과 한 개 칼만 가졌을 뿐이다." 하였다.

조세핀이 시집갈 뜻을 이미 결정하여서 결정을 움직이지 않았다. 나폴레옹이 그 말을 듣고 기록하여서 잊지 않고자 하였더니 같은 해 3월에 드디어 조세핀과 함께 파리에서 결혼을 할 때에 바레스와 트리앙이 결혼의 증인이 되어서 신부를 쓰지 않고 귀관을 청하니 또한 이로 말미암아서 처음 예가 되었다. 다른 사람이 이르기를, "조세핀이 나폴레옹보다 6살이 많다고 하고 혹이 말하기를 4살이 많다"고 하였다.

그 전에 부흐나스에게 시집을 가서 일찍 자녀 각 한 명씩을 낳고 기르니 아들 이름은 야킨하나이[155]이다. 뒤에 이탈리아 총독이 되고 딸 이름은 오르탕스[156]이다. 바로 나폴레옹의 동생 루이에게 시집을

---

152) 부흐나스(捕赫納司, Alexandre François Marie, Vicomte de Beauharnais, 1760~1794)
153) 원문은 척의(戚誼)이다.
154) 라이카도(賴開道, Bernardine Eugénie Désirée Clary, 1777~1860)
155) 야킨하나이(亞勤哈奈, Eugène de Beauharnais, 1781~1824)

가서 아내가 되니 성정이 온유하여 루이가 매우 사랑하였다.
 그 뒤 8년에 나폴레옹이 프랑스 황제가 됨에 조세핀 황후도 함께 면류관을 받으니 조세핀의 관복이 빛나고 보석으로 꾸민 관은 찬란하였다. 나폴레옹이 라이카도를 특별히 초청하여 이르게 하여 보이고 물어 말하기를, "아! 라이카도여. 지금에도 오히려 옷과 칼 하나만 있느냐" 하니 라이가 부끄러워하여 사례하고 능히 답하지 못하였다.

제12절 이탈리아 통령을 정벌하다

 결혼 후 12일에 바로 감독의 명을 받들고 알프스 산 밖에 이르러서 이탈리아에 정벌하는 군대를 직접 통솔하니 이 때 나이가 27세에 족하지 못하였다. 몸이 작지만 굳세고 능히 노고를 인내하며 얼굴은 그 어머니와 비슷하고 눈빛은 번뜩여서 물건 찾기가 쉽고 행동거지가 위엄이 있으니 이는 천생 장군의 재질이다.
 이 때에 프랑스 병사가 알프스 산에 주둔한지 이미 3년이 넘고 오스트리아와 사르데냐의 병사와 함께 크고 작게 20여 번의 전쟁에 병사를 잃음이 매우 많았지만 이미 능히 족히 이탈리아 국경에 서 있기에 나폴레옹이 거느리는 바에 이르러서 오만 명의 의식과 훈련을 봄에 다 프랑스와 같이 못하는 것은 대저 감독이 군대에 군량을 보급함이 전과 비교해 보면 정해 놓은 것이 많이 바뀌어서 화약 외에는 일체 의복 등 물건의 결손이 없었다. 이로 인하여 감독에게 편지를

---

156) 오르탕스(霍脫痕司, Hortense, 1783~1837)

바치며 말하기를, "이탈리아는 잘사는 나라입니다. 진실로 능히 전쟁에서 승리한다면 군대 안에 양식이 모두 족히 배급이 되어야 하는데 어찌 반드시 정해 진대로만 하십니까" 하였는데, 사령관 마멘토[157]가 일을 사죄할 때에 나폴레옹이 포대를 본래 거느리고 있어서 일찍 마병과 보병을 관리하지 못하는 것으로 군영 가운데 잘하는 장병들을 뽑아서 도우니 나폴레옹이 이탈리아에 지도를 자세히 읽어서 모처가 가히 병사들이 나아가고, 가히 병사들을 매복시킬 수 있는 것을 알고 아울러 능히 정탐을 널리 보내어서 적의 정세를 알고 있기 때문에 소식이 신령스럽게 잘 통하며 기이한 계책을 송출하였다.

그리고 또 일찍 사람을 보내어서 피엔과 랑베르[158] 각 성에 이르러서 프랑스 자유의 도를 강론하니 이탈리아 사람이 듣고 잠시 생각하는데, "나폴레옹은 본래 우리나라에서 생산한 것으로 지금 자유를 창립하고자 하니 우리나라 사람이 또한 마땅히 형통하고 이로움을 즐거워하여 다른 날에 좋은 것을 입으며 복을 얻고 장차 이 코르시카 사람을 복종하게 한다" 하였다.

제13절 **토노토[159]의 전쟁에서 조급해지다**

오스트리아가 피엔 등의 연합군을 합하여 5만 명이라 호칭하니

---

157) 마멘토(瑪門脫, Auguste Frédéric Louis Viesse de Marmont, 1774~1852)
158) 랑베르(朗白特, Lombardy)
159) 토노토(脫諾脫, Montenotte)

나폴레옹이 보고 7만 5천 명이 있어서 오스트리아 노장 브루[160]가 통솔하여 아테니스[161] 산 위에 주둔한 것을 알고 프랑스 병사가 산 아래로부터 쫓아서 위를 보며 공격할 때에 자못 지세를 얻었다.

대개 그 땅에 길이 여러 곳이 있어서 가히 산 정상을 통하거늘 브루가 적이 어느 곳으로 쫓아서 군사가 나아갈 줄을 알지 못하기 때문에 산 입구에 고르게 방어막을 설치할 때에 드디어 한 끝이 긴 진을 물리쳐서 오스트리아가 거느리는 군사는 하구에 주둔하고 피엔의 장병은 서쪽에 주둔하니 서로 거리가 3천 마일이다.

나폴레옹이 그 군대를 맞부딪혀 끊고자 하여 왼쪽 날개를 명하여서 피엔을 먼저 공격하는데 후니노[162] 산 길로 말미암아 병사를 진격시키고 오른쪽 날개는 푸알테리[163] 성을 공격하는데 바다와 물가로 말미암아서 병사를 진격하고자 하니 장차 제노아와 랑베르를 두려워하여 이로써 끌어당기게 하고 가운데 군사는 스스로 거느리고 산 아래에 주둔하니 그 군영 한 곳의 섬에산길 두 개가 있어서 하나의 이름은 몬토노토[164]이니 가히 아를[165] 산골짜기를 통하고 하나의 이름은 알티아[166]이니 가히 포미다[167] 산골짜기를 통하였다.

알티아 산 길은 가장 낮아서 간신히 바다면에서 1천 4백 척이 높

---

160) 브루(步魯, Johann Peter de Beaulieu, 1725~1819)
161) 아테니스(亞譬尼斯, Apennine Mountains)
162) 후니노(屋呢耷, Oneglia)
163) 푸알테리(服而忒里, Voltri)
164) 몬토노토(忙脫諾脫, Montenotte)
165) 아를(阿羅, Arles)
166) 알티아(愛而退亞, Altare)
167) 포미다(薄迷大, Bormida)

거늘 이로 인하여 포대를 몬토노토에 쌓을 때에 4월 초에 아뢰어 이루었다. 브루가 그 좌익에 보카사비치[168]를 명하여 병사를 거느리고 푸알테리에 이르러서 프랑스 병사를 해산하니 프랑스 병사의 손상이 너무 많고 모임에 날이 저물어서 싸움을 파하니 패잔병이 탈환한 것을 비로소 얻었다.

브루가 또 부장군 야진토[169]를 명하여 몬토노토에 포대를 공격하는데 초 9일을 한정하여 병사들을 진격하여서 장차 프랑스 군대를 끊어버리게 하니 나폴레옹으로 더불어 동일한 계책이지만 야진토가 하루를 늦게 도착했기에 프랑스 참장 랑파이[170]가 정예병 1천 5백 명을 이미 모아서 포대를 지키거늘 야진토가 연이은 세 차례 공격에 랑파이가 힘을 다해 막아서 교전이 많을 때에 비록 많은 병사들이 앞에서 죽었으나 이내 굳건이 지켜서 움직이지 않고 나폴레옹은 사람이 없는 건널목[171]의 길로 몰래 따라가서 병사를 이끌고 그 뒤를 습격하니 야진토가 크게 패하여 띠그[172]에 물러나 이르니 브루에게 직무를 교체하였다.

나폴레옹이 드디어 포미다 산 골짜기에 나아가 위협하여 오스트리아와 피엔 두 군대가 서로 만나지 못하는 곳에 군영을 세우니 브루가 켈리[173]와 함께 급히 패잔병을 수합하여 두 군사를 연합하여 하나

---

168) 보카사비치(佛克紗維起, Josef Philipp Vukassovich, 1755~1809)
169) 야진토(亞近託, Eugène-Guillaume d'Argenteau, 1743~1819)
170) 랑파이(蘭拍, Antoine-Guillaume Rampon, 1759~1842)
171) 원문은 간수(看守)이다.
172) 띠그(第格, Dego)
173) 켈리(楷里, Michelangelo Alessandro Colli-Marchi, 1738~1808)

가 되게 하였다.

  나폴레옹이 군사를 사용하는 것이 매우 빨라서 13~14일 이틀에 두 차례를 사납게 공격하여 드디어 연합군을 단절하여 통하지 못하게 하니 오스트리아 장군 보루빌라[174]가 힘껏 끊어진 것을 이어서 2천 명으로 항복하였다.

  15일에 보카사비치가 알톨리[175]에 항복을 말미암다가 승전하고 군영에 돌아와서 병사를 거느리고 띠그에 이르러서 순시하다가 프랑스 군대 1대대를 홀연 보고 갑자기 나아가서 치니 프랑스 군사가 해산해서 도망가거늘 프랑스 장군 라흐보[176]가 급히 병사들을 가르치고 나폴레옹이 또한 군대를 거느리고 이르니 보카사비치가 힘이 능히 대적하지 못하여 군대를 물리쳐서 푸장[177]에 주둔하여 밀라노[178]을 보호하고 켈리[179]가 거느리고 있었는데, 피엔에는 브루가 능히 아울러 돌보지 못하여 스스로 물러남을 책임지니 나폴레옹이 알고 바로 병사를 거느리고 미친 듯이 쫓으니 카일리가 아테니스 산 편벽한 곳으로 달아나 도망가다가 또 쫓기게 되어서 이에 키라스코[180] 성에 들어가니 이 때에 카일리 군대 안에 교명(敎命)을 받은 사람은 태반이지만 흩어져 떠나고 아직 떠나지 않는 자들은 나폴레옹의 군대가

---

174) 보루빌라(潑魯維拉, Johann Peter de Beaulieu, 1725~1819)
175) 알톨리(而脫里, Altare)
176) 라흐보(拉赫潑, Antoine-Guillaume Rampon, 1759~1842)
177) 푸장(普汀, Pavia)
178) 밀라노(密倫, Milano)
179) 원문은 '개리(揩里)'인데 '楷'의 오자인 듯하다.
180) 키라스코(氣拉司固, Cherasco)

많고 또 용맹함을 보고 감히 더불어 대적하지 못하여 바로 브루에게 서로 도우라고 하는데 또한 이기기 어려운 이유로 싸우지 않고자 하여 또 칼리나[181] 성에 퇴각하여 이르렀다.

25일에 나폴레옹이 사로잡은 마이몽트[182]가 병사 수십 인을 데리고 키라스코 성에 이르러서 몰래 보니 포대를 지키는 병사 2천 명이 있고 군 기계와 양식을 저장하는 것이 매우 많아서 자못 족히 스스로 지킬 수 있었다. 이에 지키는 병사가 프랑스인을 한 번 보고 바로 포대로 양보하고 기계와 식량을 아울러 서로 주니 마이몽트[183]가 기뻐하는데 바라는 것 이상으로 나왔다고 하였다.

대개 이곳 의원 군영 중 사람이 프랑스인에게 몰래 통하는 자가 이미 있어서 피엔이 지세가 궁해지며 힘이 다하고 쓸 재물이 다 바닥나니 사르데냐 왕 아미야[184]가 푸장 남쪽 각 성을 가지고 프랑스에게 주고 잠시 병사를 쉬게 하는 것 등을 의논하여 청하거늘 나폴레옹이 말하기를, "반드시 크니히데[185]와 토타나[186] 두 포대 장교를 쇠사슬로 묶어서 나에게 돌려보내야 이것이 가할 것이다" 하니 사르데냐 왕이 바로 피엔에 명하여 각 포대와 지한푸[187]와 니스 두 개 성과 부근에 알프스 산의 땅을 갖추어서 일체로 프랑스에 주니 프랑스 의원(議院)

---

181) 칼리나(楷里納, Calliano)
182) 마이몽트(買茫㣤, Louis Charles René, comte de Marbeuf, 1712~1786)
183) 원문은 '買茫脫'인데, 앞의 한자는 '脫'이 '㣤'인데 같은 인물로 보인다.
184) 아미야(阿迷亞, Victor Amadeus Ⅲ of Sardinia, 1726~1796)
185) 크니히데(克尼細代)
186) 토타나(脫他捺, Tortona)
187) 지한푸(及寒服, Chambéry)

이 잠시 화친을 논의하는 조약을 드디어 고쳐서 영원한 화친의 조약을 삼거늘 사르데냐 왕이 이로 인하여 분하고 답답하여 오래지 않아 드디어 죽었다.

제14절 로디[188]의 전투[189]

피엔의 전투를 쉰 다음에 나폴레옹이 브루를 푸장에 빨리 따라가서 부네피아[190]에 패하고 또 따라가니 브루가이에 아이다[191]에 물러나 이르러서 뒤에 호위하는 군사를 명하여 포대를 가지고 로디 다리를 막고 지켜서 따라오는 병사를 오지 못하게 방해하고[192] 대대가 조용히 물러날 때에 다리 위에 사납게 포를 쏴서 프랑스 병사를 죽게 하는 것이 매우 많았는데 프랑스 병사들이 불꽃이 일고 연기가 자욱한 중에 오로지 앞을 향해 사납게 쳐서 앞서는 자는 죽었지만 뒤에 있는 자들은 이어져서 벌처럼 뭉쳐 나가서 드디어 이 다리를 빼앗고 나폴레옹이 스스로 말하는데 "평생에 로디에서 한 번 싸움에 비로소 영웅의 이름을 당시 세상에 세우기를 생각하였다"고 하였다.

5월 15일에 프랑스 병사가 승리를 타고서 밀라노에 도착하니 이

---

188) 로디(勞第, Battle of Lodi)
189) 로디전투는 1796년 5월 10일 나폴레옹 보나파르트가 이끄는 프랑스군이 이탈리아의 밀라노 남동쪽 31km 지점에 있는 아다강의 로디 다리에서 장 피에르 볼리외가 이끄는 오스트리아군 일부와 싸운 전투이다.
190) 부네피아(福奈皮亞)
191) 아이다(愛達阿)
192) 원문은 조주(阻住)이다.

성은 교명을 받고 당에 들어가는 사람이 가장 많으니 각 처에서 유민들이 떨기처럼 모여서 의민회를 세우고 미칠 듯한 글씨로써 신문지에 나폴레옹의 위엄있는 덕을 매우 칭찬하는[193] 것이 하늘 신과 같다고 하여 민심을 선동하거늘 나폴레옹은 도리어 이것을 기뻐하지 않고 자못 조금 보았는데 오직 휘장 아래 장졸은 사사로이 서로 결합하고 있었다.

이탈리아 민주당 사람들이 항상 말하는데 만일 이탈리아 전국에서 동시에 혁명이 나서 민주가 되면 무궁한 이익을 받는다고 하니 싸우기 전에 이탈리아 정치가 비록 곡진히 잘하지 못하지만 각 성의 지방관에 인민을 관리하는 것이 마땅함에 합해지는 것이 이미 좋으니 민주주의의 신법이 이탈리아의 옛날 법보다 좋은 것을 어찌 알겠는가.

밀라노가 오스트리아에 종속[194]이 되어서 천연하고 우수한 부자 나라로 오스트리아 왕 만리아[195]와 조제프[196]가 자리에 있을 때를 당하여 옛것을 버리고 새것을 도모하여 문화에 나아가고 토스카나가 유럽에 안락의 나라가 되어서 정치와 법률이 새로운지 이미 오래되었고 나피리스[197]가 비록 교화가 밀려 늦어졌지만 그러나 카일리[198]가 왕이 되었을 때를 당하여 그 대신 테니스피샤[199]가 바꾼 정치를

---

193) 원문은 성칭(盛稱)이다.
194) 원문은 번속(藩屬)이다.
195) 만리아(曼理亞, Maria Theresia Walburga Amalia Christina, 1717~1780)
196) 조제프 다음 원문에는 '第二'가 있는데 무슨 뜻인지 모른다.
197) 나피리스(那披利司, Naples)
198) 카일리 다음 원문에는 '第三'이 있는데 무슨 뜻인지 모른다.

변하게 하여 기상이 전과 크게 다르니 이는 이탈리아 인민이 과연 능히 편히 살고 즐겁게 일을 하여 태평한 바람이 돌아오거늘 어찌 한 번 부르니 백 번 화답하여 급하게 동시에 혁명을 하고자 하는가. 필경 혁명한 이후에는 이익이 어디에 있는가. 사람이 해결하지 못할 것이다.

파리가 정치를 잡음에사람이 나라에 쓰임이 적어서 이로써 결의하고 각 나라로 더불어 전쟁을 시작하여 그 금과 재물을 빼앗아서 군사비용을 넉넉하게 하고 나라 쓰임을 돕고자 하니 이는 루숑보 5세[200] 왕이 나폴레옹과 함께 여러 장군에게 중요한 뜻을 몰래 위촉하여 프랑스 병관(兵官)과 의원에 위원이 함께 성에 들어가서 찾고 감독하는 것을 매우 힘들게 하니 이에 프랑스 병사와 이탈리아인이 따라서 각자가 방자하게 노략질을 해도 금지하는 것이 없고 오직 랑베르[201] 사람이 프랑스 병사를 직접 대접하는데 예가 있는 것으로 인하여 나폴레옹이 그 병사에게 망령되이 취하는 것을 금지하였다.

그런데 분수에 따라 벌이 매우 많아서 이미 군사비를 보상함에 20조 프랑[202]을 찾고 다시 위원으로 하여금 어느 곳의 식량과 함께 군대 가운데 쓰여진 것에 물건을 논하지 않고 말과 마차 등을 일정한 법으로 값하는 값은 세금을 내는 것[203]이니 군사비에서 환어음[204]으

---

199) 테니스피샤(忒尼西披紗, Bernardo Tanucci, 1698~1783)
200) 루숑보 5세(魯遜勃五)
201) 원문은 '랑백시(朗白時)'이나 '朗白特'의 오자인 듯하다.
202) 프랑(弗郎, franc)
203) 원문은 격(緞)이다.
204) 원문은 '은표표(銀票票)'이지만 '은표'인 듯하다.

로 보상하였다.

그러나 태반이나 주지 않고 또 귀족의 산업을 골라서 뽑아 모든 수를 공용으로 충당하고 전당포의 귀중한 물건은 함께 취하여 이것으로 정부의 쓰임에 충당하고 뒤에 다른 곳에 이르러서라도 또한 그러하니 이것을 가지고 일반적인 예가 되어서 비록 잘 뽑은 공변된 법률 조항이라도 또한 망라하여 남는 것이 없게 하였는데 다섯 감독이 오히려 함께 여러 장군을 향하여 재물을 찾으니 나폴레옹이 계속하여 요구에 응하고 상을 언급한 전쟁을 시작한 이래로부터 군사비 외에는 이미 감독서에 50조 프랑을 납입하였다고 하였다.

이 때에 이탈리아의 각 작은 나라가 다 뇌물을 바쳤기에 그 연유로 유린당하는 것을 만나지 않으니 혹자가 이르기를, "만일 이 재물을 가지고 사르데냐 국고에 모으고 군사비를 넓혔다면 또한 족히 적을 막았을 것인데 어찌 반드시 이러한 하책을 내고 당시에 각 나라가 병사의 위엄에 두려워하여 오직 헌금을 내어서 이것으로 스스로 지킴을 구할 줄 알았지만 그러나 땅을 잃는 것을 면하지 못할 것이니 피엔 공작의 20조 프랑을 헌납한 그림 20 종이와 마르티노[205] 공작의 6조 프랑과 군 식량과 마차 값어치 은 2조를 바친 그림 종이 15장과 이와 같이 프랑스 사람이 그 땅을 이내 취하여 이것으로 돌아가니 그런 즉 헌금 납입이 또한 무슨 이득이 있겠는가" 하였다.

---

205) 마르티노(馬提諾, Mantua)

제15절 페비아[206]의 반복

프랑스 병사가 랑베르에 나아가는 것으로 사방 경계가 번잡스럽고 요란하여 백성이 능히 견디지 못하였다. 페비아의 보나구[207] 마을이 먼저 모반을 도모하여 프랑스 병사 여러 명과 이탈리아 사람이 자코뱅당에 개인적으로 들어간 사람을 죽였으니 짧은 사이에 난의 세력이 널리 퍼져서 페비아를 격동시키니 5월 23일에 페비아 성 안의 3만 명이 동시에 반란에 응하여 성을 지키는 프랑스 병사를 군영 안에 가두어서 나오지 못하게 하고 길에서 프랑스 사람을 만나면 바로 죽이고 그 죽이지 못한 사람은 지방관을 말미암아서 위험을 무릅쓰고 구출하였다. 프랑스 장군 하겐[208]이 장차 통령소에 이를 때에 난민을 마침 만나서 사람을 해치고 물건을 해하는 것[209]을 만나다가 지방관의 구원을 말미암아서 삶을 얻었다.

나폴레옹이 이 때에 로디에 있어서 브루를 쫓다가 난리가 줄어드는 것을 홀연히 듣고 밀라노에 급히 돌아와서 주교 비스콘티[210]에게 파웨이야에 이르러서 백성을 권장하며 전쟁을 쉬고 리니스[211]에게 병사 1대대를 거느려서 보나스쿠[212] 마을을 공격하고 그 방과 집을

---

206) 페비아(配維亞, Pavia)
207) 보나구(勃那古)
208) 하겐(海根, Gen. Peter Vitus von Hagen, 1759~1823)
209) 원문은 잔해(殘害)로 잔인해물(殘人害物)의 준말이다.
210) 비스콘티(維司康體)
211) 리니스(力呢司)
212) 보나스쿠(勃那司古) 앞의 한자는 '勃那古'이다.

불태우며 손으로 군대 무기를 잡은 자는 죽이라고 했다. 주교는 파웨이야 성에 들어가서 뭇사람들을 소집하고 완곡하게 계몽하여 이르기를, "너희들은 무질서하게 모임에 무리가 어찌 전쟁에 배테랑인 군사를 대적하겠는가. 일에 위험이 이에 지나치지 못하니 그 옥석을 구분하지 못하고 살육을 참혹하게 만남으로 급하게 해산하는 것만 같지 못할 것이다"라고 하였다.

그런데 우매한 백성이 그 말을 듣지 않고 도리어 주교에게 이르기를, "또한 자코뱅당에 들어가라" 하고는 떼를 지어 일어나 쫓아서 반란이 이와 같이 하더니 조금 있다가 나폴레옹이 무리들과 함께 이르러서 그 성을 포로 무너뜨리고 마병이 벌처럼 뭉쳐 들어와서 종횡으로 움직여서 소탕하니 세력이 큰 파도 같아서 어지러운 촌 백성은 반이지만 다른 성곽으로부터 쫓아서 도망 나오고 성 안에 사람은 집에 각자가 숨어서 감히 밖으로 나오지 못하였다.

나폴레옹이 명령하였는데 "군 무기를 바치면[213] 그 죽을 죄를 면한다" 하고 또 깨우쳤는데 성 안의 대학당과 박사 방실 외에는 프랑스 병사에 맡기어서 수색하고 빼앗게 하니 24시에 난민이 어지럽게 무기를 버리고 투항하여서 감히 항거하지 못하고 반란을 일으킨 3~4명은 즉시 잡혀서 마땅히 민중이 처형하고 그와 같은 뜻을 가졌던 자들은 칼과 화살 중에 반이 죽으니 어지러운 세력이 비로소 정리가 되었다.

나폴레옹이 이곳의 백성이 이미 항복하고도 다시 모반한 것으로 지키는 병사를 보호하는 계책은 결국 중벌을 부과하여서 미래를 경

---

213) 원문은 정격(呈繳)이다.

계한다고 하고 병사를 민간에 보내서 멋대로 독을 마시게 하고 또 성에 진을 치며 사는 백성이 능히 난의 싹을 막지 못한 것으로 그 산업을 훼손하며 많은 세금을 아울러 징수하게 하여 이것으로 군비에 충당하고 양식을 운반하는 강변의 백성도 전쟁의 고통을 받지 않는 것을 허락하지 말라고 하였다.

그런데 나폴레옹이 그 말을 듣지 않고 밀라노를 보호하여 군사를 약속하여 어지럽고 해되는 것을 더하지 말라고 하니 감독이 의원을 군영 안에 보내서 군사를 지휘하거늘 나폴레옹이 감사하여 말하기를, "감독은 우리 군주가 아니요, 국정을 대리하는 사람에 불과하기에 이탈리아의 일은 내가 스스로 할 것인데 어찌 저들의 절제를 받으려고 하는가. 다른 날 저들이 장차 나에게 절제를 받을 것이다" 하니 감독이 파견한 의원은 평화를 협상하는 것을 본래 일로 하여 온 것이다.

이에 의논을 시작할 즈음을 당하여 나폴레옹이 혼자 스스로 결단하여 곧 오스트리아와 함께 잠시 휴전의 약속을 바로 잡고 위원에게는 결단코 상의하지 않으니 감독이 꺼려했지만 그 제멋대로 날뛰는 것을 제어할 방법이 없었다. 이에 그 권한을 빼앗으려 생각하고 알프스 산 밖의 군대를 둘로 나누어서 나폴레옹이 1군대를 통솔하여 이탈리아에 주둔하게 하고 클레르몽[214]을 보내어서 1군대를 통솔하고 랑베르에 주둔하게 하여 이것으로 감옥을 가게 하니 나폴레옹이 듣고 크게 화를 내며 말하기를, "이와 같으면 권세가 흩어져서 전쟁에 이기는 이로움을 장차 잃을 것이니 나는 결코 따르지 않으리라" 하고

---

214) 클레르몽(克勒捫, Prince of Clermont) 라우펠트 전투에 참가했다.

이에 편지를 써서 감독에게 보내어 말하기를, "이번 차수 중 한번 전쟁의 승리는 다 우리 병사의 떨치는 용맹한 것으로 말미암아 이룬 것이다. 만일 병권을 가지고서 분석해 보면 병사들은 바로 능히 같은 마음일 수 없으니 어찌 능히 성을 공격하고 땅을 침략하여 헌법을 적국에 추진하겠는가. 바야흐로 지금 대세가 정해지지 않은 것에 바로 일의 권세를 가지고 한 사람에게 부탁하여 비로소 가히 조용히 배치했는데 사람들이 방해한다면 일은 반드시 실패할 것이고 클레르몽은 경험이 많고 군일을 연습하여 내가 깊이 감복하고 있지만 그러나 두 장군을 한 곳에 있도록 하여 혹 의견의 어긋난 해가 있으면 한 사람의 성과가 있음을 오로지 질책하는 것만 못합니다" 하였는데 감독이 아무것도 하지 않았다. 이에 클레르몽이 병사를 알프스 산 아래에 주둔하게 하여 막는 군사를 삼았다

오스트리아 장군 브루가 로디 다리로부터 병사를 퇴각시켜서 몬차[215]에 이르니 2만 4천 명만 겨우 존재하고 또 피엔에 도움을 잃어서 세력이 단순하고 약해져서 능히 적에게 항거하지 못하였다. 오스트리아 정부에 요청하여 병사를 추가하여 여기에 주둔하고 양식을 군의 진영에 모아서 지키는 계책을 삼고 부서를 스스로 통솔하고 테루엘[216] 계곡으로 말미암아 물러나 이르니 이 때에 랑베르 전체 경계와 몬차 밖에는 다 프랑스인 소유가 되고 몬차에 포대도 이미 프랑스인의 소유가 되어서 빠르고 쉽게[217] 구할 수 있는 세력이 있었다.

---

215) 몬차(孟區亞, Monza)
216) 테루엘(泰魯而)
217) 원문은 타수(唾手)이다.

나폴레옹이 강력한 군대를 통솔하고 밀라노를 점거하니 궁실이 화려하고 이탈리아 귀관이 주위를 지켜서 엄연히 왕과 같이 하니 각 곳에 뜻을 얻지 못한 이탈리아 사람이 스스로 의로운 백성이라 칭했다 하고 날이 지나 통령(統領)과 내통의 계책을 세워서 프랑스가 나아가 공격하는 것을 쉽게 하고 다시 베네치아[218] 사람이 있어서 오스트리아 군대의 뒤를 밟아서 소식을 정탐하다가 혹 길을 안내하다가 거짓으로 하고 그 방향을 잘못 알아서 힘들게 하니 이 모두 혁명당 사람들이 힘을 본받기를 원하고 보답은 받지 않는 자들이다.

다시 한 무리의 사람들이 있어서 일을 도모함에 의견 내기를 제멋대로 하여 자백함을 분주하게 하고 심지어 귀족 집안의 부녀까지도 프랑스 사람을 위하여 군사 정보를 몰래 통하니 아! 가히 이상하도다. 이 때에 얻은 이탈리아의 재물이 비록 위로는 정부에 이바지하고 아래로는 군대 물자에 공급하는데 여유가 오히려 있기 때문에 사용한 것은 이탈리아 사람에게는 바로 이탈리아 재물로 주고 자국에 재물은 한 푼도 소비하지 않았다.

제16절 아이굴[219]의 전투

독일 장군 푸무사[220]가 오스트리아 군사 6만 명을 거느리고 라인강

---

218) 베네치아(尾尼司, Venezia)
219) 아이굴(矮古而)
220) 푸무사(浮姆薩)

을 따라서 아이취[221]강에 이르러서 공격할 때에 두 군대로 나누어서 한 군대는 지다[222] 호수 동쪽에 주둔하여 푸무사가 스스로 장수가 되고 한 군대는 호수 서쪽에 주둔하여 쿠스타비치[223]가 장수가 되었다.

나폴레옹이 몬차 포대를 봉한 뒤에 공습 경보를 듣고 전군(全軍) 4만 4천 명을 바로 거느리고 쿠스타비치를 막아서 공격하여 깨뜨리고 급히 군대를 돌려서 푸무사를 공격할 때 8월 초에 혈전 두 차례를 크게 이겨서 그 포병 수천 명을 죽이고 추격하여 테루엘에 이르러서 9월 초에 또 오스트리아 병사 한 군대를 무찌르고 퀸타[224] 성에 나아가 점거하니 푸무사가 성 동쪽으로 따라와서 공격하거늘 나폴레옹이 뒤로부터 공격하니 푸무사가 이탈리아의 바사노[225] 성에 물러나 이르러서 오스트리아 장군 알베키[226]가 많은 병사를 거느리고 와서 구한다는 것을 듣고 바로 병사를 옮겨서 몬차 포대를 뺏고 그 성에 나아가 지키다가 11월 초에 알프스 산에 백설이 처음으로 쌓이니 오스트리아 군대 두 진영이 산 아래에서 알베키가 거느리는 병사 3만 명과 다비도비치[227]가 거느리는 병사 2만 명이 길을 나누어서 공격함에 각 군대가 서로 귀속되지 못하여 11월 초에 나폴레옹이 아어웨이치와 함께 리나우[228]에서 싸울 때에 균등한 세력으로 힘껏 대적하여

221) 아이취(愛區)
222) 지다(階達)
223) 쿠스타비치(苦司塔維起)
224) 퀸타(屈靈他)
225) 바사노(白煞拿, Bassano)
226) 알베키(愛而維齊)
227) 다비도비치(達尾杜維祛, Davidovich, 1737~1814)
228) 리나우(離拿烏)

서 서로 전패시키지 못하고 저들에게 가히 두려운 쫓김을 받아서 다음 날 포르나로[229]에 물러나 이르러서 부장 푸부치[230]에게 통솔하게 하였고 다비도비치에게는 전쟁에서 패한 병사를 수집하게 하였다.

알베키가 프랑스 병사를 이미 쫓고 군대를 포르나로 앞 고바의 땅에 주둔하였는데 다비도비치의 종적은 보지 못하였으니 뒤에 그 루비다[231]에 있음을 알고 군대를 주둔시킨 지 10일만에 프랑스 장군 푸부치[232]가 군대를 통솔하고 브룬케[233]에 이르러서 이탈리아의 병사들이 나아가는 길을 막고자 하다가 도리어 다비도비치에 쫓기게 되어서 아주 좁은 산길로 들어가니 다비도비치가 병사들을 가지고 산길을 지키게 하고 다른 병사를 거느리고 근접한 포르나로의 아이취 강에 이르렀다. 이 때에 나폴레옹은 삼면으로 포위를 받으니 알베키[234]는 그 앞에 있고, 다비도비치는 그 오른쪽에 있고 푸무사는 그 뒤에 있어서 위험이 너무 심했다.

12일에 나폴레옹이 아어웨이치를 높은 언덕에 있어 바라보며 공격할 때에 뭇 병사들이 당겨서 위로 올리니 죽은 사람은 계산이 안 되고 적군은 견고히 지키고 있어서 움직이지 않았다. 나폴레옹이 능히 대적하지 못할 줄 알고 포르나로에 물러나서 감독에게 급하게 아뢰었는데 "좋은 장군과 정예병을 잃은 것이 이미 많았고 또 외로운

---

229) 포르나로(佛拿諾)
230) 푸부치(服步驢)
231) 루비다(魯微柁)
232) 앞의 한자는 '服步驢'인데 여기는 '服步毆'이다.
233) 브룬케(佛倫楷, Brunkeberg)
234) 앞의 한자는 '愛而維齊'인데 여기는 '愛而齊'이지만 동일 인물로 보인다.

군대로 중첩한 포위에 힘들게 들어갔으니 만일 적병이 힘을 다하여 와서 공격하면 삶을 바라지 못할 것이다" 하거늘 감독이 이 소식을 듣고 이르기를, "나폴레옹이 세력이 곤궁하고 힘이 다하여 반드시 적에게 항복하리라" 하고 몰래 즐겁다고 일컬었다.

 13일 밤에 나폴레옹이 사람들이 조용한 때를 타서 군대를 선발하여서 플로노[235] 옆 길로 몰래 쫓아서 알베키의 병영과 보루의 뒤에 몰래 이르니 이 땅에 하수 한 길 위에 돌 다리가 있어서 거아이굴[236]을 넘었다. 이 다리를 뛰어넘어서 습격하기를 생각하더니 뜻밖에 다리 주변에 오스트리아 두 군대와 포대 여러 자리가 있어서 엄밀하게 지켰는데 프랑스 병사가 빼앗아서 몸을 돌아보지 아니하고 숲 같은 탄환을 맞는 것을 무릎 쓰고 나아가서 세 번 나아가고 세 번 물러나니 죽은 자가 심히 많았다.

 결국 다리 주변의 작은 길을 쫓아서 달아나 돌아와서 얇은 연못에 도망쳐 이르니 오스트리아 병사가 다리 아래까지 쫓아와서 프랑스 군대를 쓸어 버리고 그 중심에 있는 사람들을 놀라게 하니 나폴레옹이 진흙에 몸이 빠졌는데 물이 가슴까지 차서 거의 사로 잡히게 되었더니 프랑스의 뒤에 있던 부대 병사들이 밀물과 같이 용맹하게 진격하여 적의 병사를 쳐내고 나폴레옹을 구해서 나오니 알베키가 다시 병사를 거느리고 높은 곳으로부터 따라 내려가서 힘을 다하여 쫓아 가거늘 프랑스 병사가 힘을 다하여 막고 또 싸우고 또 물러나서 나폴레옹이 비로소 위험에서 벗어났다.

---

235) 플로노(佛羅諾)
236) 거아이굴(各矮古而)

이에 편지로써 감독 카이나토에게 아뢰어서 이르기를, "평생에 전쟁을 여러 번 경험을 했지만 이와 같이 위험한 것은 처음입니다. 적병은 많고 또 용맹하며 우리 군사는 존재함이 거의 없으며 포화 중에 위험에서 벗어나 돌아옴을 얻은 것 또한 다행입니다" 하였는데, 뭇사람이 듣고 드디어 나이가 젊은 용맹한 장군이라 칭하였다.

15일에 프랑스 장군 카이커스[237]가 병사 3천 명을 거느리고 아이취강 하류를 따라 엘퐁[238] 강을 건너서 아이굴 마을을 공격할 때 장차 다리 위의 오스트리아 병사를 치려고 하더니 이 밤에 오스트리아 장군이 병사를 더하여 서로 도울 줄을 어찌 알았겠는가. 마을 밖으로 나가는 것을 이에 얻었다.

다음날에 나폴레옹이 아이굴 다리를 재차 공격하여 매번 싸움에 잃어버린 장군과 병사의 시체를 빼앗아 돌아오고자 하다가 능히 하지 못하고 17일에 엘퐁 강가에 다리를 만들고 부장 요거르[239]가 군대를 거느리고 강을 건너서 아이굴 측면을 공격하게 하고 스스로 별도 군대를 거느리고 연못 양길로 말미암아서 공격하다가 아주 사나운 포화를 만나서 물러나니 요거르는 홀로 오스트리아 군과 더불어 용감하게 싸워서 다리를 지키는 군사를 대파하고 드디어 이 다리를 빼앗고 아이굴 마을에 바로 도착하니 알베키가 바사노가 물러났다.

이 싸움에 프랑스 병사의 손상이 4천 명이고, 포로의 수가 4천여 명이었다. 알베키의 병사를 물리는 일을 당하여 다비도비치가 비

---

[237] 카이커스(楷克司)
[238] 엘퐁(愛耳蓬)
[239] 요거르(拗腒羅)

로소 산 위에서 내려오는 것을 말미암아 아이취 강에 이르러서 장군 포나누어가 공격하거늘 나폴레옹이 승리의 기운을 타서 격퇴하였다.

이 때에 오스트리아 공작 켈스[240]가 프랑스 병사와 함께 독일에서 전쟁할 때 병사를 나누어서 이탈리아를 함께 돌보는 것으로써 라인 강 한 길을 비우게 하였더니 1797년 정월에 프랑스 장군 모로[241]가 그 포대를 빼앗고 4월에 프랑스 장군 푸치[242]가 또 독일 장군 크레[243]를 라인강 주변에서 격파하고 이에 별장(別將)[244]과 함께 승기를 타서 독일의 가운데 길을 공격해 나가다가 오스트리아 왕이 나폴레옹과 함께 화의하는 것을 듣고 드디어 병사를 물렸다.

지난해 겨울에 나폴레옹이 프랑스 장군과 함께 각각 구원병을 더하려고 할 때 오스트리아 장군은 5일 안에 병사 5만 명을 더하니 특별히 푸무사를 몬차에서 구하는 것이 아니다. 또한 아이취 강가의 프랑스 병사를 다 몰아버리고자 하였더니 어찌 올해 정월에 프랑스 병사와 함께 리브리[245]에서 전쟁을 하여서 패할 줄을 알았겠는가? 오스트리아 장군 보루빌라는 드디어 5천 명으로 항복하고 푸무사도 또한 몬차에서 항복하니 나폴레옹이 푸무사를 보고 위로하여 말하기를, "너는 용맹하여 감히 전쟁을 하니 너의 안에서 대응하는 일을 이미 다했으니 네가 바사노에서 패한 이후로 적 군중에 병사가 간

---

240) 켈스(楷爾司)
241) 모로(謨魯, Jean Victor Marie Moreau, 1763~1813)
242) 푸치(甫氣, Joseph Fouché, duc d'Otrante, 1759~1820)
243) 크레(克雷)
244) 무관의 벼슬이고, 별군의 장교를 뜻한다.
245) 리브리(黎扶里)

지 5일에 몬차 성을 지켰으니 비록 오랜 전투여서 이로움이 없지만 그러나 기운이 가득하고 용맹하며 사납고 또 능히 포대를 지켜서 6월에 오래토록 이르니 자못 쉽지 않은 것이다. 지금에 올해가 황망하고 병사가 돌림병 때문에 와서 항복하니 하늘이 돕지 않은 것이고 너의 죄가 아니다"라고 하였다.

이 때에 프랑스 병사가 몬차 성에 들어가서 군비를 배상하는 거금을 찾으니 로마 교황의 힘으로 능히 납부[246]하지 못하거늘 이에 그 속한 땅을 넓게 침공하니 포성이 이르는 곳에 지치고 약한 병사들이 섞여서 놀랬다. 드디어 우커나[247] 성과 그 해구를 나아가 점령하니 교황이 두려워하여 병사를 쉬게 하는 화친 회의를 청하니 나폴레옹이 한 번에 사납게 약속을 정하니 교황이 파견한 화의의 신하는 유약하고 무능한 주교였다.

일일이 잘 들어 쫓으며 나폴레옹의 행군이 빠른 것을 보고 놀라며 말하기를, "이것은 이른바 나르는 장군이 아니냐" 하였다. 나폴레옹이 교황의 친구라고 자칭하고 보호하여 함께 적으로 여기지 않았다. 그러나 볼로냐, 라라이[248] 두 성과 우커나 해구를 찾아 취하고자 하니 교황이 윤허하지 않고 30조의 프랑으로 군비를 배상하고 따로 조각과 회화의 물건과 로마 서적을 가지고 프랑스에 주는데 프랑스 사람이 또 성 덱서[249] 궁에서 큰 다이아몬드[250] 보석과 그 기타 귀중한 물

---

246) 원문은 격(繳)이다.
247) 우커나(屋可納)
248) 라라이(拉賴)
249) 덱서(得克瑟)
250) 다이아몬드(大金鑽, diamond)

건과 기이한 메두나[251] 옛날 조각상을 취하여 파리로 차를 돌렸다.

나폴레옹의 먼 조상이 일찍 토스카나 성에 살았으니 이 때에 이르러 성에 들어가 유람을 하다가 대예배당과 세례소(洗禮所)가 크고 아름다워 견줄 수 없는 것을 보고 농담으로 말하기를, "이는 큰 유리로 그물을 씌웠다" 하고 쉰미니[252] 진에 이르러서 그 가족을 찾으니 가족들이 듣고 다투어 서로 보려고 하여 안색을 한 번 봄으로써 영화로움을 삼더니 나이 든 교사(敎士)가 있어서 족장이라 자칭하고 나폴레옹에게 이르러 말하기를, "옛날에 가족 중에 교사라고 하는 사람이 있어서 죽을 때에 교황이 성사(聖師)의 호로서 봉하였으니 지금의 나도 도와주어서 예를 삼고자 하니 당신을 위하여 구원할 것이다" 하였다. 나폴레옹이 허락하였다.

제17절 레오벤[253] 화친 조약[254]

오스트리아 황제가 공작 우두머리에 켈스를 명하여 병사를 거느리고 이탈리아의 변경에 이르니 이 병사가 다 훈련을 하지 못하고 또 브루와 푸무사, 아이얼웨이치와 다비도비치의 전패에 병으로써

---

251) 메두나(墨杜納)
252) 쉰미니(遜密泥)
253) 레오벤(里烏朋, Leoben)
254) 레오벤 화친 조약은 1797년 4월 17일에 나폴레옹에 의해 체결된 조약이다. 이 조약으로 오스트리아는 이스트리아와 달마티아의 베네치아 공화국 영토에 대한 대가로 네덜란드와 롬바르디아를 잃었다. 조약은 1797년 10월 17일 최종 평화 협정인 캄포포르미오 조약에 의해 승인되었다.

복잡하고 의원(議院)이 다시 중간에서 방해하여 켈스가 제도를 임의로 하는 것을 용납하지 못하게 하니 프랑스 장군 베르나도트가 이에 라인강으로부터 와서 군사 2만 명을 옮겨서 이탈리아에 이르러서 나폴레옹과 함께 연합하여 하나가 되었다.

3월에 켈스와 함께 토리멍시[255]에서 싸워서 대파하니 켈스가 비엔나[256]에 이르러서 오스트리아 수도로 헝루리[257]가 와서 구해줌을 깊이 바라고 바로 승리를 얻은 프랑스 병사들을 유혹하여 오스트리아가 속한 당에 이르니 오스트리아 백성들이 옆과 뒤를 쫓아서 병사들을 도와서 공격하면 전쟁에서 승리하는 바램이 반드시 있을 것이라 하였다.

이 때에 프랑스 사람이 베네치아 공화국의 땅을 공격하다가 바로 베네치아가 그 뒤를 습격하고 오스트리아 장수 레이던[258]이 또 병사를 거느리고 테루엘 산골짜기로부터 아이취 강에 이르러서 와서 공격할까 두려워하여 나폴레옹이 이에 쇼댕[259] 제방에 물러서서 깊이 적병이 서로 위협하는 것을 근심하더니 병사들이 다 전쟁에 힘듦을 문득 생각하고 급히 병사를 쉬게 하고 백성을 편안하게 하고자 하여 이에 편지를 켈스에 보내어서 화친 논의를 청하니 켈스가 대답하지 않고 오스트리아 수도를 바로 공격하고자 하였는데 이곳은 오스트리아 수동에서 거리가 8일 가는 정도였다. 이에 모루푸치[260]에게 병

---

255) 토리멍시(脫立孟士)
256) 비엔나(維也納, Vienna)
257) 헝루리(恒如利)
258) 레이던(雷鄧)
259) 쇼댕(仇鄧)

사를 거느리고 먼저 가게 하여 투니보[261] 산에 이르니 랑베르와 베네치아 사람이 병사들이 와서 잘라버려서 앞길을 막으니 나아가고자 했지만 그렇지 못했다.

  이 때에 다른 병사들에게 서로 협조하는 것이 이미 없어서 세력이 심히 약해질뿐더러 오스트리아 정부가 프랑스 병사들이 장차 다다른다는 것을 듣고 크게 두려워하여 돈을 지불함[262]에 많고 적음을 논하지 않고 오직 화의를 구하는 것을 원하여 켈스를 명하여 전쟁을 멈추게 하고 이에 베르크[263]와 마푸타[264]를 보내서 쇼댕 제방에 이르러서 나폴레옹과 함께 화친을 의논하니 나폴레옹이 여러 날을 지연하다가 비로소 허락하고 이에 통령소를 레오벤에 옮기고 선봉은 보루크[265]에게 운영하도록 하여 오스트리아와 함께 화약을 의논할 때에 교황에게 소속한 땅인 켈렌시[266]를 돌아 이르러서 병사에게 어지러움이 더해가는 것을 엄히 금지하고 이 지방 백성을 힘써 보호하여 전쟁 때에 고통을 받지 않게 하니 켈렌시의 백성이 모두 다 오스트리아에 충성하여 민주 자유의 당에 입당하지 않게 하는 것을 원하는 것이다. 또 성질이 굳세고 거만하여 업신여기고 욕보임을 받지 않기에 나폴레옹이 한 번의 뜻으로 편히 어루만져서 큰 행동을 보였다.

---

260) 모루푸치(謨魯甫氣)
261) 투니보(突尼孛)
262) 원문은 수관(輸款)이다.
263) 베르크(備而豁)
264) 마푸타(馬弗塔)
265) 보루크(勃魯克)
266) 켈렌시(楷靈西)

오스트리아가 비록 프랑스와 함께 화의를 의논하였지만 그러나 화의 도출을 정부의 뜻대로 시작하였기에 오스트리아 왕 프란츠 2세[267]와 그 동생 켈스는 오히려 다시 싸워서 밀라노가 속한 땅을 회복하고자 하니 이에 그 재상 슈투트가르트[268]가 비록 프랑스인을 좋아하지 않지만 그러나 이탈리아의 일을 간여코자 아니하고 또한 또한 프로이센[269]이 중립에 뜻이 있어서 장차 오스트리아의 폐함을 편승하여 스스로의 이득을 도모하는 것을 보이는 것이고, 오스트리아에 주둔한 프로이센 사신이 일찍 2월 때에 가히 의심스러운 행동이 있어서 나폴레옹을 이탈리아에 사사롭게 모이게 하여 행적이 비밀스러워시작과 끝을 헤아리지 못했기 때문에 연합 병사가 이탈리아를 돕는 것을 가지고 프랑스를 막는 것을 원하지 않았다.

나폴리[270] 여왕이 프랑스 병사가 이탈리아에 있어서 항상 경내에서 두려움을 받아서 혁명당에 사사로이 입당하는 사람이 조금씩 있기 때문에 그 주둔하고 있는 오스트리아 사신 후작 그루오[271]에게 아뢰어서 오스트리아 왕비에게 전하여 진술하니 오스트리아 왕비가 드디어 재상과 더불어 그루오를 명하여 화의 대신으로 삼아 나폴레옹 군영 안에 이르니 이 일을 조정 대신에게 명하지 않고 다른 나라 사람을 사용하니 오스트리아 정부 여러 대신이 다 서운한 뜻이 있었다.

프랑스 위원 감독이 나폴레옹이 오스트리아와 함께 화의한다는

---

267) 프란츠 2세(法蘭士第二, Franz Ⅱ, 1768~1835)
268) 슈투트가르트(蘇格式, Stuttgart)
269) 프로이센(普魯士, Kingdom of Prussia)
270) 나폴리(那坡利斯, Napoli)
271) 그루오(格羅)

것을 듣고 그 오로지 권력을 행세할까 생각하여 크라리크[272] 장군을 보내어서 돕게 하니 나폴레옹이 그 권력을 나누는 것을 싫어하여 이탈리아가 즐거워하거늘 클레크가 그 숨은 뜻을 살펴보고 일을 만남에 서로 양보하여 피차간에 거스르게 없음을 비로소 얻었으니 뒤에 나폴레옹을 이별하고 토리노[273]에 이르러서 사르데냐 왕과 함께 화의를 의논하였다.

4월 15일에 그루오가 오스트리아 조정으로부터 따라와서 레오벤에 이르니 나폴레옹이 그 성씨를 보고 오스트리아 신하가 아닌 줄 알고 이것을 가지고 물었는데 답하여 말하기를, "나는 이내 오스트리아에 주둔하고 있는 사신 나피리스 후작이다." 하니 나폴레옹의 눈빛이 예리하여 노려본 지 오래됨에 이내 말하기를, "내가 나피리스와 함께 화의하는 판을 일찍 정하여 마치지 않음에 일이 연관이 없거늘 지금에 오스트리아와 함께 화의를 의논하는데 당신이 온 것은 무엇 때문인가. 어찌 오스트리아 정부에는 화의하는 신하가 없는가. 비엔나 귀족 중 나이 든 신하가 다 전멸한 것인가" 하니 그루오가 말을 듣고 눈물을 흘리며 훌쩍거려서 대답하지 못하니 이것은 나이가 든 후작이 말을 못하는 것이 아니라 이에 나폴레옹의 위엄에 두려워한 것이다.

그 사람과 함께 변론을 당하여 항상 한마디 말로 비난함에 사람으로 하여금 가히 탁탁 쪼는 것을 그냥 두지 않게 하니 뒤에 그루오가 일찍 사람에게 말하여 말하기를, "내가 이 소년을 제어할 기술이 실

---

272) 크라리크(克賴克)
273) 토리노(脫靈, Torino)

로 없도다. 그 좌우에 사람을 보니 부적으로 금지하는 것을 당하는 것 같아서 그 위엄을 받아서 두려워하는 자도 있고 그 거동이 이긴 것이지만 두려워하는 자도 있어서 다 머리를 구부리고 마음을 내려놓아서 복종하지 못할 세력이 있기에 회의를 할 때를 당하여 마침내 두 이탈리아 사람으로 유럽 두 대국의 화약을 정할 때에 그 일이 심히 몰래 한 것이다"라고 하였다.

논의를 정한 뒤에 이르러서 비록 클레크를 불러서 와서 보게 하라 하니 클레크가 길 가운데 있어서 이 화약은 예상 밖이라 하고 반드시 1797년 4월 18일에 서명하리라 하더니 과연 그러하였다.

제18절 나폴레옹이 사직하다

화친 조약을 서명한 다음 날에 나폴레옹이 감독에게 아뢰어 이르기를, "군영 중에 사세가 위급하여 오스트리아 임금과 신하가 이미 비엔나 수도에서 떠나서 장차 켈스가 병사를 추가하여 나의 앞을 공격하고 헝가리[274]는 나의 뒤를 공격하고, 레이던은 타이누엘[275]의 병사를 거느려서 멀리 소리쳐서 사기를 북돋아주니 이렇게 배치하기를 엄밀히 할 즈음을 당하여 내가 미리 생각하여 함께 화의하는 것은 관계가 크게 있으므로 사신 클레크를 군영에 오게 하여서 도우니 10일에 아직 이르지 않는 것을 어찌 기다리겠습니까. 홀로 오스트리아

---

[274] 헝가리(恒加利, Hungary).
[275] 앞의 한자는 '泰魯而'인데 여기는 '泰魯'이지만 같은 인물로 보인다.

사신과 함께 화의를 정하였으니 몰래 생각하기에 제가 전군에 권력을 관리하는 것이 있으면 화의를 의논하는 것에 일을 단독으로 하는 것을 방해하지 않고 만일 제가 멋대로 한다는 것에 마음이 있다고 의심하면 업신여길 것이니 그렇지만 내가 비록 스스로 물어서도 다른 것이 없고 마침 다른 비판을 면하지 못할까 두려웠습니다. 그러므로 이것으로 병권을 일찍 놓고 몸이 이탈리아를 떠나는 것이 마땅하니 바라건대 화약에 대강을 갖추어서 비준을 빨리 받으십시오"라며 처치하고 뒤에 잘할 마땅한 일을 함께 갖추어서 자세히 지시하고, 나에게 주어서 서울로 돌아오는 것에 겨를을 다시 구하여 휴식을 얻었다고 이야기하였다.

다섯 감독이 이 편지를 보고 주저하며 결론을 내지 못하는데 만일 이에 명령으로 병권을 손에 쥐면 장래에 제멋대로 날로 뛰어서 더욱 가히 제어할 수 없을까 두려워하고 만일 사직하여 서울로 돌아오는 것을 윤허하면 남아서 군대를 누가 능히 통솔하겠는가. 프랑스 군이 향하는 곳에 대적할 병사가 없어서 이탈리아의 모든 곳에 몰래 다다름은 다 나폴레옹의 지략이 있는 것을 믿은 것이다. 이 대장을 오히려 잃으면 얻었던 이탈리아 북반부의 땅이 또 장차 회복된다고 하였다.

레오벤 화약을 논의하고 조정할 때를 당하여 프랑스 장군 푸치가 오스트리아 장군 크레를 강가로부터 따라와서 쳐부수고 모로가 또 슈베피[276]에서 승리를 얻으니 나폴레옹이 화친 논의가 이미 정해진 것으로 인하여 깨우치고 병사들끼리 교유하지 말라 하였다.

그리고 두 사람이 바야흐로 전쟁에서 승리하는 즈음을 당하여 험

---

[276] 슈베피(斯惠皮)

하고 어지러움을 홀로 당해서 마음이 기쁘지 않고 감독이 또한 나폴레옹이 질투에 마음이 있고 또 제멋대로 명령을 하여 정전하려고 하기에 그의 눈에 정부가 없음을 의심하여 더욱 꺼리었다. 그러나 감히 그 싫어하는 것을 드러내지 못하였다.

얼마 되지 않아 화약을 비준하고 자기 멋대로 의논을 정한 것은 절대로 꾸짖지 못했지만 오직 다른 장군이 독일이 나와서 공격한 것을 막지 못한 일에는 기뻐하지 않는 의도를 조금 드러냈지만 그러나 이내 명으로 랑베르를 지켜서 웨니사에 일을 맡아 처리하게 하니 나폴레옹이 이에 켈렌시로부터 천천히 병사를 물리쳐서 풀로리[277] 강둑과 에니스 소속 땅에 주둔시켰다.

제19절 웨니사와 제노아를 뺏다

베네치아 경개가 오스트리아와 이탈리아 두 나라 사이에 있어서 프랑스 사람에게 군마가 반드시 말미암는 땅이 되니 오랜 뒤에 반드시 멸망할 것은 스스로 알았다. 옛날에 나폴레옹이 일찍이 전쟁에 대해 말을 할 때에 중립의 나라가 없었는데 베네치아가 이에 스스로 명하여 중립에 나라가 되어서 서로 돕지 않을 것이고 또 프랑스 병사가 태반이나 그 경내 안에 있고 플로노[278]와 보스마[279]와 플레시[280] 등

---

277) 풀로리(佛羅里)
278) 플로노(佛羅諾) '풀로리'와 같은 지역일 수도 있다.
279) 보스마(勃斯麻)
280) 플레시(勃勒喜)

과 같은 땅은 프랑스 사람이 혹은 술책으로 유혹하며 혹은 세력으로 위협하여 힘으로 했지만 그 복종한 뒤에는 힘을 쓰지 않고자 하여서 베네치아 정부가 군대 식량을 공급하게 하고, 군 병기와 화약을 함께 사용한 지 이미 1년에 없어진 부역[281]을 다 파악하여 동쪽 길에 주인이 되니 전쟁 패배의 고통과 도리어 비교하면더욱 심하다.

말하는 자들이 이르되, "베네치아가 만일 중립을 안 하고 육군을 연습하여 이 육군을 가지고 오스트리아를 돕고 전함을 만들어서 이것으로 영국과 연합하여 프랑스군과 함께 싸웠더라면 승패의 수를 알지 못할 것이다. 나폴레옹이 이탈리아를 공격함에 결국이 어찌 뜻대로 되겠는가" 하였다.

프랑스 병사가 바야흐로 베네치아에 이르니 그 소속된 땅이 오히려 반란을 하지 않았다. 나폴레옹이 뜻을 결정하고 그 귀족 집정의 권력을 없애고 바로 그 속지를 나누니 여기에 이름에 민주 병사들이 베네치아 사람들과 더불어 한 모임을 결성하고 그 자유를 권장하니 이에 플레시와 보스마의 백성이 먼저 혁명을 하였다.

나폴레옹이 베네치아 사신에게 아뢰어 말하기를, "내 새로운 정부가 당신의 나라와 사권 교분을 잊지 않았기 때문에 당신의 나라를 보호하여 유혈의 참상을 면하게 하고자 하니 설령 당신 백성이 프랑스에 편향하는 뜻이 오스트리아에 편향하는 뜻보다 많음을 당신 정부가 이것으로 벌하지 말라"고 하였다.

사신이 말하기를, "그대는 능히 나를 도와서 플레시와 보스마의 난을 평정하겠는가" 하니 답하여 말하기를, "능히 할 수 없으니 내가

---

281) 원문은 폐부(敝賦)이다.

생각하기를 민주당에 열심인 것이 나에게 큰 이익이 있어서 저들이 일찍 나를 도와서 이탈리아를 공격하였으니 내가 차마 이 때에 도리어 공격하지 못하겠다" 하였다.

사신이 말하기를, "그러면 나를 용서하여 그 난을 평정하는 것이 가하겠느냐" 하니 나폴레옹이 답하여 말하기를, "당신이 이곳을 시험 삼아 봐라. 이미 프랑스의 수병들이 있다. 이 때 베네치아 마을의 백성은 옛 임금을 따르고자 하고, 성 안의 백성은 프랑스에 투항하고자 하여 반이나 쟈코뱅당에 가입을 하였다. 그런데 오직 포루어누오한 성의 백성이 다 편안하고 순하여 반란을 망녕되다고 생각하는 사람이 없으니 책임자가 그 성을 힘껏 보호하여 난민이 도망쳐 들어가는 것을 용납하지 않더니 마을 주민 수천 명이 민간 단체가 되어 이것으로 전쟁에서 수비를 갖추는 것을 바랐다. 그런데 각 지방 책임자가 드디어 베네치아 총독과 함께 서로 민간 단체 여러 대대를 불러 모아 군 안에 섞이게 하여서 요충지에 나누어 주둔하도록 하니 이것을 가지고 난민의 침략을 방어하고 마페이[282]와 이몰리[283]와 브레시아[284]와 브리태[285] 4명의 백작을 함께 천거하여 단장을 삼고 또 수병을 추가로 모집하여 이것으로 막고 지키게 할 때에 오직 군영과 진 여러 곳은 이미 프랑스 병사의 놀이터가 되었다.

소초 병정은 성문을 지키는 용무에 충당하니 이는 웨이스가 지극히 위험하고 아주 험한 때이기에 프랑스 병사가 내지에 깊이 들어와

---

282) 마페이(瑪非)
283) 이몰리(伊墨利)
284) 브레시아(佛雷柴)
285) 브리태(佛里泰)

서 원주민과 함께 섞여 살면서 둘이 서로 시기하여 중도에 헤어졌다가 다시 만나다가 매번 싸우니 책임자가 다 다스리고자 하였다"고 하였다.

하지만 마을에서 싸움을 벌이다가 프랑스 병사에게 속임을 여러 차례 당해서 고통을 매우 견디지 못하다가 이에 대중을 거느리고 프랑스 군영에 엿보며 들어가서 프랑스 병사 여러 명을 죽이니 프랑스 장군 볼랑트[286]가 드디어 포를 가지고 플로노 성을 향하고 그 총독에게 일러서 말하기를, "만일 성 안에서 난을 만들었으면 바로 포를 열어서 너희 단단한 성을 문드러지게 하리라" 하였다.

총독이 말하기를, "마을 사람들의 거동이 성 안에서 함께 간섭이 없으니 나는 오직 귀국과 함께 연합하여서 이것으로 성 안의 백성을 보호하기를 원한다."는 편지를 베네치아 왕에게 보내서 말하기를, "마음에 교활한 것이 있어서 군대 무기를 가지고 마을 사람들에게 주어서 전쟁을 망령되게 시작하여 우리 병사 수백 명을 죽이게 한 것을 꾸짖으니 이는 그 말을 장대하게 하여 적들을 제어하는 것으로 지혜를 삼고 또 흩어져 사는 민간 단체에게 빨리 명령을 내려서 병사를 지키러 돌아오라고 하여 프랑스 인을 살해한 흉악범을 찾아내고 붙잡은 샤로[287]의 프랑스 병사를 반환하라. 그렇지 않으면 바로 전쟁을 시작하리라."고 하였다.

베네치아 왕이 이 편지를 얻지 못해서 이미 샤로우에서 잡은 프랑스 병사를 석방하고 또 의원을 보내서 나폴레옹 통령소에 이르게

---

286) 볼랑트(勃倫特)
287) 샤로(煞羅)

하여 죄를 청하고 명령을 받을 때에 편지를 얻은 뒤에 바야흐로 법을 만들어서 병사를 풀어주려고 할 때에 볼랑트가 홀연히 플로노 성을 향하여 포를 열어서 왕궁과 백성들의 집 여러 곳을 공격하여 훼손하고 백성 여러 명을 죽이니 백성이 크게 화가 나서 경종을 요란하게 치니 플레시 사람들이 소리를 듣고 이르러서 성을 공격하는 프랑스 병사를 죽여서 물리치고 성 안에 들어가서 길에서 프랑스 사람을 만나면 바로 죽이니 이곳 총독이 힘을 다해서 탄압하지만 백성이 따르지 않았다.

그러나 관군이 능히 프랑스의 병원을 보호하고 사방으로 흩어진 프랑스 사람을 돕고 구원하여 왕궁으로 받아들여서 잠시 피하고 드디어 백기를 성루에 꽂아서 이것을 가지고 프랑스에 항복하니 프랑스 부장군 부팔[288]이 무장한 순찰자 두 명을 거느리고 성에 들어가다가 난민에게 해를 거의 당할 뻔하였으니 다행히 관군에게 구해져 보호를 받았으니 비로소 근심이 없음을 얻었다.

사람들이 부팔[289]에게 물었는데 "어찌하여 아무 연고 없이 대포를 열었는가" 하니 답하여 말하기를, "볼랑트가 베네치아에서 병사가 프랑스를 몰래 돕고 있는 이탈리아 순찰병과 함께 서로 싸우는 것을 본 까닭에 포를 가지고 공격하였다"고 하였다.

부팔은 헛것을 보고 놀라는 것을 비록 받았지만 이에 베네치아와 함께 원수를 풀어주고 화친 조약을 체결하고 서명한 다음에 볼랑트에게 보이니 볼랑트가 이르기를, "모름지기 3시 안에 베네치아 난민

---

288) 부팔(步怕兒)
289) 앞의 한자는 '步怕兒'인데 여기는 '步帕兒'이다.

들에게 군대 무기를 내놓게 하여야 능히 화친조약을 비준할 것입니다." 하니 베네치아 관장이 기한을 늦추는 것을 부탁하기에 볼랑트가 허락하지 않고 3시가 넘어서자 또 성을 향하여 포를 여니 백성이 더욱 화가 나서 프랑스 군영을 깨뜨리는 것을 결의하고 본성 관장을 위협하여 이르기를, "만일 병사를 내어서 돕지 않으면 바로 간신배로 상대하리라." 하니 이 같은 진퇴양란의 즈음을 당하여 총독 조반넬리[290]와 그 동료가 프랑스와 함께 대적하고자 하지 않아서 푸시재[291]에서 물러나서 그 능히 백성과 약속하지 못한 죄를 가지고 스스로 다스렸다.

베네치아 사람이 성 담 위에서 큰 대포를 설치하고 프랑스 군대를 긴장하게 하여 포를 쏘고자 하더니 프랑스 군영에서 홀연히 휴전의 깃발을 걸어 놓으니 성 안의 사람이 이미 싸움을 잠시 멈추었다고 하여 성 주변에 일제히 도착하여서 나가고자 하니 프랑스 병사가 바로 포도 포탄을 쏴서 공격하니 베네치아 사람의 죽은 것을 셀 수 없었다.

푸시재의 총독 이위차[292]가 일의 형세가 위급한 것을 보고 소속된 인원을 명하여 플로노를 다시 구하여 말하기를, "백성이 실망하지 않도록 하라" 하니 대중이 다 허락하였다. 플로노에 돌아가 이르러서 정전의 일을 거듭 논의할 때에 볼랑트가 찾은 조항이 가혹하여 베네치아 사람이 능히 따르지 못하니 프랑스 병사가 또 포를 열어서 공격하니 이위차가 시체제쿠[293] 장군과 함께 군대를 이끌고 푸시재

---

290) 조반넬리(翹樊尼里)
291) 푸시재(佛西齋)
292) 이위차(邑里查)
293) 시체제쿠(司闕鐵苦)

로 말미암아서 물러 나왔다.

이에 관민이 한 뜻으로 프랑스와 함께 전쟁을 개시할 때에 프랑스 병사 3대대가 와서 공격하며 플로[294]성을 태웠다. 주장하고 살육을 함부로 하거늘 시체제쿠가 프랑스 병사에게 점령한 군영과 진을 살펴보고 말하기를, "적의 세력이 매우 용맹하니 내가 능히 막을 것이 아니다"라고 하였다.

24시간을 넘어 섬에 프랑스 병사가 또다시 포를 여니 베네치아 사람이 힘을 다하여 막으려 할 때에 교전한 지 5일만에 비로소 각각 병사를 물리쳤다. 베네치아에서 파견한 화의 대신 3명이 어찌 다 프랑스에 잡혔는가. 조반넬리 총독이 베네치아 왕에게 급히 아뢰어서 프랑스 장군에게 화의를 구하니 프랑스 장군 클레르몽[295]이 윤허하여 민간 산업은 훼손하지 않지만 그러나 이에 식언을 하고 병사들의 책략을 만들며 성을 지키는 병사를 협박하여 일정한 규율로 항복하게 하고 이몰리와 브레시아와 브리태 3명의 단장을 구속하여 발급심사국에 주어서 진실을 묻고 이것으로 총살형에 처하게 하였다.

발심국 사람은 프랑스 군대 안에 오로지 다른 나라를 배반한 사람을 심문하기 위하여 설치한 것이기 때문에 정부의 명령도 듣지 않으며 또 조정에 법률도 사용하지 않고 오직 자신의 뜻을 가지고 사람의 사형죄를 판단하니 와서 아뢰는 사람은 다 이탈리아 자코뱅당이 자유의 사람이라고 스스로 일컫고 혹 법에 헌납하며 혹 사사로운 원수를 만들고 어떤 사람인지를 논하지 않고 해하고자 하였다.

---

294) 플로(佛羅)
295) 클레르몽(克而捫)

혹 귀족과 구당(舊黨)이라고 하면 바로 사형죄로 정하니 교사 중 이름이 코페킨[296]이라는 자가 있어서 또한 이탈리아 사람의 무고함을 말미암아 죽이려고 할 때 시행 전에는 임금에게 충성하고 나라를 사랑하는 것에 도리를 가지고 민중을 대하여서 강연하니 민중이 위하여 감읍하였다.

프랑스 장령이 이탈리아 사람에게 교묘한 속임수에 뜻이 없음을 알지 못하는 것은 아니지만 그러나 자기의 유익한 것을 가지고 짐짓 알지 못하는 채 하여서 이것으로 그 당에 가입하는 마음을 견고하게 하였다.

부팔이 항상 말하기를, "무릇 베네치아 구정부와 함께 좋게 사귐은 다 프랑스 사람에게 적이니 그 나라를 세우려고 한지가 이미 1400여 년이다. 늙고 썩음이 심하니 새로운 법을 바꾸어서 행하지 않으면 불가하다"고 하였는데 백성들이 용감하게 뛰며 움직이고자 하지 않는 이가 없어서 빠르게 변혁하는 것을 일삼았다.

나폴레옹이 플로노에서 만났던 일을 알지 못하고 이미 클레르몽 장군을 명하여 베네치아의 보주아[297]에 나아가 지켜서 관병에 무기를 빼앗고 총독 이하 각 관리를 구속하여 밀라노에 연결하고 산중에 사는 백성을 강요하여 모든 사조직을 해산하게 하였다. 명령을 어기는 자가 있으면 바로 그 마을을 불사르라 하고 성 안에 공부국(工部局)을 설립하여 정예병으로 지키게 하고 무릇 베네치아에 귀족이 의원에 관계한 사람은 전부 잡아들이고 백성들로 하여금 민주를 고쳐

---

296) 코페킨(克拍金)
297) 보주아(潑具亞)

따르게 하여서 자유의 권리를 완전하게 하라 하고 며칠 뒤에 태반의 백성이 오스트리아에 속하였다.

이 때에 나폴레옹이 레오벤과 화약을 주문[298]하고 이탈리아에 돌아오니 베네치아 왕이 의원 두나타[299]와 시트니리[300]가 와서 보게 하고 화약을 협의하여 결정하고 나라 일을 이와 같이 정리하여야 프랑스에 마음을 적합하게 하고 타인의 침략하는 것을 면할까 하여 아울러 물었는데 나폴레옹이 답하기를, "너희 나라가 얻은 플레시 등 여러 곳에 난을 만드는 백성과 함께 자유권에 들어가고자 하는 이는 프랑스를 몰래 돕는 사람이다. 지금에 마땅히 한결같은 법률로 석방하라. 그렇지 않은 즉 내가 웅장한 군사를 친히 거느리고 감옥을 공격하여 파괴할 것이다. 만일 백성이 민주당에 들어가고자 한다면 당당히 그 자유를 듣고서 힘써 억압하여 제어하지 말고 또 플로노 정부가 보토그리예[301]에게 글로 써서 알림을 간행하여 민간에 법령으로 군대 무기를 휴대하여 이것을 가지고 우리 군사를 해치는 것이 심히 많으니 화의하고자 할것이면 먼저 프랑스 병사를 살해한 사람을 장차 죄를 다스리고 그 다음은 민간에 군대 무기를 내놓고 또 영국 사신을 돌려보내라. 만일 따르지 않으면 일이 장차 깨질 것이고, 나에게 병사 8만 명과 포함대 20소[302]가 있으니 너희와 결전을 한다면 내가 장차 베네치아에 새로운 아티에라[303]가 되리라. 내가 공작의 우

---

298) 원문은 취정(就訂)이다.
299) 두나타(杜納他)
300) 시트니리(司式尼里)
301) 보토그리예(勃脫革里耶)
302) 원문은 소(艘)로 배를 세는 단위이다.

두머리 켈스와 너와 함께 모여 맹세하고자 하였는데 너희 정부가 전쟁에 뜻이 있어서 나의 귀로를 끊고 힘껏 막아 다다르지 못하게 할 줄을 누가 알았겠는가. 지금에 내가 맹약을 다시 세우고자 하지 않는다. 나는 너희 정부가 어리석고 약함이 이미 오래되어서 능히 넓은 대륙에 속한 땅을 보호하지 못할 줄을 아는데 어찌 능히 다른 나라에 침범하는 것을 막으리오" 하였다.

그런데 의원이 보토그리예에서 간행하여 백성들에게 고시한 일을 인식하지 못하고 그 무고함을 힘껏 변호하였는데 나폴레옹이 듣지 않고 5월 초하루에 다시 베네치아로부터 전쟁을 선언하고 군사를 해변에 주둔시키고 물과 육지의 양쪽 길을 나누어서 나아가 공격하였다.

베네치아 성은 삼면이 물에 둘러있고 크고 작은 병선과 포대가 있어서 견고하게 지키고 밖에는 큰 바다가 막아주고 있어서 족히 힘을 입어서 액운을 지킬 것이다. 다시 영국과 오랜 전투에 해군이 있어서 몇 주 안에 바로 함께 모여 구원할 것이니 나폴레옹의 외로운 군대가 깊이 들어갈 뿐만 아니라 다시 별대인 프랑스 병사의 도움도 없으니 베네치아가 능히 상하가 한 마음이 되어서 성에 접근하여 굳건하게 지키면 나폴레옹이 어찌 실망하여 돌아가지 않겠는가마는 베네치아 의원 중에 간신 몇 사람이 있어서 프랑스와 몰래 통하여 그 몸과 가족만 보호하기를 생각한다고 하고 사사로이 국왕과 함께 궁중에 있어서 병사를 물리는 계책을 의논하였는데 의원이 듣고 알

---

303) 아티에라(阿鐵辣, ATierra) 아티에라는 옛날 장군으로 일찍이 베네치아를 항복시킨 사람이다.

지 못하게 하였다.

그러나 오히려 귀족 다수가 있어서 임금의 조상에 옛날을 잊지 않아서 프랑스 사람과 함께 전쟁을 시작하고자 하니 나폴레옹이 국왕에게 격문으로 명하여 "옛날 정부를 철거하고 새로운 정부를 세우라" 하니 여러 신하들 중에 나약한 자들은 윤허하고자 하니 대신 피살루[304]가 말하기를, "우리나라가 반드시 망하는 것을 보지 않으려거든 옛날 제도를 가볍게 고치지 말라. 혁명한 이후에는 유럽 대국이 서로 도움이 없을 것이고 또한 오래 존재하기 어려울 것이니 우리나라가 이어온 지 이미 수백 년이다. 능히 내란을 스스로 평정하고 또 외부의 강압을 막으면 어찌 대륙 위에 우리나라가 1위를 이내 점하지 못하겠는가" 하였다.

그런데 뭇사람이 듣고 타고난 착한 양심을 격발하여서 죽음으로 지키는 것을 원하니 급히 프랑스에 항복하고자 하는 사람은 당의 무리를 널리 퍼뜨려서 명성과 위세가 힘차게 솟아나서 정부 여러 사람들이 능히 금지하지 못하고 혁명당 사람에게 하는 일을 다 들어서 시그푸니[305]에서 싸울 수 있는 병사를 투모시[306]에 옮기니 비록 제조국과 선정국(船政局) 장인이 있어서 반란의 백성을 공격하여 정부를 보호하였으나 병선의 선두가 마침내 오늘 밤에 배 판자를 몰래 놓아서 병사들을 건네게 하여 성에 들어가게 하니 프랑스 병사가 붙잡고 오는데 막힘이 털끝만큼도 없었다.

---

304) 피살루(披沙盧)
305) 시그푸니(司革服尼)
306) 투모시(突墨希)

그 성을 마침내 점거하니 혁명당 사람들이 드디어 프랑스 장군과 함께 새 정부 개설을 의논하여 이로써 나폴레옹의 뜻을 합치하려고 할 때에 인하여 공부(工部)국을 잠시 설치하고 민간에 명령하여 의원을 천거하여 직무를 대리하게 하였다.

이에 프랑스인이 제조와 선정국을 점거하고 성 안에 재산을 내다 팔았는데 각종 서적과 특이한 물건은 파리로 운반하니 혁명당의 사람이 이 프랑스 병사의 억압한 때를 당하여 귀족 중 사람을 죽이고 욕보이며 공화국 옛날 깃발을 태워버리고 생마르크[307] 왕궁 앞 작은 땅에 다 모여서 큰 나무를 에워싸고 뛰면서 설득하면서 이렇게 말하는데, "우리가 원하는 것이 이미 다 되었으니 바로 이 나무를 자유의 나무라 일컫고 그 나라가 이미 나폴레옹으로 말미암아서 오스트리아에 팔아주는 것은 알지 못하니 이는 1797년 5월 일"이라 하였다.

나폴레옹이 이미 베네치아를 가지고 오스트리아에 주고 바로 편지를 이르게 하여 감독에게 아뢰어 말하기를, "유럽 사람이 희망봉[308] 바닷길을 조사하여 드러낸 이후로부터 베네치아에 상업이 드디어 쇠하고 백성이 어리석고 나약하여서 능히 자유를 하지 못하기 때문에 그 함대를 취하고 그 재산을 없애며 그 바다 입구를 점거하고 그 토지와 인민을 오스트리아에게 주었다"고 하니 감독이 듣고 마음이 기쁘지 않아서 이르는데, "이와 같이 처치하면 반드시 유럽 공화국에 의심을 받을 것이다" 하였다.

그러나 이 때에 나폴레옹의 권세가 바야흐로 넓어서 비록 일 처리

---

307) 생마르크(森馬克, Saint-Marc)
308) 희망봉(好望角, Cape of Good Hope)

하는 것이 합당하지 못하지만 사람이 감히 그르다 하며 의논하지 못하고 그 플로노의 법 조목을 요구하는 것이 더욱 가혹해서 첫째, 군비 12만 실링[309]을 배상하고, 둘째, 5만 실링을 가지고 성을 공격하는 장군과 병사에게 나누어주고, 셋째, 일반 물건 창고의 물가가 50프랑[310] 그 이상인 사람은 전부 공유화하며 그 나머지는 원주인에게 돌려주고 넷째, 군영 의원 소실물을 숫자에 맞추어서 전부 배상하고 다섯째, 성 안에 수레와 말을 프랑스 병사에게 일임하여 가져다 사용하게 하고 여섯째, 군사에게 모자와 신발과 의복을 공급하는 것이고 일곱째, 예배당의 금과 은의 물건들을 일정한 법률로 내놓고, 여덟째, 전사를 파견하여 반란 우두머리 50명의 죄상을 심문하여 실상을 심문한 뒤에 남아메리카의 키에나[311]에 보내고 그 가산은 한결같이 관청에 들어가고 만일 범죄인 중에 귀족이 있거든 곧 창을 가지고 죽이고 아홉째, 플로노 전 성의 군사 무기를 한 번에 내오는데 이 명령을 막는 자가 있으면 툴롱에 사람을 가두어서 막노동 6년에 충당하게 하고 열 번째, 박물원에 오래된 도서는 관청과 개인을 논하지 않고 모두 공변되게 충당하고 그 앞에 프랑스 병사에게 빼앗긴 경험이 있는 자는 50 범죄인 중 가산으로 표시하여 보상하고, 열한 번째, 이 명령을 요거르에게 보내어서 시행하라 하니 요거르는 플로노의 정형을 관찰하고 조사하여 성 안의 재물을 프랑스 병사가 모두 약탈하여 일편 사막을 거의 이루고 향촌도 또한 이미 불타서 한결 같이

---

309) 실링(西根, Shilling) 영국, 케냐, 우간다 등에서 사용된 화폐 단위이다.
310) 프랑(力佛, Franc) 현대 프랑의 음차는 '佛郎'이다.
311) 키에나(基愛納)

비어 있어서 사람과 연기가 적막하고 없으니 이를 따라서 이 큰 조목을 배상할 수 없는 줄로 알고 이에 보는 것으로써 나폴레옹에게 아뢰어서 그치게 하였다.

베네치아가 멸망한 1월 뒤에 제노아가 서로 이어서 멸망하였다. 처음에 프랑스 군대가 피엔과 랑베르를 나아가 공격할 때에 길을 땅에 임시로 만들고 그 양식공급을 재물로 하여 바다 입구에 포대를 건축하고 해군 보호를 위하여 얻었던 이탈리아의 금은 귀중의 물건을 이에 균등하게 내다 팔고 또 프랑 5조를 빌리니 제노아가 일마다 따라주어서 일찍이 명을 어기지 않았다.

영국 해군 제독 넬슨이 염치가 없는 것을 한탄하여 근처 해안의 프랑스 병선 1척을 잡아 두고서 이를 가지고 분노를 터뜨리니 프랑스인이 크게 시끄럽게 하여 전쟁 때 중립의 조문 규정을 간섭하고 침범하는 것을 꾸짖고 바로 제노아에게 명하여 영국과 오스트리아 두 나라 사신을 쫓아내라고 하였는데 제노아 의원이 또한 윤허하여 이르기를 "명령을 받들어 근무 유지에 힘쓴다"고 하였다.

뜻밖에 그 민간이 의원에서 정권을 잡은 사람이 귀족과 민간인이 각각 반이 되어서 이름은 '공화정부'라고 하지만 일일이 자유롭지 못하여 민주회를 사사로이 설치하고 혁명당이라고 스스로 일컬으니 이탈리아와 다른 곳의 사람들이 모두 와서 부합하거늘 그 중에 나폴리[312] 사람 포터리니[313]가 자코뱅당에서 가장 저명하여 프랑스 사신 푸페르[314]이 그 당 사람들을 부축여서 현혹하게 하여 모반을 몰래 부

---

312) 앞의 한자는 '那坡利斯'인데 여기는 '那皮利斯'이다.
313) 포터리니(佛忒里尼)

추기고 이에 이미 범죄를 매듭지어 석방하고 세 가지 색의 비단을 몸에 메어서 기록하고 거리에 달려오게 하여 불러 말하기를, "나폴레옹 만수(萬壽), 백성도 또한 만수" 하니 민중이 다 호응하였다.

제조국에 모여서 군대 무기를 빼앗고 성문을 차단하고 사람의 출입을 막으니 뱃사공 등이 있어서 '의민(義民)'이라 자칭하고 마리아[315] 만세를 크게 부르면서 일어나 대적하여 얼마 있다가 혁명당을 물리쳐 없애고 제조국을 점거하고 군대 무기를 무수히 빼앗아 회수하니 제노아 총독이 듣고 병사를 보내어서 프랑스 사신 집을 보호하니 패함에 혁명당이 다 숨었다.

이 밤에 성 안에 사는 백성이 반란 당이 이미 패함으로써 각 집에 등을 달고 서로 축하하니 프랑스 병사와 혁명당이 보고 이르는데 "이번에 죽거나 부상을 당한 사람이 많았다. 총독과 귀족이 옛날 당을 부추기게 하여 와서 공격하게 하는 이유가 되었다"고 하였다.

부팔이 나폴레옹에게 다시 아뢰어 말하기를, "반란의 세력이 비록 이미 대충 정해졌지만 오직 들으니 공부국이 공화국의 정책을 이내 사용하고 귀족이 집정한다"고 하니 나폴레옹이 듣고 크게 성내면서 사로 잡은 레프[316]와 레토[317]에게 한 번 위협하며 편지를 보내어서 제노아 총독에게 주는데 "잡은 프랑스인을 석방하고 국법을 아울러 고쳐라. 만일 24시간 이내에 자유당을 공격한 사람을 감금하지 않고, 민간이 군대 무기를 내놓지 않으면 정예군사를 가지고 국경을

---

314) 푸페르(弗帕而)
315) 마리아(瑪理耶, Maria)
316) 레프(雷弗)
317) 레토(雷脫)

제압한다"고 하니 총독이 크게 놀래어서 따른다고 하였다.

 프랑스 의원 감독이 의원을 보내어서 나폴레옹 군대 안에 이르게 하여 제노아에 화약을 의논할 때에 하나는 헌법을 고치고, 둘은 군비 4조 프랑을 배상하니 제노아 민주당이 이를 이용하여 의원 내의 귀족을 제거하고자 하니 나폴레옹이 이것을 하지만 공변된 것이 아니라 하고 이르는데, "군주의 권력이 나라 밖에는 어떤 사람이든지 논하지 않고 다 일을 논의함에 권력이 있으니 다만 그 사람의 어질고 어질지 않음만 묻고 반드시 그 귀족이고 아니면 묻지 말라고 하니 이탈리아 민주당 사람의 자유사상이 다 특정인만 좋아하는 것에서 나온 것이다. 세력을 믿고 멋대로 하여 헌법을 돌아보지 않으니 실은 난민과 함께 다르지 않아서 헌법을 생각하지 않으니 로베스피에르가 파리를 위협한 것에 비교하면 더욱 흉악하여 능히 그 나라를 스스로 다스리지 못하고 가지고 있는 것으로 인하여 어떤 사람은 가히 선거를 통하여 의원의 사람을 삼고 어떤 사람은 가히 새로운 의원의 총독을 삼으라" 하니 대중이 다 따랐다.

 오래지 않아 제노아의 옛날 당이 또 마리아를 부르며 작난을 하는데, 프랑스 장군 뒤공토[318]가 병사로 제압하고 복종시킬 때에 혹은 심국(審局)에 넘겨서 죽음으로 처리하고 혹은 툴롱에 다시 오게 하여 감금하고 나폴레옹이 또 랑엔[319] 장군을 명하여 내란을 평정한다는 소리를 일컫고 포대 3자리를 점거하고 얻어서 이것으로 진을 지켰다.

---

318) 뒤공토(杜宮脫)
319) 랑엔(蘭痕, Jean Lannes, 1769~1809)

제20절 감독의 근심이 더하다

　이상 모든 일은 다 나폴레옹이 단독으로 혼자 하여서 정부와 의논하지 않고 바로 정부의 명령이 있어도 또한 듣고 따르지 않으니 다섯 감독이 근심하여 서로 일러 말하기를, "어찌 정부의 많은 사람이 늙고 무능한가. 헌법이 이미 변한 것인가. 어찌 업신 여기기를 심하게 하는가" 하였다.
　프랑스 장군 베르나도트가 나폴레옹과 함께 이탈리아에서 이별하고 일찍 사람에게 일러서 말하기를, "이 나이 적은 장군을 보니 일들을 혼자 결정하여 호령을 내고 명령을 시행함에 민중이 따르지 않는 이가 없으니 그 기상과 위엄이 엄연히 군주와 같으니 의심하는데 민주의 헌법이 오래 있지 못할까 하노라"고 하였다. 이 때에 정부의 여러 사람이 오히려 꿈 속에 있어서 이후에 권세가 나폴레옹 손아귀에 돌아가서 특별히 그 명을 듣지 않을 줄 알지 못한다고 하였다.

제21절 몽블랑[320] 조정

　이 때에 나폴레옹이 가까운 밀라노의 망토볼로에 살면서 그 집이 옛날 군영의 누가 되어서 산 높은 곳이 있고 앞은 랑베르 강에 붙어 있으니 강 가운데에 배와 노가 교통하고 양쪽 해안에 백성들의 방이 즐비하고 그 사이에는 동산과 정자가 있어서 그 풍경이 밀라노 선

---

[320] 몽블랑(忙脫勃羅, Mont Blanc)

안에서 비교하면 가장 뛰어나더니 나폴레옹이 삶으로부터 더욱 그 기상이 새로움을 볼 수 있었다.

조세핀이 항상 파리 귀족 부인들과 이탈리아의 대신 가족들과 밀라노 총독 부녀와 함께 서로 왕래 하여 혹은 잔치를 열고 음악을 연주하며 혹 모임에 가서 춤을 추는 것이 헛된 날이 거의 없음을 인연으로 하여 나폴레옹이 다시 이 땅을 가지고 행군 통령소를 삼으니 무릇 국정을 의논하고 화약을 서명하는 것이 모두 있기 때문에 위로는 오스트리아 왕과 독일 왕과 사르데냐 왕, 피엔 공작장과 스위스[321] 왕과 제노아와 베네치아 총독이며, 아래로는 각국 대소 장관으로부터 모여들어서 분주하게 모두 오고 가니 이탈리아 사람들이 드디어 '몽블랑 조정'이라 칭하였다.

제22절 **오스트리아와 화의**

얼마 있다가 나폴레옹이 몽블랑으로부터 베네치아의 보사리나[322]에 옮겨 사니 서로 거리가 여러 리에 자리를 잡았다.[323] 오스트리아로부터 화약을 논의할 때에 프랑스 감독은 클레크를 의화(議和)대신으로 삼고 오스트리아 황제는 마푸투[324]를 의화대신으로 삼아서 두 나

---

321) 스위스(瑞士國, Swiss Confederation)
322) 보사리나(潑煞里拿)
323) 원문은 조정(鳥定)이다. 정확한 뜻은 찾지 못했지만, 조선시대 글 중에 '鳥定棲'가 보이는데 새 깃털이 깃들어 살다의 의미를 가지고 있다.
324) 마푸투(馬弗脫)

라가 각각 계략을 사용할 때에 혹 기술로서 자랑하며 혹 위엄으로 위협하면서 서로가 지키려고 하여 의견을 내리지 못하였다.

오스트리아 황제는 병사가 강하고 재물이 풍부한 것만을 스스로 믿고 프랑스와 함께 전쟁하기를 원하며 손해를 보는 화약 정립을 달갑게 여기지 않고, 또 파리 정부가 같은 식구끼리 무기를 들어서 멀지 않아 장차 내란이 있을 것이라는 소문을 듣고 이로 인하여 화의를 오랫동안 결정하지 못하였다.

이 때에 파리 왕가당이 많은 사람을 모아서 왕의 자리를 회복하려고 할 때에 의원 피추로[325]는 또한 부르봉[326] 왕족을 회복하고자 해서 루이 제18세를 세워서 임금을 삼고 전제 정치를 바꾸어서 입헌정치를 삼으니 왕가당과 함께 혁명의 뜻이 조금 달랐다.

드디어 편지를 외부에 피난해서 살고 있는 왕족에게 이르게 하여 이 뜻을 아뢰었더니 그 편지가 베네치아로 도망간 프랑스인 프리노크[327] 백작을 얻어서 나폴레옹이 바로 그 편지를 감독에게 보였다.

이 때를 당하여 프로이센과 스페인[328]과 러시아[329]가 균등히 프랑스와 함께 화목하고 화목하지 못한 것은 오직 영국과 오스트리아 두 나라에게 있으니 지금의 오스트리아는 프랑스와 함께 화친 조약을 의논하니 영국이 또한 옛날의 정분을 닦아서 이것을 가지고 태평의 국면을 보호하기를 원하여서 7월 8일에 의화대신 마모스와레[330] 남

---

325) 피추로(譬區羅)
326) 부르봉(鮑旁, Maison de Bourbon)
327) 프리노크(弗力羅克)
328) 스페인(西班牙, Kingdom of Spain)
329) 러시아(俄羅斯, Russian Federation)

작에게 논의를 정하게 하는데 프랑스가 영국을 진실로 허락하여 희망봉과 실론[331], 서인도의 톨리니트[332] 섬을 보호하여 지키게 한다면 영국은 앞서서 프랑스 경계에 있을 때에 취한 식민지를 한결 같이 돌려주고 정히 프랑스의 연방인 스페인과 네덜란드와 함께 우호를 닦는다고 하니 이는 영국 군대가 항상 해상에서 전승을 하였기 때문에 요청한 것이니 극히 합리적이다.

15일에 프랑스 감독이 사람을 시켜서 답하여 말하기를, "우리 정부가 화친 조약을 서명할 때에 귀국이 앞에 스페인과 네덜란드의 경내에 있을 때에 취한 식민지를 한 번에 내놓기를 희망하고 그렇지 않으면 허락하지 않는다"고 하니 논의한 여러 예배에 영국이 따르지 않거늘 프랑스인이 영국과 함께 전쟁을 개시하고자 하였다.

나폴레옹이 병사들을 향하여 연설을 하였는데 "프랑스 안을 다스리는 정치는 내가 공평을 처단하는 사람이 될 것이니 다른 날에 파리에 돌아오면 마땅히 왕당을 제압하여 헌법을 지키고 또 의원이 베네치아와 제노아의 일을 임의로 처치하였다고 평론하는 것을 가지고 화내어서 마음 속으로 복종하지 않고, 의원이 또한 각 나라에 권한을 함부로 주었던 것을 한탄하여 각각 시기를 몰래 품었다. 그런데 이 때에 의원 중 당의 종류가 한결 같지 않아서 진짜 민주당이 있어서 헌법을 확실히 지키기 위해 집권한 사람 외에는 그 권한을 망령 되게 사용하는 자는 왕당에 본래 속하여서 밖으로는 민당에 부탁하고 안

---

330) 마모스와레(瑪姆司白雷)
331) 실론(錫蘭, Ceylon, 스리랑카)
332) 톨리니트(脫里尼特)

으로는 왕당을 회복하고자 하는 자가 있으며, 다섯 감독 중에 카이나토와 바실리움은 왕당에 속하고, 오직 보라스[333]와 로버이트와 리프 3명이 민주당에 속하여 그 행한 정책을 민중들이 '삼합정[334]'이라고 일컬으니 왕당이 5백 명에 회장 피추로를 영수로 삼고 삼합정이 옛날 제도를 어기는 죄를 범하여 9월 3일에 병사를 가지고 의원을 겁주어서 이로 하여금 자리를 물러나게 하고 왕족의 옛날 정치를 다시 회복하고자 하더니 한 부류에 중립당 사람이 있어서 재앙이 생길까 두려워하여 피추로를 권장하여 하루를 늦추어서 일을 천거하라" 하니 허락하였다.

보라스가 그 일을 가볍게 듣고 요거르를 미리 명하여 갑옷과 병기를 준비하여 왕당을 정복하려고 할 때에 9월 4일에 피추로가 장차 병사들을 가지고 튈르리궁을 포위할 때에 요거르가 병사를 이끌고 의원에 먼저 도착하여 카이나토[335], 바실리움 두 사람과 5백 명 의원 중에 의원 50명과 원로회 20명을 잡아서 옥에 가두고 피추로가 또한 잡으러 나아가니 나폴레옹의 편지가 베네치아로부터 우편으로 도착하여 모든 사람의 죄상을 논하는 것으로 간략하게 따지고 묻고 바로 여기 수십 명과 신문에 주필을 장차 남아메리카의 키에나로 유배 보내려고 했는데 그 중 카이나토[336]는 탈출하였다.

요거르가 드디어 이미 의도 된 것을 가지고 모리뉴[337]와 지에기

---

333) 보라스(薄拉斯)
334) 원문은 삼합정(三合政)인데, 세 가지가 합해진 정치를 뜻한다.
335) 앞의 한자는 '揩拿脫'인데 여기는 '指拿脫'이다.
336) 앞의 한자는 '揩拿脫'인데 여기는 '楷拿脫'이다.
337) 모리뉴(墨領紐)

도[338] 두 사람을 감독의 빠진 곳을 보충하게 하고 프랑스 전체 경계인 49부에 민간의 관리를 천거하는 권리를 없애니 보라스[339]가 매우 기뻐하여 신문사를 없앴다. 나폴레옹이 근본 신문사가 그 행사를 의논하는 것을 좋아하지 않더니 이 움직임을 듣고 또한 좋다고 하였다.

보라스[340]가 클레크를 부르고 오스트리아로부터 화친 조약을 의논하는 일을 나폴레옹에게 다 맡기었다. 처음에 프랑스가 영국과 함께 리아르[341]에 있으면서 화약을 의논할 때에 마레토[342]와 리토노[343] 두 사람에게 명하여 의화대신을 삼으니 의논이 오랫동안 진전이 없더니 여기에 이르니 감독이 앞의 논의를 더 늘려서 옮겨 나아가지 못하니 마레토와 리토노를 다시 부르고 로베스피에르의 옛날 당에서 두 명의 거칠고 무례한 사람[344]을 대신하여 부르니 한 명은 테르헤투[345]이고, 한 명은 보니아르[346]이다.

두 사람이 리아르에 이르러서 영국 사신에게 갑자기 물어 말하기를, "네가 전권이 있어서 능히 나에게 연방 식민지를 돌려주겠느냐" 하니 답하여 말하기를, "나는 권력이 없다"고 하니 두 사람이 짐짓 좋은 말로 위로하며 말하기를, "네가 나라에 속히 돌아가서 이 권력

---

338) 지에기도(皆島)
339) 보라스(薄拉斯)
340) 앞의 한자는 '薄拉斯'인데 여기는 '拉薄斯'이다.
341) 리아르(里而)
342) 마레토(瑪勒脫)
343) 리토노(利拖諾)
344) 원문은 조로(粗鹵)이다.
345) 테르헤투(忒爾赫突)
346) 보니아르(薄泥矮)

을 모아서 와라"하니 이는 창피를 주며 욕되게 하는 뜻이 있었다.
 다음날 바로 여행권[347]을 받아서 24시를 한정하여 국경을 나가라 하니 드디어 영국과 함께 화약하는 것을 잃었다. 오스트리아가 앞에 파견한 마푸투가 와서 화약을 의논할 때에 이에 이름에 다시 코보젤[348] 백작이 돕도록 하니 나폴레옹이 그 재주를 엿보고자 하여 처음 볼 때 함께 오랫동안 말을 할 적에 일부러 물어 말하기를, "귀국은 네덜란드와 밀라노 양쪽에 속한 땅을 잃었으니 네가 장차 어떤 기술로 회복하려느냐. 내가 약속을 후회하여 베네치아를 가지고 오스트리아에 주지 않으려고 하니 가하냐 아니냐"라고 물으니 백작이 능히 답하지 못했다.

제23절 나폴레옹의 두 번째 사직

 감독이 9월에 일로 인하여 요거르를 명하여 라인강 둑에 군대를 통솔하여 이로써 총애를 보이니 요거르가 병사의 위엄을 오스트리아에게 빛나게 하고자 하여 편지를 가지고 오스트리아 황제를 협박하며 꾸짖어 말하기를, "내가 장차 비엔나 도성을 친히 지나갈 것이다" 하니 나폴레옹이 듣고 감독이 이 사람을 중요한 자리에 써서 나와 함께 적을 삼을 것을 알고 비록 그 사람이 원대한 책략이 없지만 용맹함은 가히 두려울만 하여 마음에 매우 근심하였다.

---

347) 원문은 호조(護照)이다. 조선 말기에 외국인에게 내주던 여행권이다.
348) 코보젤(考勃澤爾)

사로잡은 레프와 레토가 또 감독이 권력을 제멋대로 하는 것을 싫어하기에 서로 시기하여 파리로 말미암아서 글을 써서 서로 아뢰니 나폴레옹이 더욱 기쁘지 않아서 이에 편지를 정부에 보내어서 사직을 견고하게 요청하여 말하기를, "내가 강력한 전장을 옮겨 다니며 싸워서 피곤함이 너무 심하니 급히 서울로 돌아가 쉬면서 원망과 헐뜯는 것을 피하고자 한다. 이 큰 책임을 견딤에 비록 조금씩 내 멋대로 하였지만, 그러나 다 나라 일이 유익하게 되어 이에 감격하는 것은 알지 못하고 도리어 의심을 하니 이와 같이 공을 질투하고 능력을 해하고자 하면 누가 긍정하여서 너를 위하여 힘을 다할 것인가. 나는 오직 마음에 부끄러움이 없음을 약속하니 뒷사람들이 능히 나를 믿으면 나의 은덕을 많이 받을 것이다"라고 하였다.

　　감독이 편지를 얻고 서로 상의하였는데, 로버리트[349]와 리프와 보라스가 말하기를, "저의 전쟁을 선전하고 화약을 의논함이 다 자유로 하니 드러난 것이 그러하니 목적에 정부가 없고 또 옛날 공화국을 멸하게 하여 뒤로 얻은 땅을 가지고 전제 군주에게 돌려주고, 또 피엔과 로마가 혁명을 하려고 하지 않으니 그 의도가 어디에 있는 줄 알지를 못하여 왕당에 편향한 듯하지만 이후에 무슨 변이 있을 줄을 살피지못하였다. 만일 왕의 자리에 오르고자 할 것이면 제압할만한 법이 있느냐" 하니 모리뉴와 지에기도가 말하기를, "저의 권세가 사방으로 커서 사람들이 많이 돌아오고 하물며 이탈리아의 병사를 어루만지고 있고 또 리옹[350]과 파리와 다른 곳에 칭찬하는 사람이 있어

---

349) 앞의 한자는 '羅勃而利土'인데 여기는 '羅勃而'임.
350) 리옹(利昻, Lyon)

서 의지하니 커지면 가히 나에게 자리를 내놓으라 할 것이며 나의 나라를 뒤집을 것이다. 다른 계책은 없고 오직 조용히 기다리고 지혜로써 부려야 옳다"하였다.

이에 보라스가 서기생[351] 바토트[352]를 보사리나에 이르게 하여 나폴레옹의 의향을 엿보게 하고, 다섯 감독이 또 답장을 함께 서서 감격에 정성스러움을 미리 설명하고 싫어하는 뜻이 없어서 그 나라를 위하여 힘을 베푸는 것을 권장하고 다시 사직하지 말라고 하니 이로부터 나폴레옹이 삼합정의 마음을 원망하고 한스러워하여 마음 속에 몰래 감추어서 절대 드러나지 않게 하고 있다가 때의 기회가 이미 이르는 것을 기다려서 이에 크게 발설하니 요거르가 비록 나폴레옹과 함께 일을 한가지로 하지만 그러나 마침내 그 공격을 막아서 전승의 영예를 잃는 것을 잊지 않으니, 뒤에 1814년에 이르러서 나폴레옹이 엘바[353] 섬에서 속이는 것을 보고 바야흐로 보복의 마음을 결정지었다.

제24절 감독이 이탈리아를 혁명하고자 한다

10월에 바토트가 보사리나에 이르니 나폴레옹이 비로소 더불어 서로 보고 뜻이 매우 좋지 않더니 며칠 뒤에야 접대하기를 흡족하게 하니 바토트가 감독의 명을 전하고 이르는데, "반드시 이탈리아가

---

351) 원문은 서기생(書記生)이다.
352) 바토트(白託忒)
353) 엘바(愛來巴, Isola d'Elba)

혁명을 하도록 해야 한다"하니 나폴레옹이 물어 말하기를, "내가 감독의 뜻을 알지 못하겠다. 장차 이탈리아의 전국을 가지고 말하는 것이냐"하니 바토트가 미처 답하지 못하기에 나폴레옹이 그 머리를 흔들어서 말하기를, "너는 빨리 가서 이내 공의 일을 어지럽게 하지 말라"고 하였다.

    말을 마침에 이에 오스트리아 대사로 더불어 화약을 의논할 때에 베르나도트가 파리로부터 통령소에 와서 나폴레옹과 함께 서로 보니 나폴레옹이 물어 말하기를, "오스트리아가 조약을 어떻게 정의하는가" 하니 답하여 말하기를, "너의 의견대로 하는 것이 옳다. 네가 죄를 감독에게 얻고 기쁨을 요거르에게 잃어서 의심을 민주당에게 당하니 만일 왕가당이 9월의 일이 있지 않았으면 또한 장차 너를 당겼을 것이니 나는 원하건대 네가 빨리 전쟁을 멈추게 하라. 네가 진실로 무너지면 사람들이 너를 즐겨 도우려는 자가 없을 것이다."하니

    나폴레옹이 말하기를, "감독의 뜻이 어떠합니까?"하니 답하여 말하기를, "네가 베네치아를 오스트리아에 교환하지 않고 오히려 결점을 찾아 다시 전쟁하고자 하여 공화국을 이탈리아 각 성에 두루 설치하였다." 하니 나폴레옹이 말하기를, "이미 이와 같이 하였는데 내가 군대를 다시 일으킬 것이니 감독이 능히 나에게 군대 급여를 도우라고 하였다." 하니 답하여 말하기를, "너는 사람들이 급여 돕는 것을 믿지 말라. 바로 병사를 사용하고자 하지만 지금에 태반이 백성이다. 평화가 이어지기를 바라고 군대 혁명을 다시 보기를 원하지 않으니 네가 이미 강력히 독일의 종속국들까지 민주인 줄로 인정했잖은가. 신중히 하여 전쟁의 위험한 것을 다시 모험하지 말고 이미 얻은 땅을 견고하게 지키면 영광이 능히 오래갈 것이다.

비록 그러나 이것이 감독의 뜻에는 합하지 않으니 네가 병력이 피로한 것을 알지 못하고 다만 민주국의 병사를 사용하고자 하여 어지럽게 섞여 있기에 정하지 못하고 프랑스 병사의 마음이 변동하기 쉬우니 진실로 전제의 임금이 없으면 반드시 협박하여 복종시키기 어렵고, 있는 곳의 지위를 부르면 위험함이 깊을 것이니 전쟁에서 이기고 지는 것은 논하지 말고 정부가 너에게 전권을 주는 것을 의심하고 있다."하니 나폴레옹이 말을 듣고 깨달은 것이 있어 크게 부르며 말하기를, "내가 마음 먹은대로 오스트리아와 함께 화의를 정하겠다"고 하였다.

제25절 캄포포르미오 조약[354]

10월 10일에 나폴레옹이 편지를 감독에게 이르게 해서 오스트리아와 화친 조약하는 것을 설명하고 이르는데, "지금 영국과함께 화약을 잃었으니 만일 오스트리아와 함께 전쟁을 하면 병졸이 많지 않아서 그 세가 고루 돌보기 어려우니 오직 화약한 연후에는 비로소 가히 한 뜻으로 영국을 대적할 수 있다.

만일 능히 전쟁을 이기면 진실로 영광이 더할 것이고, 바로 함께 전쟁을 하지 않고 병사의 위엄을 가지고 저들을 위협하여 화약을 요

---

[354] 캄포포르미오 조약(康波福米奧和約, Treaty of Campo Formio). 이 조약은 1797년 10월 17일에 프랑스와 오스트리아 사이에 체결된 평화 조약으로, 프랑스 혁명전쟁의 일부인 제1차 대프랑스 동맹 전쟁을 종결짓는 역할을 했다.

구하면 내가 두 개 반구[355]의 이익이 크게 있을 것이기에 오스트리아 사람은 무기의 지식이 적어서 족히 염려하지 않고 영국인은 담력과 용기가 있고 계책이 깊어 멀리 도모하고 왕 자리를 계속 이어서 민주를 가장 싫어하니 만일 복종시키지 못하면 프랑스가 마침내 능히 안정하지 못할 것이다" 하였다.

편지가 이미 올라감에 오스트리아 사신 코보젤과 함께 조약을 자세히 논의할 때에 어떤 사람이 이르기를, "나폴레옹이 코보젤의 강하고 무자비한 것을 일찍이 한탄하여 항상 자르기를 생각하였다"고 하더니 하루는 그 방안에 옛날 사기 쟁반이 있는 것을 보고 매우 귀중하게 여겨 이르기를, "이것은 러시아 황제에게 받은 것이다"고 하거늘 홀연 물어 말하기를, "오스트리아가 몬차를 점거하고자 하느냐" 하니 답하여 말하기를, "그렇다" 하니 나폴레옹이 갑자기 사나운 목소리로 말하기를, "과연 그렇다면 내가 장차 전쟁을 선언할 것이니 너는 시험 삼아 보거라. 해를 기다리지 않고서 너희 나라를 공격하여 깰 것은 이 쟁반과 같이 할 것이다." 하고 말을 마침에 바로 쟁반을 땅에 던지니 소리를 내면서 깨졌다. 그 서기생 블리언이 이 일을 알지 못하고 이르는데, "나폴레옹의 행동거지가 예를 따르더니 어찌 거친 것이 이에 이르렀는가" 하였다.

13일 새벽에 알프스 산 정상의 눈을 보고 블리언이 이것을 아뢰었는데 나폴레옹이 창을 밀고 바라보다가 기쁨이 모여서 말하기를, "어찌하여 10월에 눈이 내리는가. 자못 하늘이 나에게 명하여 오스트리아와 함께 전쟁을 쉽게 함이로다" 하고 인하여 편지를 가지고

---

[355] 지구를 남북으로 나눈 두 개의 반구를 말한다.

감독에게 아뢰어서 말하기를, "산길에 눈이 있으니 내가 능히 25일 안에 병사를 진군시켜 오스트리아를 공격하지 않는 것은 군대가 눈 속에 묻힐까 하는 두려움이다." 하고 이에 각 군대에 명령을 전달하여 군영에 돌아오고 점검을 마침에 블리언이 말하기를, "내가 비로소 병사 8만 명이 있지만 그러나 그 가운데에 가히 사용할 자는 겨우 6만 명이니 지금에 죽고 상처 입은 자와 포로로 잡힌 자와 해고 당한 것을 경험한 병사는 겨우 2만 명 남짓이니 어찌 능히 비엔나의 병사를 대적하겠는가. 만일 라인강의 병사를 빌려 도움받으면 1월이라야 비로소 달성할 것이다. 이 두 주 안에 도로에 오히려 눈이 쌓여서 능히 가지 못하니 내가 결단코 병사를 거두고 화약을 말할 것이다" 하였다.

그리고 17일 밤에 오스트리아 사신과 함께 캄포포르미오에서 조약에 서명을 할 때에 그 땅이 보사리나에 살고 있는 가운데에 있기 때문에 이 조약을 이름하여 "캄포포르미오 조약"이라 하고 조약 가운데 대강은 오스트리아 왕이 네덜란드와 메렌츠[356]와 랑베르와 라인강 왼쪽 언덕의 땅과 베네치아 소속 알바니아[357] 성과 야오린[358] 군도(群島)를 가지고 프랑스에 주기를 원하고 프랑스인은 베네치아 전체 국경과 이탈리아 속지로 아이취 강에 이르기까지 오스트리아에 돌려주기를 원한다고 기재하였다.

오스트리아 황제가 밀라노와 몬차 두 성(省)을 나누어서 치살핀[359]

---

356) 메렌츠(梅恩司)
357) 알바니아(愛勃尼亞, Republic of Albania)
358) 야오린(鴨鷗銀)
359) 치살핀(西撒兒賓, Cisalpine Republic)

공화국을 삼아 아이취와 아이다[360] 강 이내에 베네치아 속지로서 주고 또 독일에 바이에른[361]과 보즈스코[362]와 마르티노와 모카[363]와 클라라[364]와 교황의 볼로냐와 프라라이[365]와 라벤나[366] 등의 땅으로 로피[367] 강에 이르기까지 취하여 고르게 공화국 관리에 돌려주고 그 토스카나와 피엔과 로마와 나필리스[368]의 각 성은 군주에게 이에 통솔하게 하니 여러 성이 비록 고치지는 않았지만 그 백성이 다 프랑스인에게 돌아가고 이탈리아 민주당에게 붙어서 찬성하여 경로를 미리 만들어서 프랑스인에게 도달하는 자를 환영하는 듯하더니 1799년에 이르러서 과연 프랑스인에게 합병을 당하였다.

서명을 한 뒤에 프랑스 장군 시롤리예[369]가 베네치아 성 중에 물건을 다 약탈하고 빈 성으로 오스트리아에 돌려준 뒤에 프랑스 군이 잠깐 떠났으니 오스트리아 사람이 바로 이르러서 센마크궁 앞에 자유의 큰 나무를 잘라 제거하였다.

이에 1400년에 공화국이 끝을 알리니 민주당이 하고자 하는 것을 이루지못하여 원망의 말이 다 같이 나와서 말하기를, "우리 당이 공

---

360) 앞의 한자는 '愛達阿'인데 여기는 '愛達'이다.
361) 바이에른(白凡利亞, Freistaat Bayern)
362) 보즈스코(勃助斯高)
363) 모카(墨煞)
364) 클라라(克喇拉)
365) 프라라이(弗拉賴)
366) 라벤나(拉維納, Ravenna)
367) 로피(羅皮)
368) 나필리스(那皮利斯) 근데 앞에 那坡利斯(인명), 那披利司가 있는데 같은 것인지 확실하지 않다.
369) 시롤리예(西羅里耶)

연히 프랑스인을 도와주었다. 누가 얼마 안 되는 이익을 얻은 자인가."하였는데 나폴레옹이 듣고 말하기를, "프랑스가 본래 다른 나라를 위하여 전쟁을 하는 것이 아니라 너희가 본래 사람을 위하여 명령을 버렸다가 자기의 이익을 잃은 것이 아니냐."하였는데 이탈리아 사람이 있어서 탁치며 말하기를, "네가 일찍 나에게 자유를 허락하고 어찌 홀연히 식언을 하느냐."하니 답하여 말하기를, "네가 자유롭고자 한다면 네가 스스로 전쟁을 찾는 것이 옳은 것이다."하였다.

이로 말미암아서 속은 것을 꾸짖는 자가 날마다 어지럽게 일어나다가 나폴레옹에게 꾸짖으니 물러나 사람들에게 말하기를, "저당에서 하는 것을 일삼다가 나라에 이익이 없고 한갓 모임을 만들고 사람들을 모아서 아주 긴 공론으로 능히 일을 삼으니 어찌 가히 자유를 듣겠는가. 바로 교화에 물이 들으면 또한 변하기가 쉽지 않기 때문에 오스트리아 황제가 모두 다스리는 것을 가지고 돌아가서 이것으로 약속하고 치살핀의 병사에 이르러서는 더욱 견디며 쓰지 못하기 때문에 훈련을 크게 더하지 않으면 옳지 않다"고 하니 이 말이 비록 이탈리아 사람이 성내게 하는 것을 부추길 수는 있지만 그러나 실상은 확실한 논증이다.

제26절 물러나 전쟁의 일을 논하다

전쟁에 나아가서 보건대 이탈리아의 한 번 전쟁은 나폴레옹에게 가장 생색을 내는 일이 되었다. 그 운영한 계책의 기묘함과 병사들 행동의 신속함이 다른 사람에게 가히 미칠 것이 아니기에 후세에 병사를 쓰는 사람이 매양 도를 일컬을 것이고, 오스트리아 군대가 패함에 이르러서는 사람이 그렇게 될 것을 예측하지 못할 것이니 그 장군이 늙고 병사의 수가 프랑스보다 많으며 병사의 기운이 매우 용맹하지만 매번 전쟁에 반드시 패하고 심지어 전체 군이 다 망하니 그 이유는 어찌함인가.

자못 오스트리아 군사는 느리며 무디고 프랑스 병사는 빠르며, 오스트리아 군사는 진법이 아주 옛날 것이고 프랑스 병사는 신식을 가지고 참고하며 오스트리아 병사는 중립의 나라를 침범하지 못하여 군대 운영을 행하는 것에 반드시 얽히는 것을 피하고 프랑스 병사는 곧게 충돌하고 지나가서 꺼리는 것이 없고 더욱 나폴레옹이 무기를 대응하라고 하면 신속하게 하고 조사하고 남기는 것이 바야흐로 있는 것으로 말미암아서 매번 전투에 바로 승리한 것인가.

그러나 오스트리아 병사가 독일 국경에 있으면서 프랑스와 함께 교전함에 극히 목적을 달성하였더니 홀로 나폴레옹이 이탈리아를 지나감에 이르러서는 마침내 매번 물러나고 패하여 머리를 숙이고 맹세를 받아서 드디어 한 번 싸움에 성공하여 기운을 내고 이탈리아의 많은 땅을 얻으니 사람이 이로 인하여 오스트리아 군대가 혹 두 가지 마음을 먹었는가 의심을 하는 장수 브루와 푸무사가 치우침 없이 마음을 두고, 알베키는 오스트리아 황제의 추천을 받아서 뒤에 중임을 받고 나이가 많음에도 높은 직함을 받았으니 가히 의심이 없는 자인 줄 어찌 알았겠는가마는 홀로 군대를 도와 참모를 한 것인즉 그 품행과 심술이 어떠한 줄을 알지 못하였다.

처음에 독일 신문지에 일찍 나폴레옹이 오스트리아에게 뇌물을 준 일을 게재하였는데 나폴레옹이 사람들에게 사사로이 일러 말하기를, "일이 정성이 있지만 그러나 내가 능히 그 대장의 마음을 움직이지 못하고 우연히 참모로 군대를 도우는 것만 시험 삼아 한 것이다" 하니 이것을 이내 전해 들음에 말이라 족히 그 증거로 할 게 아니지만 오직 금괴를 아까워하지 않고 정탐을 넓게 보낸 것인즉 그 일이 확실히 있기 때문에 능히 소식이 신령스럽게 잘 통하고 오스트리아는 보이는 것이 이에 다다르지 못하고 또 사용한 참모들이 다 라인강으로부터 와서 반이나 혁명당에 들어가고 이탈리아를 기뻐하지 않기 때문에 오스트리아에게 충성할 마음이 없고 전쟁에 또한 힘을 다하지 아니하여 오스트리아가 패한 것은 이 때문이다.

제27절 프랑스인이 이탈리아 공공 은행을 취했다

나폴레옹이 알베키와 함께 교전하지 않을 때에 일찍 의회를 마르티노에 설치하고 공회를 밀라노에 설치하여 이것으로 군정에 가장 필요한 자를 만드는 것을 헤아려 생각하고 뜻 맞는 병사를 불러 모아서 프랑스를 도왔다. 파리에보낸 판사의 의원이 며칠 사이를 내서 공가(公家)에 재물을 빼앗아 취하니 나폴레옹이 감독에게 아뢰어 말하기를, "내가 밀라노에 돌아갈 때에 바로 겁박하여 빼앗았다는 일이 있었다는 것을 듣고 급히 젊은 사람을 모아서 신문을 하니 이에 여러 사람이 있어 승인을 하여서 바로 형벌을 시행하였다. 두 달 전에 민중들이 내가 밀라노에 공작이 되고자 한다고 이르더니 명령인즉 내가 이탈리아의 왕이 되고자 한다고 일러서 소문이 번성하니 정세가 매우 위험하지만 그러나 그들에 흉악한 일을 가지고 정부에 아뢰지 못할 것이다.

그리고 바로 원한이 있는 사람은 평상시의 정세를 믿고 멋대로 하여 거리낌이 없고 군대 물자에 공금을 빼돌리며 의원(醫院) 기기와 물건을 매각하였다가 내가 찾아보고 빼앗음에 미쳐서 저들이 바로 뇌물을 안찰사에게 주고 나의 서기에게 아울러 납부하니 그 사람의 더럽고 부끄러움을 모르는 것이 누가 더 심한가. 내가 하루에 틈이 있으면 마땅히 자세하게 연구하여 물어서 그 사죄를 정하고 각 사람들에게 성명을 뒤에 붙여서 감독관에게 내보낼 것을 청하고 15명을 뽑아서 대신 하게 하여 말하기를 '내가 항상 모든 사람에게 10만 프랑을 준다'"고 하였다.

제28절 나폴레옹의 큰 뜻

나폴레옹이 이탈리아를 장차 떠날 때에 이탈리아가 비록 해를 입었지만 그러나 오히려 귀족이 자유를 생각하여 이탈리아의 전체 국경을 합하여서 한 정부를 삼고 나폴레옹을 받들어서 총통을 삼기를 바랬다.

밀라노 공작의 부인이 있는데 용모가 조세핀에게 비교한다면 더욱 아름다우니 나폴레옹이 사랑하여 시간을 내서 서로 따르더니 하루는 공작 부인이 나폴레옹의 의향을 살피고자 하여 농담 삼아 말하기를, "장군님. 어제 저의 꿈에 당신이 이탈리아 왕이 되었다"고 하니 나폴레옹이 매우 기뻐하여 그 귀에 대고 말하기를, "내 꿈에도 또한 이러한 증상이 항상 있으나 다만 내가 본래 이탈리아 사람이라 마땅히 먼저 프랑스 왕이 되고 이탈리아 왕이 될 것이다" 하였는데,

부인이 변색하며 말하기를, "나는 민주 국민이고 당신도 또한 민주국의 사람인데 어찌 이런 말을 하십니까" 하니 나폴레옹이 신중하지 못함을 스스로 알고 급히 말을 고쳐서 말하기를, "나도 또한 영원히 민주를 받들 것이다" 하고 인하여 멍청한 모양을 거짓으로 내고 그 뺨을 웃음 지으면서 이탈리아 노래를 큰 소리로 부르다가 갔다.

제30절 나폴레옹이 파리로 돌아가서 감독이 공연을 베풀었다

12월 5일에 나폴레옹이 라스토[370]로 말미암아서 파리에 돌아오니 그 사는 땅을 유사가 이름을 바꾸어서 승리를 얻은 것이라 하여 이것을 가지고 그 공을 표창하니 사람들이 영웅의 이름을 사모하는 자가 멀고 가까운 곳에서 모두 오기를 다투어서 풍채를 한 번 보고자 하니 사람들이 보기 시기하는 것을 막기 위해서 숨어서 손님을 보지 않고 매번 야간에 미복으로 도시에 들어가서 사람들이 의논하는 것을 들을 때에 오직 칭찬의 소리가 귀에 끊이지 않은 것을 듣고 인하여 민심이 즐겨 복종하는 것을 알아서 기뻐하였다고 하였다.

감독이 나폴레옹이 개선했다는 것을 듣고 잔치를 루숑보 왕궁에 배설하여서 흠향할 때에 궁중에 자유 평등의 도서를 쫙 펼쳐 놓으니 나폴레옹이 감독에게 캄포포르미오 조약을 보이고 이로 인하여 연설하여 말하기를, "프랑스인이 각 나라와 함께 전쟁을 한 것은 유럽 제국의 주의를 제거하고, 18주 동안 녹봉을 계속 받는 교사가 집정하

---

370) 라스토(拉斯脫)

는 폐단을 없애고 합당한 새로운 헌법을 만들어서 국민과 함께 정치를 함께 다스리고자 하는 것이니 지금 서명하는 날로부터 일어나서 프랑스가 대중 민주국을 합하여 하나의 큰 나라가 되니 그 속한 땅이 천연하게 경계가 한정하는 끝이었다.

진실로 이것을 쫓아서 헌법을 제정하여 유럽 각 나라가 자유를 함께 이룩하면 백성이 태평을 영원히 누릴 것이다" 하였는데 감독 보라스가 나폴레옹이 한 사람의 일생을 삼킬만 한 강한 기운이 있어서 포부가 비상한 것을 보고 루슝보의 자리가 뒤에 장차 보전하지 못할 줄을 자각하고 이로 인하여 극장의 연설로 답하니 말의 기운을 완곡하게 하여 그 재주와 지략에 짝이 없음을 칭찬하였다.

그러나 옛날 그리이스 로마 영웅의 위에 있다 하고 최후에 그 삼색기를 수도 탑 정상에 꽂아서 위엄과 명성을 높게 하라고 권장하니 나폴레옹이 힘을 써서 윤허하거늘 감독이 명령하여 대군을 통솔하고 이것으로 영국을 공격하라고 하니 그 뜻은 나폴레옹이 수동에 있으면 반드시 안전하지 못할 것이기 때문에 영국을 공격하라고 한 것은 배가 바다의 입구에 도착하면 백전 백승의 영국 해군에게 곤란한 것이 되기를 바라고 있으니 자못 다른 사람에게 힘을 빌려서 제거하고자 한 것이다.

제31절 **해안을 조사하다**

1796년 2월 10일에 나폴레옹이 본국 해안을 조사할 때에 연해의 여러 성과 룬푸치[371] 섬을 두루 다녀서 정탐을 각 입구에 두루 세우고

한 번 예배한 후에 돌아와서 의중에 영국을 공격하고자 아니 하여 블리언에서 일러 말하기를, "일이 가장 위험하다. 내 위험을 무릅쓰고자 하지 마라. 혹은 동방을 정벌하면 오히려 한 번 싸움에 이길 것이지만, 보라스가 들었으면 말하였을 텐데 영국은 정벌하지 않지만 진실로 이집트를 정벌해야 하니 또한 경성을 잠시 떠나라 하여 마음에 몰래 기뻐할 것이다."고 하였다.

그런데 혹자가 이르기를, "나폴레옹이 애초의 뜻은 이집트를 정벌하지 않고 오직 일에 필요한 조건을 가지고 승진하여서 감독이 되기를 바랐는데 일찍 감독을 처음 봤을 때 구하였더니 그 나이가 40이 되지 못한 것으로 정관의 예에 합당하지 못하다고 하고 거부하여서 허락하지 않았기 때문에 소망을 잃은 뒤에 뜻을 결속하고 동방을 정벌한 것이다."라고 하였다.

일찍이 말하기를, "지금에 프랑스인이 오스트리아가 능히 하고자 하는 게 없어서 복종하기를 마음으로 달게 여긴다. 거슬러 생각하니 어찌 오스트리아가 항상 강하여 반드시 다시 배반하여 다른 날에 전쟁을 재차 하고자 하면 반드시 나를 불러서 나라에 돌아오게 하여 군사를 통합하고 앞에서 나아갈 줄을 알고, 때에 이르면 병권이 손아귀에 있을 것이니 이내 가히 할 일이 있을 것이다" 하였다.

블리언이 물어 말하기를, "네가 과연 프랑스 수도를 멀리 떠날 것이냐" 하니 나폴레옹이 화내면서 답하여 말하기를, "그렇다. 내가 일찍 여러 방법을 가지고 시험 삼아 연구하니 저들이 다 나의 공을 잊고 내가 여기에 오래 사는 것을 싫어하니 내가 반드시 감독을 기울

371) 룬푸치(倫伏乞)

여서 엎어지게 하고 자립하여 왕이 될 것이니 오직 때가 이르지 않아서 잠시 피하는 것이 지당하니 진실로 동방 왕국에 이르러서 능히 그 정치를 고치면 또한 족히 나의 뜻을 펼 것이다." 하였다.

제32절 감독이 주문한 동방 함대

4월에 감독이 나폴레옹을 명하여 병사를 훈련시키고 군함을 잘 다스려서 동방의 통령을 정벌 하라고 하니 장차 정벌을 나갈 때 홀연히 비엔나에 우연한 일에 막히는 것이 있었으니 오스트리아에 주둔한 사신 베르나도트가 오스트리아의 대비를 매우 태평하게 하는 것을 인연한 것이다. 감독이 기쁘지 않아서 명령하여 프랑스 깃발을 사신의 사무실 문에 걸어 놓으니 이 깃발은 바로 민주 혁명의 표지다.

비엔나 사람들은 본래 프랑스 사람이 스위스와 로마를 침략한 것에 대해 부끄러움이 없는 것을 한탄하고 또 화친 조약이 크게 정돈되지 못한 것에 이름에 더욱 화가 나서 민중을 모집하여 그 깃발을 찢어 버리고 사신의 건물을 쳐서 헐어내니 베르나도트가 도망가서 감독이 바로 나폴레옹을 명하여 이집트로 군대를 옮겨 정벌하고 이것으로 오스트리아를 공격하라 하니 나폴레옹이 반드시 이렇게 변화가 있을 것을 미리 생각하고 바로 코보젤을 포용하고 수용하여 라스토에 다시 모여서 캄포포르미오의 완료하지 못한 조약의 보완을 의논하고 드디어 그 일을 보류하여 다시 오스트리아를 정벌하지 않으니 감독이 이로 인하여 나폴레옹과 함께 조약을 잃었다.

나폴레옹이 두 번 직무를 사양하니 로버트[372]가 바로 붓을 주고 말하기를, "청컨대 장군은 서명을 하라" 한데 모닝리우[373]가 일이 결렬되는 것을 보고 그 붓을 빼앗아 가니 보라스가 나폴레옹의 옷을 잡고서 가서 말하기를, "빨리 동방에 가서 여기에 남아 있지 말라. 너는 모름지기 내가 권하는 말을 들어라" 하였는데, 나폴레옹이 허락하거늘 조세핀이 이집트에 가는 일을 듣고 하나는 지중해의 바람이 험하고 좋지 않음을 염려하고, 둘은 영국 배를 갑자기 만나면 힘이 능히 대적하지 못할까 걱정하여 깊이 근심하고 평상시에 꿈의 길조를 가장 믿더니 이에 이르러서 홀연히 나폴레옹이 사람에게 잡히는 꿈을 꾸고 잠이 깬 후에 그 상서롭지 못한 것을 싫어하여 다시 근심을 더하였다.

그러더니 5월 4일에 나폴레옹이 보라스와 함께 이별한 뒤에 바로 육군 3만 명과 해군 1만 명을 툴롱에서 모아서 이집트 정벌을 준비하게 하고 군에 명령하여 말하기를, "만일 알렉[374]산의 딸리아[375]성을 공격하여 이기면 바로 나일강[376]둑에 토지를 줄 것이라" 하니 병사가 듣고 용맹하게 먼저 싸우고자 하여 전쟁의 진영에서 힘듦을 잊었다.

---

372) 로버트 풀톤(羅艴而, Robert Fulton, 1765~1815)
373) 앞의 한자는 '墨領紐'인데 여기는 '墨領'이다.
374) 알렉(亞歷)
375) 딸리아(大利亞)
376) 나일강(尼羅江, Nile River)

제33절 **물길의 험함**

5월 19일 밤에 나폴레옹이 크고 작은 병선을 거느리고 지중해를 건너서 6월 9일에 모이탈 섬을 공격하여 뺏으니 이 섬은 예루살렘[377]의 바르톨로[378]에서 용사들의 관리가 되어서 프랑스의 민주를 인정하지못하고 편도로 공격을 하니 영국 병선이 꼬리를 따라와서 도착하는 것이 때와 일을 귀중하게 여길까 두려워하여 섬 주인을 다그치고 명령하여 투항하니 섬 주인 호무포치[379]가 나이가 들고 또 약하여서 라플레트[380] 포대를 눌러 지키지 못하고 이로써 11일에 와서 항복하거늘 프랑스 군이 이탈리아를 공격하여 이기던 예를 비추어서 명령을 내려서 군대 물자를 거두어 들이고 아울러 예배당의 금과 은을 약탈하고 취하여서 이것을 가지고 행세할 때에 푸보[381] 장군이 남아서 지켰다.

그리고 19일에 병선을 스스로 거느리고 이집트를 향하여 출발하더니 카디아[382] 섬을 지나다가 영국 병선과 함께 배 어깨를 부딪치고 지나갈 때 다행히 큰 안개가 흐릿하여 보지 못하여 액운을 면하였지만 그러나 또한 위험하였다.

29일에 하늘이 맑거늘 알렉산의 딸리아성을 바라보더니 30일에

---

377) 예루살렘(耶路撒冷, Jerusalem)
378) 바르톨로(巴圖魯)
379) 호무포치(虎姆潑氣)
380) 라플레트(拉弗來忒)
381) 푸보(伏薄)
382) 카디아(開第亞)

사람이 와서 아뢰는데, "해안에 영국 병선 30척이 정박하고 있다"고 하거늘 나폴레옹이 급히 작은 배를 타고 해안에 올라서 숨으려고 할 때에 병사들에게 명령하여 따라오라 하고 가더니 조금 있다가 한 배가 물결을 헤쳐서 오는 것을 바라 보고 탄식하여 말하기를, "위험하도다. 일이 성사되기를 기다리다가 종래는 패하게 되니 기운의 무너져 내림이여. 여기에 마침내 이르게 하십니까?" 하였다.

바로 오던 배가 가까이 지나감에 비로소 영국 배가 아닌 줄을 알고 이에 전과 같이 배를 돌려서 나아갔다. 이 행로가 본래 모험에 속하여 운명만 오로지 믿고 사용할 지혜와 기술은 없으니 만일 넬슨이 탔으면 후세에 역사를 짓는 사람이 반드시 분별함이 없어서 패배에 이르렀다고 하여 다 나무랐을 것이다.

다음날에 화창하게 가고 있는데 막힘이 없으니 가까운 알렉산의 딸리아성에서 3리 떨어진 지방의 언덕에 올라서 넬슨이 갑자기 도착하면 뭇 병사들이 황급하고 어지러워서 물에 빠져 죽는 자가 셀 수 없을까 걱정하더니 알렉산의 딸리아성이 작아서 없애기 쉽거늘 나폴레옹이 성 담에서 보여주며 말하기를, "프랑스가 터키와 함께 왼쪽 나라가 되었으니 내가 온 것은 다른 뜻이 있는 것이 아니라 너희들을 구하여 이집트 기병의 사나움에서 벗어나게 하는 것이고, 또 우리 병사가 하나님을 공경하며 존중하고 무함마드[383]의 코란[384] 참경전을 신봉하여 이미 천주교의 로마는 태교의 모알토[385] 섬과 같이

---

383) 무함마드(穆罕默德, Muhammad, 570~632)
384) 코란(考雷, Quran)
385) 모알토(毛而脫)

기울어져 없어졌으니 족히 회교를 오로지 중히 여기는 증거를 삼았다. 이로써 너희들은 프랑스인이 같은 종교에 형제 됨을 보여서 걱정 말고 좋아해야 할 것이다." 하였다.

그리고 또 병사에게 일러서 말하기를, "이집트 기병 참모장이 영국이 보호해주는 생각을 깊이 하니 내가 장차 영국을 정벌함에 반드시 먼저 제거하리라" 하고 또 말하기를, "너희들이 성에 들어가거든 삼가 이슬람교[386]를 배척하지 말고 그 백성들이 믿기를 이탈리아 사람과 함께 다르지 않게 하고 그 교회당을 공경하는 것을 마땅히 태교당과 더불어 한결 같은 예로 하라" 하였는데, 이에 바로 병관 여러 사람이 있어서 이슬람교에 거짓으로 가입하여 이것으로 연락하였다.

제34절 **금자탑의 전투**

7월 7일에 프랑스 군이 알렉산의 딸리아성으로부터 군대를 뽑아서 이동하여 사막을 지나서 카이로[387]에 도착하니 뭇 병사가 사막의 흙을 밟고 건너서 노력하는데 원망하지 않고 발로 땅을 차고 그 눈을 닦으면서 서로 위로하여 말하기를, "장군이 우리에게 나일강 둑에 땅을 허락한다고 하더니 바로 이 땅이냐"고 하였다.

21일에 금자탑 고적을 바라보고 뭇 병사들이 놀라고 이상해하더니 다시 마라[388]가 대대 기병을 거느리고 아이보[389]에 주둔한 것을

---

386) 이슬람교(回敎, Islam)
387) 카이로(開羅, Cairo)

보고 민중들이 더욱 보고 겁을 먹으니 나폴레옹이 힘써 말하기를, "군사들은 나의 말을 들어라. 이 탑 중에 30주년에 신명이 있어서 너희들을 감찰할 것이니 그 각각 열심히 노력하라[390]." 하였는데 군사가 듣고 용맹을 떨쳐서 적을 맞이하니 이집트 기병 5천 명과 무수한 창으로 공격하는 보병과 또 아랍[391]이 도와준 전쟁 병사들이 다 프랑스 군에게 패하였더니 2일 뒤에 프랑스군이 앞으로 나아가는데 막힘이 없었다.

카이로[392] 성을 공격할 때에 터키와 아랍의 각 대장을 소집하고 통역을 하여 동방의 말을 가지고 어루만져 주면서 위력을 사용하지 않는 것으로 허락을 하고 현인을 뽑아 유사를 삼아 인민을 관리하게 하고 교사를 우대하며 항상 경전을 외워서 이로써 이슬람교를 존중하는 뜻을 보였다.

처음에 영국 제독 넬슨이 해군을 거느리고 지중해를 순항하는데 프랑스의 전투 선함을 보지 못하여 이집트에 일이 있음을 알지 못하더니 처음 경보를 듣고 프랑스 병이 코모알토[393] 섬을 공격할 줄 알고 함대를 바로 거느리고 섬 가운데로 추격하여 도착한 즉 프랑스 병사의 종적이 없었다.

섬사람에게 물었는데 프랑스 함선이 어디 갔는지 알지 못하거늘

---

388) 마라(馬拉特)
389) 아이보보(愛勃勃)
390) 원문은 면전(勉旃)이다.
391) 아랍(阿拉伯, Arab world)
392) 앞의 한자는 '開羅'인데 여기는 '克開羅'이다.
393) 코모알토(克毛而脫)

가만히 의도로써 추측하고 나일강과 알렉산의 딸리아성을 찾으며 도착하였는데 본 것이 이내 없고 또 말미암아 소식을 찾아 들을 수 없었다.

이에 다시 북을 향하여 나아가서 칼르모니[394] 섬에 이르러서 카디아 섬으로 나아가 사면으로 찾아서 프랑스 함선을 함께 서로 만날 뻔하다가 이내 실패하고 또 지중해로 돌아와서 이탈리아의 시실리[395] 섬에 이르니 이미 바닷길 600마일[396]을 갔다.

가고 오고 수색하여 주야로 쉬지 않으니 길들였던 범선이 파괴되고 배의 키가 꺾이고 돛대가 꺾였거늘 이내 해안에 도착하여서 완전하게 수리하고 양식을 여러 가지로 풍족하게 하고 프랑스 군이 동방에 마음이 있는 것을 거슬러 생각하고 이집트로 다시 향하여 수색할 때에 맹세하여 말하기를, "비록 프랑스 병들이 지구를 대면하고 도착하여 진실로 해상에 있으면 내가 반드시 찾고 잡아서 함께 전쟁을 하여 조각 갑옷도 돌아가지 못하게 하리라" 하였다.

7월 28일에 퀼른[397] 해역 만에 나아가서 샤오[398]를 비로소 얻으니 이르기를, "여러 번 예배 전에 프랑스 함선이 카이티아 섬을 지나가거늘 이에 바람이 돛을 가득 불고 나일강에 도착하였다."고 하였다.

8월 초하루 밤에 과연 프랑스 해군 배를 이집트에서 만나서 한 번 싸움에 다 죽고 넬슨이 말하기를, "이번 싸움에 내가 반드시 승리

---

394) 칼르모니(揩勒末尼)
395) 시실리(細細利, Sicilia)
396) 마일(英里, mile)
397) 퀼른(科隆)
398) 샤오(確耗)

하는 것을 달갑게 여기지 않는다" 하여 이것으로 경계하는 것을 보였다고 하였다. 나폴레옹이 해군에 패배한 것을 듣고 깊이 근심하니 블리언이 해석하여 말하기를, "해군을 비록 잃었으나 육군이 항상 존재하고 성 안에 양식이 다 떨어지지 않아서 오히려 견디어 지킬 수 있을 만하니 감독에게 병사를 보내서 구해주는 것을 기대하소서" 하니 나폴레옹이 꾸짖어 말하기를, "네가 나를 몰아내서 여기에 이르렀으니 명명백백히 나를 사지에 두려한 것이다. 오히려 서로 구함을 바라느냐. 지금에 군대가 돌아가기를 생각하지 않는 이가 없으니 누가 여기에서 힘들게 지킴을 달게 여길 것인가" 하였다.

블리언이 패배에 편지를 감독에게 보냈는데 나폴레옹이 보고 말하기를, "이것은 매우 본질적이다. 이와 같은 즉 해군 제독 바이루에[399]가 죄가 없는 것이 된다. 너희들이 어떤 사람인 줄 알지 못하거늘 어찌 직언으로써 아뢰려고 하느냐. 네가 마땅히 이번에 패한 것을 가지고 죄를 제독에게 돌리라. 내가 일찍 명하기를 '이 해안을 떠나서 코프[400] 섬에 배를 정박하여 영국 함선을 피하라'고 하였는데 내 말을 듣지 않기 때문에 어려움에 미쳐서 저들이 이미 죽었으니 누가 증인이 되어 도와줄 것인가" 하니 그 실상은 나폴레옹이 해군을 옮겨서 보고하고 이로써 명성과 위엄을 굳게 하고자 함이다. 그러므로 이집트와 가까운 항구에 주둔하고 정박하여 드디어 넬슨이 보게 한 것이다.

---

399) 바이루에(白路哀)
400) 코프(考甫)

제35절 **카이로를 다시 배반하다**

　프랑스 병선이 이미 훼손됨에 프랑스인이 이집트 땅 안에 있는 것은 정세가 매우 외롭고 위험하니 이집트 병사와 국민, 그리고 아랍과 터키 사람이 다 함께 적이 되니 프랑스인이 진실로 군대를 떠나가서 달아나면 반드시 해를 입을 것이다.

　터키 왕이 조서를 이집트에 내려서 이르기를, "프랑스인이 까닭 없이 서로 공격하니 빨리 국경 밖으로 나아가라" 하고 이에 교당에 돌아와서 전쟁 깃발을 두루 세우고 뭇사람들이 날마다 하나님께 향하여 병사의 위엄을 도와줄 것을 기도하였다.

　8월 28일에 카이로 전체 성이 다 배반하거늘 프랑스인이 포를 쏴서 교당을 폭파하고 이슬람교인 5천 명을 공격하여 죽이니 난세가 드디어 안정되었다. 3일이 지남에 포로로 잡힌 사람으로 포대에 공격하고 매일 밤에 10여 명을 죽여서 그 시체를 나일강에 던지니 아랍 민족이 있어서 프랑스 병사 1대대를 에워싼 후 잡고 베어서 고기 진흙을 만드니 나폴레옹이 크게 화가 나서 순찰대원 루시[401]를 보내어서 병사를 거느리고 이 민족 사람들을 에워싼 후 초가집을 무너뜨리고 남자들을 다 죽여서 그 머리를 가죽 주머니에 담게 하고 부녀자와 아이를 사로잡아서 카이로[402]에 돌아갈 때에 가다가 길 도중에 도착해서 보니 다 죽었다.

　며칠 뒤에 당나귀들이 가죽 주머니를 싣고 도착하여 뭇사람들에

---

401) 루시(魯西)
402) 카이로(該羅, Cairo)

게 주머니를 풀게 하고 사람의 머리를 무수히 내던지니 모두가 혀를 내둘렀다. 그러나 결국 이러한 독한 수단을 사용하여서 나머지 잔당을 경계시킨다고 하니 아랍에 있는 사람은 보고서 이것과 다르지 않다고 하는 것은 터키를 관리하는 추장의 잔혹함이 매양 이와 같았기 때문이다.

나폴레옹이 이집트 백성을 유혹하여 말하기를, "내가 여기에 온 것은 코란 경전 중에 이미 예언하였으니 너희들이 우리를 막는 것이 무함마드를 공경하지 않는 것이다. 내가 앞을 아는 것이 명확하게 있으니 너희들의 숨은 생각을 내가 다 알고 있으니 삼가서 마음의 화를 가지지 말라"하고 군영의 누를 수에즈[403]에게 건설하게 하여 영국 사람을 막으려 했다.

인도로부터 홍해를 건너서 카이로에 와서 구할 때에 프랑스 병사가 홍해의 조수 간만의 시간을 알아서 모래가 깔린 여울을 건너고 건축하러 갔다가 일을 마치고 돌아왔는데 균일하게 조수를 만나지 않으니 국민이 다 행운을 일컬었다.

제36절 **시리아**[404] **정벌**

예전에 아크레[405] 총독 히사이[406]가 터키왕의 깨우침을 받들고 이

---

403) 수에즈(蘇彛士, Suez)
404) 시리아(敍利亞, Syrian Arab Republic)
405) 아크레(亞克, Acre)
406) 히사이(其柴)

집트 변경에 알라릭[407] 포대를 굳세게 자리 잡아 지킬 때에 히사이가 오랫동안 자유롭고자 하여 왕명을 따르지 않거늘 나폴레옹이 유혹하여 프랑스를 돕고자 하여 일찍편지를 히사이와 아미니[408] 총독 알리[409]에게 이르게 하여 그 당에 들어가는 것을 권하니 다 따르지 않고 히사이는 나폴레옹의 사자를 죽이기에 나폴레옹이 진노하여 1799년 2월 11일에 병사 1만 1천 명을 거느리고 지중해 여울을 따라서 사막의 땅으로부터 시리아에 도착하여 17일에 알라릭 포대에 나아가 공격하여 다음 날에 이기고 25일에 카이사[410]성을 항복시키고 3월 14일에 요파[411]성을 에워싸니 성안을 지키는 병사가 매우 많았다.

  3일이 지남에 비로소 깨지는데 거리를 지키는 병사들이 오히려 힘을 다하여 맞아 대적하니 나폴레옹이 병사를 지휘하여 용감하게 싸워서 반 이상이나 죽여 제거하니 그 나머지 병사는 반이나 앨비언[412] 사람이다. 아주 큰 집 가운데로 물러나서 뜻을 결정하고 프랑스인은 죽도록 싸우지 말라고 하였다.

  알바니아 사람들은 잡으러 오는 사람이 도착하는 것을 보고 겁을 먹어서 부르며 말하기를, "만일 나를 죽이지 않으면 바로 투항하리라" 하니 잡으려는 자가 허락하거늘 이에 수천 명이 다 무기를 버리고 결박을 받았다.

---

407) 알라릭(愛而愛力希)
408) 아미니(亞迷尼)
409) 알리(愛犁, Muhammad Ali, 1769~1849)
410) 카이사(該撒)
411) 요파(約發)
412) 앨비언(愛爾白呢, Albion)

잡는 자가 사로잡아서 돌아가 군영 문에 이르니 나폴레옹이 블리언과 한가지로 군 막사에서 걸어 나와 보니 투항한 사람들이 여럿이 있는데 물고기처럼 꿰뚫어서 이르게 하는 것을 바라 보고 근심하는 마음이 갑자기 생겨서 블리언에게 일러 말하기를, "이 많은 사람을 거두어서 어떻게 자리를 두도록 할까. 장차 남은 식량이 있어서 머무르며 줄 것인가. 문득 배가 있어서 이집트로 돌려보낼까. 혹 프랑스로 실어 보낼까" 하였다.

잡아 온 자들을 원망하여 말하기를, "내가 너희를 명하여 화친 조약에 동조하는 시골 사람은 망녕되이 죽이지 말라 하였고, 이 무기를 잡고서 나를 거부하는 사람까지 또한 사면하라 이르는 것이 아니라" 하고 이에 투항한 사람들을 군영 가운데 자투리 땅에 잠시 두고 매일 마른 찐빵 조금만을 먹이고 여러 장군을 소집하여 처치하는 법을 회의할 때에 모두 아무런 계책이 없더니 홀연히 각 군영이 사정을 전하는데 병사가 원망하는 말이 있어서 이르는데, "군영 가운데에 식량이 거의 없으니 저 투항한 많은 사람들을 마땅히 사례에 비추어서 죽음에 처할 것인데 이에 죽이지 않고 도리어 나의 식량을 나누어서 먹이니 크게 평등하지 않아서 비 퍼붓듯 장군에게 알리는 것이 더욱 놀래서 병사가 이로 인하여 이미 변하여 반란의 세력이 있을 듯하다"고 하였다.

다음 날에 여러 장군을 다시 모집하여 회의를 할 때에 나폴레옹이 무리에게 물어서 말하기를, "만일 육로로 말미암아서 이집트에 돌아가려면 반드시 군대 동반자를 없애서 보내야 할 것이니 우리 군이 나약함을 면하지 못할 것이고, 또 길이 사막을 지나니 식량이 어디에서 나오며 만일 수로로 말미암아서 가려고 하면 배를 가히 찾을 수 없고, 만일 석방을 하면 아마도 아크레에 가서 돕거나 혹은 다른 곳의 사람을 연결하여 와서 어지럽게 할 것이고, 만일 군대 무기를 제거하고 우리 군대를 따라서 동행하면 식량의 유무는 아직 의논하지 않고 또 의심하기를 적들을 몰래 돕거나 혹 전쟁 때에 다른 변수가 갑자기 생길 것이니 능히 근심이 없지 않다" 하고 3일을 지나도록 논의가 결정이 나지 못하니 군대 안에 원망이 커져서 정세가 장차 변이 생길 듯하였다.

나폴레옹이 결국 군영 가운데 항복한 무리를 창으로 죽게 할 형벌을 보여주어서 군 병사의 마음을 편안하게 하고 다음 날에 항복한 사람들을 데리고 요파 성 밖의 모래산에 이르러서 무수한 소대를 나누어서 모래땅에 열을 지어 늘어세우고 혹은 창을 가지고 공격하며 혹을 칼을 가지고 찔렀다.

후에 블리언이 사람들에게 말하여 말하기를, "당시에 포로 한 소대가 있어서 바다 여울에 두려고 했는데 별대와 함께 서로 막는 것이 점점 멀리하였더니 저들이 물에 오리처럼 달아나서 물 가운데 암석 뒤에 창과 포탄이 미치지 않는 곳에 숨었다가 프랑스 병사가 창을 땅에 버리고 이집트의 화약을 권면하는 구호로 유혹하여 오게 하고 그 돌아갈 때를 기다리더니 물 가장자리를 사납게 향하여 창을 들고는 다 바다 물결에 빠져서 죽었다.

지금에 이르러서 생각하면 참혹한 형상이 오히려 목전에 있었는데 이 일을 회의할 때에 당하여 내가 또한 그 열에있었다. 비록 가부는 말하지 않았지만 그러나 몸이 위험한 땅에 처하고 군대 안에 양식이 적어서 변란을 맞이하니 사실이 가히 위험하기 때문에 내가 능히 권하여 그치지 못하게 하였다.

제37절 영국 장군 스미스[413]가 아크레에서 곤란하게 되었다

3월 18일에 나폴레옹이 요파로부터 군대를 뽑아서 아크레를 둘러싸고 공격할 때에 가까운 성 근처에 참호를 파기 시작해서 포를 피하고 병사에게 일러 말하기를, "저 쓸데 없는 포대를 매일 지휘하여 가히 이기리라" 하니 병사도 또한 요파를 쉽게 깨버리는 것으로 아크레를 또한 이와 같이 하리라 생각하여 적이 가벼울 거라는 뜻이 자못 있더니 아크레 총독 히사이가 나이가 들었으나 용맹하고 방어하고 지킴이 매우 긴밀하며 영국 장군 스미스가 병선 2척을 가지고 도와줄 것을 어찌 알았겠는가.

참전한 장군 아무개가 있으니 이에 프랑스의 군대를 철수시켰다. 일찍 나폴레옹과 함께 공부하더니 후에 왕당에 속함으로 인하여 어려움을 피하여서 영국에 도착하여 영국 장군이 되었다. 지금의 스미스와 함께 협동하여 방어하니 계책이 넉넉하였다.

나폴레옹이 사람을 보내어서 이집트로부터 큰 포를 운반하여 도착하다가 길 가운데에서 영국 장군에게 빼앗겨서 아크레 성 위에 두니 프랑스인이 겨우 20파운드[414] 무게의 포를 가지고 그 성을 맹렬히 공격하다가 이에 참호를 판 것이 깊지 못하여 능히 스스로 방비하지 못하고 다시 적의 포에 공격당하게 되어 죽고 다친 자가 심히 많은 것이 어디에도 없었고, 또 병사를 성 담의 파손된 곳으로 지휘하여 공격하다가 이기지 못하고 부장 1명이 부상을 당하고 병사를 손해

---

413) 스미스(斯密, Sidney Smith, 1764~1840)
414) 파운드(磅, pound)

본 것은 계산할 수 없으니 이는 28일의 일이다. 성 안을 지키는 병사들이 프랑스 병사가 점점 게을러지는 것을 바로 엿보고 성에 나아가서 공격하니 프랑스 병사가 점점 퇴각하였다.

4월 4일에 영국인이 프랑스 병사가 성 밖의 땅 길을 비로소 파는 것을 알고 화약을 실제로 폭파시켜서 이로 인하여 바로 성 안에 굴을 찾아서 중도에 서로 만남에 프랑스 병사가 다 도망을 갔다.

이 달 중에 포대를 여러 차례 공격하다가 영국인에게 쫓기게 되고 이 때에 터키 병사가 있어서 나사렛[415]으로부터 말미암아서 아크레를 와서 구하고 다시 사마리아[416] 병사가 있어서 또한 프랑스 군을 항상 어지럽게 하니 프랑스 장군 클레베르[417]가 병사 한 소대를 거느리고 아랍 대대 마병을 만나서 능히 대적하지 못할 줄 알고 바야흐로 군진을 결성하여 스스로 지키더니 얼마 있음에 나폴레옹이 병사를 거느리고 가서 구할 때에 모레토[418]를 보내서 마병으로 그 뒤를 공격하니 아랍인이 크게 패하여 군수품을 다 잃었다.

나폴레옹이 아크레에서 잠시 떠난 때를 당하여 영국인이 성밖에 참호와 해자를 건축해 나아가고 병사를 일렬로 세워 지키니 이로부터 프랑스인이 나아가서 공격을 하는데 그 성의 담에 가까이 못하더니 다행히 요파로부터 18파운드 무게의 큰 대포 몇 개가 도착하니 군대의 위엄이 점점 떨쳤다.

---

415) 나사렛(拿撒勒, Nazareth)
416) 사마리아(撒馬利耶, Samaria)
417) 클레베르(克勒伯, Jean-Baptiste Kléber, 1753~1800)
418) 모레토(謨勒脫)

제38절 **퇴각한 병사의 피해**

5월 7일에 터키인이 로트[419] 섬으로부터 해군을 통해서 아크레에 와서 구하거늘 나폴레옹이 알고 그 병선이 아직 도착하지 않음을 틈타서 힘을 다하여 아크레를 다시 공격할 때에 참전한 장군 보예[420]가 죽었지만 그러나 이미 능히 다리를 성 근처의 땅에 놓게 하였다.

다음날에 장군 레니스[421]가 또 병사를 거느리고 성 담장 중에 어그러진 곳으로 따라와서 나아가다가 다시 성 안의 참호에 막히어서 능히 날아 넘어가지 못하니 아크레 사람이 바람을 이용하여 불을 놓았는데 프랑스인이 놀라서 물러나니 레니스는 몸에 큰 창을 맞고 포장군은 죽었다.

2일이 지나서 프랑스 병사가 또 모험을 하고 공격한 제2차에 비가 퍼부을 때 장군은 부상을 입고 참장 두 사람은 죽었으니 이는 제8차까지 간 싸움에 실리를 잃었다. 이에 부폐한 시체가 해자에 가득하고 날씨가 덥고 기후가 좋지 않으니 프랑스 군영 안에 역병이 옮아서 죽는 자가 너무 많고 카이팔리[422] 장군이 또한 역병으로 죽었다.

나폴레옹이 일의 기미가 좋지 않음을 알고 급히 명령하여 병사를 물리칠 때 터키의 병선이 장차 이르고 이집트의 기병이 때때로 프랑스 병사와 함께 물어뜯는다는 것을 듣고 난리를 진정시켜 빨리 돌아가는 것을 생각하여 드디어 5월 21일에 군대에 명령을 하고 아크레

---

419) 로트(羅特)
420) 보예(步耶)
421) 레니스(來尼斯)
422) 카이팔리(開發利)

성에서 떠날 때에 병든 병사에게 명하여 먼저 가게 하고 장교를 스스로 거느려서 뒤를 지키고 포는 무거워서 능히 휴대하지 못하기 때문에 그 눈을 막고서 바다에 빠뜨렸다.

길 사이에서 그 병사에게 일러 말하기를, "나는 시리아를 스스로 공격해서 이 일로 오다 보니 기간이 겨우 3월에 카이사와 요파 두 성을 빼앗아서 얻으니 군 무기와 깃발이 무수히 많고 또 아크레에 날을 지정하여 공격하는데 다만 이렇게 사소하여 내가 시일(時日)을 무리와 함께 사용하지 않는다고 하지만 그러나 이 일은 죽으면 한이 될 것이다" 하였다.

나중에 시리나[423] 섬에 있으면서 일찍 사람들에게 일러 말하기를, "동방의 기회가 온전히 아크레 한 성에 있더니 그 기회를 잃어서 가히 아쉽다. 내가 당일에 만일 능히 깨뜨렸다면 가히 시리아와 아미니 등과 함께 연합하여 큰 기운이 될 것이고, 이 때에 터키 각 성의 인민들이 혁명하는 것을 이미 생각하여 한 사람의 도움을 오로지 기다리니 만일 내가 10만 명의 병사만 있었으면 유프라테스[424] 강을 가로지나서 가히 천하의 큰 판을 고치고 제국을 동방에 세우면 프랑스의 형세가 또한 크게 달라졌을 것이거늘 애석하다. 능히 이 성을 공격하여 이기지 못함이여" 하니 나폴레옹이 훗날 참회하는 말이었다.

이 때에 병사들을 되돌려서 요파에 가서 지나갈 때에 각 마을에 불을 질러서 여러 가축이 없게 하니 화염이 제멋대로 날아서 사막에 직접 도달하여 그치니 따라가던 병사가 우연히 다른 길을 잃었으면

---

423) 시리나(希利納)

424) 유프라테스(尤拂留體, the Euphrates)

항상 터키와 아랍과 사마리아 등의 사람이 그 좌우를 엿보다가 사이를 틈타서 살해하고 사막 가운데에 있으면 먹을 것을 얻지 못하니 굶는 고통을 헤아리지 못하였다.

옛날에 나일강 둑의 토지를 가지고 나누어준다고 하였던 말을 돌이켜 생각하는데 단지 헛말이었고, 몸이 100번 싸움을 지나서 공은 있지만 상은 없으니 이로 인해서 병사가 다 원망의 말이 있더니 이때에 나폴레옹이 우연히 혼자지나가다가 홀연히 부하 소대가 무리로 일어나서 욕하고 또 공격하고자 하는 정세가 만들어졌는데 나폴레옹이 웃으며 일러 말하기를, "이 사람들아. 너희가 나를 꾸짖고자 하면 사람이 너무 적고 나를 죽이고자 한다면 사람이 너무 많다" 하니 많은 병사들이 바로 해산하고 갔다. 이로부터 나폴레옹이 감히 혼자 다니지 못하였다.

제39절 이집트로 돌아가다

요파에서 떠난 뒤에 길이 카이사를 지날 때에 그 포대를 훼손하고 그 성만을 남기고 알라릭에 도착하여 빼앗은 것 중에 소와 양은 병사들에게 주고서 식량을 삼고 코티에[425]에 도착하여 병사를 머무르게 하여 지키고 사막의 황야 가운데를 지나는데, 아랍의 한 민족이 있어서 오로지 하며 겁탈로 일을 삼아서 그 거처를 불사르고 그 가축을 취하니 이 부역에 전, 후 전투에서 죽은 자가 약 5백 명이고, 부상을

---

425) 코티에(克帝哀)

당한 자는 1천 8백 명이고 전염병에 죽은 자는 7백 명이다.

6월 14일에 카이로 성에 나아가서 나폴레옹이 사졸들보다 앞장을 서서 위엄과 엄숙함이 정숙하게 하니 병사와 백성이 성에 나와서 서로 우러러 볼 때에 길을 끼고 부르기를 권하니 지극히 성한 모습이 드러났다.

이에 편지를 다섯 감독에게 이르게 해서 꾸짖으며 이르기를, "중요한 요새가 이미 우리 점거가 되었으나 오직 적이 또 누를 지어서 스스로 견고하게 하니 만일 나아가 공격하고자 하여 반드시 층층이 쌓은 군영의 누를 깨뜨리려면 아마도 장사가 많이 다칠 것이고 또 때가 더울 때를 당하여 성 안에 전염병 기운이 유행하니 전염하기 쉽기 때문에 병사를 퇴각시켜서 피하게 하였다"고 하였다.

또 "내가 이집트에 돌아온 것이 두 가지 이유가 있으니, 하나는 일찍 병사에게 4월에 돌아갈 것을 허락하였고, 하나는 이집트의 기마병이 모반을 하니 급히 돌아가서 징치하는 것이 마땅하다" 하였으며 또 편지 가운데에 전쟁에서 공적을 세운 장소를 서술하여 포장함이 특히 심하니 비서가 즐겨 붓이 내려가지 않거늘 나폴레옹이 그 억제하는 것을 보고 웃으며 말하기를, "그래. 너는 군대 전보의 체제를 알지 못하기 때문에 응당 이와 같다. 그렇지 않으면 어찌 능히 사람을 감동하게 하리오." 하였다.

이집트 성 안에 백성이 '원수 갚는 천사'라고 스스로 일컬어서 궤변의 화술로 이르는데, "나의 출신이 코란 경전 글에 있다" 하고 아랍인을 불러 모아서 프랑스 병사를 공격하여 죽이는 것이 매우 많더니 조금 뒤에 프랑스 장군에게 잡혀서 그 무리를 다 죽였다.

나폴레옹이 이집트에 있어서 휴식한 지 1달 여쯤에 예술원 하나를 설치하고 수행하는 박사로 하여 이집트의 사방을 두루 다녀서 명승과 고적을 찾아 풍속과 토산물을 찾고 물어서 돌아와 그림 그리는 장인(畫工)에게 그림을 그리라 하고 날마다 알림 종이 하나를 내놓아서 사람들에게 전시하여 이것으로 한가한 것을 돕는데 사용하였다.

그리고 예술원 중에 모임 하나를 세워서 나폴레옹이 스스로 회장이 되고 회 안에 두 박사가 있어서 이집트 정치의 정돈을 생각하고 화약과 군대 기계의 각 헛간을 모방하여 만들 때에 규모를 이미 갖추었더니 아깝도다! 오랫동안 제거하지도 마침내 베풀지도 않고 프랑스 군대를 나일강 둑에 오래 주둔시키더니 반드시 이집트에 조성하는 것이 크게 있을 것이라 하였다.

나폴레옹이 군영 안에 있으면서 날이 저물도록 노동을 하고 야간에는 반드시 블리언에게 작은 시간이라도 책을 읽게 하고 자리에 앉아 조용히 듣고서 심신을 고르게 기르니 블리언이 사람들에게 얘기하여 말하기를, "내가 항상 찾는 역사책을 읽으면 네가 자다 깨다를 하다가 만일 영국 역사를 읽어서 크롬웰[426]의 일에 이르면 네가 반드시 귀를 기울이고 들어서 피곤한 것을 잊고 밤새도록 자지 않았다."고 하였다.

제40절 **아이보크[427]의 전쟁**

이 때에 프랑스 병사가 알렉산의 딸리아성에서 터키 함대가 아이

---

426) 크롬웰(克郎佛而, Oliver Cromwell, 1599~1658)
427) 아이보크(愛薄克)

보크 토구[428]로부터 나와서 해안에 올라오는 것을 보니 병사가 약 1만 수천 명이다. 아이보크 포대를 빼앗아 취하고 또 포대 5~6좌를 만들었는데 토구를 가로질러서 그 군영을 보호하고 지키거늘 나폴레옹이 이집트 기마병과 시리아와 터키 병사와 함께 연합하지 않을 때를 틈타서 급히 정예병 만 명을 거느리고 공격할 때에 장군 모레토에게 일러 말하기를, "이 전쟁은 유럽 대국에 관계가 되니 삼가 가볍게 보지 말라" 하고 이에 병사를 3개 대대로 나누어서 한 대대는 그 뒤를 공격하고 두 대대는 그 좌우를 공격하니 터키 병사가 포를 열어서 거세게 공격하고 힘을 다하여 막았다.

프랑스 병사가 점점 물러나서 감히 가까이 가서 위협하지 못하더니 홀연히 큰 대대 터키 병사가 해자에서 충돌하여 프랑스인의 죽은 머리를 다투어 베어서 이것을 가지고 상을 주니 모레토가 병사를 이끌어서 공격하고 그 돌아오는 길을 끊어버렸다.

나폴레옹이 곁에 있으면서 전쟁을 보다가 이 기회를 틈타서 병사를 지휘하여 포대를 나아가 치니 뭇 군사들이 이어 도착하여 터키 병사를 사면으로 함께 에워싸니 터키 병사가 놀라서 수천 명이 분분히 해변가를 향하여 달아나다가 물속으로 넘어지는데, 그 병선이 해안을 떠나는 것이 매우 멀어서 능히 구하지 못하였다.

모레토가 터키 장군 무스타파[429]를 잡아 두니 나폴레옹이 보고 위로하여 말하기를, "네가 용맹하여 감히 잘 싸우니 패하는 것은 너의 죄가 아니다. 내가 장차 터키 왕에게 칭찬하리라" 하니 대답하여 말

---

428) 토구(土股)
429) 무스타파(麥思太發)

하기를, "우리 임금이 스스로 나를 알고 있으니 너의 도움을 기다리지 않는다"고 하였다. 이 때에 터키 병사의 포대를 지킨 자가 오히려 수천 명이 있었다. 며칠을 지남에 무기를 버리고 항복을 구걸하거늘 프랑스인이 다 석방하였다.

  8월 초에 나폴레옹이 무스타파와 그 아들과 카이로에 돌아와서 전쟁을 하지 않도록 앞에 항상 말하였는데 터키인의 항복하지 않는 자를 다 죽였다고 하더니 이에 이르러서 마침내 그 말을 실천하니 카이로 사람들이 놀라서 신이라 하였다.

제41절 이집트로부터 파리에 돌아와서 클레베르에게 그 군대를 직접 통솔하게 하였다

  나폴레옹이 카이로에 있어서 파리 친구들의 사사로운 편지와 또 영국 장군이 신문지 주는 것을 접하니 모두 이르기를, 이탈리아가 다시 배반하여 프랑스 병사가 능히 굳건히 지키지 못하여 전체 국경을 다 잃고 다섯 감독이 사무실을 같이 사용해서 창을 잡고 서로 다투며 왕가당이 정부를 위협하여 국민회를 해산하고자 하니 그 형제 조제프와 뤼시앵이 오백 명 모임 안에 모두 있어서 뤼시앵은 감독 기네스와 함께 서로 닮았다.

  기네스가 네 번째 감독을 반대하고자 하여 하루가 지나지 않음에 대란이 장차 있음을 알고 급히 나라로 돌아와서 크롬웰의 일과 같이 하는 것을 보았다고 하니 나폴레옹이 급히 군영을 떠나고자 하여 클레베르에게 그 군대를 거느리게 하고 자기는 파리로 돌아올 때 말을 높게 하는데 "이집트 북쪽 경계에 형세를 살피고자 한다" 하고 보시에[430]와 레니스와 모레토와 마이망토[431]와 박사 등을 미리 위촉을 하여 알렉산의 딸리아성에서 기다리라 하고 클레베르를 명하여 로제타[432]에서 기다리라 하였다.

그리고 팔월 중에 항구에서 배 2척을 몰래 타고 지중해 입구로 따라 나와서 22일에 알렉산의 딸리아성에 이르러서 보시에 등을 불러서 배에 오르고 다음날에 바다 위에 영국 배가 하나도 없거늘 아프리카[433] 해안으로 지나가서 서쪽으로 향하여 지나갈 때에 클레베르가 로제타에 있어서 나폴레옹을 앉아서 기다리는데 날이 오래도록 도착하지 않아서 깊이 괴이하게 여기더니 그 편지를 홀연 받아서 말하기를, "이탈리아에서 잘못 지켜 줄이는 것이 이어졌기 때문에 급히 나라에 돌아오니 이집트의 군대는 그대가 직접 통솔하도록 하여라. 오래지 않아 바로 사람들에게 서로 돕게 할 것이니 너는 이성을 견고하게 지켜서 화약의 의논을 기다려라. 만일 9월 안에 정부가 사람을 보내지 않고 혹 병사가 질병이 있거든 너는 바로 터키 왕과 함께 화약을 의논하라"고 하였다.

또 "네가 이 이집트를 얻음이 쉽지 않은 줄을 깊이 알고 있으니 삼가 크고 좋은 토지를 가지고 타인의 손에 들어가게 하지 말고 또 네가 나의 이집트 안의 정치를 정돈할 줄을 아니 병사를 가르치고 경계시켜서 이슬람교인과 함께 모아서 화목하게 하고 너 또한 성 안의

---

430) 보시에(菩西耶)
431) 앞의 한자는 '買茫脫'인데 여기는 '買忙脫'이다.
432) 로제타(路塞塔)
433) 아프리카(阿非利加洲, Africa)

족장들에게 명망이 있는 자와 함께 서로 왕래하여 이것으로 사귄 우의를 연합하는데 만일 기회가 있거든 능히 이집트 기병과 아랍 등의 5~6백 명으로 우리나라의 바탕이 되게 하라.

1, 2년 뒤에는 바로 가히 나의 교화에 복종하리라. 혹 극단[434] 일부를 보내서 이집트 연극에 이르게 하여 그 풍속과 성정을 바꾸게 하고 또 가히 병사 위엄에 부족한 것을 돕게 하라. 내가 비록 갑자기 나라에 돌아가지만 그러나 나의 꿈이 오히려 이집트를 그리워하노라. 나의 병사가 평일에 나의 지휘를 들음에 내가 보기를 아들과 같이 하였는데, 지금에 너에게 부탁하니 잘 볼지어다." 하니 클레베르가 이 편지를 받아 보고 비로소 그 총애하는 장교와 함께 달아난 것을 알아서 비록 명령을 하여 프랑스 군대를 통솔하라 하였으나 깊이 기뻐하지 않았다.

이에 나폴레옹이 사사로이 스스로 도망간 것을 거짓으로 편지를 보내서 감독에게 아뢰었더니 이 편지가 영국 순찰배에서 가지고 있어서 일찍 도달하지 못하였으니 설령 11월 10일 이전에 감독에게 보여주었던들 나폴레옹에게 거리낌이 크게 있을 것이었는데, 그렇게 하지 못하니 한스럽다 하고 클레베르가 군사를 점검하니 겨우 생존한 자가 2만 여명이다.

지난 때에 해안에 올라가서 병사 3만 명과 해군 1만 명에게 되돌아 거슬러 올라가게 하고 보니 이에 14달이 되지 못하여 군진은 망가지고 병들어 죽은 자가 1만 5천 명에 이르렀다. 클레베르가 비록 용맹이 있지만 그러나 다른 나라 군대를 가지고 끊어진 땅에 삶으로

---

434) 원문은 이원(梨園)이다.

바로 능히 보호하며 지키지 못할 줄을 알았더니 그 뒤에 이집트 기마병이 과연 프랑스와 함께 동시에 작난을 하였다.

이에 클레베르가 우울하여 죽더니 죽음에 임했을 때에 오히려 나폴레옹이 가서 사지에 두는 것을 한스러워하여 이르는데 "죽기 전에 일찍 감독에게 변고를 알려야 했다"고 하더니, 또 영국 순찰선이 얻은 것을 본국으로 가져가서 이에 영국인이 비로소 프랑스 병사가 나폴레옹이 떠난 뒤로부터 태반이나 변하여 모반할 것을 알았다.

처음에 클레베르가 되짚어 생각하는데 나폴레옹이 위험을 무릅쓰고 지중해를 건너니 반드시 영국 배에게 뺏긴 것을 보리라 하고 나폴레옹이 또한 스스로 근심하더니 뜻밖에 별 탈이 없는 것을 마침내 얻었다.

바다 파도가 멀리 퍼질 때를 당하여 모레토가 어지러움을 심하게 고통으로 여겨 말하기를, "내가 이 풍파를 견디어 내지 못하겠다" 하더니 바로 바람이 고요하며 풍랑이 쉬고 뒤에 따라오는 병사가 없으니 이에 박사와 함께 한담을 하다가 이르는데 "내가 황홀한 중에 항상 한 배가 나의 앞길을 인도하더니 이것이 하느님이 몰래 도와주시는 것이 아니냐" 하니 박사가 신명을 믿지 않고 이르는데, "세계를 창조하는 일이 우연한 것에 속하고 하느님의 힘은 아니다" 하니 나폴레옹이 말하기를, "그렇지 않다. 세계를 창조하는 것이 어떠한 신령스러운 힘이기에 어찌 우연의 일이라 하는가." 하니 이 밤에 바람이 고요하여 파도가 치지 않고 샛별이 크게 밝거늘 모든 사람들이 다 이상하다고 하였다.

다음 날에 아프리카의 티에네스[435]에 가서 도착하여 배가 북쪽을 향하여 갈 때에 사르데냐와 코르시카 두 섬의 서쪽으로 돌아서 9월

30일에 아작시오 고향을 지나다가 3일을 머물러 지내니 친구들 중에 방문하는 자가 길에 끊이지 않았다.

10월 2일에 길을 떠나서 8일에 프랑스 해변 여울에 장차 가까워서 영국 배 1대대를 문득 보고 여러 장군이 코르시카로 다시 도망가고자 하거늘 나폴레옹이 멈추게 하여 말하기를, "파리로 지나가는 것이 묘한 방책은 아니다. 만일 피하면 런던[436]에 도리어 들어가리라" 하고 길을 고쳐서 갈 때에 다음 날에 펠리체[437] 바다 입구로 말미암아서 언덕에 오르니 이 곳의 백성들이 나폴레옹의 사람됨을 공경하고 중요하게 여겨 그 해안에 오르는 것을 금지하지 않았다.

그리고 또 배 가운데에 전염병을 조사하지 않고 배면에 옹색한 사람들이 많이 있어서 서로 일러 말하기를, "차라리 배 안에 전염병 앓는 사람이 있을지언정 나라 안에 오스트리아 사람이 있는 것은 원하지 않으니 지금 나폴레옹이 귀국을 하니 가히 오스트리아 사람을 쫓아버려라"고 하니 이 때에 승리를 얻음에 오스트리아 병사가있어서 니스 성을 넘어서 프랑스의 동남쪽 국경으로 와서 공격하기에 많은 사람들이 뭐라고 하였다.

나폴레옹이 펠리체로 쫓아서 파리성에 도착하니 의기가 날아 올라서 개선하는 것과 다름이 없었다. 들으니 길 중에서 다 금자탑의 승리한 일을 이야기하여 같은 목소리로 찬미하고 심지어 가요를 편성하는 자가 있었는데 이것으로 인하여 잠시 생각하다가 전에 이집

---

435) 티에네스(鐵奈司)
436) 런던(倫敦, London)
437) 펠리체(費里其)

트로 말미암아서 반송한 군대 신문의 효험이 아주 컸다.

이에 더욱 아이보크의 승전으로 기인하여 그 가사를 잘 만들고 작은 책을 인쇄하여서 나라 안에 두루 배포하니 뭇사람들이 서로 전해 보면서 더욱 기쁨을 더하였다. 이것으로 인하여 백성이 다 나폴레옹에게 복종하고 감독을 가벼이 여겨 이르는데 "우리들이 용맹한 장군을 얻어서 감독을 쫓아내고 헌법을 고치고자 한다." 하거늘 나폴레옹이 듣고 민심이 돌아와 향하니 내 일이 이루어질 것이라고 하였다.

제42절 파리 혁명은 나폴레옹의 기회

16일에 승리의 거리[438] 주택에 나아가서 같은 집에 여러 사람과 함께 확 달라지게 하는 일을 상의한 연후에 루숑보가 다섯 감독에게 나아가 보면서 말하기를, "우리 연방이 강성하고 프랑스 병사가 병에 걸려 연약함을 알기 때문에 감히 와서 서로 도왔다"고 하니 감독이 믿었다.

감독 중 기네스가 나폴레옹과 함께 같은 당이기에 베르나도트에게 병부의 임무를 새로 거두어들이니 베르나도트가 나폴레옹이 귀국한다는 것을 듣고 바로 감독에게 군영을 떠난 죄를 가지고 다스리기를 청하니 보라스가 힘이 없어서 사양하고 감독 듀거스[439]도 또 기네스의 당에 들어가니 그 나머지 각 우두머리 대신은 나라 안에 큰

---

438) 승리의 거리(得勝街, Desheng Jie)
439) 듀거스(杜固斯)

변란이 장차 있을 것이라 생각하고 다 같이 돌아와서 의지하니 모레토와 레니스와 스파티니[440]와 모로와 베노빌[441] 각 장군이며 참장 등이 다 지휘를 듣는데 두려워하는 자는 오직 베르나도트 한 사람이다.

저들이 일찍이 말하였는데, "내가 변동이 두 번 있고자 하지 않았으니 지금에 메시나가 러시아 병사를 스위스에서 새로 깨부수고 브루헨[442]이 네덜란드에서 영국 병사를 쫓아내니 이는 프랑스의 군대 정세가 옮겨가는 기미가 점점 있었거늘 나는 너희들이 변혁을 다시 하고자 하는 것이 어떠한 것인지 알지 못한다."고 하였다.

조제프의 부인은 베르나도트 부인의 여자 형제이다. 이로 인하여 그 당에 들어가고자 하여 하루 새벽에 조제프가 베르나도트를 거느리고 승리의 거리에 화려한 집에 도착하니 나폴레옹과 여러 장군들이 함께 있어서 말로 시험하며 말하기를, "네 갑옷을 입고 나와 튈르리 성에서 모이자" 하니 베르나도트가 강하게 사양하고 따르지 않으면서 말하기를, "나는 안다. 네가 장차 병사들을 데리고 나를 공격하라고 한 것이나 네가 이것으로 모로와 베노빌이 너를 도왔다. 내가 생각을 잘못하였다. 너희들이 다 나를 돕는 자였다." 하니 나폴레옹이 말하기를, "기쁘다. 네가 다른 사람을 알도록 하는 것이 내가 앞으로 겸손할 것이다. 저들의 소행이 그 말에 지나치니 네가 저들을 믿지 말라. 진실로 나에게 보낸 것이다." 하였다.

베르나도트가 말하기를, "내가 반란을 한 당에 들어가지 않을 것

---

440) 스파티니(西拔體尼)
441) 베노빌(白諾維而)
442) 브루헨(步露痕)

이고, 이것으로 인하여 라우드맹[443]의 법률을 차마 없애지 않을 것이다."하니 나폴레옹이 말하기를, "그런 즉 네가 여기에 있어서 조금만 기다려라. 내가 원로원의 가르침을 가서 취하여올 것이다."라고 하였는데 홀연히 한 사람이 있어서 말하기를, "장군님. 나는 당신을 가히 죽일 사람이다. 너는 저들을 기다리지 말아라."하니 나폴레옹이 말하기를, "나는 저들과 함께 대적하지 않을 것이다."하니 베르나도트가 말하기를, "네가 나를 대적하지 않는다면 하나의 맹세를 시험 삼아 해봐라."하였다.

나폴레옹이 윤허하니 베르나도트가 말하기를, "설령 감독이 나를 명하여 여러 장군들을 통솔하라고 한다면 내가 반드시 법률을 없애고자 하는 사람과 대적할 것이다."하였는데 나폴레옹이 말하기를, "믿음이 이와 같도다. 내가 가히 너에게 죄가 없음을 말하리라. 나는 본래 내 이익의 마음이 없고 다만 국민을 물과 불에서 구하고자 하는 것이니 네가 이후에 마땅히 나의 말을 믿어야 한다. 내가 장차 마이메종[444]에 도착하여 조금 쉴 것이니 네가 혹시 온다면 내가 너를 맞이할 것이다."고 하였다. 베르나도트가 장차 감에 나폴레옹에게 일러 말하기를, "네가 전제국가의 사람이 되고자 하니 아마도 천하의 위험할 일이 여기에 지나침이 없다."고 하였다.

처음에 요거르가 나폴레옹의 명령을 받들어서 병사들로 튈르리궁을 에워싸고 두 감독을 쉽게 제거하였다. 이에 이름에 나폴레옹이 이집트로부터 돌아와서 선봉에서 맞이하니 기네스가 보라스에게 유

---

443) 라우드맹(老多命)
444) 마이메종(買麥遜)

감이 있어서 이로써 나폴레옹이 반드시 그 새로운 법률을 반포하는 것을 도울 것이고, 보라스가 나폴레옹에게 은혜가 있으니 탈레랑[445]의 여러 차례 권하는 말을 듣고 또한 거짓 민주에 마음을 버리고 따를 것이니 일이 급할 때에 바로 감독의 직무를 사직하겠다고 하였다.

듀거스가 나폴레옹의 당에 일찍 가입하였으나 오직 모랭[446]과 고헤[447] 두 감독은 일의 기미를 알지 못하고 세력이 외로울 때 높은 자리에 있어야 오히려 그 정해진 법률을 지키고자 하니 어찌 형부에 경찰 등의 관리가 모두 두 가지 마음이 있어서 기네스와 나폴레옹의 의견을 몰래 합한 것인 줄 알겠는가.

원로원장 크나트[448]와 적은 수의 회원은 또한 나폴레옹의 의견을 가지고 그렇다고 하는데 오직 5백 명의 원로원 사람들은 바로 죽음으로 지켜서 이를 맹세하여 복종하지 않았지만 그러나 뤼시앵이 5백 명의 회장이 되어서 그 권력이 족히 그 형을 도와줄만 하였다. 크나트가 승리의 거리에 친히 도착하여 가르침을 읽어서 알리니 나폴레옹이 칼을 들고 말을 달려서 바로 원로원에 도착하여 사례하며 말하기를, "우리가 이번 가르침을 얻음은 마땅히 민주 국민으로 하여금 진실로 자유롭게 하고자 하는 것이니 청컨대 이 말씀으로써 맹세하라" 하였다.

맹세를 마침에 튈르리[449]궁에 다시 도착하여 군대를 순시할 때에

---

445) 탈레랑(塔列蘭)
446) 모랭(墨領)
447) 고헤(戈黑)
448) 크나트(克納忒)
449) 앞의 한자는 '施來哩'인데 여기는 '拖來哩'이다.

이미 물러난 감독의 친구 바투르[450]가 있어서 얼굴을 보며 책망하거늘 나폴레옹이 화내며 말하기를, "내가 파리를 떠나지 않았을 때에 프랑스가 어떻게 강성하였기에 지금의 나약한 것이 이에 이르렀으며, 이탈리아가 어떻게 부요하였기에 지금의 가난한 것이 이에 다달았으며, 우리가 남긴 10만 명의 군대가 지금에 편히 있으며 남은 자가 몇 명인가. 정도에 맞게 처리하는 것이 이와 같은 방법이 없으니 어찌 능히 그 자리에 있을 것인가. 아마도 3년 뒤면 민주국이 다 없어지는 것에 점점 다가갈 것이다. 우리와 다른 사람의 권력이 우리 위에 있고자 하지 않고 오직 민주 국민으로 하여금 능히 자유롭게 하고자 하니 이날에 5백 명의 원의원이 서로 더불어 맹세를 세워서 나폴레옹을 공동의 적으로 한다"고 하니 기네스가 듣고 다음 날에 유혈의 재앙이 있을까 걱정하여 나폴레옹에게 청하여 먼저 그 중에 항복하지 않은 자를 잡으라 하니 나폴레옹이 허락하지 않았다.

5백 명의 원의원 중에 살리세티가 있어서 일의 정세가 위급하므로 이것으로 같은 원에 고하니 뭇사람들이 놀라고 기뻐하는 것이 반반이라서 맹세하여 죽음으로 지키려는 자들도 있고, 와서 도움을 요청하는 자도 있었다.

다음 날은 바로 1799년 11월 14일이다. 두 의원의 사람들이 생클루[451] 궁에 모두 모여서 두 곳에 나누어 사니 원로원이 먼저 의원을 열었다. 민주에 절반의 사람이 속하여 반수 이상을 권장하였는데 이는 이에 전환의 시기였기에 모름지기 정해진 법률에 비추어서 감독

---

450) 바투르(白託兒)
451) 생클루(聖克勞胡, Saint-Cloud)

을 따로 뽑아서 보라스 등의 빠진 자리를 돕도록 하라고 하였다.
　나폴레옹이 군대를 친히 거느리고 갑옷을 입으며 칼을 차고 계단을 지나서 나아가니 보시에와 블리언 두 사람이 따랐다. 나폴레옹이 뭇사람들에게 대하여 이미 지나가고자 하는 일을 알릴 때에 마음 가운데가 어지러워서 만일을 위하여 많이 단속하였다.
　한 회원이 물어 말하기를, "정해진 법률을 네가 잊었냐" 하니 나폴레옹의 얼굴색이 변하여 파랗게 되었다가 빨갛게 되었다 하면서 외치며 말하기를, "정해진 법률을 없앤지 오래 되었는데 너는 9월 4일의 일을 알지 못하느냐. 우리가 스스로 민주국을 세우고 협박하는 정치의 위험을 없애고자 하였다" 하니 의원이 물었는데, "무엇이 위험이 되겠는가. 청하건데 장군은 말해보라" 하니 나폴레옹이 바로 말하였는데, "보라스와 모랭이 혁명의 일을 반대하고자 하니 5백인원이 장차 단두대로 혹독한 형벌을 하고 위협하는 정치의 빼앗은 권력을 다시 반환하려고 하느냐" 하니 뭇사람들이 그 거짓 비난을 화내서 원망의 소리가 솥에 눈물 떨어지듯이 하니 나폴레옹의 말하는 것이 더욱 순서가 없어서 한 번은 회원과 더불어 말하더니 조금 있다가 말하기를, "장차 5백 인원을 조사하여 만일 다른 나라의 뇌물을 받아서 우리들이 서울을 떠나게 한 자가 있으면 내가 반드시 대적하리라" 하고 이 일을 우리 병사에게 투명하게 아뢰어서 그 힘을 빌리고자 하여 나를 돕게 할 것이라고 하니 뭇사람들이 매우 분하게 여겼다.
　블리언이 나폴레옹의 옷을 조금 잡아당겨서 가게 하니 보시에가 또 눈으로 보게 하거늘 나폴레옹이 그 뜻을 깨닫고 바로 자리를 떠나서 문을 나아가니 문을 지키는 자가 감히 막지 못하였다.
　요거르가 꾸짖어서 말하기를, "오늘이 아이굴의 전투에 견주어 보면 더욱 고통스럽다"고 하였는데 나폴레옹이 말을 타고 손으로 그 병사를 부르니 병사가 다 이마에 손을 대고 답하여 기쁜 소리가 벼락처럼 움직이거늘 드디어 병사를 거느리고 5백 명의 원 회원을 모은 곳에 도착하니 이 때에 회원이 바야흐로 편지를 감독에게 보내어서 나폴레옹의 무고한 일을 펴서 밝히고자 하였다.

    회장 뤼시앵이 바로 보라스의 사직서를 읽다가 그 참과 거짓과 남은 감독의 진퇴 여하를 물었는데, 보라스가 미쳐 대답하지 못하여 나폴레옹이 홀연 그 방을 나아가서 군대를 명하여 문밖에서 기다리라고 하니 뭇사람들이 다 시끄럽게 하여 군대가 가까이 오는 것을 허락하지 않고 또 나폴레옹이 방에 들어가는 것을 용서하지 않으면서 이르는데, "이것은 이내 포학의 새로운 크롬웰을 마땅히 군죄로 정한다"고 하였는데 그 가운데에 아는 자가 있어서 나폴레옹을 권하며 속히 가라 하니 나폴레옹이 오히려 말을 하려고 하는데 소리가 뭇사람에게 가리는 바가 되어서 뭇사람들이 또한 듣지 못하였다.

    사람이 밀어서 나아가니 세력이 장차 무기를 사용하거늘 나폴레옹이 정세를 타서 물러가니 문밖에서 기다리던 보병이 앞에 따라가서 호위하고 갈 때에 그 사이에 보병의 옷을 다투어 뺏다가 원 사람 중에게 찢긴 자가 있으니 합해진 원이 시끄러워져서 소리가 용출하는 것과 같으니 여럿이 일어나고 함께 앉아서 다시 열을 이루지 못하였다.

    뤼시앵이 꾸짖어서 조용히 하라 하였는데 뭇사람들이 듣지 않고 더욱 큰 소리로 말하기를, "나폴레옹으로 군에 보충한다" 하고 투표하는 법을 이행하고자 하는데 뤼시앵이 대중의 성냄을 막기 어렵다는 것을 보고 사나운 소리로 말하기를, "너희들은 우리의 동포를 죽이고자 하느냐." 하니 뭇사람들이 바로 답하지 않았다.

뤼시앵이 바로 일어나 자리를 떠나서 회장의 옷을 벗고 대중에게 만나서 그 직을 사양하니 나폴레옹이 듣고 아마도 다른 변고가 있을까 하여 급히 군대로 하여금 원에 들어가서 지키라 하고 나오니 뤼시앵이 말을 군영 안에 달려와서 군사를 모집하고 고하여 말하기를, "조금 전에 태반의 의원 가운데 사람들이 여러 회원을 위협하여 원로원의 가르침을 어기고 죄를 나폴레옹 장군에게 더하고자 하니 저들이 영국의 뇌물을 몰래 받은 까닭이 아닌가. 나는 너희들과 같이 저들을 쫓아내서 원 가운데에 태반이나 민주 법률을 지키고자 하는 사람을 구하고자 한다" 하니 뭇병사들이 의심하면서 나아가지 않았다.

뤼시앵이 발로 말의 등자를 밟고 칼을 뽑아 일어서서 말하기를, "만일 나폴레옹이 프랑스를 자유롭게 하지 않으면 바로 이 칼로 그 마음을 맹렬히 찌르겠다" 하니 뭇병사들이 모두 모여서 보나파트 만세를 외치니 나폴레옹이 곁에 있다가 그 뜻을 모레토[452]에게 암시하여 바로 대중을 거느리고 5백 인원에 도착하여 회의 높은 이름으로 각 회원을 치워버리니 여러 사람이 있어서 달아나고 도망감이 점점 느려지니 보병이 창으로 막자 황급하게 창을 뛰어넘어서 도망가니 원 안이 고요하여 사람들이 없고 남겨진 의복만 겨우 있으니 5백 인원이 이로 말미암아서 드디어 해산하였다.

이 밤에 원로원 사람이 생클루 궁에 이내 있는데, 뤼시앵이 회원 30여 명과 함께 큰 계획을 몰래 정하고 의원 감독과 불법을 한 의원 20여 명을 그만두게 하여 영영 백성일에 간여함을 법으로 정하지

---

452) 앞의 한자는 '謨勒脫'인데 여기에서는 '謨勒奪'이다.

않고 기네스와 듀거스, 그리고 나폴레옹을 천거하여 대통령을 삼아 이것으로 정권을 잠시 잡았다.

다음날에 원로원이 새로운 법을 함께 작성함에 또한 이 뜻으로 더불어 서로 같았다. 나폴레옹이 그 좌우와 함께 맹세하여 자유 평등한 민주국의 총통이 되니 의원 중에서 또한 의원 50명을 공적으로 뽑아서 기네스가 새로 정한 법률을 오로지 행하였다.

제43절 **나폴레옹 정한 법률을 반포하여 이행하고 스스로 대통령이 되었다**

기네스가 왕의 칭호는 사람들이 좋아하지 않기 때문에 이것을 피하여 '대통령'이라 하고 그 좌우에 두 '통령'은 하나는 전쟁의 권한을 가지고, 하나는 정치의 권한을 가지니 나폴레옹이 물어서 말하기를, "설령 한 통령은 전쟁을 주로 하여 병력을 추가하며 식량을 늘리고자 하고, 한 통령은 화친을 주로 하여 함께 공급하지 않으면 대통령이 된 자가 마땅히 어찌해야 할까? 진실로 대통령이 한꺼번에 거느리는 권한이 없으면 의원이 투표 1차에 바로 가히 폐할 수 있다"고 하였다.

삼 일이 지나서 세 통령이 회의를 할 때에 나폴레옹이 맨 윗자리에 스스로 앉으니 듀거스와 기네스가 서로 돌아보고 놀라거늘 나폴레옹이 옷소매를 날카롭게 잘라 내어서 기네스가 정한 새로운 법률을 없애서 한 글자도 남기지 않고 정한 법률을 한 종이에 스스로 꺼내어서 뭇사람에게 보여서 말하기를, "대통령은 모든 관리를 나오고 물러나게 하는 권한이 있어서 군정과 함께 내외의 각 부서의 일을 총람하는데, 두 통령으로 보좌하고 상의원 80명을 만들어서 연한을 정하지 않고 군 봉록을 영원히 받게 하며 하의원 회원 300명은 정해진 해에 1/5씩 다시 바꾸고 보민원 회원 100인은 1/5씩 또한 다시 바꾸는데 상의원 회원은 대통령이 선거하고 하의원과 보민원 의원은 민간이 공적으로 선거하는데 상의원에서 결정하고 대통령이 법률을 이행하고자 할 것이면 먼저 보민원이 회의를 하여 옳고 그름을 논박하고 하원이 투표를 하여 옳고 그름을 정한연후에 상의원에 보내서 재검토하고 대통령이 서명하는 것으로 말미암아서 시행하라"고 하였다.

12월 24일에 이 법률을 나라 안에 반포하여 시행하게 하니 이름하여 말하기를, "제8년 법률이다" 하였다. 듀거스와 기네스가 서로 계속하여 그 직을 사양하고 상의원에 물러나 들어가거늘 나폴레옹이 스스로 대통령이 되고 카페시아[453]와 리바루[454]를 천거하여 부통령을 삼아서 튈르리 궁에 옮겨 사니 거동이 스스로 멋대로 하여 함께 부딪치는 일이 없었다.

나라 일이 이미 정해짐에 편지를 영국 왕에게 보내어서 화친을 구하였는데 영국 왕이 허락하거늘 나폴레옹이 런던에서 다시 편지를 받고 마음에 몰래 흡족해하여 이르는데, "가히 이탈리아의 힘을 집중하여 잃어버린 땅을 회복하겠다" 하고 거짓말을 하였는데 "영국 사람이 고집이 있는 것을 보아서 프랑스 사람을 원수처럼 원망하고 즐겨 서로 가깝게 하지 않는다"고 하여 백성의 성냄을 물리쳤다.

---

453) 카페시아(開白西亞)
454) 리바루(利白盧)

제44절 이탈리아 병사 일을 가지고 스스로 맡다

나폴레옹이 이집트에 출정하는 것으로부터 이탈리아의 얻은 땅을 다 잃고 오스트리아 장군 몰레시[455]가 니스와 해변의 땅을 다시 빼앗고 장차 프랑스의 변경을 침략할 때에 오스트리아 병사가 특별함이 있어서 몬차와 테루엘 강과 아이다[456] 강과 랑베르 등 여러 땅을 점거하여 지키니 프랑스 장군 메시나가 제노아에 있어서 오스트리아 병사와 영국 해군에게 피곤하게 되니 나폴레옹이 근심하여 라인 강의 군대 일을 모로에게 위임하고 이탈리아의 군대 일을 스스로 맡아서 늙고 약하고 피곤한 병사 수천 명은 보겐[457] 땅에 비로소 먼저 가서 모이게 하고, 정예병이 속한 여러 군영을 스위스의 지니우[458] 물가에 몰래 모이게 하니 오스트리아 사람이 알지 못하고 제노아와 니스를 이에 공격하여 프랑스 경계에 장차 들어갔다.

1800년 5월 13일에 나폴레옹이 지니우 강에 도착하여 병사 3만 명과 포 40대를 거느리고 그레이트 세인트버나드[459] 고개 산을 넘어갈 때에 왼쪽은 모세[460]를 명하여 병사 1만 5천 명을 거느려서 알프스

---

455) 몰레시(墨勒斯)
456) 아이다(愛達)
457) 보겐(菩根)
458) 지니우(計尼物)
459) 세인트버나드(大勝白那, Col du Petit Saint-Bernard) 프랑스-이탈리아 국경에 있는 알프스산맥의 고개이다. 능선은 해발 2,188m에 있다. 그것은 프랑스 사부아와 이탈리아의 아오스타 계곡 사이에 있으며, 몽블랑 대산괴의 남쪽에 있다. 세인트버나드 품종에 이름을 붙인 것으로 유명한 그랑 생베르나르 고개와 산베르나르디노 고개도 있다.
460) 모세(毛賽)

산을 넘고 오른쪽의 투오루[461]는 병사 5천 명을 거느려서 시니[462] 산을 넘고 뒤의 군영 카이바로[463]는 병사 5천 명을 거느려서 작은 생베르나르[464] 고개를 넘어서 4개 길을 나누어서 이탈리아를 나아가 공격할 때에 그레이트 세인트버나드 고개 산은 석벽이 바위가 가팔라서 눈이 깊이 쌓여 발목까지 빠지고 산 지름길이 험하고 기울어져 있으니 무거운 포를 능히 운행하지 못하였다.

이에 빈 나무를 꺾어서 포를 그 가운데에 감추고 끌어서 갈 때에 포를 실은 차가 한결같이 꺾이고 흩어졌다. 폭약과 탄알을 상자에 담고 혹 나귀로 짐을 옮기고 혹은 사람을 고용하여 짐을 지게 하는데 그 짐이 가벼운 자는 병사가 스스로 휴대하였다.

16일에 선봉인 레니스가 그레이트 세인트버나드 고개 산으로부터 피에몬테[465] 산골짜기에 이르다가 17일에 오스트리아 병사 한 군대를 만나서 그 쫓음을 당하였다. 오스트리아 사람이 처음에 프랑스 병사가 있어서 갑자기 도착할 줄을 생각하지 못하고 놀라서 하늘로부터 떨어졌다고 하였다.

이 두 산의 길 중에 포대 1좌가 있어서 바로 아주 좁은 피에몬테 산의 길을 대하니 이 길이 겨우 50야드[466]가 트였다. 양면의 석벽 중에 툴레[467]강 한 길이 가로로 있거늘 선봉이 포대를 빨리 공격하다가

---

461) 투오루(脫虜)
462) 시니(西泥)
463) 카이바로(楷白羅)
464) 생베르나르(勝白那, St-Bernard)
465) 피에몬테(撇邱, Piedmont)
466) 야드(英碼, yard)

이기지 못하고 물러나니 나폴레옹이 명령하여 포대가 대면하는 방향을 피하여 알프스 고원으로 따라서 갈 때에 군영 가운데 수레에 실은 짐과 포와 무기를 여기에 잠시 두고 군사를 머무르게 하여 지키게 했다.

그러나 군영 가운데 포가 없어서 나아가 공격하지 못하고 이에 공병대 2천5백 명을 명하여 길을 알프스 산에 만들어서 가히 아주 가벼운 4파운드의 포와 마병과 보병 등의 군사를 지나가게 하라 하고 길이 이루어짐에 이에 깜깜한 밤에 포를 싣고서 오스트리아의 포대를 넘어갈 때에 오스트리아의 병사가 소리를 듣고 포를 열어보니 불빛 가운데에 프랑스 병사가 서로 가까이 있음을 보고 더욱 포를 발포하여서 쉬지 않으니 포탄이 비와 같이 내려서 프랑스 병사가 감히 나아가지 못하고 이에 잡목과 풀로 산 계곡에 풀어 놓으니 밟았는데 소리가 나지 않았다. 포를 실은 차와 짐을 실은 수레가 산길을 지나갈 때에 나폴레옹이 병사를 거느리고 앞으로 가서 연도에 있는 오스트리아 병사를 물리치고 타슈네[468] 강에 직접 도달하여카이바로[469]와 모세와 투오루 등 여러 장군과 만나서 함께 갔다.

6월 2일에 밀라노성에 나아가니 오스트리아 병사가 감히 막는 자가 없었다. 메시나가 제노아를 힘들게 하여 성 가운데를 에워싸니 식량이 떨어지고 도움이 끊어져서 굶은 병사가 가죽신과 가죽 주머니를 삶아서 먹는데 힘이 능히 지키지 못하고 드디어 성을 가지고 오스트리아 장군

---

467) 툴레(圖賴)
468) 타슈네(鐵須乃)
469) 앞의 한자는 '楷白羅'인데 여기는 '揩白羅'이다.

우토[470]에게 교섭하니 영국 해군 통령이 군대를 보내어서 물리쳤다.

처음에 오스트리아 통령 몰레시가 그 장군 사키[471]와 함께 프랑스의 변경을 침범하더니 이에 이르러서 나폴레옹이 산으로부터 내려와서 장차 이탈리아를 공격한다고 하니 급히 그 나라에 알리고 흩어진 병졸을 모아서 알렉산드리아[472]에 돌아가 주둔하니 나폴레옹이 밀라노에 있어서 정탐을 널리 찾으니 옛날 정탐 아무개가 있어서 다시 도착하거늘 의심하며 물어 말하기를, "네가 사람들에게 잡히지 않았느냐" 하니 답하여 말하기를, "내가 직업을 잡은 것이 나한테 있어서 본래 이 일을 원하지 않았지만 지금에 오스트리아 통령이 나를 앞에 오게 하여 임금을 위하여 힘을 바치라"고 하니 이 사람이 오스트리아의 통령에게 천금을 얻고 프랑스 군에 몰래 일을 염탐하더니 이에 도리어 그 임금을 팔아서 나폴레옹에게 부지런하게 하니 참 소인의 더한 놈이라 하였다.

제45절 **마렝고[473]의 전투[474]**

나폴레옹이 몰레시와 함께 전쟁을 결정하고자 하여 푸장[475]으로

---

470) 우토(屋脫)
471) 사키(沙乞)
472) 알렉산드리아(阿力山地利亞, Alexandria)
473) 마렝고(謨古倫, Marengo)
474) 마렝고 전투는 1800년 6월 14일 이탈리아반도 피에몬테 지방의 도시인 알레산드리아 근처에서 오스트리아의 미하엘 폰 멜라스 남작(Michael Friedrich Benedikt Freiherr von Melas)이 이끄는 오스트리아군이 나폴레옹의 프랑스군을 기습하면서 벌어진 전투이다.

부터 핀세[476]에 이르러서 오스트리아의 선봉을 따라가 물리치고 마렝고[477]의 평지를 지켰다.

14일에 몰레시 전군이 알렉산드리아를 떠나서 군사를 3부대로 나누어 와서 공격할 때에 새벽부터 정오에 이르도록 한창 싸워서 마렝고의 마을을 직접 핍박하여 프랑스인을 쫓아내고 지키니 프랑스군 앞 부대가 나누어졌다.

레니스가 제2부대 병력으로 바야흐로 군진을 모아서 스스로 지키거늘 오스트리아 왼쪽 병사가 시릴로[478]를 벗어나니 프랑스 앞 부대 병력이 치리노[479]에 물러나 도착하였다. 거닝[480]이 놀래서 부르며 말하기를, "사태가 급하니 능히 주위를 뚫고 나올 자가 있거든 빨리 계책을 도모하라"고 하니 나폴레옹이 인원들을 따라오는 것과 함께 말을 타고 군영 안에 이르러서 병사를 장려하여서 레니스가 바야흐로 군진 뒤로 피할 때에 마침 디세[481] 장군이 기마와 보병 한 부대를 데리고 와서 구원하였다.

이 때에 디세 장군이 이집트로부터 여기에 이르니 나폴레옹이 매우 기뻐하여 그 출전을 재촉하였는데 디세가 조금 기다리는 것을 청하였다. 나폴레옹이 말하기를, "네가 빨리 싸우지 않으면 내가 장차

---

475) 앞의 한자는 '普汀'인데 여기는 '普江'이다.
476) 핀세(匹信賽)
477) 앞의 한자는 '謨古倫'인데, 여기는 '謨倫古'이다.
478) 시릴로(西里羅)
479) 치리노(奇利挪)
480) 거닝(合營)
481) 디세(第賽)

알프스 산을 넘어서 돌아가리라" 하더니 오스트리아 통령이 말을 타고 전쟁을 감독하여 군영 가운데에 말을 달려 찾아와서 그 말을 세 번 바꾸는데 피곤함이 이미 심하여 프랑스병에게 퇴각당하고 패하여서 다시 두 번 나아가지 못하였다.

이에 알랙산드리아로 돌아와서 잠시 쉴 때에 군대 일로 장군 루이[482]에게 부탁하여 치리노에 한 발자국이라도 넘지 말라고 맡기니 루이가 맡은 임무를 따르지 않고 마병과 보병 전체 군사로 디세에게 와서 대적하였는데 나폴레옹의 옛날 정탐이 유혹하여 말하기를, "앞길에 용맹하고 사나운 프랑스 병사 1부대가 있어서 와서 공격하니 부탁하건대 빨리 준비하라"고 하니 루이가 이에 기마 부대를 파견하여 막고 보병을 스스로 거느려서 앞으로 갔다가 디세 기마부대를 만났으니 이에 기마부대는 멀리 떠났어도 드디어 디세에게 잡혔지만 그 휘하의 보병들은 해산하지 않았다.

프랑스 장군 클레르몽이 갑옷을 입은 기마병으로 그 병사들의 옆을 끊어버리고 프랑스 제3부대 병사가 다시 와서 맹렬히 공격하다가 오스트리아 병사 포대에게 막혀서 점점 퇴각하였다가 포대 화약이 이미 다 떨어지기를 기다려서 다시 공격하니 오스트리아 병사가 이에 물러났다.

이 뒤에 클레르몽이 오스트리아 군대를 끊어 놓지 않았으면 능히 패하여서 이기지 못했을 것이다. 오스트리아의 좌, 우가 능히 중앙의 군대로 돌아가서 구했으면 또한 패배에 이르지 않았을 것을 어찌 중앙 군대가 포미다 강에 물러나 이르고 양쪽 진영이 또한 서로 거느

---

482) 루이(瑞區)

리고 물러나서 드디어 전군이 모두 패배할 줄을 생각했겠는가.

오스트리아 군대는 강의왼쪽 해안에 주둔하고 프랑스 군은 강의 오른쪽 해안에 주둔하니 양쪽 군인의 사상자가 서로 상당히 많고 디세가 부상을 입고 죽었는데 이날 저녁에 몰레시가 병사를 점검하니 8~9천 명이 항상 있고 또 별대의 구원병이 있어서 따라오니 소리의 세력이 다시 웅장하여 항상 한 번의 전쟁을 견딜 수 있었다.

이에 나폴레옹이 오스트리아 장군 한 사람을 포로로 잡아서 더불어 연결하여 오스트리아 군대에 이르러서 화친을 의논하니 그 사람이 몰레시에게 일러 말하기를, "적이 이미 우리 식량이 장차 다 떨어진 것을 알고 뜻을 결정하여 대거 공격하면 우리 병사가 대적하기만 배나 어려우니 병사를 쉬게 하고 화친을 말하는 것만 같지 못하니 만일 더불어 다시 싸우면 아마도 앞의 푸무사의 일이 될 것이라"고 하였는데 몰레시가 듣고 진퇴의 주장이 없었다.

16일에 드디어 프랑스와 함께 잠시 쉬는 전쟁의 약속을 의논하여 피엔과 제노아와 랑베르 등의 땅을 내주고 프랑스는 몬차와 민리치[483] 등의 땅을 보상받았다.

제46절 이탈리아가 기울어져 망하다

나폴레옹이 마렝고로부터 밀라노에 돌아오니 사람이 그 개선을 알리고 돌아오는 것을 듣고 성에 나아가서 서로 맞이할 때에 용맹스

---

483) 민리치(明瑞區)

러움을 칭하고 또 그 오는 것에 치살편 공화국의 음악을 얻어 돌아오는 것을 기뻐하니 나폴레옹이 마음을 비워서 영접하고 함께 교육의 여러 가지 일을 말할 때에 명령을 내어서 페비아 대학교를 다시 개교하고 교습자를 모집하여 인재를 만들었다.

또 성 안에 사회를 새롭게 의논하여 프랑스의 사신으로 회장을 삼아서 모든 정치에 권한을 잡아서 밀라노의 사람과 함께 화합하고 충성하여 서로 돕게 하니 이에 밀라노의 학식과 명망과 재산이 있는 자와 그리고 교주 등이 다 나폴레옹 좌우에 있는데 오직 이탈리아에 실망한 자유의 사람이 나폴레옹의 속임을 더욱 받았다고 하고, 귀족의 폭군이라 지목하였다. 그러나 얼굴을 볼 때는 감히 꾸짖고 묻지 못하고 '하늘 신'이라고 이내 칭하는데 나폴레옹이 또한 업신여겼다.

마렝고[484]의 전쟁이 패할 때를 당하여 프랑스 상인이 파리에 급히 돌아와 전파하여 알리니 민주당이 듣고 소매를 휘두르며 일어나서 즉시 뭇사람을 모아서 다시 혁명을 하고자 하는데 나폴레옹이 큰 성공을 거두어서 민주국이 엎어지고 자빠지는 것을 다시 만났다 하고 장차 상의원을 핍박하여 그 자리를 물리게 하고 모로와 베르나도트와 카이로토[485]로 대통령을 삼았다.

이 때에 베르나도트는 라왕드[486]에 있고 모로는 라인강에 있어서 그 일을 알고 몰래 돕다가 처음에 나폴레옹이 이탈리아에 있어서 베르나도트를 명하여 라왕드를 정복하라 하고 일찍 일러 말하기를,

---

484) 앞의 한자는 '護倫古'인데 여기는 '護古倫'이다.
485) 카이로토(楷羅脫)
486) 라왕드(賴罔德)

"내가 다시 모험하는 출전을 하니 진실로 헛딛어 넘어짐이 있거든 너는 빨리 병사를 이끌고 나라에 돌아와서 민심을 안정하게 하라. 나라의 안위는 오직 너를 믿는 것이니 너는 기억해야 한다"는 것을 프랑스 상인이 잘못 전달했기 때문에 이러한 천거가 있으니 이는 6월 20일의 일이고 다음날에 이르러서 나폴레옹의 첩보가 도달하여 혁명의 당이 몰래 스스로 무너져 해산하였다.

클레르몽이 오스트리아 병사를 충돌하고 단절시켜서 패배가 옮겨져 승리가 되니 다른 사람이 그 공을 성대하게 일컫고 마음에 또한 더욱 기뻐하여 일찍이 편지를 나폴레옹에게 보내서 이것으로 스스로를 자랑하는데 한결같이 프랑스 병사가 패하니 내가 아니면 능히 승리를 가지지 못하리라 하였는데 나폴레옹이 감동하여 종신토록 그 직무를 옮기지 않았다.

나폴레옹이 밀라노에 있을 때에 며칠 뒤에 바로 파리로 돌아가서 군대 일을 메시나에게 주고 잠시 정부를 이탈리아에 세워서 이것으로 화친의 논의를 기다리라 하고 나폴레옹이 군대를 거느리고 보겐치[487] 산에 갈 때에 블리언에게 일러 말하기를, "내가 두 번 싸움에 여러 차례 승리하였으니 마땅히 후세에 이름을 전할 것이다" 하니 블리언이 말하기를, "장군이 오늘에 능히 영원토록 남겼습니다." 하니 나폴레옹이 말하기를, "아니다. 내가 병사를 사용한 2년에 승리한 것은 오직 카이로와 파리와 밀라노뿐이다. 설령 갑자기 죽으면 불과 20세기 기사(紀史)책에 반쪽 사적만 실릴 것이라" 하였는데, 블리언이 말하기를, "역사책에 기록한 것은 알렉산더[488]와 카이사르[489]의 전공 또한 여러

---

487) 보겐치(菩根地)

페이지를 점유할 것이다." 하니 나폴레옹이 이것으로 인하여 탄식하며 말하기를, "이 여러 페이지의 역사책을 위하여 여럿을 세계의 황량함에 끼쳤으니 어찌 얻은 것이 잃은 것을 보상하겠는가" 하였다.

모로가 라인강에 있으면서 승리를 여러 번 얻고 서아르메니아[490]에 나아가 협박하니 모리치[491]가 나폴레옹이 오스트리아와 함께 화친을 논의한다는 소리를 듣고 이에 군대를 이끌고 왔다. 오스트리아 군사기밀 담당 생율리앵[492]이 파리에 도착하여 탈레랑과 함께 화친조약의 대강령에 서명을 할 때에 캄포포르미오 조약에 다 비추어보는데 오스트리아가 바야흐로 영국과 연합한 것으로 프랑스와 함께 새로운 조약을 세움이 편하지 못하다고 하니 나폴레옹이 듣고 이르는데 마땅히 이 때를 타서 린잉팅[493]에 정박하는 것으로 항구에 들어오지 못하는 금지를 없애고 프랑스인이 지중해에 군대 식량과 무기를 운송하여 이것으로 자유를 준비하게 하니 그 뜻은 마이알토 섬을 가지고 장차 영국에 항복할 것이다.

프랑스 병사가 이집트에 있는 것은 영국이 터키 병사와 함께 안팎으로 공격하여 정세가 장차 섬멸하기 때문에 식량과 무기를 싣고서 가서 구해주는 것을 준비함에 주의하였다. 그러나 반드시 적병이 패전하여 화친을 요구해야 가히 이와 같이 요구할 수 있거늘 지금의

---

488) 알렉산더(亞歷山大, Alexander, BC 356~BC 323)
489) 가이우스 율리우스 카이사르(該撒, Gaius Iulius Caesar: BC 100~BC 44) 또는 줄리어스 시저는 로마 공화국의 정치인, 장군, 작가이다.
490) 서아르메니아(遏爾姆, Western Armenia)
491) 모리치(墨力區)
492) 생율리앵(聖由靈)
493) 린잉팅(슈英廷)

영국과 프랑스가 일찍이 서로 싸우지 않고서 규범에 나아가기를 즐겨하겠는가. 생율리앵이 서명한 조약도 오스트리아 황제가 또 윤허를 준비하지 않을 것이니 미리 오스트리아와 함께 싸워서 이것으로 승부를 결정하겠다고 하였다.

나폴레옹이 이집트에 있을 때에 러시아 장군 생푸르프[494]가 프랑스 병사를 스위스에서 패하여 퇴각시키고 정히 프랑스를 피곤하게 하고자 하더니 러시아 황제 폴[495]이 홀연히 마음의 병을 얻어서 영국을 가지고 마이알토 섬을 차지하는 것을 허락하지 않고 영국 사신을 쫓아내서 나라에 돌아가게 하고 덴마크[496]와 스웨덴과 프로이센이 함께 연합 화친하여 북해 동맹을 맺고서 영국을 적으로 삼으니 나폴레옹이 알고 심히 기뻐하였다.

제47절 파리 왕가당이 지옥기를 사용하여 나폴레옹을 해치다

이 때에 뤼시앵이 내부대신이 되어서 책을 지어서 나폴레옹이 마땅히 영원히 통령이 될 것으로 펼쳐 밝히니 민주당과 자코뱅당이 보고 크게 화를 내니 순찰이 급히 나폴레옹을 권장하여 이 책을 인쇄하여 다른 변화를 부르지 말게 하라고 하였는데 듣지 않으니 이것으로 인하여 파리 사람들이 나폴레옹을 해하고자 하는 사람이 적지 않아

---

494) 생푸르프(森服盧甫)
495) 폴(保羅, Павел Ⅰ Петрович, 1754~1801)
496) 덴마크(丹麥, Kongeriget Danmark)

서 마이메종 별장에 한 번 숨어서 찌르려는 자도 있었고, 요충지 길목에 기다려서 창으로 찌르려는 자도 있었고, 지옥기계를 만들어서 빠지게 하려는 자도 있었는데 이루지 못하였다.

최후에 고리나[497]라는 자가 있어서 시라쿠사[498]와 리부른[499]과 담빌[500]과 다에나[501]와 하이너[502]와 함께 도모할 때에 장차 나폴레옹이 극장에 도착하는 것을 기다려서 죽이자 하였는데 하이너는 당초에 원수가 있는 것이 아니라 한갓 가난하고 무료해서 이것을 하려는 것이어서 이익을 찾을까 기대하면서 함께 도모하고, 블리언에게 개인적으로 알려서 후한 보수를 요구하니 나폴레옹이 알고 허락하였다.

하이너가 다시 시라쿠사와 다에나가 과연 하이너를 맞아 협동으로 일을 할 때에 하루 전에 나폴레옹이 가만히 하이너와 순찰하는 4명으로 함께 약속하고 하루가 지남에 나폴레옹이 용맹한 1부대를 거느리고 극장에 도착하여 상자 앞에 앉으니 서기 블리언과 순찰 뒤 로크[503]가 따랐다. 약 30분 후에 블리언이 집 밖으로 나와서 보니 홀연히 문밖에 시끄러운 소리가 크게 들렸다. 하이너가 이미 시라쿠사와 다에나를 잡아둔 줄 알고 시라쿠사 몸에서 날카로운 칼 1자루를 찾아내서 궁중에 돌아와 직접 신문을 할 때에 하이너로 증좌를 삼으

---

497) 고리나(過里那)
498) 시라쿠사(西拉氣)
499) 리부른(里伯倫)
500) 담빌(達姆尾而)
501) 다에나(大愛乃)
502) 하이너(黑賴而)
503) 뒤로크(度洛克, Geraud Duroc, 생몰연대 미상)

니 범행을 인정하는 것을 꺼리지 않았다.

고리나와 리부른과 담빌 3명을 함께 잡고서 옥에 똑같이 메어두었다. 이 때에 파리 왕족이 '일포방(一鮑旁)' 모임을 설치하고 영국에 있는 아토화이[504] 백작과 러시아에 있는 루이 18세와 함께 서로 통해서 나폴레옹을 제거하고 왕위를 다시 찾기를 도모할 때에 또 왕당에 속한 파리 사람들과 라왕드 사람이 나폴레옹이 혁명에 주범임을 한탄하여 사사로이 편지를 영국으로 도망친 카이투텔[505]에게 보내어서 나폴레옹을 죽이고 왕위를 회복하자고 하였다.

카이투텔이 드디어 생리지트[506] 해군 병관 피콜러[507] 등과 함께 영국으로부터 나라에 돌아와서 나폴레옹을 해하고자 도모할 때에 생리지트가 지옥기계의 이로움과 손해를 본래부터 알고 있어서 그 방식을 본떠서 다시 한 개를 만들더니 더욱 정교하고 그 기계를 감람나무를 가지고 통을 만들고 화약과 포도탄을 그 가운데에 쌓아두고 가장 긴 화약 선을 감추어서 기호를 몰래 사용하고 불을 붙이면 통이 바로 뜨겁게 타올랐다. 다 만든 후에 마차에 두고 물건으로 가려서 사람들이 깨닫지 못하게 하고 마차를 니케[508]의 곁에 두게 하니 이곳은 튈르리궁으로부터 극장에 이르는 반드시 지나가는 장소이다.

12월 24일 밤에 나폴레옹이 마차에 타서 앉고 또 가서 연극을 볼 때에 길이 이곳을 지나다가 홀연 소리를 들었으나 마차 뒤에서

---

504) 아토화이(阿託懷)
505) 카이투텔(楷度特而)
506) 생리지트(聖利及忒)
507) 피콜러(匹考爾)
508) 니케(尼楷)

물건이 작열하여 소리가 벽력과 같으니 감히 돌아보지 못하고 마부에게 급히 명령하여 빨리 달려서 극장에 이르러 마차 뒤를 검사해 보니 이미 훼손을 당하였다. 마음에 괴이함이 있는 줄을 알았으나 진정하여 극장에 편안한 듯 앉아 있다가 바로 궁에 돌아오니 좌우 관료들이 궁중 뜰에 다 모여서 기다리거늘 이 일을 논의할 때에 사람들이 작열한 곳을 검사해 보니 집들과 담이적지 않게 무너지고 20여 명이 폭발해 죽고 50여 명이 부상을 당했다.

나폴레옹이 근심을 얼굴에 들어내면서 이르는데, "이는 반드시 자코뱅당의 짓이다. 귀족과 교사가 안에 있는 사람이 없어서 몇 달 동안 왔던 사람들이 나를 해하고자 하는 자가 적지 않으니 응당 전기와 같이 신속해야 한다. 우리들이 일을 도모한 우두머리를 소탕하는 데 죽을 죄로 정하여 그 근원을 잘라야 한다"고 하니 남은 무리들이 다 해산하였다.

우리가 이미 여러 차례 놀랐으니 목숨이 하늘에 있지 않았으면 반드시 저들에게 해를 당할 것이다. 이 일은 응당 전사들이 연구하여서 가히 허물이 없는 사람들을 망녕되이 죽여서 나라에 이름을 훼손하는 일이 없게 하였다.

이 때에 이 기계를 새로 만든 사람이 벌써 죽었고 오직 시라쿠사 등을 전사로 삼았는데 연구에 힘쓰지 않아서 다른 사람들의 불평이 이르러 번성하기 때문에 지금의 이 말이 있었다. 이 뒤로는 나폴레옹이 두려운 마음이 때때로 꿈에 나타나서 하루에 밥을 물리고 피곤해서 누웠더니 조세핀이 기다렸다가 그 잠꼬대 소리를 문득 들으니 말하기를, "마차에 불이 붙었다"고 하니 조세핀이 깨울 때를 기다려서 권하여 밖으로 나가서 번민을 내보냈다고 하니 나폴레옹이 말하기를, "내가 바야흐로 꿈에 마차에 불이 붙으니 매우 위험하였다" 하고 조금 뒤에 다시 잠들다가 또 레니스와 보시에의 이름을 불러서 말하기를, "내가 폭발해서 죽었다" 하니 조세핀이 크게 놀라서 흔들어서 깨우니 나폴레옹이 말하기를, "당일에 마부가 술을 많이 마시고 힘이 세어서 마차를 모는 것이 빨랐기 때문에 어려움에 미치지 않았다. 만일 한 걸음만 더디었어도 재가 되었을 뻔하였다."고 하였다.

얼마 있다가 푸치가 반역을 도모한 당을 다 조사하니 무릇 130여 명이었다. 심문을 하지 않고 남아메리카의 키에나[509]에 있도록 하였다. 그 군주의 이름을 얻지 못하였으니 1801년 1월 20일에 이르러서 이 일을 비로소 다 아니 이에 생리지트[510]가 라왕드 사람들과 함께 주로 모의하여 증거가 명확하고 자코뱅당은 관련된 것이 없었다.

나폴레옹에게 고하여 바로 단두기로 죽음에 처하였지만 그러나 나폴레옹이 자코뱅당을 이에 한탄하는 것이 왕당에 견준다면 더욱 심하여 영국 재상 피트[511]의 뇌물을 몰래 받아서 해를 도모하는 것에 속하였다.

제48절 뤼네빌[512] 조약[513]

프랑스와 오스트리아 두 사신이 조약을 뤼네빌에서 회의할 때에

---

509) 키에나(基愛納)
510) 앞의 한자는 '聖利及武'인데 여기는 '聖利及脫'이다.
511) 피트(譬特, William Pit, 1759~1806)
512) 뤼네빌(羅納維爾, Peace of Lunéville)

오래도록 결정하지 못하니 나폴레옹이 싫어하여 모로를 명하여 독일로부터 군대를 이끌고 와서 무크두날[514]과 함께 이탈리아에 있는 오스트리아 병사를 함께 공격하여 크게 이기고 길게 달려서 비엔나에 이르니 오스트리아 공작장 켈스가 크게 놀라서 프랑스와 함께 잠시 조약을 만들 때에 25일에 논의를 정하니 바로 이 조약을 서명하여 '뤼네빌조약'이라 하고 2월 9일에 서명하였다.

이 조약이 이미 정해짐에 유럽이 전쟁을 잠시 쉬고 함께 평화가 이어지는 바램을 위로하니 파리 사람이 또한 듣고 서로 좋아하여 공을 모로가 전패, 전승하는 것에 돌아가거늘 나폴레옹이 듣고 꺼려하여 말하기를, "전쟁의 계책은 내가 계획한 것이고, 저들은 명령을 받들어서 행하는 것에 불과하거늘 무슨 공이 있겠는가." 하였다.

이 때는 영국이 프랑스와 함께 사이가 좋지 않아서 이에 북해 연맹 여러 나라를 공격할 때에 3월에 대대의 전함을 보로[515]의 바다에 정박하여 베크[516]와 넬슨 두 해군 제독이 준비하고 있고 4월 2일에 덴마크 해군을 싸워 패하게 하고 그 태자를 핍박하여 연맹을 없애고 또 스웨덴 왕을 협박하는 것이 이와 같았다.

베크가 리보[517] 포구에 있는 러시아 군함을 장차 공격했다가 러시아 황제가 신하에게 시해된 것을 듣고 이에 병사를 이끌고 돌아왔다.

---

513) 뤼네빌 조약은 프랑스 혁명 전쟁 기간동안 프랑스 동부 도시 뤼네빌에서 프랑스와 오스트리아가 체결한 강화 조약이다.
514) 무크두날(墨克杜腦而)
515) 보로(波羅)
516) 베크(拍克)
517) 리보(利物)

. 6월에 러시아 태자 알렉산더가 자리를 이음에 영국배의 입항 금지를 제외하고 잡힌 포로 중 영국인을 석방하여 영국과 함께 옛날 우호관계를 다시 살리니 나폴레옹이 듣고 소망을 잃어버려 가만히 신문사로 하여금 러시아 황제를 시해한 것은 이에 그 태자가 영국과 함께 같이 도모하였다는 것을 소리 높여 말하고 또 영국이 중립의 나라를 공격하여 전시 조건과 규범을 범했다는 것을 꾸짖으니 러시아와 프랑스를 격노하게 하여 영국과 대적하기를 바랬다.

제49절 **영국이 이집트를 취했다**

영국 장군 랄프[518]가 이집트에서 프랑스 병사에게 자주 승리하니 클레베르는 이미 죽고 미로[519]가 그 군대를 대신 통솔하였더니 영국에게 피곤한 바가 되고 이집트의 기마병이 또 인도로부터 수에즈를 넘어 와서 공격하니 힘으로 능히 막지 못하였다.

이에 영국 장군과 함께 의논하여 말하기를, "만일 나에게 병사들과 나라에 돌아가는 것을 허락한다면 이집트를 서로 양보하리라" 하니 영군 장군이 허락하거늘 드디어 남은 병사 1만 삼천 명으로써 파리에 돌아오고 모알토 섬을 지키는 프랑스 병사는 도한 영국에 항복하니 섬이 드디어 영국의 소유가 되었다.

1802년 12월에 모이알토 섬을 지키는 장군 두바이러드[520]가 파리

---

518) 랄프(拉而夫)
519) 미로(迷羅)

에 도착하여 블리언을 보고 말하기를, "연전에 내가 편지를 대통령에게 보내어서 자리에 오르는 영광을 축하하고 지키는 병사가 단촐하고 약해서 아울러 아뢰어서 빨리 병사를 늘려 협동하여 지키는 것을 청하였더니 어찌 관보에 올라갈 것을 생각하였을 것인가. 이에 모이알토를 지키는 병사가 대통령이 집정하는 것을 듣고 용기가 증가하고 군대 식량이 다 충족해서 견디어 굳건히 지킬 것이니 마침 우리 뜻과 함께 서로 반대가 되어서 우리의 군사가 나를 꾸짖는데 진실로 아뢰지 않았다고 하니 어찌 원통하지 않겠는가" 하였는데 블리언이 그 말을 나폴레옹에게 진술하니 나폴레옹이 웃으며 말하기를, "저들은 어리석은 사람이다. 그 말을 믿지 말라" 하였다.

뤼네빌 조약이 이미 정해짐에 무릇 프랑스 병사 중에서 독일과 스위스와 이탈리아에 있는 자들은 공히 15만 명이다. 모두 불러 돌아올 때에 병사 수가 너무 많아서 태반은 바일롱[521] 해안에 주둔하여 영국을 막아서 스스로 견고한데 크고 작은 전쟁 배들은 다 철로 만든 사슬로 해안에 매고 다시 포대를 구축하여 도우니 넬슨이 와서 공격하여 이기지 못하였다.

나폴레옹이 처음으로 통령이 되었을 때에 무릇 왕당 의원들이 밖에 귀양을 간 자들과 그리고 다른 나라에 도망간 자를 육지로 계속 불러들였는데 오직 자코뱅당은 이내 금고형을 내렸더니 1801년 4월에 이르러서 이에 크게 사면하고 왕당, 자코뱅당을 논하지 말고 다 석방하여 돌아오는데 오직 현재 정부와 함께 맹세를 하여 새로운 법

---

520) 두바이러드(度白泐德)
521) 바일롱(白龍)

률을 어기고 범하지 않아야 나라로 돌아오는 것을 비로소 비준한다 하니 그러나 오히려 왕당은 5백 명이 있어서 혹 다른 나라에 직위를 받고 혹 프랑스와 함께 적이 되어 귀국을 원하지 않았다.

그 앞과 뒤에 귀국한 자들은 나폴레옹이 은혜를 더하여 원래 태어난 곳을 부여했지만 그러나 뒤집어지고 바뀌어서 갑에서 태어났는데 을에서 태어났다고 주고, 혹 형으로 태어났는데 동생이라고 주는데 그 기쁨과 성냄을 다 보고서 많은 과오를 삼으니 사람이 또한 감히 누가 어찌하는 이가 없었다.

제50절 **교황이 연합하다**

나폴레옹이 로마 천주교와 함께 합하여 하나로 만들고자 하는 것은 이와 같이 하면 가히 교황을 농락하여 다른 나라에 연맹을 해산하고 또 가히 본국 교사가 왕당과 몰래 통해서 근심을 만들지 않을 것이라 하여 이내 선언하여 말하기를, "백성이 하루라도 종교가 없지 못할 것이고, 교권은 국가를 반드시 잡을 것이다. 지금에 주교 50명이 있어서 영국에서 새로운 월급을 주니 장차 프랑스인을 유혹하여 기독교에 모든 사람이 빠지게 함이다. 우리 선배를 제거하고 오로지 명령으로 나라 사람들이 천주교를 숭배하고자 하여 주교 50명을 스스로 천거하여 로마 교황이 조절하고 제한하여 돌아가고, 주교가 다시 목사를 스스로 천거하여 새로운 월급은 국가에서 헤아려 주게 하고 오직 나라에 충성을 맹세하여야 전교함을 비로소 허락하는 것이고, 아닌 즉 변경 밖으로 나가게 하리라" 하니 교황이 그 추종하는 것에 감동하여 이에 교당산업을 사고 파는 것을 허락하고 또 하나님께 축도하여 민주를 돕게 하니 그 실상은 나폴레옹이 반드시 천주교를 존숭하는 것이 아니라 다만 천주교를 믿는 자가 많고 기독교를 믿는 자는 적어서 이렇게 한 것이다.

그러므로 민심을 따라 쫓아서 그 견고하게 있는 구교를 보호하고 다른 종교와 함께 서로 싸움을 면하게 하며 이미 다른 종교를 따르는 자는 또한 들어서 약속하지 않으니 이와 같이 하면 국민이 기뻐 복종하지 않을 사람이 없어서 이에 편지를 교황에게 보내어서 기한을 약속하는 회의로 맹세하자고 하니 교황은 비오 7세[522]이기에 서기 가세빌[523]이 교장 스피에네[524]와 함께 파리에 도착하니 나폴레옹이 외부대신에게 상의하지 않고 형인 조제프와 서기 블리언에게 위촉하여 함께 회의를 할 때에 교무에 열심히 외우는 보시에로 돕게 하니 조제프는 교사가 종신토록 장가가지 않는 예를 없애고자 하였는데, 가세빌이 불가하다고 하여 말하기를, "이는 이내 로마의 정해진 예이다. 비록 교주라고 하더라도 또한 갑자기 고치지 못하지만 그 이미 결혼한 자는 받아들이는 것이 옳다."고 하였다.

1801년 9월에 회의의 일이 마침에 교황이 나폴레옹에게 스스로 천거하는 주교를 준비하는데 로마의 정해진 법률을 반드시 따라야 해서 각 성의 목사는 주교를 중심으로 파를 나누었다. 그런데 반드시 지방관에 오랫동안 준비하는 것을 경험해야 옳다고 하여 나폴레옹

---

[522] 비오 7세(碧霞師第七, Papa Pio Ⅶ, 1742~1823)
[523] 가세빌(閣賽惟耳)
[524] 스피에네(斯撤奈)

이 또 교사를 증가해서 들이고자 하니 반역을 도모하는 소문을 들으면 바로 고발하여서 지방관이 도맡아서 다스리지 못하게 하라고 하니 교황이 모두 허락하였다.

다음 해에 나폴레옹이 명으로 내린 조약과 그리고 기독교 공회 규정을 인쇄하고 교사 봉급을 중하게 정할 때에 주교장 10명에게는 매년에 각각 영국 돈 6백 파운드이고, 주교 50명에게는 각각 4백 파운드이고, 각 성 목사 8천 명에게는 크게는 60파운드 작게는 48파운드였다.

8월 5일은 '예수승천절'이다. 나폴레옹이 이 조약을 반포하고자 하여 모든 관리를 예배당에 소집하고 미사례를 행할 때에 조정 신하 중 혹 예수를 믿는 자도 있고 하느님을 믿는 자도 있을 것이거늘 장차 이러한 천거로 제압하여 복종시켰다.

뭇 신하들이 예배당에 높이 건축한 계쪽(북쪽) 방향의 대를 보고 앞으로 왕위의 자리를 밟을 명성인 줄 알아서 다 가는 것을 원하지 않고 도착한 날에 여러 신료가 튈르리궁에 달려가서 뵈니 병부대신이 각각의 사람을 남게 하여 아침밥을 먹거늘 나폴레옹이 준비되지 않은 것을 틈타서 뭇사람을 명하여 같이 가자고 하니 순찰 라보[525]와 장군 레니스와 루앙로[526] 등은 중도에서 도망갔다.

나폴레옹이 부르봉 왕의 수레를 스스로 타고 시위대가 앞에 따라가서 예배당에 도착하여 주교장 아이거스[527]를 선출하여 새로운 규

---

525) 라보(拉潑)
526) 루앙로(犖羅)
527) 아이거스(愛格司)

약을 왕에게 줄 때에 모든 관리를 스스로 거느리고 미사례를 행하여 '하느님 감사합니다'라는 시를 부르고 포로 101번 소리를 울리니 교사가 하느님께 기도의 예를 행하였다.

나라의 예가 이루어진 다음날에 나폴레옹이 사람들에게 물어 말하기를, "어제 행해진 예가 어떠하였는가" 하니 답하여 말하기를, "예에는 흠결이 없었으나 오직 옛날에 이 교회를 없애고자 하여 무수한 생령들을 상처입히고 죽이고 지금에 회복하고자 하느냐" 하니 나폴레옹이 듣고 얼굴색이 변하였다.

그 뒤로는 박사 등이 날마다 좌우에 있어서 하나님을 신봉하지 말라 권하고 예를 행할 때에 매번 웃지 말라고 하여 부끄러웠지만 그러나 나폴레옹이 새로운 주교에게 이내 고하여 말하기를, "로마교가 유행한 지 이미 오래이니 나는 바라건대 이 조약이 능히 사람들이 신봉하는 마음을 굳건하게 하리라" 하고 또 종교를 믿지 않는 박사 등에게 일러 말하기를, "네가 어제 반포한 조약이 무엇을 이름인지 아느냐? 이는 이내 여러 종교의 법이니 우두[528]가 영원할 줄을 알겠노라" 하니 이로 말미암아서 나폴레옹이 예배당에 이르러서 미사례를 행하지 않고 대신으로하여금 대신하였다. 또 생클루궁에 옮겨 살아서 교사들이 한 시간을 먼저 도착하여 건성건성 일을 마침에 사람들의 비웃음을 피하여 예배일이 이르면 튈르리궁에 있고 순찰 푸치를 명하여 교회 업무를 관리하라고 하는데 각 성의 담당자에게 명을 전하여 교사가 정부에 충성하는 것과 아닌 것을 자세히 관찰하고 혁명 때의 다른 나라로 도망한 교사는 나라에 돌아오는 것을 법으로

---

[528] 천연두를 치료하기 위해 소에서 뽑은 면역 물질이다.

허락한다고 하니 너희들은 정부와 함께 맹세를 하여 로마의 새로운 조약을 받지 않고 다른 나라에 즐겁게 있어서 교회에서 익히는 법문으로 날을 보내거나 혹은 같은 종교에 의지하여 생애를 삼으니 그 나라에 돌아가는 자는 불과 1/4이었다.

파리인들이 생각하기를 새로운 조약은 교민들을 가혹하게 대하니 구교의 죄를 얻었다 하고 한 책을 인쇄하여 나라 안에 두루 보이니 드디어 푸니야[529] 등이 있어서 무리를 생피리[530] 사원에 모이게 하고 적대 규약의 일을 회의할 때에 나폴레옹이 푸치에게 그 책을 불사르게 하고 푸니야 등을 잡아서 뭉둥이 병원에 메어 두고 조금 있다가 또 파리 주교가 관할하는 경내에서 적대 조약의 교사 50명을 잡아 가두어서 사원 감옥과 베세니스[531] 감옥에 메어 두니 그 나머지 교사는 새로운 조약에 돌아왔는데 나폴레옹이 하늘을 돕는 일을 해서 백성에게 복을 만들어준다고 같은 목소리로 찬미하여 덕을 감사하는 시를 엮어서 사례하였다.

제51절 영국과 함께 화친을 의논하다

영국과 프랑스가 전쟁을 싫어하여 수호하는 것을 오래도록 생각하였는데 영국 수상 피트가 자리에 있어서 이르는데, "프랑스가 먼

---

529) 푸니야(福尼亞)
530) 생피리(森匹力)
531) 베세니스(維賽尼斯)

저 화친을 요구해야 함께 조약을 세울 것이오. 만일 잠시 쉬었다가 국체가 어그러지고 훼손되면 화친을 의논하지 않는 것만 같지 못하다" 하여 화친 회의가 오래도록 이루어지지 못하더니 지금에 피트가 임기가 다 차서 물러난 것을 고함에 자리를 잇는 자는 크스버리[532]인데 이와 잘 지내기 위하여 1801년 8월에 프랑스에 주둔한 영국 사신과 함께 아미앵[533]에서 화친 조약[534]을 회의할 때에 프랑스의 식민지인 네덜란드와 스페인의 반환을 윤허하고 오직 실론과 터리니[535] 두 섬은 영국에 이내 속하여 10월 1일에 피차 싸움을 쉬고 자세히 조약을 함께 의논하여 6월이 된 뒤에라야 비로소 서명을 하였다.

처음에 나폴레옹이 뤼시앵을 명하여 스페인 사신을 삼으니 뤼시앵이 전권대신과 함께 마르탱[536]에서 화친을 의논할 때에 스페인은 루이지아나[537]와 뉴올리언스[538] 두 땅을 가지고 프랑스에 반환을 윤허하고, 프랑스는 스페인이 포르투칼[539] 공격을 윤허하여 토스카나와 공작 파이모[540]의 아들과 함께 공격을 도우니 파이모는 파이몽[541]

---

532) 크스버리(克司勃雷)
533) 아미앵(鴉眠, Amiens)
534) 아미앵 조약은 일시적으로 프랑스와 영국간의 긴장을 해소한 조약이다. 프랑스 혁명 전쟁 동안 체결된 것으로서 1802년 3월 25일 프랑스 북부 도시 아미앵에서 체결되었다.
535) 터리니(忒里尼)
536) 마르탱(麻得特京)
537) 루이지아나(魯伊西阿那, Louisiane)
538) 뉴올리언스(紐奧林司, New Orleans)
539) 포르투칼(葡匋牙, Portuguese Republic) '葡萄牙'의 표기도 있다.
540) 파이모(派末)
541) 파이몽(拍忙)

과 핀세와 더불어 프랑스와 함께 뜻을 결정하고 포르투칼과 함께 전쟁을 시작하여 볼리[542]와 윈케[543] 등의 땅을 공격하여 빼앗더니 그 때에 스페인 정부 신하가 군비가 없음을 힘들게 여겨 이에 포르투칼과 함께 전쟁을 쉬고 영국 배가 항구에 나오는 것을 이내 허락하니 이 때에 영국과 프랑스가 오히려 화친을 의논하지 못하였다.

나폴레옹이 듣고 크게 화를 내면서 포르투칼을 정벌한다고 말하고 바로 스페인 경내로부터 병사를 나아가게 하니 두 나라가 알고 크게 두려워하여 스페인이 뤼시앵에게 구하기를 요청하여 비로소 화를 면하고 드디어 프랑 20조를 가지고 나폴레옹에게 바치고 보석과 금궤를 가지고 뤼시앵에게 사례하였다.

이 때에 나폴레옹이 새로 얻은 다른 나라 땅을 가지고 빨리 바르게 다스리기를 기다려서 함께 틈을 열 겨를이 없었다. 그러므로 며칠 뒤에 다시 포르투칼과 함께 화친 조약을 정립할 때에 포루투칼이 남아메리카 키에나를 프랑스인에게 주었다. 처음에 감독이 만든 미국 금돈 10조를 여기에 이르게 하여 통령 정부가 이어서 보상을 받고 다시 러시아와 터키로 더불어 화친을 의논하였다.

제52절 **생도맹그[544] 섬을 정벌하다**

아미앵 조약이 이미 정해짐에 나폴레옹이 전함을 크게 모으니 병

---

542) 볼리(屋力)
543) 윈케(文楷)

사가 약 2만여 명이다. 서인도의 생도맹그섬으로 나아가 정벌할 때에 리크[545]와 르크[546]를 통사로 삼았다. 이 일에 나폴레옹이 특별히 식민계획을 위하는 것이 아니라 또 각 나라가 전쟁을 멈춰서 많은 병사들이 일이 없고 나라 안에 머무르면 다른 변화가 생길까 두려워 했기 때문에 민주당에 편향한 병사와 정부에 따르지 않는 장교를 선택하여 이들을 프랑스에서 멀리 떠나게 하니 자못 깊은 뜻이 있어서 임시로 가게 할 때에 뭇 병사들에게 이르는데, "가히 큰 섬의 재산을 얻었으니 이것으로 고취하며 춤추라"고 하였다.

성인 도밍고는 흑인종의 사람이다. 이 섬은 흑백 잡종과 함께 같이 사니 유럽과 아메리카 두 주로부터 판매하는 흑인을 금지하여 노예로 삼으니 흑인이 드디어 스스로 서서 민주국이 되고자 하여 투세[547]를 추대하여 우두머리를 삼으니 투세의 성질이 전쟁을 좋아하여 용맹하고 지략이 많지만 그러나 능히 새로운 법률을 스스로 만들지 못하고 오직 사람에게 하는 것을 본받았다.

1799년에 나폴레옹이 대통령이 되어서 대권을 장악하고 헌법 개정을 듣고 또 본받아서 그 정치를 고쳐 변하게 하고 하이디[548] 대통령은 생도맹그 섬에서 보나파르트라 스스로 칭하거늘 나폴레옹이 듣고 성내며 말하기를, "저 정부가 극장과 한결 같으니 어찌 오래 버티리오. 내가 반드시 전복시켜서 저 원숭이 같은 놈들이 전쟁 승리의

---

544) 생도맹그(聖度明哥, Santo Domingo)
545) 리크(利克)
546) 르크(勒克)
547) 투세(土賽)
548) 하이디(海地)

영광을 가지지 못하게 하리라" 하고 또 말하였는데, "프랑스 혁명당에 사상이 흑인 노예를 없애는 것으로 좋은 행동이라 하였는데 내가 본즉 이것이 가장 무리하다고 할 것이다. 어째서인고 하니 내가 이집트 시리아에 있으면서 본 것이 흑인 노예가 고생하는 하는 것이 없고 또 백인이 누구든지 능히 서인도에 가서 밭을 개간하고 씨 뿌리는데 오직 흑인 노예가 허락하여 금하지 않으니 만일 사면한 즉 얻는 것이 식민지를 경작할 사람이 없다"고 하였는데 이 때에 콜로자토가 있어서 노예 금지의 논의를 힘주어 주장하였다.

나폴레옹이 꾸짖어 말하기를, "만일 네가 이집트에 도착하여 흑인과 아랍인에게 자유의 말을 복창하면 내가 장차 너를 배 돛대에 목을 맬 것이니 그리하여도 네가 흑인을 다시 잡아 와서 생도맹그에 백인을 기다리는 것이 흉폭하게 할 것이냐. 어찌 우리 백인이 흑인을 반대로 비출 이유가 있는 줄을 알았겠는가. 어찌 자유의 권리를 가지고 이처럼 교화가 없는데 사람을 주겠는가." 하였다.

리크[549]와 르크[550]가 해안에 오르니 흑인이 무리로 봉기하여 쫓아 올 때에 프랑스 병사가 용맹하고 날카로움이 유례가 없어서 그 세력을 가히 담당하지 못하였다. 그 포대를 먼저 점거하고 프레케[551]성을 다시 점거하니 이 성은 흑인 장군 콜리토프[552]가 지킨 곳이다. 투세가 병사들로 돕다가 갑자기 프랑인에게 협박을 받아서 콜리토프가 이에 그 성을 불 사르고 병사 3천 명을 이끌고 도망갔더니 얼마 있다가

---

549) 앞의 한자는 '利克'인데 여기는 '克利'이다. 같은 인물인데 오기로 보인다.
550) 앞의 한자는 '勒克'인데 여기는 '立克'이다. 같은 인물인데 오기로 보인다.
551) 프레케(拂雷開)
552) 콜리토프(各里拖非)

프랑스가 또 파오필링스[553] 성과 긴요한 항구 포대로 나아가 점거하니 한 때에 해안에 땅이 프랑스가 장악하는 곳에 다 돌아가고 또 섬의 내지를 공격하여 흑인 대통령과 함께 항복을 받았다.

프랑스 병사가 섬에 들어가서 나오는 것으로부터 이 때에 전염병이 점점 퍼져서 누렇게 변하는 증세로 인해 많이 근심하여 신체가 연약해져서 다시 전과 같이 용맹하게 싸울 것 같지 못하여 싸운 지 여러 차례에 승부가 서로 있어서 흑인 대통령을 주인으로 객을 기다리고 숨는 것으로 수고를 기다려서 이 아침에 없앨 계책이 크게 있으니 백인 대통령은 근심하여 클리와 리크를 몰래 타이르는데 "만일 공격하여 싸우지 못하거든 마땅히 이간책을 사용하여 흑인들이 스스로 서로 죽이게 하고 또 유혹하여 함께 화친을 의논하는데 투세를 명하여 총독을 삼고 다시 작은 은혜로 그 백성을 농락하여 우리나라에 돌아오게 하라. 이와 같이 하면 병사를 쓰지 않아도 스스로 망할 것이다." 하였는데 클리와 리크가 따라서 행하니 흑인 대통령이 과연 그 계획에 떨어져서 군대 앞에서 항복하거늘 드디어 결박하여 나라로 돌아오니 흑인의 분함이 매우 깊어서 콜리토프가 다시 병사로 와서 공격하였다.

프랑스 병사가 전염병에 몸이 약해져서 능히 막지 못하고 죽임을 당하여서 시체가 쌓인 것이 언덕을 이루고 흑인의 집이 프랑스 병사에게 다 타버려서 눈에 황량함이 가득하여 옛날을 회복하기 영원히 어려웠다.

흑인 노예 정부가 이로부터 떨치지 못하니 프랑스인이 진실로 원

---

553) 파오필링스(抛凹匹林司)

수를 잡으려면 바로 잡을 것이지만 잔인하게 서로 죽이는 것이 의가 아닐뿐더러 프랑스 병사가 겨우 존재한 자가 3백여 명이고 또 리크와 르크가 병에 전염되어 죽으니 로샹보[554]가 그 군을 직접 통솔하거늘 콜리토프가 다시 별장으로 함께 호위하고 프랑크[555] 해각[556]을 공격하니 프랑스 병사가 위급한 즈음을 당하여 구원병 1만 5천 명이 도착하니 병사들의 소리와 세력이 웅장하였다.

로샹보가 드디어 프랑크를 에워싸서 공격하는 군대를 물리쳐서 클리와 리크에게 잃었던 땅을 회복하고 섬의 남쪽 성에 깊이 들어가니 새로 도착한 병사가 누렇게 변하는 증세가 퍼져서 걸어가기 매우 어려웠다.

콜리토프와 함께 여러 번 맹렬한 전투에 이롭지 못하여 프랑크에 물러나 도착하니 병사가 전염병에 전염되어 죽어서 날로 점점 그 수가 적어지니 능히 성을 지키지 못하였다. 이 때에 프랑스가 또 영국과 함께 화친을 잃어서 장차 전쟁을 시작할 때에 나폴레옹이 감히 병선을 많이 보내어서 섬에 도착하지 못하니 로샹보가 구원이 끊어진 것을 알고 드디어 흑인의 추장 데지레[557]와 함께 화친을 의논할 때에 프랑크 성을 반납하고 1803년 12월에 나머지 병사와 섬에 있는 백인을 배에 태우고 나라에 돌아오다가 중도에서 영국 배에 차단되어 루오친포를 고집하여서 돌려주었다.

이 전쟁에서 이 날이 가장 오래되었고 병사를 잃은 것이 가장 많

---

[554] 로샹보(羅欽蒲, comte de Rochambeau, 1725~1807)
[555] 프랑크(弗倫克, Frank)
[556] 원문은 해각(海角)으로, 육지가 바다 쪽으로 돌출한 부분이다.
[557] 데지레(笛色黎里)

으니 1802년 2월로부터 그 해 12월까지 이르러서 죽은 군사가 5만여 명인데 나폴레옹이 절대 동정하지 않은 것은 출정한 군의 반은 민주당이라 지금 이미 죽어서 후환이 영원히 없다고 하였다.

1802년 8월에 투세가 붙잡혀서 파리에 도착함에 나폴레옹이 사원 감옥에 가두니 이 감옥은 전에 가두었던 감옥에 견주면 사람들이 곧 잡스러운 것을 견디었다. 투세가 편지를 올려서 애원하였는데 한 번의 죽음을 대신하라 하거늘 나폴레옹이 듣지 않음에 두고 특별히 유라산[558]에 가장 높고 또 추운 감옥에 메어두니 일이 매우 비밀스럽게 하여 사람들이 아는 자가 없고 그 감옥에 풀을 가지고 상을 삼고 음식을 조금씩 주며 또 반년에 이르면 극히 추운 바람이 바이런산[559] 정상에 눈이 쌓인 위로부터 불어오기 때문에 기후가 이상하게 매서우니 뒤에 투세가 어떤 때에 죽을지 알지 못하여 혹 1805년 겨울이라 말하지만 그러나 보고서를 보지 못함에 사람이 그 독살된 것인가 의심하며 혹은 목을 졸라서 죽었다고 하였다.

처음에 감독이 자리에 있을 때에 투세가 프랑스로부터 아주 가까워서 일찍 두 아들을 파리 학교에 입학하여 책을 읽더니 잡힌 뒤에 한 가족이 또한 동시에 붙잡혀서 옥중에서 앞 뒤로 말라 죽고 한 아들만 겨우 살았으니 뒤에 프랑스 새 군주가 자리에 오를 때에 이르러서 비로소 석방하였다.

투세가 흑인 노비에게 성이 나서 전쟁에서 이기고 공격하여 취함에 뭇사람이 설득되어서 추천하여 섬 주인으로 삼으니 또한 흑인종

---

558) 유라산(由拉山)
559) 바이런산(白郎山)

의 뛰어난 인재라고 이르니 나폴레옹에게 멀리 있다가 죽으니 애석하다고 하였다.

뒤에 나폴레옹이 생도맹그 섬을 정복한 것이 실수한 계획인 것을 스스로 인정하고 그 좌우의 사람들이 일의 이치에 밝은 자가 이르는데, "그 평생에 이집트와 시리아를 정벌하며 스페인을 침략하고 최후에 러시아를 공격하였다"고 하니 모든 저술을 잃고 다만 15년 중에 병사를 사용한 것이 이와 같이 외람되어 역사책 중에 어찌 능히 헐뜯는 말이 없겠는가 하였다.

제53절 나폴레옹이 스스로 치살핀 공화국 총통이라 칭하였다

뤼네빌 조약 내에 더한 말이 프랑스와 오스트리아 두 나라가 네덜란드와 스위스와 치살핀과 제노아를 함께 보호하여 공화국을 삼아서 자유 행정을 허락하는데 오직 합의한 것으로 결단하라고 하여 비록 이 조약이 있으나 나폴레옹이 반드시 네 나라가 그 행정을 고쳐서 따르고자 하여 프랑스의 속국이 되게 하고 또 이탈리아민주당 사람을 깊이 한탄하여 이들로 하여 그 땅에 장군과 총독을 진압하여 지키고 엄밀하게 수사하며 또 모레토에게 우라렌치[560]와 토리노 두 성에 왕의 뜻을 전하게 하여 무릇 군주에게 죄를 지은 이탈리아인이 토스카나에 도망쳐서 숨겨준 자는 일정한 규율로 본적지에 돌아오게 하였다.

그런데 그 가운데에 나폴리에 로마인이 많아서 3년 전에 권하여

---

560) 우라렌치(勿老倫次)

군주를 배반하고 자유를 허락한 이유로 가산을 다 없애고 여기에 오게 하였더니 지금 군주의 경내로 다 돌아와서 그 군주에게 보이게 하여 간신의 죄로 다스려서 감금하여 죽게 하니 그 계략이 또한 너무 교활하였다.

네 개 공화국 중에 이탈리아가 더욱 나약하여 이름은 자유라고 하지만 프랑스에게 속박을 이내 받으니 프랑스 위원이 뜻에 따라서 세금을 걷어서 민생을 각박하게 하여 나머지 땅을 남기지 않으니 백성들이 원망하고 한탄하여 어지럽히는 자가 사방에서 일어나니 이탈리아가 집정함에 사람이 리옹에서 회의하고 나폴레옹에게 줄 것을 청하여 서사얼빈 정치를 혼자서 오로지 하여 국내가 잠시 안정을 바랬는데 나폴레옹이 허락하고 드디어 '치살핀 공화국 총통'이라 스스로 칭하였다.

이 때에 영국에서 화친을 의논하는 대신이 마침 있어서 절대 방해하지 않고 러시아 황제 알렉산더가 아미앵 조약 내에 피엔을 치살핀에 들어가지 못하게 하고 또 프랑스에 넣지 않고자 하여 그 땅을 점점 없애서 사르데냐 왕에게 양보하여 주니 프랑스인이 땅을 얻은 것이 많아서 알프스 산 밖의 영토를 다시 열어보지 않는 이유로 나폴레옹이 허락하였다.

러시아 황제가 아버지의 유언으로 남긴 명령을 어겨서 프랑스인과 함께 영국의 인도를 함께 공격하지 않으니 나폴레옹이 싫어하여 피엔을 병탄하였다. 이 때에 프랑스 병사가 네덜란드에 있어서 어지러움을 만들고자 하였는데 1709년 11월에 일을 본떠서 행하니 영국이 아주 네덜란드의 자유를 보호하는 것에 뜻이 있어서 무기가 변한 것을 이유로 와서 물었는데 나폴레옹이 탈레랑에게 답하여 말하기를, "네덜란드의 힘이 아미앵에서 조약을 정한 수개월 뒤에 크게 떨쳤다" 하고 나폴레옹이 병사들의 행군에 길을 핀란드[561]에 만들어서 이탈리아에 도달하여 알프스 산길의 위험함을 피하고자 하여 이에 내장군을 보내서 신병을 급히 모으고 스위스에 도착하여 그 신하를 강하게 협박하여 윤허하니 그 자유의 권리를 다 없애고 드디어 핀란드와 지니파[562]와 베셀[563]을 프랑스에 다 병합하였다.

나폴레옹이 말하기를, "유럽이 프랑스가 스위스의 일을 빨리 완료하는 것을 바라더니 지금의 스위스와 네덜란드와 이탈리아가 프랑스의 집 아래에 붙어 있음을 함께 인정한다" 하고 또 스위스 사신과 함께 말하였는데, "그 진실을 영국과 오스트리아가 승인하지 못하니 족히 아미앵의 조약을 위배한 한 증거가 되는 것이다."라고 하였는데 그러나 이 세 나라가 오히려 그 하고자 하는 바를 싫어하지 않으니 소속된 땅으로 독일과 스페인의 마음에 넓게 채움이 이미 있고 또 영국의 무역이 흥성함을 시기하여 프랑스 배가 영국 바다에 도착하여 무역하는 것을 허용하지 않고 소속된 땅에 배를 또 금지하니 전쟁 때와 같이 다름이 없었다.

---

561) 핀란드(范蘭, Republic of Finland)
562) 지니파(基尼罰)
563) 베셀(倍色而)

제54절 나폴레옹이 영원히 대통령이 되는 공개 선거

　1802년 5월에 보민회장이 대통령의 공덕이 비상한 것으로 백성의 생활이 감사하다고 하여 존숭한 것을 가지고 보상하기를 도모하고, 상의원은 대통령이 10년 만기한 뒤에 재임을 10년하는 것을 논의하고 또 어떤 사람이 있어서 영원히 대통령을 하는 것을 논의할 때에 이에 먼저 각 의원이 투표함을 설치하고자 하니 바르다고 하는 자는 반에 지나지 않았다.

　장차 논의를 정할 때에 대통령의 뜻이 오히려 상쾌하지 못하여 의원에게 사례하여 말하기를, "내가 의원에 연임하는 청만 겨우 받기를 원하지 않고 반드시 백성이 투표한 뒤에야 법을 윤허하는 것이 옳다"고 하였는데, 군기처 여러 신하들이 다시 모여 의논할 때에 대통령이 미워하여 가지 않으니 노트라[564]가 그 뜻을 몰래 살펴보고 뭇사람에게 널리 말하기를, "대통령은 나라에 긴 성이니 프랑스인이 안위를 의뢰하는 자이다. 만일 10년만 연임하면 정치와 국민이 반드시는 아니지만 과연 능히 편안히 오래가고 정치가 길어질 것이니 반드시 영원히 대통령을 한 연후에야 가할 것이고 만일 노령에 지치면 그 자리를 이을 사람을 스스로 천거하는 것을 받아들이는 데에 거리낌이 없을 것이니 이와 같이 하면 프랑스가 태평을 항상 누릴 것이라 하였다. 그런데 일시에 그 말을 자기 얘기인 양 말하는 자가 매우 많고 파오더리스[565]가 더욱 도와서 하는데 대통령은 세계 백성의 운명에

---

564) 노트라(羅特拉)
565) 파오더리스(抛得梨斯)

매달렸으니 가히 하루라도 자리에 있지 않을 수 없다"고 하였다.

영원히 대통령 되는 논의를 군기처가 허락하는데 오직 자리 이을 사람을 스스로 천거하는 논의는 아직 천천히 논의하는 것을 따라서 이에 백지장만 전국의 도시에 반포하니 혹은 '옳다'라고도 하고 혹은 '아니다'라고도 하는데, 백성들에게 그 위에 서명을 하라고 하니 일시에 '옳다'고 하는 자가 3조의 사람이 많고 '아니다'라고 하는 자는 거의 없었다.

같은 해 8월 4일에 상의원이 임금의 명령을 나라 안에 보여서 나폴레옹이 영원히 대통령 하는 것을 표명하니 논의를 정한 뒤에 대통령이 기뻐 말하기를, "우리가 지금에 각 나라의 주군과 함께 평등하기에 저는 한 평생 왕이 되고 나는 한 평생 대통령을 할 것이니 이름은 비록 같지 않지만 실상인 즉 한 가지요, 또 더욱 각 나라의 신하들이 나를 공경하며 두렵게 할 것이니 어찌 나를 경멸하는 자가 있겠는가" 하니 이에 법률을 정함에 잘못한 것이 있으면 고쳐야 해서 행정에 권한은 의원에 돌아가고 의원의 권력은 통령이 잡으니 보민회원이 날로 감소하고 심문에 죄를 범한 것은 안찰로 인해 평의를 정하지 않고 또 자리 뒤에 우연한 기회가 있는 것을 의심하여 의원과 보민회를 또한 없애서 전제 정치를 이룩하였다.

제55절 새로운 법률을 바로 잡다

1800년에 나폴레옹이 평민회를 만들고 카페시아[566]를 회장으로 삼아 세상에 통달한 학자를 넓게 불러서 간략하고 요점인 새로운 법률을 선정하였는데 마땅히 프랑스에 통행할 것을 선택하여 바로 잡아서 한 책을 만들라고 하니 다음 해를 넘어서 이루어졌다.

바로 그 책을 가지고 각 부서의 신하에게 보내어서 관람하게 하는데 비판하는 자가 있거든 뒤에 다 실어서 군기처에 제출하여 거두어들이게 하라 하고 나폴레옹이 그 곳에 항상 있어서 교열하고 바로잡는데 군기처가 살펴본 뒤에 다시 보민원과 의정원에 주고서 일체를 검토하니 다시 헐뜯고 논의할 것이 없었다.

이에 1804년에 간행하여 반포하니 이름하여 말하기를, "국률(國律)"이라 하였다. 뒤에 프랑스 황제가 됨에 다시 이름을 고쳐서 '나폴레옹법전'이라 하고 그 공식 규정인 즉 1807년에 간행하여 반포하고 형법인 즉 1808년에 반포하고 다시 상률과 법률이 있어서 다 끊이지 않고 계속 발간하였는데 국률과 함께 '오률'이라고 칭하니 오률 중에 상률이 가장 좋다고 하였다.

제56절 공훈의 벼슬을 정하다

유럽의 옛날 사례에 무릇 신민에게 공훈이 있는 자는 조정이 영예로운 벼슬을 주는데 그 공의 높고 낮음에 따라서 등급의 차등을 나누니 각 나라는 그렇게 하는데 프랑스는 혁명 때에 없었지만 나폴레옹이 그 옛날을 회복하고자 하기에 군기처 안에 민주의 무리인 자는 그 귀족이 점점 시작하려고 하기에 힘을 막아서 말하기를, "로

---

566) 앞의 한자는 '開白西亞'인데 여기는 '揩白西亞'이다.

마에 이러한 예가 없습니다" 하니 나폴레옹이 말하기를, "옛날 로마에 이러한 예가 진실로 있었으니 문원(文員)과 무직(武職), 교사와 평민을 물론하고 등급이 모두 있어서 의복을 가지고 식별을 하고 그 나라를 위하여 힘을 펴는 자는 특별히 영화로운 벼슬을 가지고 주었기 때문에 사람의 마음이 흥분되고 나라의 힘이 강해졌는데 이 예를 없애는 것으로부터 로마가 드디어 쇠하였다. 시험 삼아서 고금을 추적하였는데 한 나라라도 작위와 품급이 없는 자가 있었느냐." 하였다.

또 중립당 사람에게 일러 말하기를, "네가 옷깃 위에 메다는 십자 솔기[567]를 가지고 완구를 삼지 말라"고 하여 이것으로 사람의 마음을 격동하는 자는 바로 이 완구를 빌림이다. 대개 좋아하는 것에 마음은 사람마다 있다. 그러므로 내가 그 바라는 것과 같은 것을 가지고 서로 주고자 하였더니 혁명정부가 없앤 사람에게 좋은 일을 가지고 특별히 고무시킬 좋은 계책이 없고 자못 백성에게 돌아가는 것으로 가히 믿음을 삼을 것이다. 어찌 프랑스인의 정이 변하여 움직이기 가장 쉬워서 조금 지남에 민주에게 바야흐로 속했다가 시간이 지나감에 왕가에 또 복종할 줄을 알았겠는가. 그러므로 이러한 격려에 갖추는 것이 반드시 가히 적지 못할 것이다. 이에 훈작을 중요하게 정하였는데 옛날 예와 같이 하였다.

---

567) 솔기는 두 폭의 천을 맞대고 꿰매어 생긴 줄을 말한다.

제57절 **영국과 함께 화친을 잃었다**

나폴레옹이 유럽에 속한 땅이 넓이가 넓지 않아서 이집트와 시리아 튀니스568)성과 카디아 각 섬을 병탄하였는데 오히려 만족하지 못한다고 하여 또 식민지를 신세계에 열고자 하여 스페인의 루이지아나569)를 돌아서 얻었으니 그 뒤에 10조의 돈으로 미국에 팔고 다시 영국의 사모아토570) 섬에 병사와 그리고 화친 조약 안에 영국이 프랑스에 반환을 허락한 땅을 강요하여 즉시 나가라 하고 가만히 사람이 영국의 아일랜드571)에 도착해서 항구 형세를 측정하였다.

그리고 빈 곳의 땅을 살펴보며 다른 마음을 품은 백성을 연락하여 뜻을 결정 짓고 영국과 함께 다시 전쟁을 하여서 나라의 세력을 강하게 하고자 하는 것은 다른 이유가 아니라 나의 권세가 열강국을 정복하는 것으로 얻은 것이니 진실로 전쟁에서 승리의 영화가 없으면 내 세력이 반드시 쇠할 것이다.

하물며 새 정부는 더욱 사람들을 놀라고 두렵게 하여야 능히 스스로 보호할 것이고, 그렇지 아닌 즉 망하고 이것으로 새로 세울 것을 기다릴 것이라 하니 대저 그 생애에 병사를 사용하는 것을 아주 좋아하여 아무 일이 없으면 억울하면서 불편하고 전장에 한 번 올라가면 심신이 기쁘고 화창하다고 하더니 몇 년 전에 그 아버지가 전해 준 위 종기의 병을 근심하여 손으로 그 배를 문지르면서 말하기를, "나

---

568) 튀니스(忒呢司, Tunis)
569) 앞의 한자는 '魯伊西阿那'인데 여기는 '魯伊西愛那'이다.
570) 사모아토(撒毛而脫)
571) 아일랜드(愛爾蘭, Ireland)

는 반드시 우리 아버지와 같이 이 병으로 죽을 것이다. 병이 발발할 때를 당하면 항상 숨어서 사람과함께 보이지 않고 뒤에 몸이 점점 살이 찜에 이 또한 병의 증상이라"하였다.

바로 스스로 한탄하며 말하기를, "내가 어찌 능히 내 몸이 사졸을 먼저 하여 말을 달리고 전쟁을 감독하겠는가" 하더니 이탈리아 여인이 있어서 몸이 큰 것으로 강하다고 하여 축하하며 말하기를, "당신이 이탈리아에 처음 도착했을 때에는 체구가 너무 파리하더니 지금에는 우람한 것이 이와 같으니 가히 축하할만 합니다." 하니 나폴레옹이 화를 내면서 꾸짖었다.

이 때에 영국 사신 비토포포[572]가 프랑스에 도착하여 나폴레옹과 함께 화친 조약을 상의할 때에 캄포포루미오의 옛날 지혜를 이내 사용하여 위세를 가지고 위협하니 어찌 영국이 오스트리아에 비할 것이 아니며 비토포포가 또 코보젤과 같이 나약하지 않을 줄 알았겠는가.

이에 궁 안에 먼저 있으면서 영국 사신과 함께 논의를 시작할 때에 말하기를 연속하면서 쉬지 않아서 영국의 말참견[573]을 용납하지 않고 간략하게 이르는데, "영국이 파리를 점거한 것은 원할지언정 영국의 모알토 섬을 점거하는 것은 원하지 않았다" 하고 또 원망하는데 영국신문지가 프랑스를 폄하하고 배척하는 말이 매우 많았다고 하였다.

그런데 영국 사신이 말하기를, "우리나라 신문지에 말하는 것은 귀국에 알려진 것이다." 하니 나폴레옹이 묻기를, "영국이 어떤 연고

---

572) 비토포포(尾脫服甫)
573) 원문은 치훼(置喙)이다.

로 이집트의 일을 간여했는가. 나의 병력을 가지고 터키를 제압하여 복종시키는 것이 어렵지 않았고, 또 터키를 복종하게 한 즉 이집트는 따라서 프랑스에 돌아올 것이고 또 강대국도 어렵지 않게 정복할 것인데 어찌 하물며 작은 나라이겠는가"하고 나폴레옹이 위협의 말로 협박하였지만 그러나 능히 비토포포의 진정한 마음을 어지럽게 하지 못하였다.

인하여 그 말을 고쳐서 말하기를, "진실로 영국과 프랑스 두 나라가 함께 힘쓰고 같은 마음이었으면 어떤 일을 가히 이루지 못하겠는가. 시험 삼아 보라. 프랑스는 육군 48만 명이 있고 영국은 큰 규모의 해군이 있어서 바다 위의 영웅이라 칭하니 피차 힘을 합치면 또 가히 하나의 세계라"하였는데 비토포포가 내 말에 말하기를, "우리나라는 큰 대륙에 다른 나라를 잠식하여 식민지를 넓게 점유하고자 하지 않고 다만 이미 있는 땅만 지키는 것이 족하다"하였다.

며칠 뒤는 바로 1803년 3월 13일 예배일모임의 약속이다. 비토포포가 튈르리[574]궁에 도착하니 프랑스의 군신과 순찰 등과 각 나라 공사가 다 모이고 조세핀도 각 귀관의 부인과 함께 또한 자리에 있었다. 이 때에 나라 일을 의논함이 크게 마땅한 것이 아니라 하여 비토포포가 말을 하지 않고자 하더니 나폴레옹이 여기 모임 장소에 들어와서 바로 비토포포에게 물어 말하기를, "근일 귀국의 편지가 없느냐 있느냐"하니 답하여 말하기를, "이틀 전에 한 편지를 일찍 보았다"라고 하니 나폴레옹이 급하게 물어 말하기를, "이것이 뜻을 결정하여 전쟁을 시작함이 아니냐"하니 답하여 말하기를, "아닙니다."

---

574) 앞의 한자는 '施來叱'인데 여기는 '拖來叱'이다.

하니 나폴레옹이 말하기를, "나는 사람들과 함께 전쟁한 것이 15년이다." 하니 비토포포가 서투르게 말하기를, "때가 이미 오래되었습니다." 하니 나폴레옹이 말하기를, "금일에 일은 또 나를 협박하여 15년을 다시 전쟁하게 하는 것이냐" 하니 답하여 말하기를, "아마도 반드시 그런 것은 아닙니다" 하였다.

나폴레옹이 러시아와 스페인 사신 앞에 걸어가 이르면서 말하기를, "영국이 만일 출전하면 내가 결국 막을 것이고, 네가 먼저 칼을 뽑으면 나는 반드시 뒤에 내 칼을 뽑을 것이고 네가 만일 약속을 어기고 행하면 마땅히 검은 천을 가지고 그 얼굴을 덮을 것이다" 하고 조금 있으니 또 비토포포에게 말하기를, "네가 전쟁을 준비하고자 하면 내가 또한 전쟁을 준비할 것이니 오직 네가 능히 프랑스는 없앨지언정 능히 프랑스를 위협하지는 못할 것이다" 하니 답하여 말하기를, "저희 나라는 이러한 뜻이 아울러 없고 오직 피차가 서로 화합하고 흡족하여 태평의 복을 함께 누리기만을 바랍니다." 하니 나폴레옹이 말하기를, "이와 같은 즉 모름지기 화친의 약속을 지킬 것이고, 지키지 않는 자가 있으면 재앙이 바로 그 몸에 미칠 것이라" 하였는데 비토포포가 가만히 있으며 답을 하지 않으니 나폴레옹이 드디어 나가고 조세핀이 따라서 일어나니 같은 자리의 여러 사람이 또한 놀라서 흩어졌다.

탈레랑이 다시 비토포포와 함께 논의를 시작할 때에 시일을 많이 연기하여 영국 바다에 있는 프랑스 배가 편안하게 본국에 돌아가서 영국인에게 해를 받지 않고자 하였는데 비토포포가 그 뜻을 몰래 알고 바로 여행권[575]을 찾아서 5일 내에 나라로 돌아갔다.

영국인이 항구에 나오지 않은 프랑스 배 2백여 선을 가로막으니

5월 22일에 나폴레옹이 명을 내려서 영국의 어떤 사람을 물론하고 프랑스 경계에 있는 자는 일정한 법률로 억류시켜서 전쟁 때 포로 잡기를 시작하라 하니 이에 위로는 사신과 아래로는 출장 온 사람까지 남녀와 귀천을 묻지 않고 붙잡힌 자는 약 만여 명이다.

영국이 듣고 크게 화가 나서 바로 전쟁을 선포하니 나폴레옹이 급히 훈련병 20만 명을 준비하고 전쟁에 사용할 선함을 바일롱에 많이 놓아두어 영국을 공격할 때에 영국이 대륙에 있는 연방이 없지 않은 것을 알고서 다시 이탈리아로 말미암아 병사를 나아가게 하여 이들을 가지고 오스트리아를 고치고 라인강으로 말미암아서 병사들이 나아가서 독일을 침략하여 능히 영국을 돕지 못하게 하고 또 이것을 가지고 러시아 황제의 화를 격하게 하고 오스트리아 왕이 격렬한 싸움에 마음을 열어서 프랑스의 세력으로 오스트리아 왕의 자리에 추가하고 독일의 여러 작은 나라를 병탄하여 부려서 식민지를 삼고자 하니 이는 나폴레옹 당일의 큰 뜻이었다.

제58절 **프랑스의 배반을 꾀함**

나폴레옹이 유럽 과반을 자기 멋대로 하여 파리 사방에 모반의 사람이 많으니 그 연고는 각종 익명의 작은 책이 격동하여 일어난 것에 말미암은 것이다. 의원이 알고 인쇄소에 주군의 명령을 전하여 인쇄한 서적과 신문을 담당자에게 보여서 눈으로 살펴본 뒤에 발행

---

575) 원문은 호조(護照)이다.

하는 것을 바야흐로 허락하고 순찰들이 몰래 찾아가 수사하여 매번 밤에 사람을 잡아 와서 옥에 가두니 파리 감옥이 가득찼다.

불시에 제출하여 심문하고 혹 가장 끝의 땅을 초과 발급하거나 혹 군인에게 주어서 죽음에 처하게 하고 하루를 지나서 그 죄상을 신문지에 나열하여서 뭇사람들에게 알리었는데 1803년 10월부터 다음 해 4월에 이르기까지 대통령의 위협 정치라고 일컬었다.

이 때에 대통령을 두려워하는 자는 오직 모로 한 사람이니 그 전쟁을 좋게 하고 능히 민심을 얻어서 장차 자기에게 이롭지 못할까 하여 항상 허물과 틈을 찾아서 제거하기를 생각하였다.

1803년 12월에 프랑스의 왕당이 런던에 모여서 힘을 합쳐서 대통령을 무너뜨리고 부르봉 왕족을 다시 세우고자 하여 뒤무리에[576]와 피추로와 카이투텔로 주장하여 일을 꾸며서 아토화이 백작을 도우니 피추로는 모로를 위촉하여 내부와 통하게 하고 카이투텔은 라왕[577] 출신 독일인이다. 항상 프랑스 병이 전쟁에서 승리하는 것을 믿어서 장사를 모집하여 파리에 들어가 공격하여 낮에 나폴레옹을 군영 가운데에서 죽이는 살해 도모를 몰래 하였다.

자객이 한 것처럼 하지 않고자 하여 그 좌우를 거느리고 영국 배를 타서 파리에 도착하니 피추로가 또한 도착하여 모로와 함께 회의한 지 여러 차례에 모로의 뜻은 병사를 거느려서 대통령을 폐하지만 부르봉 왕위는 다시 세우고자 아니 하여 이내 프랑스를 민주국으로 삼고자 하고 피추로는 군주의 옛 것을 회복하고자 하여 두 사람의

---

576) 뒤무리에(度墨利士, du Périer Dumouriez, 1739~1823)
577) 라왕(賴罔)

소견이 같지 않았다.

　아토화이가 순찰 두 사람과 파리에 몰래 도착하여 거동을 엿보고 얼마 있다가 두 사람이 백작에게 도리어 알려 말하기를, "비록 왕당이 병사와 백성을 몰래 결합하여 도와주려고 했지만 그러나 사람들이 각각 한 마음으로 서로 연락하지 않고 또 파리 순찰이 매우 엄격해서 한 번 움직이고 한 번 가만히 있는 것을 비밀 경찰이 다 알고 있다"고 하였다.

　이 때에 나폴레옹이 많은 사람을 몰래 보내어서 당을 배반한 것을 두루 조사하니 이름은 '비밀경찰'이다. 이 비밀경찰이 반당의 혐의가 있어서 서울에 있는 줄을 이미 알았는데 주로 도모한 자가 누구인 줄을 알지 못하여 뜻을 결정하고 실용적인 가방을 사용하여 탐색해서 이것을 가지고 찾아갈 때에 미에시[578]는 자코뱅당에 들어갔다가 왕당에도 들어갔더니 그 뒤에 다른 나라에 도망가 살면서 항상 두 당을 위하여 소식을 전하였다.

　나폴레옹이 이에 불러와서 그 이유를 알리고 그를 왕당 안의 사람이라 거짓을 하여 모반의 우두머리를 찾아 수사하니 미에시가 바로 런던에 도착해서 부르봉 친왕[579]을 알현하고 같은 당에 친절한 말로 유혹하여 일이 어찌 되었는가를 탐문하였는데 누가 계획을 하고 친왕이 그 사기를 알지 못하고 말하기를, "이 일은 오직 모로와 카이우트얼과 피추로 3인을 믿은 것이다. 미에시가 독일에 다시 도착하여 영국 사신 취리히[580]가 많은 뇌물을 주어서 이 기회를 타서 나폴레옹

---

578) 미에시(葰稀)
579) 원문은 친왕(親王)인데 왕의 가족이나 형제를 뜻한다.

을 죽이려고 도모하였다"고 하거늘 미에시가 파리에 돌아와서 순찰에게 알고 있는 것을 보고하고 이내 사신 취리히에게 편지를 통해서 의심하지 않도록 하였다.

이 때에 순찰이 피추로 등의 주로 도모한 것을 비록 알고 있었지만 파리 어느 곳에서 숨어 있는 줄을 알지 못하더니 카이라르[581]는 순찰이 그 행적을 의심하고 잡아서 신문을 한 뒤에 장차 즉결 처형의 죄로 정하니 그 사람이 인정을 하였는데 5월 전에 일찍 피추로와 카이우트얼과 함께 항구에 같이 나갔다가 두 사람은 파리에 이내 있어서 작난을 도모하고자 하였다고 말하였다.

순찰이 이에 그 죄를 풀어주고 함께 찾았는데 그 이바지한 형상을 기록하여 온 성에 두루 펼쳐서 당에 대해 도모한 것을 크게 찾을 때에 카이라르가 피추로가 몰래 숨어 있는 곳을 조금 알고 있어서 순찰 여러 명을 이끌고 한 밀실에 도착하여 피추로가 그 안에 누워있는 것을 보고 갑자기 들어가니 피추로가 미쳐 손에 닿는 것을 찾지 못하여 드디어 잡히었다.

카이우트얼이 마차를 우연히 타고 나가다가 길에서 순찰에게 막히게 되니 카이우트얼이 몽둥이를 잡고 말에서 내려 한 사람을 쳐 죽이고 한 사람을 차서 부상을 입혀서 장차 도망가더니 두 용사가 마침 있어서 여기를 지나다가 헌병과 함께 포위하여 잡고 이에 그 일당을 수색하여 40여 명을 함께 잡아서 다 감옥에 넣었다. 그러나 나폴레옹이 끝내 모로를 잡지 못하여서 유감이어서 더욱 명령을 내

---

580) 취리히(掘立克)
581) 카이라르(開拉兒)

려서 엄중히 체포하였는데 영국이 뇌물을 받아서 장차 내통하였다고 하였다.

제59절 **왕족 주엔친**[582] **공작을 잡았다**

프랑스의 왕족 루이 18세는 러시아의 바르샤바[583]에 피난하여 살아서 러시아 황제의 보호를 받고 그 동생 아토화이 백작과 조카 바이리 공작과 그리고 친왕은 영국 수도 런던에 도망가 살아서 영국 황제의 보호를 받으니 나폴레옹이 제거하고자 하는데 가히 기회를 엿보지만 틈이 없고 오직 엔친 공작이 아무개 공주와 함께 잘 지내서 라인강 둑의 아투헨[584] 진에 함께 사니 이 땅은 바이크[585]가 중립의 나라에 속하여 보호할 것이 없었다.

사람들이 말하는데 공작의 담력과 지략이 본디 호방하여 자기 멋대로 잘 꾸미고 프랑스에 도착하여 뒤무리에와 함께 교통하여 반역을 도모하였는데 나폴레옹이 갑작스러운 편지를 받고 급히 무장 스트라스[586]를 명하여 병사를 거느리고 라인강을 밤에 건너서 가서 잡을 때에 다시 순찰 클라크[587]에게 그 뒤를 따르라 하니 클라크가 또

---

582) 주엔친(族恩勤)
583) 바르샤바(瓦沙, Warszawa)
584) 아투헨(阿脫痕)
585) 바이크(位膝)
586) 스트라스(斯脫拉斯)
587) 클라크(殼拉殼)

아투헨 진을 관리하는 후작 그나스탱[588]과 참장 우디네[589]가 서로 도와서 1804년 3월 13일에 마병과 보병을 함께 거느리고 아투헨에 도착하여 그 집을 에워싸고 병사를 나누어서 그 뒤 길을 끊어서 이것으로 도망가는 것을 막았다.

며칠 전에 타리엔란이 사사로이 체포의 일을 가지고 공작에게 아뢰니 공작이 믿지 않고 이르는데, "내가 중립의 나라에 살아서 만국공법이 감싸고 보호함이 있으니 결단코 능히 예를 어겨서 사람을 구속하지 못할 것이라" 하더니 뜻밖에 이 밤 꿈속에서 사람과 말이 시끄러운 소리를 듣고 베개를 밀고 일어나서 창문을 열고 보니 집이 둘러 쌓여 있는 것을 몸소 느껴서 능히 다락에서 내려가지 못할 지경이었다.

급히 시위병과 시종에게 명하여 창을 잡고 기다리니 이 다락의 층계가 좁고 또 곧아서 프랑스 병사가 능히 손에 쥐고 올라오지 못하거늘 공작이 누(樓)의 문을 견고하게 지키고 시종이 탄약을 장만하여 아래를 향하여 여러 번 발사하니 프랑스 병사가 위험을 무릅쓰고 위로 올라올 때에 장차 올라가서 사다리를 끼우다가 여러 사람이 창을 받고 죽거늘 그나스탱이 창을 잡고 먼저 올라오니 뭇 병사들이 계속하여 누 위의 사람을 한꺼번에 잡았지만 그러나 누가 이 공작인지 알지 못하여 뭇사람들에게 물으니 뭇사람들이 대답하지 않자 이에 다 묶고 문을 나와서 아투헨에 모여들었다.

누를 공격할 즈음을 당하여 공주가 소리를 듣고 나와 보니 공작이

---

[588] 그나스탱(絟扐斯汀)
[589] 우디네(屋第能)

맨발로 몸을 드러냄에 바지 하나만 겨우 입고 뭇 병사에게 끌려와서 지나가니 아주 놀라서 어찌 할 줄을 알지 못하였다.

프랑스 병사가 아투헨에서 여러 리를 떠나니 몇 사람이 다시 오면서 공작의 이름을 크게 부르는데 함께 죽기를 원한다고 하니 프랑스 병사가 비로소 공작인 줄을 인정하였다. 공작이 종을 풀어주어서 집에 보내어 의복을 가지고 오기를 구하였는데 허락하니 조금 있다가 옷이 당도하였다.

결속하기를 마침에 바로 붙잡고 강을 건너서 해안에 오르니 바로 마차가 있어서 서로 맞이하는데 공작이 그나스탱과 함께 차를 같이 타자고 하니 공작이 옳지 않다고 하고 그 종과 함께 같이 마차를 타고자 하여 허락하고 스키스바[590] 성에 가서 도착하여 뭇 범인들을 병영에 가두니 프랑스 병사가 공작을 기대하는 것이 매우 공경하여서 저 사람은 죽을 죄가 없으니 감금하는 것에 불과하다고 하였다.

클라크가 열 여덟 밤에 비로소 도착하는데 이 참상을 보고 싶지 않은 듯하여 짐짓 더디게 가더니 이 밤에 순찰 샤플레[591]가 헌병을 홀연 동행하고 병영에 도착하여 문을 밀치고 들어가서 공작을 재촉하여 옷을 걸치라 하니 장차 길에 오를 듯하여 공작이 종을 이끌고 동행하기를 구하니 헌병이 그럴 수 없다고 하고 드디어 명주를 가지고 그 목을 메고 마차에 밀고 들어가니 공작이 사지로 장차 들어가는 것을 스스로 알고 놀라서 끊어버리고자 하더니 조금 있다가 마차가 정지하고는 이에 공작을 푸시니[592] 포대에 편안히 두었다.

---

590) 스키스바(斯屈斯保)
591) 샤플레(煞佛來)

나폴레옹이 공작을 몰래 체포할 때에 그 일이 매우 비밀이었는데 오직 조세핀이 알고 그 악독한 수단을 장차 시행할까 두려워서 부드러운 말로 무릎을 꿇고 빌면서 그 사악한 것을만들지 말라고 권장하니 나폴레옹이 꾸짖어서 말하기를, "부인이 무엇을 알겠는가. 바깥 일을 간여하지 말라. 저 왕족들이 장차 화합하여 나를 도모하거늘 어찌 징계하지 않겠는가." 하였다.

공작이 포대에 이미 도착함에 고단하고 피곤한 것이 이미 깊었다. 바로 무장 7인이 공당에 끌고가 도착하여 살펴서 신문하여 말하기를, "사람이 있어서 네가 영국의 뇌물을 받고 뭇사람들을 프랑스의 변경에 모이라고 해서 그 땅 안에 들어가서 뒤무리에와 피추로 등과 함께 작난을 도모하여 대통령을 살해하고자 한다고 고하니 참말이냐" 하였다.

공작이 그 무고함을 힘껏 변호하는데 오직 어렸을 때 파리에 일찍부터 살아서 프랑스 마지막에 어지러울 때를 만나면 혁명당과 함께 적이 될 것을 인정하여서 가깝게 비록 영국의 식량을 먹었지만 그러나 복을 빌려서 하루를 넘김이고, 그 뇌물을 받고 피추로 등과 함께 같이 작난을 도모한 것은 아니라고 하고 말을 마침에 거짓으로 고발한 사람을 이를 갈고 한탄하여 그냥 두지 않겠다며 말하기를, "내가 어찌 부수는 자객이 되겠는가" 하더니 평의원 허링[593]이 드디어 죽을 죄로 정하고 그 자백을 기록하여 신문지에 게재하였다.

21일에 뭇 병사들이 먼저 병영 밖 해자에 하나의 작은 구덩이를

---

592) 푸시니(佛雪泥)
593) 허링(赫靈)

파고 공작을 병영 밖에 내보내서 병사들이 에워싸니 공작은 성직자가 와서 죄를 인정하기를 구하고자 하는데 곁의 사람이 사나운 목소리로 말하기를, "네가 교사가 아니거늘 망녕스러운 상상을 만들지 말라" 하고 뭇 병사가 베를 가지고 그 눈을 매고자 하였는데 공작이 그럴 수 없다고 하였다.

형집행자가 서로 거리가 열 걸음 밖에서 총을 빼내니 공작이 그 옷을 스스로 풀고 가슴을 풀어헤쳐 앞에 나아가며 크게 불러 말하기를, "우리나라를 위하고 군주를 위하다가 죽으니 죽어도 또한 이름이 있을 것이다" 하고 총구를 향하여 사납게 덤벼드니 가슴에 7탄을 적중하여 형집행자의 곁에 넘어져 죽어서 그 시체를 구덩이 안에 묻으니 관도 없고 옷도 없어서 흙으로 덮으니 뒷사람들이 그 용맹함을 슬퍼하고 그를 위하여 나무 한 그루를 그 위에 심어서 이것으로 기록하였다.

나폴레옹이 기울어진 뒤에 1816년에 이르러서 프랑스인이 예배당에 옮겨 장례를 지내고 돌 비석을 세워서 이것으로 흠모함을 폈다. 허링이 공작에게 해를 입힌 후 며칠에 사람이 그 화원에 혼자 있으면서 왕래하며 산책하는 것을 보고 낮은 목소리로 스스로에게 말하며 말하기를, "애석하다. 한 열사를 죽임이여. 공작의 이름을 끌어 올리는 자가 있으면 저들은 반드시 모골이 송연하리라" 하더니 이후에 세니시[594] 별장에 도착하면 반드시 말을 모는 자를 명하여 병영을 피하여 공작의 피가 흐르는 곳은 지나가지 않고자 하였다.

---

594) 세니시(賽尼西)

제60절 **피추로의 죽음**

　1804년 2월 17일에 피추로를 사원 감옥에 가두고 형벌의 기술로 유혹을 하였는데 질겨 모로와 함께 같이 도모한 것을 인정하지 않고 말을 하는데 신문을 하고자 할 때에 세 가지 일을 공표했는데 하나는 모로의 모든 일을 몰래 배포하고, 둘은 순찰의 계략을 몰래 설치하고, 셋은 나폴레옹이 왕족과 함께 서신을 통한 것이다.

　정부가 듣고 크게 놀랐는데 모로가 명망을 본래 가지고 있고 피추로가 옥중에 비록 있지만 프랑스 병사가 오히려 많이 사랑하여 아마도 이 서신이 한 번 전하면 군인의 마음이 반드시 격동하여 변동이 생길 것이라 하고 장차 죽이는 것으로 입을 없애고자 하더니 4월 6일에 갑자기 알렸는데 피추로가 스스로 검은 수건과 나무 몽둥이로 책상에서 목졸라 죽었다.

　형부가 의사에게 부검을 하도록 하니 자진의 증거가 분명하고 감옥에서 보호하고 있던 헌병이 말하는데, "이 밤에 목이 막혀 헉헉대는 소리를 들었다" 하고 교도관이 또 말하기를, "옥의 문이 넓게 닫혀 있는 것이 매우 견고하고 자물쇠 열쇠가 나에게 있어서 다른 사람이 능히 들어갈 수 없다"고 하여 반드시 이 증거를 드러낸 것은 다른 사람들에게 그가 자진한 것을 믿지 않는 이가 없게 하는 것인데 오직 이 일이 엔친 공작이 피해를 입은 뒤에 마침 있었고 사원 감옥을 호위한 자는 바로 공작에게 총을 쏴서 죽인 헌병이다.

　그 헌병은 리아르가 통솔하였고 리아르는 본래가 샤프래에 속하여 이 헌병의 신변에 각종 자물쇠를 감춰서 능히 옥문을 밤에 열고 중요 범죄자를 몰래 옮기는데 다른 범죄자는 알지 못하기 때문에 프랑스인이 다 피추로의 죽음은 다른 사람이 피해를 도모한 것이고 결단코 자진한 것이 아님을 알면 또 그 사람이 나폴레옹과 순찰한 것을 통해 하니 어찌 잠시 동안 죽음을 연기하여 가슴 속의 말을 하고자 했지만 한 마디도 토해내지 못하고 몰래 참고서 죽었다.

    피추로의 어린 시절을 거슬러 생각하면 나폴레옹과 함께 브라이언 무관학교에서 학업을 익힐 때에 나이가 점점 자람에 일찍 산술을 나폴레옹에게 배우니 친구 겸 스승이었으니 같은 날에 천 가지를 거느리는 직업을 가졌다가 뒤에 네덜란드와의 전쟁에서 이긴 공이 있어서 활약이 뛰어나 대장에 이르더니 이에 나폴레옹에게 시기를 받아서 죽었지만 그러나 오직 이 사람이 죽음에 나폴레옹의 왕위가 비로소 견고하였다.

제61절 라스토[595]의 죽음

    세상 사람들이 바로 피추로의 죽음과 또 영국 라스토의 일이 있는 것을 놀랍게 여겼다. 라스토는 바로 전에 영국 전함으로 피추로 등을 싣고 프랑스에 도착한 자이다. 5월 8일에 또 전함으로 프랑스의 항구에 도착하였다가 조수가 밀려날 때에 배가 돌에 부딪히니 선원들이 바로 힘을 사용하여 그 배를 움직이게 하더니 프랑스 병선 70척이 홀연 있어서 항구로부터 나오니 영국 배는 겨우 18문[596]의 포를 실은

---

595) 라스토(臘愛脫)
596) 원문은 존(尊)인데 대포를 세는 단이다. '--문'이라고 한다.

봉선이고, 선원 50여 명과 동자 24명에 불과하였다.

　프랑스 배가 대대로 함께 전쟁을 시작할 때에 2시에 이르러서 배가 파괴되니 죽은 자가 2명이고 부상자는 12명이고 라스토가 또한 부상을 당했는데도 항복 깃발을 게양하지 않으니 사람들이 그 배가 앞에 피추로를 태운 배라고 하여 나폴레옹에게 아뢰고 또 말을 하였는데 영국 장군 시메이 휘하에 있어서 아크레 성을 지킬 때에 프랑스 병사를 훼손하여 부상을 당한 자가 적지 않으니 응당 잡아 옴에 중형으로 처치하겠다고 하니 나폴레옹이 급히 바닷가 전함에 명령하여 투구를 빼앗으라 하여 선원을 끌어모으고 신문하였는데 피추로를 사사롭게 태운 일을 납득하여 따르지 않기에 라스토에게 물어 말하기를, "카이투텔과 함께 서로 통하여 배반을 도모하지 않았느냐?" 하니 답하여 말하기를, "나는 영국인이다. 영국 장군이 되어서 영국에 일만 구하여 알뿐이지 어찌 프랑인의 일을 알겠는가" 하여 이에 묘옥에 가두고 있는데 적의 포로가 아니고 국가 범죄자 라고 하여 일을 매우 은밀하게 하니 어느 때에 죽을지 알지 못하였다.

　뒤에 관보 중에 그 목을 스스로 찔러서 죽었다는 것을 갑자기 전하였는데 자못 피추로의 죽음과 같았다고 하여 짐짓 일시적인 말을 만들어서 사람의 귀와 눈을 덮었다.

제62절 **나폴레옹이 황제를 칭하다**

　이 때에 나폴레옹이 장차 민주국을 고쳐서 제국을 삼고 역도를 토벌하고 배반자를 죽이니 공기 중에 살기가 가득 차서 그 국민에게 위협하는 것이 민주당의 혁명할 때 처음과 다름이 없었다. 상의원이 큰 계획을 일찍 정하여 왕위에 오르기를 청하고 군기(軍機)대신이 국정을 영구 집권하여 제왕의 계통을 이었다고 권장하였다.

이에 투표의 법을 시행하자고 하니 군기 중에서 옳다고 하는 자가 20명이고 그르다고 하는 자는 겨우 7명이며, 상의원과 보민원과 의정원이 병사에 먼저 하는 것이 될까 걱정하여 급히 투표를 하여 대통령이 황제 자리에 오름을 진정으로 요청하니 상의원은 옳지 않다고 하는 자는 3명에 그치고 보민원은 오직 카일루우투오 한 명이고 의정원은 합당하지 않다고 하는 이가 없고 다 그 고치는 것을 원하고 도우니 이 때를 당하여 나폴레옹이 각 정부의 영수 대신들과 회의를 할 때에 모든 신하가 다 자기에게 이로운 의견을 내어서 각각 요구하였다.

보민원은 맡긴 일의 기한을 늘려서 5년을 고쳐서 10년으로 하고 월급은 1만 5천프랑에 1만 프랑을 다시 증가하여 청하고 의정원도 요청하는 것이 또한 같고 상의원은 작위를 세습하고 프랑스 법률 상에 완제 금지하는 제도의 권한과 다른 항목의 이익을 있도록 하고자 하는데 오직 군기대신은 구하는 것이 없었다. 그 요구하는 것을 나폴레옹이 다 만족하게 대응하였는데 가슴에 편견이 있어서 장차 자기 한 몸의 권력은 힘을 넓히고 타인의 권력은 깎았다.

1804년 5월 18일에 상의원이 생클루 궁에 임금의 등극을 축하는 표를 올려서 "대통령을 권장하여 합법적으로 황제가 되어 자리를 자손에게 전하는데 대대로 전하여 대체함이 없도록 하소서" 하였거늘 대통령이 받고서 이에 프랑스 황제라고 칭하고 민주국을 고쳐서 제국이라 하고 정해진 법률을 일컬어서 '제전(帝典)'이라 하고 국민에게 조서로 명령하여 듣고 알게 하니 사방에서 와서 축하하는 자가 길에 얽혔는데 오직 무장 가운데 민주당에 속하여 그 직무를 사임하고 떠났다.

황제라고 칭한 뒤로 모로가 또 잡히니 안찰사 12명을 별도로 설정하여 모로와 카이투텔과 그리고 배반을 도모한 사람을 신문하였는데 민주의 법률도 사용하지 않으며 또 배심원도 사용하지 않고 자백을 이미 갖추어 놓음에 안찰사가 모로를 2년 감금의 죄로 정하니 새로운 황제가 칙령을 고쳐 영원히 군대에 있게 해서 아메리카에 유배를 보내고 카이투텔과 같은 죄인 수십 명은 다 죽을 죄로 정하니 카이투텔이 형에 임할 때에 의기가 격앙하니 라왕드에 열사되는 것이 부끄럽지 않다고 하거늘 새로운 황제가 말하기를, "이 사람은 구리 간과 철 쓸개를 가졌다. 만일 즐겨 서로 따르면 마땅히 이것을 거듭 사용하리라" 하였다.

제63절 나폴레옹 대관식

나폴레옹이 이미 황제를 칭함에 교황에게 청하여 면류관을 추가하라 하니 교황은 피사스티치인데 날씨가 추우면 길이 멀고 나이가 많아 간신히 걷기에 이것으로 사양하고 주교장과 함께 상의하였는데 그 형세가 가히 물리치지 못하였다. 이에 11월 5일에 로마로부터 비로소 출발하여 25일에 파리에 도착하였다. 나폴레옹이 길한 날짜를 선택하여 대관례를 노트르담[597] 예배당에서 행할 때에 독일의 친왕과 이탈리아의 공작과 스페인의 대신과 프랑스의 신구 귀족들과 장군 병관 등이 모두 도착하였다. 교황이 제단 앞에 나아가서 먼저 면류관을 향해서 축복을 한 연후에 나폴레옹의 머리에 올리니 나폴레옹이 다시 조세핀에게 대관을 하고 봉하여 황후를 삼았다.

예가 끝남에 교황이 나폴레옹을 봉하여 황제 자리에 오르게 하고 그 뺨을 입 끝으로 닿으며 입으로 칭송하는 말을 보내니 한 예배당에 뭇사람이 한 소리로 말하기를, "원하건대 황제만수, 황후만수" 하였다.

조금 있다가 알프스 산 밖에 사람들이 이탈리아 옛날 왕의 철 왕관을 나폴레옹에게 바치고 이탈리아 왕이 되기를 청하였는데 1805년 5월에 나폴레옹이 왕관을 밀라노 예배당에서 주고 바로 주교장을 명하여 교황을 대신하여 예를 행한다고 하고 나폴레옹이 이마에 왕관을 씌워서 말하기를, "이는 이내 하나님이 주신 것이라" 하니 탐내는 자가 있어서 이르는데, "하늘이 반드 재앙을 줄 것이다" 하였다.

6월에 제노아 민주국을 영토에 가입하고 루크[598] 민주국을 고쳐서 군주국으로 삼아서 그 여동생 마리안에게 주었다.

제64절 **유럽 연합군이 프랑스를 공격하다**

나폴레옹이 밀라노로부터 돌아와서 다시 병사 10만 명을 바일롱에 모여서 장차 영국을 공격할 때에 이 웅장한 군사로 영국 전체를 압력으로 복종시키고 강토를 넓히는 것이 어렵지 않아서 들리는 명

---

597) 노트르담(奴特爾達沒, Notre Dame)
598) 루크(劉克)

성이 펴져 나감에 유럽 여러 나라를 일으켜서 오도록 하여 함께 적이 되었다.

이에 영국과 러시아와 오스트리아와 스위스가 연맹을 함께 바로 잡았는데 오직 프로이센은 중립에 뜻이 있어서 연맹에 참여하기를 원하지 않았다. 네 나라가 물과 육지에 군대를 연합하여서 프랑스를 공격할 때에 오스트리아는 마크[599]가 통솔하는 독일의 군사와 켈리[600]가 통솔하는 이탈리아의 군대로 러시아 병사가 모이는 것을 기다리지않고 프랑스의 바이에른 성을 먼저 점거하니 나폴레옹이 듣고 두우[601] 해협을 따라서 영국을 공격하여 군대를 옮겨서 오스트리아를 공격할 때에 메시나를 명하여 장군으로 삼고 라인강 둑에 많은 병사를 스스로 거느려 멀리 말을 달려 오스트리아에 도착하니 오스트리아 장군 마크가 바이에른의 엘름[602]에 둘러 쌓여서 2만 명을 가지고 프랑스에 항복하였다.

얼마 있다가 러시아 황제가 병사를 거느리고 와서 오스트리아와 함께 모여서 아라비아[603]에 주둔하니 두 군대가 약 8만 명이다. 나폴레옹이 그 병사에게 일러 말하기를, "러시아의 보병이 지극히 용맹스럽고 사나우니 이 전쟁이 나라의 영욕과 관계가 되니 각각의 장소에서 노력하라. 러시아와 프랑스 두 군대가 누가 낫고 누가 못함을 시험하리라"하였다.

---

599) 마크(馬克, Karl Freiherr Mack, 1752~1828)
600) 켈리(楷利) 앞에 '楷里'가 있다.
601) 두우(杜物)
602) 엘름(愛而姆)
603) 아라비아(阿拉維亞, Arabian Peninsula)

11월 13일에 프랑스 병사가 오스트리아 수도를 공격하여 부수고 그 군대 무기와 옷과 식량을 빼앗으니 오스트리아 병사가 러시아 군대의 주둔한 곳에 물러나 도착하여 두 군대를 합하여 하나가 되었다.
　연합군이 처음 의도는 바로 전쟁을 하지 않으면 식량이 장차 다 떨어지기에 한 길을 서둘러서 비엔나에 도착하여 식량을 얻고자 하여 알리베아르[604]를 떠나서 바이런[605]에 병사를 주둔하게 하니 나폴레옹이 감히 그 칼날을 갑자기 들이대지 않고 오트시[606]의 평지에 군대를 주둔하니 이 땅은 제일 절묘한 전장이다.
　12월 초하루에 연합군 통사 크테샤프[607]가 병사를 뽑아서 전쟁할 곳을 찾는데 땅의 형세를 알지 못하고 길게 진을 배열하니 그 가운데에 오스트리아의 새로운 군대가 많아서 훈련을 버티지 못하니 프랑스 병사가 보고 크게 기뻐하며 말하기를, "내일 저들을 깨부수는 것을 반드시 할 것이다" 하였다.
　이 밤에 나폴레옹이 감히 병영 설치를 하지 못하고 병사들이 한데서 거처할 때에 각 부대에 직접 가서 순시하니 따르는 자가 불을 들고 서로 따랐다. 기억하기 쉬운 짧은 문장으로 글을 편성하여서 그 전쟁의 용맹함을 힘쓰는데 병사들이 다 자세히 읽게 하고 피곤할 때에는 광야에서 자다가 하늘이 밝기 전에 말을 타고 나오니 짙은 안개가 길에 가득 차서 능히 사물을 분별하지 못하더니 잠깐 사이에 해가 빛나 동쪽으로 오르고 짙은 안개가 다 사라졌다.

---

604) 알리베아르(阿力維亞而)
605) 바이린(白倫)
606) 오트시(澳特司)
607) 크테샤프(克忒煞甫)

이로 인하여 병사에게 명령하여 말하기를, "일의 성패는 이 한 전쟁에 있으니 너희들은 적군을 빨리 소탕하는데 햇빛이 안개를 소탕하는 것과 같이 하라" 하니 뭇 병사들이 다 응답하였는데 샤르토[608]와 레니스[609]와 모레토 등 여러 장군은 연합군의 길게 서 있는 진을 능히 갑자기 부수지 못한다고 하고 힘을 합하여 공격할 때에 앞에는 엎드리는데 뒤에는 계속 이어서 연달아 전진하여 비로소 긴 진을 공격하여 부수니 죽고 부상당한 자가 계산할 수 없을 정도이고 강물에 빠져 죽는 자가 약 수천 명이다.

크테샤프가 다시 정예병으로 그 결손을 보충하였는데 프랑스 병사가 재차 접촉하고 재차 괴롭히니 연합군이 힘으로 능히 지탱할 수 없어서 차차 퇴각하였다. 모레토[610]가 기마병으로 쫓다가 러시아의 크샤크[611] 병사가 긴 창을 가지고 도리어 공격하여서 그치고 다음날 새벽에 러시아 병사가 대대 병력으로 와서 공격하는데 샤르토가 교전하다가 쫓기어서 얼마 안 되어 힘들어 지더니 나폴레옹이 기마병을 거느리고 와서 구할 때에 포도 포탄을 러시아의 진영 가운데로 향하여 발사하니 러시아 군대가 크게 패하고 프랑스 병사도 또한 앞과 뒤에서 죽은 자가 5천 명에서 내려가지는 않았다.

다음 날에 오스트리아 왕과 프랑스인 띠알이 영국과 러시아의 연맹을 없애고 나폴레옹 군중에 나아가서 화친을 요구하고 러시아 병사는 본국으로 돌아가니 26일에 프랑스와 오스트리아 두 임금이 화

---

608) 샤르토(沙爾脫)
609) 앞의 한자는 '來尼斯'인데 여기는 '來尼司'이다.
610) 앞의 한자는 '謨勒脫'인데 여기는 '脫勒脫'이다.
611) 크샤크(克薩克)

친 조약을 폴레스부르[612]에서 서명을 할 때에 오스트리아는 이탈리아와 베네치아를 프랑스에 주고 또 테루엘과 바이에른을 군비 1조 프랑으로 배상하였다.

제65절 형제를 봉하여 왕으로 삼다

화친의 국면이 이미 정해짐에 이탈리아가 프랑스에 전부 소속이 되고 그 권력을 독일에 전할 때에 바이에른을 병합하여 왕국으로 삼고 독일의 여러 작은 나라를 합하여 라인강 동맹국을 삼아서 이것으로 프랑스에 붙어서 보호하고 다시 오스트리아의 절제를 받지 않았다.

1806년에 나폴리 왕을 내몰아서 시실리로 쫓아내고 형 조제프를 봉하여 나폴리와 시실리의 왕을 삼고 그 동생 루이를 봉하여 네덜란드 왕으로 삼았다. 오스트리아 텔리스[613] 전쟁에서 승리할 즈음에 프랑스 군이 영국 해군에게 라파르그[614]에서 패한 것을 문득 듣고 나폴레옹이 화가 나서 말하기를, "내가 능히 피차간에 아울러 돌아보지 못하거늘 어찌 내가 아니면 능히 승리 하지 못하는가" 하니 이 때에 프랑스와 적인 영국 수상 피트가 이미 죽고 자리를 이은 자는 헉스버리[615]다. 이 사람은 화친을 말하기를 본래 기뻐하고 전쟁을 주장하는

---

612) 폴레스부르(潑賴斯堡)
613) 텔리스(特利司)
614) 라파르그(拉發而斛)
615) 헉스버리(好克司勃雷)

것을 원하지 않아서 비로소 나폴레옹과 함께 각자 소유한 토지를 나누기로 의논할 때에 말이 잘 되어 돌아가고 이어져서 신당의 라우터616)가 프랑스에 도착하여 화친 조약을 거듭 논의하니 어찌 나폴레옹이 시실리를 가지고 조제프에게 주고자 하는가.

이 때에 시실리가 프랑스에 패하지 않고 영국 배가 시실리를 위하여 보호하고 다른 나라로 바꾸고자 하니 나폴레옹이 허락하지 않아서 일이 막히는 것이 많더니 얼마 있다가 허스크보레이가 죽으니 화친 논의의 일이 드디어 없어졌다.

제66절 예나617)의 전쟁618)

프로이센이 비록 중립이라고 칭하고 네 나라와 함께 연맹을 하지 않지만 그러나 프랑스가 속이고 깔보는 것을 깊이 한탄하여 프랑스 병사가 오스트리아에 있을 때에 가만히 병사들로 연합군을 도와서 옆에서 프랑스를 공격하여 얻은 것이 크게 있으니 나폴레옹이 속상하여 이해 겨울에 군사를 일으켜서 프로이센을 공격할 때에 그 소속한 땅을 점거하여 능욕을 준비하고 다그쳐서 전쟁을 하였는데 편지

---

616) 라우터(勞特而)
617) 예나(遮拿, Schlacht bei Jena)
618) 예나의 전쟁은 나폴레옹 전쟁 중이던 1806년 10월 14일, 지금의 독일 튀링겐주 예나 및 아우어슈테트 일대에서 벌어진 전투이다. 나폴레옹 1세가 이끄는 프랑스 제국군과 프리드리히 빌헬름 3세가 이끄는 프로이센 왕국군이 교전을 벌여 프랑스군이 승리했다.

를 베를린[619]에 보내서 독일의 각 나라들이 서로 도우라고 하니 독일 병사가 프랑스 병사를 따라서 프로이센에 도착하니 프로이센의 연방은 작센[620] 한 작은 나라뿐이다. 작센이 프로이센에 서운함이 있어서 출병 하기를 원하지 않았다.

 10월 14일에 프랑스가 프로이센과 함께 예나와 오스트리아 알스달 고개[621]에서 전쟁을 하니 프로이센 병사는 용맹함을 날리는데 오직 그 주무 장군이 계략이 없어서 크테샤프와 함께 다름이 없어서 프랑스군에게 죽게 된 목숨을 만드는 것이 되었으니 프로이센 병사가 죽고 부상당한 것이 2만 명이고 포대와 무기를 다투어 빼앗은 것을 계산할 수 없었다.

 이 일에 프랑스 장군 베르나도트의 공이 가장 많으니 나폴레옹이 꺼려서 일컫기를 아스게르[622]인이라 하니 베르나도트가 듣고 말하기를, "나는 우리의 본분만 다할 따름이다. 우리를 비록 아스게르인이라 하지만 그러나 저들의 교만이 더욱 나에게 깊으니 만일 대면하여 우리와 함께 말을 한다면 우리 스스로 말이 있어서 이것으로 대할 것이다" 하였다.

 프로이센의 패잔병이 거듭 에워쌈에 힘들어서 다 프랑스에 항복하니 5좌 포대를 지키는 병사가 처음과 끝에 1포대도 발사하지 않고 또 서로 거느리고 항복하니 사람들이 의심하였는데 프로이센 통령이 혹 두 마음이 있어서 다피델리[623]가 새로 만드는 프로이센 국가가

---

619) 베를린(柏靈, Berlin)
620) 작센(薩克思義, Königreich Sachsen)
621) 알스달 고개(兒斯打隘口)
622) 아스게르(軋司格)

여러 예(禮) 중에 망했다고 하였다.

이 나라는 본래 여러 작은 성을 합하고 연합하여 이루었는데 오래지 않음에 강적을 갑자기 만나서 멸망함에 이르렀으니 마침내 다피델리가 죽음에 임하여 말하기를, "배가 아직 익지 않아서 직접 깨버리는 것과 같다" 하니 나폴레옹이 다피델리의 묘에 직접 가서 그 스카프와 보검을 보고 잡고서 돌아가니 이 두 가지 물건은 전왕이 남긴 것이라 하여 프로이센 사람이 받들어서 국보를 삼았는데 지금에 나폴레옹이 취하였으니 프로이센이 서로 돌아보며 실색하고 감히 누가 어쨌다고 못하였다.

제67절 여러 나라가 영국과 함께 통상을 금지한다

나폴레옹이 프로이센 수도를 비록 파괴했지만 그러나 영국이 그 병사들이 클레버리[624]에 패함을 듣고 마음이 더욱 기쁘지 않더니 또 영국의 무역이 점점 늘어나는 것을 들어서 통상 업무의 성함이 유럽에 두루하였다고 하니 마음에 더욱 꺼리는 것이 있어 몰래 생각하였는데 만일 능히 저들에게 통상을 막아서 그들에게 도모할 이익이 없게 한다면 반드시 많은 금으로 큰 대륙에 군비를 몰래 돕지 못할 것이니 이와 같으면 오스트리아가 나와 함께 적이 되지 않고 러시아와 프로이센이 또한 신하로서 복종할 것이라 하고 1806년 11월 26일에

---

623) 다피델리(大非得立)
624) 클레버리(克勒伯黎)

베를린에서 함께 여러 나라에 명령을 전하여 영국과 함께 통상하는 것을 허락하지 않고 각 해안을 차단하여 영국 배가 항구로 들어오는 것을 법으로 하지 못하게 하였다.

그런데 만일 사사로이 무역을 하는 자가 있다면 조사하여 색출해서 중형에 처할 것이고 무릇 영국에서 제조한 물건과 식민지 생산의 물건은 금지 물품이라고 일컬어서 팔지 못하게 하고 영국인 산업이 각국에 있는 자는 법률로 관공서에서 충당하고 영국과 함께 왕래하는 서찰은 반드시 서신관에서 열어보고 검사하는 것을 말미암아서 배달하는 것을 바야흐로 준비하니 이와 같이 한지 1년에 거의 미쳤더니 1807년 11월 11일에 이르러서 영국 정부가 하나의 명령을 비로소 제출하여 아뢰었다.

제68절 푸아투[625]에서 페리란[626] 전투의 비애

이 때에 프로이센과 프랑스의 전쟁이 오히려 멈추지 않아서 프로이센 왕이 코니스[627]에 도망가서 거주하니 러시아 황제가 보스토라[628] 강에 병사를 내보내서 프로이센을 돕고 프랑스를 공격하거늘 나폴레옹이 폴란드[629]의 옛날 수도를 바야흐로 점거했다는 소식을 듣고

---

625) 푸아투(普耳脫, Poitou)
626) 페리란(飛麗欄)
627) 코니스(科尼司)
628) 보스토라(佛斯脫拉)
629) 폴란드(波蘭, Republic of Poland)

뜻을 결정하고 병사를 내보내서 적을 맞을 때에 비록 날씨가 춥고 눈이 오고 얼었지만 능히 막히지 않았다.

그리고 12월 28일에 러시아 병사와 함께 푸아투에서 크게 싸워서 꺾이고 패하여 돌아갔다가 1807년 2월에 다시 엘리에[630]에서 전쟁을 할 때에 프랑스는 싸우는 병사 2만 8천 명과 준비병 10만 명이 있어서 뒷길에 주둔하여 이것으로 대응을 준비하고 러시아 장군 펠리시앙[631]이 거느리는 러시아와 프로이센의 군대는 겨우 싸우는 병사 7만 5천 명만 있으니 두 군대가 여명 때로부터 큰 눈이 오는데 전쟁을 시작하여 한밤 중에 이르러서 비로소 끝나니 프랑스 병사가 처음에는 조금만 이겼지만 계속하여 러시아의 코사크[632] 병사들에 틈을 타서 갑자기 땅을 막지 못하여 요거르가 거느리는 한 군대가 크게 패하여 물러나니 죽고 부상을 당한 사람이 1만 3천 명이다.

러시아 병사가 미친 듯이 추격하여 마을에 도착하니 마침 나폴레옹이 높은 곳에 올라가서 지휘를 하다가 거의 사로잡힐 뻔하였는데 모레토가 거느리는 기마병 1만 5천 명이 러시아 병사에게 쫓기어서 돌아갈 때에 갑옷을 입은 기마병 한 부대가 특별히 있어서 피웨이순[633] 병영 군진의 틈을 뚫고 들어가서 그 군수품[634]을 직접 협박하다가 코사크 병사들에게 포위되어서 그 말을 죽이고 그 갑옷을 벗겨서 죽이니 도망 온 자는 겨우 10여 명이다.

---

630) 엘리에(哀略)
631) 펠리시앙(皮利孫)
632) 코사크(可薩克, Cossacks)
633) 피웨이순(皮尾孫)
634) 원문은 치중(輜重)이다.

다보스[635]가 거느린 한 부대를 러시아와 프로이센 두 군대가 힘을 합하여 격퇴시키니 프랑스 장군 중에 용맹한 자가 말하기를, "내장군(內將軍)이다. 휴디딘[636] 마을을 점거하였더니 얼마 있다가 러시아 병사에게 해산되었다"고 하여서 이에 프랑스 군이 보스틸라[637] 강에 물러나 주둔하니 프로이센 군대가 코니스에 다시 돌아왔다.

나폴레옹이 한 부대를 특별히 불러내어서 프로이센의 단치히[638]를 곁에서 공격하여 빼앗아서 점거하니 3월에 러시아와 오스트리아가 다시 전쟁을 선포하려고 하다가 영국 재상이 힘껏 권장하여 이에 그쳤다.

나폴레옹이 다시 병사를 네덜란드와 이탈리아, 그리고 라인강 동맹국에서 징집하니 모두 20만 명이다. 폴란드에 모여서 러시아 군대를 나아가 공격할 때에 6월에 페리란에서 크게 전쟁을 하니 이 땅은 엘리에에서 떨어진 것이 불과 몇 리이다.

나폴레옹이 엘리에에 있으면서 장졸을 조사하러 보내니 처음에는 자기 주장이 없었다. 개전할 때에 러시아 병사가 내장군의 진영에 와서 공격하여 그 두 날개를 흔들어 놓으니 프랑스 군대가 비틀거리며 달아나 도망가는데 러시아 병사가 밀물과 같이 용맹하게 나아가서 프랑스 장군 세네망[639]의 병사로 이 포를 와서 빼앗아서 이기지 못하고 이 때에 천기가 어두우니 이에 알라[640] 강에 물러나서 그 함선을 가지고

---

635) 다보스(代服斯)
636) 휴디딘(旭第汀)
637) 보스틸라(佛斯體拉)
638) 단치히(丹錫, de Dantzig)
639) 세네망(西內邙)

그 병사와 무기를 건너서 돌아오니 프랑스 병사가 한 번도 뺏어 보지 못하고 전쟁에서 있는 것은 오직 종횡으로 있는 시체뿐이다.

프랑스 병사가 태반이나 손실이 있어서 그 부대의 적게는 겨우 1명만 생존했으니 이에 장졸이 전쟁을 싫어하여 프랑스와 러시아가 이로부터 전쟁을 쉬자고 하였더니 1812년에 이르러서야 비로소 모스크바[641]의 역할이 있었다.

제69절 틸지트[642] 화친 조약[643]

러시아와 프랑스 두 임금이 급히 화친을 언급하고자 하여 6월 25일에 니강의 가운데 나무 뗏목에서 만났으니 러시아 황제는 나이가 조금 젊어서 프랑스 황제에게 농락을 당하였다. 틸지트 성에 함께 살았으니 프로이센 왕이 왕후와 함께 서로 가까운 마굿간에서 살았다.

7월 7일에 나폴레옹이 러시아와 프로이센 두 나라 임금과 함께 틸지트에서 조약에 서명을 할 때에 프로이센 왕에게 절반의 소속된 땅을 돌려주기로 윤허하였는데 엘베강으로부터 경계이지만 그러나 포대가 있는 곳과 험한 요충지와 통상하는 도시는 프랑스에 균등하

---

640) 알라(阿拉, Alazani)
641) 모스크바(莫斯科, Moscow)
642) 틸지트(鐵耳屑, Tilsit)
643) 틸지트 화친 조약은 1807년 당시 러시아 제국 영토였던 틸지트에서 7월 7일 맺은 프랑스 제국과 러시아 제국간, 그리고 7월 9일 프로이센 왕국과 러시아 제국 간의 강화 조약이다.

게 돌려주고 옛날 프로이센이 얻었던 폴란드의 땅은 내놓아서 함께 돌려받고 한 나라를 세웠으니 이름하여 말하기를, "바르샤바 대공국"이라 하여 폴란드 친왕에게 관리를 사용하지 못하게 하였다.

그리고 좋아하는 작센 왕이 거느리게 하고 프로이센 왕을 다시 협박하여 단치히 한 나라를 양보하여 내어놓으니 이 나라는 이미 자유라고 공개적으로 발표하여 프로이센과 작센의 보호를 받는 나라가 되었으니 여기에 이르러 프랑스에 따라 붙었기에 다시 프로이센 왕이 화친 조약 안에 영국 배가 항구로 나아가는 것을 허락하지 않는다는 한 마디를 늘려 들어가게 하니 프로이센 왕이 윤허하였는데, 나폴레옹이 프로이센 왕의 자리를 다시 세워주고 러시아에 양보하여 스웨덴이 핀란드를 취하라고 하니 러시아는 관계를 닫고 영국을 거절하는 것으로 보도하였다.

화친 조약이 이미 정해짐에 나폴레옹이 파리에 돌아와서 보민회원을 폐하여 정권을 다시 거두어 들였다. 처음에 나폴레옹이 폴란드에 있을 때에 그 나라를 보호하여 자립의 나라임을 일찍이 허락하더니 뒤에 홀연 식언을 하여서 그 나라를 4분 5열 하게 하니 폴란드 호걸이 프랑스 황제의 속임을 깊이 한탄하고 터키가 또한 원망하였는데 프랑스 황제가 나를 유혹하여 말하기를, "만일 프랑스를 위하여 전쟁을 도우면 모르베[644]와 푸리지[645] 두 땅을 허락하고 표트르[646]가 침략해서 차지한 땅을 도와 뺏어서 돌려준다"고 하더니 지금에

---

644) 모르베(摩勒維)
645) 푸리지(佛立基)
646) 표트르(大彼得, Пётр Иванович Багратион, 1765~1812)

하나도 얻은 것이 없어서 원망의 말이 있으니 어찌 나폴레옹이 조약을 세울 때에 러시아 황제와 함께 몰래 도모하여 터키의 땅을 나누고자 할 줄 알았겠는가. 장차 터키왕을 아시아 대륙에서 내쫓아서 유럽 안에 나라를 세우는 것을 허용하지 않으니 나라 세력이 위험하였다.

이 때에 독일이 동맹한 각 나라가 서로 연합하여 속지 않아서 세력이 외롭고 약하거늘 나폴레옹이 케슈르[647]와 바이런스웨이[648] 두 작은 나라를 빼앗아서 합하여 '베스트팔렌'[649]라 하고 동생 엘로미를 봉하여 왕으로 삼았다.

11월 30일에 포르투칼이 베를린의 명령을 따르지 않아서 쥐노[650]를 명하여 병사를 거느리게 하고 그 수도를 공격하니 포루투칼에 주둔한 영국 사신이 포르투칼 군을 힘껏 도와서 프랑스 병사가 이르지 못하는 틈을 타서 남아메리카의 브라질[651]로 도망가서 살았다. 나폴레옹이 밀라노에 다시 도착하여 알프스 산 밖에 토스카나를 빼앗아서 프랑스에 함께 넣고 그 여왕에게 포르투칼의 땅을 준다고 하고는 마침내 주지 않았다.

12월 12일에 밀라노로부터 각 나라의 상선에 명령을 전했는데 만일 영국 정부의 명령을 따르는 자가 있다면 프랑스가 바로 잡을 것이라고 하였다. 다음 해에 프랑스와 이탈리아 두 나라 항구에서 미국 상선을 붙잡아 두어서 몰수하니 미국 정부가 비록 학대를 만났지만

---

647) 케슈르(凱雪爾)
648) 바이런스웨이(白倫思維)
649) 베스트팔렌(威士法利亞, Westfalen)
650) 쥐노(仇瑙, Jean-Andoche Junot, 1771~1813)
651) 브라질(巴西, Federative Republic of Brazil)

힘으로 능히 저항하지 못할 줄로 판단하여 우선은 참고 또 프랑스가 하는 것이 미국을 화나게 하여 영국의 명령을 받아서 영국과 함께 두 적이 되게 함을 알고 그 계획을 떨어뜨릴 수 없었다.

이 때에 토스카나의 통상 항구 해안이 프랑스에게 점거를 당하였다. 또 로마 해안을 막아서 영국 배를 막고자 하여 교황에게 일러 말하기를, "너는 마땅히 나를 도와서 영국을 대적하라" 하였는데 교황이 말하기를, "나는 이내 종교를 전하는 임금이다. 종교의 나라와 함께 적이 되기를 원하지 않는다" 하니 나폴레옹이 말하기를, "영국은 다른 종교의 나라이다. 우리 종교와 함께 반대이니 어찌 더불어 적이 되지 않는가" 하니 교황이 말하기를, "우리가 나라가 적어서 백성이 가난하고 병사도 없고 식량도 없으니 어찌 능히 전쟁을 돕겠는가" 하니 나폴레옹이 말하기를, "우리가 샤리만[652]의 사람을 잇는 것과 같이 하여 마땅히 샤리만이 천주교를 보호하는 것과 같이 하여 종교 밖의 나라를 적으로 하리라" 하였는데 교황이 고집을 세워 따르지 않았다.

나폴레옹이 화가 나서 토스카나로부터 병사를 들어서 로마를 공격하고 미호버리[653]를 명하여 그 정권을 잡고 교황의 병사들을 휘하에 두고 사방의 황제라고 스스로 일컫고 천하에 배포하여 알려서 프로이센과 오스트리아와 독일과 네덜란드와 나폴리[654] 등의 각 왕으로 하여금 모두 신하국이 되어서 그 조서와 명령을 따르는데 비록

---

652) 샤리만(沙釐曼)
653) 미호버리(苗白力)
654) 나폴리(那坡利斯, Napoli)

조제프와 뤼시앵이라도 또한 그 나라를 자주로 하지 말고 반드시 명령을 받은 뒤에 행하라 하니 천년 전에 샤리만이 황제가 되었을 때를 견주어 보면 권세가 다시 커졌다.

이에 공신을 크게 봉할 때에 귀족의 명호를 거듭 사용하고 무릇 혁명 때에 폐했던 자들을 모두 회복시키니 봉한 공신의 귀족은 무관이 문관보다 많아서 무관 직책 중에 베르나도트와 보시에를 왕으로 삼고, 문관 직책 중에 오직 탈레랑을 왕으로 삼아 나머지는 다 공작과 후작과 백작과 자작과 남작 등의 작위를 봉하고 바로 봉한 곳의 땅을 가지고 이름하였다.

내장군을 에게[655]에서 봉한 것으로 '에게공작'이라 하고 샤르토를 다메시[656]에서 봉한 것으로 '다메시공작'이라 칭하는 것과 같으니 나머지는 모두 이와 같고 그 봉록은 전쟁에서 이긴 나라에 세금 항목을 취하여 주고 자손이 세습하여 교체하는 것이 없게 하라고 하였다.

제70절 영국 고독

이 때에 영국이 독립의 나라가 되어 하나의 연방도 없으니 나폴레옹이 러시아 황제와 함께 사사로이 약속하여 덴마크 해군을 가지고 프랑스에 돌려주고 러시아와 네덜란드의 전함을 아울러 빌려서 물길로 말미암아서 영국을 치려고 할 때에 영국이 이 일을 거꾸로 생각

---

655) 에게(愛琴, Aegean)
656) 다메시(大梅希)

하고 먼저 해군과 육군의 병사로 덴마크를 협공하여 전함을 번갈아 내보내면서 영국에 인질이 되라 하니 덴마크가 따르지 않았다. 이에 해안에 올라서 그 성을 공격하여 무너뜨리니 덴마크가 비로소 허락하였다. 드디어 크고 작은 전함을 가지고 영국 해군 제독 다키아[657]에게 주어서 런던에 가지고 왔다.

나폴레옹은영국이 중립국인 덴마크를 범하니 장차 군대를 흥기하여 이것으로 토벌한다는 소리가 들리니 러시아 황제가 '양(陽)으로 맞장구 친다'고 하는데 그 실상은 영국이 이 놀라운 천거를 몰래 기뻐하였다.

이 때에 영국이 북쪽에 있어서 비록 연방이 없지만 나폴레옹이 남방의 절묘한 전장을 가지고 도리어 주는 것은 나폴레옹이 탐욕스러운 것에서 인연한 것이고, 또 스페인과 포르투칼, 두 나라의 땅을 점고하고 취하여 두 나라가 영국을 합하여 이로써 프랑스를 막으니 타리엔난이 간언하여 말하기를, "스페인과 한 번 전쟁하는 것에 족히 군주가 죽을 명령을 만들었으니 이것은 이내 멸망의 근원이다"고 하였다.

나폴레옹이 화를 내면서 멀리 있는 땅에 귀양을 보내서 파리에 다시 오는 것을 허락하지 않으니 나폴레옹이 모스크바에서 패한 것에 미쳐서 타이엔란이 비로소 돌아왔다. 나폴레옹이 스페인 왕족을 몰래 유혹하여 프랑스에 붙게 하고 그 형 조제프를 옮겨서 스페인 왕을 삼고 매형 모레토를 나폴리 왕을 삼으니 조제프가 비록 명을 받들어 자리에 올랐으나 마음에 조금 근심이 있어서 스페인에 유혈

---

657) 따이치예(該皮耶, James Gambier, 1st Baron Gambier, 1756~1833)

의 화가 반드시 있을 줄을 미리 알고 나폴레옹을 경계하여 말하기를, "정복의 땅이 이미 많이 있으니 마땅히 병사를 쉬게 하고 백성을 안심시켜서 그 업을 보존하게 하고 가히 위험을 다시 무릅 쓰고서 병사를 궁하게 하고 무관을 더럽혀서 많은 백성을 힘들게 하지 말라[658]"고 하니 나폴레옹이 듣지 않거늘 조제프가 탄식하며 말하기를, "사람의 피로 쌓은 울타리가 만들어지리라" 하더니 얼마 있음에 토구의 전쟁이 과연 있어서 영국 장군 웰링턴[659]이 위엄의 이름을 유럽에 크게 드러내었다.

프랑스 병사가 스페인에 처음 도착할 때에 약 60만 명이더니 뒤에 나라에 돌아온 자는 25만 명이고 나머지는 모두 전쟁으로 죽었고 영국과 스페인 두 나라의 병사도 죽은 자를 또한 셀 수 없으니 진실로 비상의 재난[660]이라고 하였다.

9월에 나폴레옹이 러시아 황제와 함께 오폴레[661]에 모여서 터키의 땅을 나누는 일을 의논할 때에 오직 터키의 수도가 어느 나라에 속하는 것을 속으로 생각하며 오히려 주저하다가 러시아에 위임하여 터키의 변경을 공격하여 뺏으니 이로부터 동쪽 방향이 또 전쟁의 흔적을 시작하여 1812년에 러시아와 프랑스가 절교하니러시아는 물러나 돌아가서 스스로 보호하여 터키 땅과 함께 전쟁을 하지 않았다.

그리고 나폴레옹은 영국에 패하니 영국을 한탄하는 것이 더욱 심하여 뜻을 결정하고 스페인을 직접 정복할 때에 조제프를 명하여 영

---

658) 원문은 다독(茶毒)인데, 씀바귀와 독충이라는 뜻으로 고통을 뜻한다.
659) 웰링턴(惠靈呑)
660) 원문은 호겁(浩劫)이다.
661) 오폴레(厚伏, Opole)

국인을 쫓아내고 프랑스 깃발을 포르투칼 수도에 거니 나폴레옹이 도착하는 것에 미쳐서 영국 장군 마하[662]의 병사가 이미 물러나서 함께 서로 만나지 않았다.

제71절 오스트리아를 대신하여 놀라다

1809년에 오스트리아 정부가 힘을 다하여 병사 4만 명을 첨가하여 프랑스를 공격하여 유럽을 통일하려는 세력의 왕성함을 막으니 나폴레옹이 듣고 급히 스페인으로부터 깃발을 돌려서 병사를 바이에른에 모이게 하니 라인강 동맹국과 오스트리아가 바이에른을 사사롭게 체결하여 서로 돕고 자주의 권리를 가지고 돌아가기를 허락하니 바이에른 사람이 같은 마음을 가지지 않아서 능히 약속을 이행하지 않고 이내 꺾어서 프랑스를 도왔다.

4월 9일에 오스트리아 장군 켈스가 이에 병사를 가지고 바이에른을 공격하니 바이에른 사람들이 복종하지 않고 이르는데, "오스트리아 사람이 연고 없이 침략한다"고 하여 힘을 다투어서 막는데 나폴레옹이 군사를 거느리고 우슈부르크[663]에 도착하여 계획을 사용하여 오스트리아 군대를 충돌하여 절단시키고 에크뮐[664]에서 전쟁[665]을 이

---

662) 마하(麻哈).
663) 우슈부르크(屋斯堡).
664) 에크뮐(遏克木耳, Schierling Eggmühl).
665) 에크뮐 전쟁은 1809년 4월 21일에서 22일 사이에 벌어진 전투로 제5차 대프랑스 동맹 전쟁으로도 알려진 1809년 전역의 전환점이 된 사건이다.

겨서 켈스를 강하게 협박하니 켈스가 보시미[666]에 물러나 도착하여 비엔나로 병사가 나갈 길을 양보하여 내주거늘 5월 12일에 프랑스 병사가 비엔나 수도에 다시 추격하니 켈스가 또 병사를 다뉴브[667] 강 해안에 모였다.

나폴레옹이 강을 건너서 공격할 때에 5월 21일에 우슈부르크에서 크게 싸워서 날이 저물어서 비로소 끝나니 프랑스의 손실이 오스트리아보다 많고 또 대장 여러 명을 잃었다. 다음날 새벽에 다시 전쟁을 하여 프랑스 병사가 이내 패하였다. 홀연히 사람이 와서 아뢰어 말하기를, "뒷길에 교량이 물에 끊어져서 능히 비엔나로 돌아가지 못한다. 어찌 할고"하니 나폴레옹이 크게 놀라서 급히 군사로 하여금 강 가운데 라우보[668] 작은 섬에 물러나 이름에 상처 입은 병사가 치료를 할 의약품이 없어서 아픔을 끊으려고 강에 투신하는 자가 계속 이어져서 끊이지 않고 오스트리아 병사가 또 여러 차례 에워싸서 공격하다가 문득 물러났다.

프랑스 병사가 섬 가운데에 갇힌 채 40여 일인데 식량이 끊어진 지 2일이다. 나폴레옹이 매우 불안하여 스스로 큰 마음을 버리고 구원병이 크게 모이는 것에 미쳐서 부교를 거듭 만들고 위험한 곳을 비로소 없앴다. 사람들이 의심하는데 여기 있는 6주[669] 중에 프랑스 병사가 이미 물고기가 가마솥 안에 있는 것과 같거늘 켈스가 어찌 한 번 북소리에 다 죽이지 않았는가. 이 가운데에 간첩이 반드시 있

---

666) 보시미(薄希迷)
667) 다뉴브(臺紐勃, Danube)
668) 라우보(勞鮑)
669) 원문은 육예배(六禮拜)이다.

다 하고 혹 이르기를 "프랑스 황제가 출전을 할 때에 금과 폐백을 매우 많이 휴대하고 나왔다가 파리에 돌아가지 않았으니 바로 다 썼을 것이다. 그러나 군 식량을 첨가해서 사는 것을 보지 못했으니 이 재물을 어느 곳에 썼는가를 가히 알 수 있다"고 하였다.

  7월 초에 또 오스트리아 장군과 함께 휘거란[670]에서 전쟁을 하여 승과 패가 서로에게 있었으니 대장 3명과 소장 21명과 병사 3만 3천 명을 잃었다. 나폴레옹이 화가 나서 베르나도트가 능히 힘을 다하지 않은 것을 꾸짖으니 대답하여 말하기를, "오늘에 병사가 혹 본국으로부터 새로 모집하고 잘 싸우지 못한 것이니 그러므로 오늘의 패한 것은 장군의 죄가 아니고 이에 병사의 열악함이다. 프랑스 군대가 비록 패하였으나 군대 사기는 일어나고 오히려 줄지 않았고 오스트리아 장군이 또다시 싸워서 자웅을 결정하고자 하더니 홀연히 오스트리아 군기무가 재촉하여 그 병사를 철수하고 이에 셰바이런[671]에서 화친을 의논할 때에 10월 중에 서명하고 조약 안에 벌여 놓은 조항은 오스트리아가 먼저 개전을 하여 어그러진 것이 더욱 심하고 이 고역에 프로이센이 중립에 서서 전쟁을 돕지 않았는데 오직 러시아가 프랑스에 군대를 보내어서 그리시[672]에 도착하지만 그 실상은 러시아 병사가 힘써 나아가지 않고 오스트리아가 한 군대를 많이 보내서 막게 한 것에 불과하다."라고 하니 나폴레옹이 러시아 병사가 매우 서로 돕지 않은 것을 조금 깨닫고 전쟁터에서 협박하여 적과 내통

---

670) 휘거란(惠格蘭, Wagram)
671) 셰바이런(血白倫, Presbourg)
672) 그리시(馚立希)

해서 반란을 일으킬까 걱정했기 때문에 또한 마음 먹은 것과 같아서 막았다.

영국이 프랑스 병사의 공허함을 틈타서 이에 해군으로 네덜란드와 이익을 견주며 직접 따라 할 때에 푸칠렌[673]으로부터 해안에 올라와서 공격하니 프랑스 장군 푸크타오[674]가 와서 구하다가 웰링턴에게 크게 패하니 이 좌절과 실패의 믿음을 비록 서신관이 다양한 방법으로 방해하여 각 나라가 패배의 치욕을 씻기를 바랬다.

제72절 테루엘[675]이 다시 배반하다

독일 북부가 프랑스인에게 학대를 오래 받아서 민심이 어지러워지니 우두머리 스키르[676]가 있어서 같은 당의 수천 명을 불러 모아서 병사를 일으켜 프랑스를 배반하니 이탈리아의 테루엘 사람이 오스트리아에 충성하더니 지금에 또한 병사를 일으켜 프랑스를 배반하거늘 프랑스인이 막다가 도리어 패하여 병사를 잃은 것이 매우 많으니 나폴레옹이 이것으로 경계의 마음이 점점 생겨서 짐짓 셰바이런 평화조약[677] 안에 요구하는 것이 많지 않지만 그러나 오스트리아 사

---

673) 푸칠렌(伏乞倫)
674) 푸크타오(佛克鞱)
675) 테루엘(泰魯而)
676) 스키르(斯賢爾)
677) 1805년 12월 26일 오스트리아 제국의 프레스부르크(Pressburg, 현재의 슬로바키아 브라티슬라바)에서 체결된 오스트리아와 프랑스 간의 평화 조약이다.

람이 토지 5~6곳과 백성 2조 5천억 명을 이미 양보하였다.

　테루엘에 있는 오스트리아 장군 키티엘[678]이 프랑스인에게 잡혀서 총으로 죽이고자 하니 오스트리아 장군 푸센푸프[679]가 나폴레옹에게 일러 말하기를, "프랑스의 장군 3명이 오스트리아에 잡혔으니 지금 프랑스가 우리의 장군을 해한다면 오스트리아도 마땅히 3명 장군으로 보복하겠다"고 하니 나폴레옹이 화가 나서 자리에서 일어나서 크게 호통하며 말하기를, "만일 네가 3명에 1명이라도 해한다면 내가 바로 사로 잡은 병사 만 명을 한결같이 죽이고 오스트리아 공주 6명과 귀족 부인 20여 명을 병사들과 함께 병영 가운데 고수에게 발급하여 욕보일 것이다" 하니 비록 한 때의 공갈의 말이지만 그러나 거칠고 사나움을 면하지 못하였다. 이에 또 독일 백작 사정의 죄를 정할 때에 이것으로 말하는데 "독일이 오스트리아 백성이 아닌데 어찌 오스트리아를 도와서 프랑스를 공격하였는가" 하고 소요를 주동한 스키르와 그리고 같은 당 사람을 함께 잡아서 형을 담당하는 직원에게 보내서 신문하여 죄를 따졌다.

　10월 13일에 나폴레옹이 셰바이런을 보며 염탐할 때에 소년이 있어서 사람들 속에서 사람들을 배척하거늘 좌우에서 잡아내서 그 몸에 물건이 있음을 깨닫고 수색해서 과연 병기가 나와 잡히니 나폴레옹이 친히 국문을 하며 죄를 물었는데 소년이 스스로 말하는데 "나는 독일인이고 이름은 스타스[680]이고 나이는 19세이다" 하니 물어 말하

---

678) 키티엘(乞鐵勒)
679) 푸센푸프(浮森伏夫)
680) 스타스(司塔斯)

기를, "병기를 품에 품고 여기에 온 것은 어째서인가" 하니 답하여 말하기를, "너를 찌르고자 함이다." 하니 물어 말하기를, "어째서 나를 찌르고자 하는가" 하니 답하여 말하기를, "네가 세상에 있으면 우리나라가 태평한 날이 영원히 없기 때문에 너를 죽여서 우리나라를 안전하게 하고자 하였다." 하니 물어 말하기를, "네가 나를 죽이고자 도모하는 것은 상제가 허락하신 것이냐" 하니 답하여 말하기를, "내가 깊이 상제가 나를 도우셔서 이 거사를 이룩하기를 바랐던 것이다." 하니 물어 말하기를, "오히려 내가 너를 살려주면 어떻게 하겠냐" 하니 대답하여 말하기를, "나는 끝내 반드시 너를 죽일 것이다." 하거늘 이에 영무처에 보내어서 극형에 처하였다.

얼마 있다가 독일에 주둔한 사신 페서스[681]가 홀연히 독일의 남부에서 사라져서 종적이 묘연하니 나폴레옹이 그 스타스와 함께 같이 일을 도모하다가 일이 실패하여 도망간 것인가 의심을 했지만 그러나 이것은 이내 의심하는 말이고, 애초에 실상과 근거가 없으니 지난번에 영국 수상 피트[682]가 사람이 암살하는 일을 의심하는 것과 함께 동일하다고는 볼 수는 없지만 다만 페서스는 평일에 독일의 호걸과 함께 연합하니 나폴레옹이 그 사람을 원래 미워했기 때문에 이 일로 인하여 의심하였지만 혹자가 말하는데 페서스가 보로의 바다에 장차 도착하여 길을 콘스탄틴[683]에서 취하지 않고 작은 길을 따라서 모험하고 가다가 드디어 나폴레옹의 비밀 순찰 샤프래에게 죽임을 당

---

681) 페서스(培瑟斯)
682) 앞의 한자는 '璧特'인데 여기는 '璧脫'이다.
683) 콘스탄틴(康斯垣丁)

했다고 하더니 뒤에 사람이 있어서 바이런 제방에 올라서서 그 시체를 보았다고 하니 한 사람의 시신과 함께 깊은 강바닥에 함께 누워있었다고 하였다.

제73절 조세핀을 폐위시키고 오스트리아 공주에게 장가들어서 후를 삼았다

나폴레옹이 파리에 돌아와서 조세핀이 나이가 많고 아들이 없어 폐위하기를 결정하고 일러 말하기를, "내가 나이가 어려서 아내에게 장가를 들어 남자아이를 낳아 자리 잇기를 기대했었다" 하니 조세핀이 비참하여 말이 없거늘 나폴레옹이 조금도 감동하지 않았다.

처음에 나폴레옹이 러시아 황제와 함께 오폴레에 모여 있을 때에 그 누이동생을 취하여 황후를 삼고자 하였는데 러시아 태후가 피차가 다른 종교를 믿어서 다른 날에 혹 참상이 있을까 하여 허락하지 않으니 그 뒤에 오스트리아 왕과 함께 셰바이런에서 조약에 서명하고 이에 오스트리아 왕의 딸을 구하여 황후를 삼고자 하니 오스트리아 왕이 나폴레옹의 세력을 두려워하여 바로 나폴레옹과 결혼을 하여서 공격하는 것을 면할까 하여 이에 허락하니 나폴레옹이 상의원에 대신을 불러 모으고 조세핀과 함께 이 일을 얼굴을 맞대고 의논하니 조세핀이 개연히 허락하였다.

이에 1810년 2월에 이혼장을 책에 기록하고 3월 11일에 오스트리아 공주를 비엔나에서 맞이하여 파리에 함께 돌아오고 주시페스[684] 주교장으로 혼인의 증거를 삼아서 봉하여 황후를 삼으니 각 나라의 왕이 보낸 축하사절이 길에 끊이지 않았다. 조세핀을 나파[685]에 보내어 살게 하고 그 동족이 보호하였다.

제74절 강토의 넓이

1810년부터 11년에 이르러서 나폴레옹의 권세가 더욱 강성해지니 세상 사람이 눈을 씻고 자세히 보고 놀라서 말하는데 "영원한 배필이 없다" 하고 아는 자는 이러한 극성의 즈음에 쇠하고 패하는 기반이 스스로 막는 것을 알고, 이기는 것을 좋아하는 마음이 오히려 스스로 만족하지 못하여 반드시 나아가서 더욱 위로 가고자 하다가 한 번 넘어져 떨치지 못하는 것에 이르니 슬프다. 가히 탄식할만 하도다.

그 동생 루이가 형과 막내 중에서 성격이 가장 화평하여 네덜란드를 강하게 협박하여 권세를 굴복하게 하는 것이 차마 할 수 없어서 일일이 그 자유롭게 하는 것을 들으니 나폴레옹이 화가 나서 그 왕위를 빼앗아서 네덜란드를 프랑스에 고쳐 속하게 하고 또 페리란의 여러 땅을 취하여 엮어서 10부를 삼고 교황의 땅을 취하여 나누어서 2부를 삼으니 하나는 로마이고, 하나는 세라스면[686]이다.

로마를 프랑스의 부도(部都)를 삼으니 이 때에 프랑스 제국이 가

---

684) 주시페스(舅氏飛司)
685) 나파(納伐)
686) 세라스면(雪臘斯捫)

지고 있는 땅이 북으로는 덴마크에 이르고 남으로는 나폴리에 이르러서 유럽 태반의 땅을 자랑하니 강토가 또한 넓다고 하였다.

제75절 로마 교황을 잡다

처음에 교황이 프랑스가 기롱하는 것을 통한스럽게 여겨서 한 번 명령을 내려서 프랑스 황제를 교회 밖에 세워두고 그 천제를 위배한 죄를 성토하고자 하였지만 그러나 그 세력을 두려워서 감히 바로 실시하지 못하고 이에 주교장 보크[687]를 불러서 의논하니 보크가 말하기를, "이 일의 관계가 지대하여 감히 일찍이 시험하는 것에 가볍게 못할 것이니 아직 명령으로 나에게 주는 것이 옳다" 하니 교황이 하늘을 오래 쳐다보다가 분연히 말하기를 "내 뜻이 이미 정해졌으니 이로움과 해로움은 계산할 것이 아니다" 하고 이에 이 명령을 뭇사람들에게 선포하여 보이니 나폴레옹이 한 번 웃고 그대로 두었다.

이 명령이 중세기 때에 있어서는 자못 정중한 것이 있어서 능히 국왕이 관을 벗어서 사죄하고 왕의 자리를 잃도록 하였더니 지금의 19세기에 이르러서는 종이 한 장과 빈 글과 같을 뿐이다. 그러나 이 명령이 있음으로부터 교회 백성이 크게 진동하여 프랑스 황제의 포학함을 더욱 분노하여 로마와 나폴리와 랑베르와 이탈리아의 여러 나라를 프랑스에 속하게 한 것으로부터 다 군대 물품 공급을 원하지 않고 스페인과 포루투칼이 본래 프랑스와 함께 원수가 되어서 지금

---

[687] 보크(潑克)

에 더욱 분하여 한탄하고 바로 프랑스 군 안에 다른 나라로 말미암아 차출한 병사는 또한 즐겨 노고를 참아서 칼로 찌르고 군진을 무너뜨리지 않으니 몇 년이 못 되어서 프랑스 황제가 드디어 뒤집혀 엎어지니 족히 교황의 이 명령이 전국에 큰 거리낌을 보였다.

뒤에 나폴레옹이 또한 교황을 학대함이 너무 심한 것을 스스로 알고 일찍이 말하는데 "이 연로한 로마인이 비록 창을 잡지는 않았지만 그러나 연방이 합하여 나를 도모함에 견주어 보면 더욱 해가 될 것이다." 하였다.

1809년 7월 5일 밤 중에 교황의 궁이 홀연히 프랑스 병사에게 포위하니 이 병사는 레디토[688]의 지배를 받고 있으니 이름하여 헌병이다. 로마의 원주민이 인도하여 들어가니 세력이 매우 흉악하고 사나워서 궁의 문을 지키는 관리가 감히 막지 못하거늘 헌병이 교황의 침실을 직접 만드니 교황이 교사 여러 명을 모집하여 스스로 지키는데 레디토가 일러 말하기를, "네가 마땅히 앞의 명령을 거두어 들이고 관리하는 지방의 권력을 아울러 양보하여 서명을 나에게 줘라" 하니 교황이 말하기를, "이것은 반드시 가능하지 않다." 하니 레디토가 말하기를, "그런 즉 나를 따라 프랑스로 가자" 하니 교황이 오래도록 주저하며 말하기를, "나의 권리 섬김은 이내 가지고 있는 천주교 책 1권이다" 하고 레디토를 따라서 궁을 나서니 마차가 이미 와 있어서 기다리고 있었다.

교황이 올라타니 헌병이 빽빽이 둘러싸고 떠나서 교사가 미처 서로 따르지 못하여 교황이 말하기를, "나는 나이가 늙어서 몸이 쇠하

---

688) 레디토(賴第脫)

고 마차가 가는 것이 이와 같이 빨라서 넘어뜨리고 때려도 멈추지 않으니 내가 장차 도로에서 죽으리라."하였다.

레디토가 뒤에 있으면서 부대를 감독하는데 마을 주민이 교황인 줄로 인식하고 앞에 와서 겁탈하면 헌병이 죽이는 것을 반드시 만날 것이라고 하여 병영의 전체 무관을 불러서 파병을 화해시키고 살펴서 교체하여 길을 따라 제노아를 지나갈 때에 감히 육지로 도망갈 생각을 못하고 바다와 섬의 해안으로 따라가서 여러 가지 방법으로 가리어서 영국 배[689]에서 엿보는 것을 막아 배가 많이 다닐 때에 제노아 국경을 돌아다니다가 이내 다시 해안에 올라서서 교황을 마차에 두니 빨리 가는 것이 마치 나는 것 같고 산과 바위가 높고 험해서 차 바퀴가 격하게 움직이는 소리를 내었다.

피에몬테의 평지를 지날 때를 미쳐서 또 몹시 덥고 햇빛이 뜨거울 때 달려서 알프스 산기슭까지도 견디어 내니 교황이 피곤한 것이 극심해서 헌병에게 물어 말하기를, "프랑스 황제가 너를 명하여 나를 잡아 오게 하였는데 장차 죽는 사람으로서 명령에 보답하려는 것이냐. 아니면 산 사람으로서 명령에 보답할 것이냐"하니 대답하여 말하기를, "산 사람으로서 명령에 보답하려고 합니다."하니 교황이 말하기를, "그런 즉 오늘 저녁에 나를 용납하여 이 땅에서 잘 수 있게 하라. 조금 피곤하여 만일 낮과 밤에 함께 간다면 이 마차 안은 바로 내가 목숨을 마치는 곳이라"하였다.

헌병이 부득이해서 교황의 말을 따르고 다음날 새벽에 알프스 산을 넘어서 프랑스의 변경인 토피니[690] 성(省)에 도착하여 그리나보[691]

---

689) 원문은 반(般)인데 선(船)의 오자이다.

성(城) 감옥에 가두니 나폴레옹이 홀연히 헌병에게 명을 전하여 교황을 제노아 해변에 보내어서 샤프나⁽⁶⁹²⁾ 포대에 잠시 매어 두고 3일이 지나서 또 프랑스 서울에 도착하여 풀어주고서 퐁텐블로⁽⁶⁹³⁾ 궁에 가두니 그 문을 지나는 자는 교황의 연로한 것을 슬프고 가엾게 여기고 프랑스 황제를 분하고 한탄스럽게 여기지 않는 사람이 없어서 입으로는 비록 말하지 않지만 마음에 서운한 감정이 오랫동안 쌓여서 드디어 한 개 독의 저주를 퐁텐블로 궁 담에 맺게 한 것과 같았다.

제76절 로마왕의 탄생

1811년 3월에 프랑스 황후 마리 루이즈⁽⁶⁹⁴⁾가 아들을 낳으니 나폴레옹이 너무 기뻐서 로마의 왕으로 봉하니 이탈리아인이 듣고 서로 놀라며 말하기를, "프랑스 황제가 일찍이 로마를 가지고 스스로 한 나라라고 하더니 지금 아들을 생산함에 왕위를 가지고 봉하여 주니 어찌 사사로움이 이처럼 깊은가" 하였다.

이 때에 프랑스의 신구 병탄의 땅이 모두 130부이고, 인민이 40조 명이고 이 밖에도 이탈리아의 랑베르와 베네치아와 마르티노와 볼로냐 등의 곳과 인민이 6조 명이고 일리리아⁽⁶⁹⁵⁾와 나폴리 등의 곳과

---

690) 토피니(陶非泥)
691) 그리나보(俞立那勃)
692) 샤프나(煞服那)
693) 퐁텐블로(放忒白那, Fontainebleau)
694) 마리 루이즈(瑪利耶羅伊薩, Marie Louise, 1791~1847)

인민이 5조 명이고, 또 형제를 나누어 봉한 나라는 조제프의 스페인과 루이의 네덜란드와 엘로미의 베스트팔렌과 베르나도트의 스웨덴과 라인강 밖의 보호국인 작센[696]과 바이에른과 프랑크푸르트[697]와 베텐[698]과 독일 연방과 프로이센 왕국까지 군 물품을 공급하고 그 약속을 따르니 프랑스 황제 관할의 인민을 계산하면 모두 80여조 명이 된다.

옛날에 로마제국이 멸망한 뒤로부터 이와 같은 국토와 인민이 한 사람에게 속한 것이 있지 않았으니 프랑스 황제의 권위가 이와같이 성대하여 오스트리아 왕이 그 세력을 두려워하여 함께 사돈을 맺고 러시아 황제는 마음에 간사함이 있어서 겉으로는 좋아 보이는데 오직 영국이 홀로 적이 되어서 시실리와 포루투칼을 빼앗아서 영국이 보호하는 것으로 돌아갔는데 스페인의 백성이 오히려 복종하지 않고 피차 병사가 이해하지 못하여 피가 흘리는 것이 끊이지 않았다.

대개 각 나라가 프랑스에게 굴복하는 사람은 그 권위를 두려워하고 작위를 탐하는 것에 불과하여 드디어 질곡으로 스스로 결박하고 넓은 대륙에서 힘든 수련을 하며 나가서 싸우는 것과 같은데 귀족과 사민의 지식이 조금 있는 자는 변하지 않는 불같은 마음으로 단결하여서 바라는 것이 특별히 있고 노예를 달게 부릴 마음이 아울러 없었다.

그렇기 때문에 영국이 뜻을 견고하게 세우고 다시 전쟁을 하기로 결정하여 이것으로 자유의 나라를 이룩하니 비유하건대 한 손으로

---

695) 일리리아(伊立里, illyriennes)
696) 앞의 한자는 '薩克思義'인데 여기는 '煞克思義'이다.
697) 프랑크푸르트(佛郎敦堡, Frankfurt)
698) 베텐(倍滕)

칼을 잡고서 기회를 틈타서 나아가 취하고, 한 손으로는 방패를 잡고서 힘을 다해 업신여기는 것을 막는 것은 이익이 생기는 근원의 부와 병력의 강한 것을 믿은 것이다.

각 나라와 함께 연합을 하지 않고 그 기상을 점점 느리게 하니 프랑스 황제가 반드시 영국을 넘어트리고자 하다가 그 패망에 이르는 것이 마땅하다고 하였다.

제77절 러시아와 함께 헤어지다

러시아가 프랑스 황제에게 베를린과 밀라노의 조약을 승인한 것으로부터 영국과 함께 통상을 하지 못하여 본국의 귀족 영업자가 능히 내지에서 생산하는 재화와 물건으로 항구에 운반하고 내어 놓지 못하여 통상 업무가 이것으로 크게 줄었다.

러시아의 토산을 조사함에 소가죽과 등유와 보리, 나무, 마 등이 태반은 거칠고 무거운 물건이어서 육지로 옮김에 지극히 어렵고 대륙의 프랑스와 독일과 오스트리아 등의 나라에 전쟁으로 시끄러워서 판로가 매우 드물면 바다로 나아가서 영국에 파는 것을 전부 믿어서 좋은 시장을 삼아야 하는데 프랑스 황제가 강력하게 막는 것을 경험하여 통상의 길이막히게 하고 영국인이 또 전함을 가지고 그 항구를 막아서 상선의 출입을 불법으로 하여 보복하니 러시아인의 수입이 줄어서 생계가 날로 가난해지니 전국 사람이 모두 힘들어서 러시아 황제에게 함께 청하여 프랑스의 연맹을 해산하고 영국과 함께 통상하게 해달라고 하였다.

1811년 12월 31일에 러시아 황제가 각 항구의 관문에 명령을 전하였는데 영국 밖에 다른 나라에 속하는 재화와 물건은 모두 출입을 허가한다 하니 이는 이내 은폐하는 말이지만 실상은 영국과 함께 무역을 하니 비록 이르기를, '명을 금했지만 이미 시작한 것'이라고 하는 것은 옳거니와 또 프랑스에서 제조한 물건의 수입세를 무겁게 징수하는 것은 드디어 프랑스 황제의 화를 격동시키고 러시아 황제가 또 틸지트의 약속을 어긴 것에 화를 내어서 그 토지를 빼앗으니 피차의 벌을 고르게 하고 또 폴란드는 영국과 프랑스가 빼앗은 나라가 되어서 프랑스 황제의 셰바이런 화친 조약 안에 시크리치[699]와 클리구[700]가 바르샤바에 속하여 작센 왕이 관리하게 하였다.

　이 때에 또 네덜란드를 권장하여 자유의 나라가 되니 러시아 황제가 듣고 크게 기뻐하지 않더니 또 프랑스 황제가 오스트리아 공주에게 장가 들어 황후를 삼는다는 것을 들으니 반드시 오스트리아를 연합하여 이것으로 러시아를 적으로 여길 줄 알고 프랑스 황제가 또 러시아 황제가 결혼을 허락하지 않은 것으로 원한을 자못 품고 있어서 결렬의 시작이 여기로부터 열렸을 뿐만 아니라 러시아인이 사사롭게 영국과 함께 통상하는 것을 듣고 이내 말하기를, "저들이 대륙의 약속을 따르지 않으니 내가 반드시 협박하여 가도록 할 것이다." 하였다.

　또 세금을 감독하는 관리를 보로의 바다에 장차 설치하여 상트페테르부르크[701]에 직접 도착하였는데 저들이 만일 서로 도우면 바로

---

699) 시크리치(西革里希)
700) 클리구(克立谷)

전쟁을 시작할 것이고, 내가 장차 병사를 프로이센에서 징발하였는데 프랑스 병사와 함께 동일하게 전쟁을 잘하는 자를 모집하였으니 오직 새로 종속이 된 나라가 반드시 좋게 하여 우리 용병이 되지 않으면 마땅히 그 친왕을 우리의 인질로 삼아야 가히 다른 생각이 없도록 할 것이고, 또 전함 25척을 만들어서 보로의 바다에 영국 배가 서로 가깝게 하지 않는 것이 내가 바라는 것이라 하였다.

일찍 튈르리 궁에서 모든 신하가 조회를 할 즈음에 러시아 사신을 대하여 얼굴색을 사납게 하고서 말하기를, "반드시 내 기운이 왕성함과 병졸의 강함은 물론하고 매번 전쟁에 반드시 이기니 내 재력이 족히 풍부함을 응당 알 것이다. 창고 가운데에 2백조 프랑이 있고 나라 변경 내외에 징병한 병사가 80만 명이다. 러시아를 정벌하는 것 이외에도 오히려 가히 스페인을 아울러 칠 것이다. 비록 승패를 가히 미리 알지 못하지만 그러나 우리는 반드시 러시아와 함께 한 번 싸움는 것으로 자웅을 결정하리라" 하였다.

또 나라의 대신에게 일러 말하기를, "틸지트의 조약을 만듦은 러시아를 가지고 영국과 좋은 관계를 끊는 것이었는데 지금에 저들이 아무 이유 없이 연맹을 다르게 하니 누가 능히 러시아에 병사를 보내어서 상트페테르부르크나 혹 모스크바 성에 이르는 것을 막겠는가. 만일 내가 겨우 프랑스 왕만 되었으면 한 나라만 보호함이 가하겠지만 지금에 대륙의 황제가 되었으니 어찌 능히 여러 영웅을 압도하고 복종시켜서 옛날의 샤리만과 같이 하지 않겠는가" 하니 스웨덴의 여러 나라들이 프랑스가 장차 북방에 일이 있다는 것을 듣고 크게 진동

---

701) 상트페테르부르크(彼得堡, Saint Petersburg)

하여 몰래 러시아와 함께 연합의 마음이 있었다. 나폴레옹이 스웨덴을 억지로 괴롭혀서 영국과 통상의 일을 막고 그 금지를 어긴 상선 50척을 잡으니 스웨덴의 백성이 크게 시끄러웠다.

1812년 정월에 또 다보스토[702]가 스웨덴의 한 성과 한 섬을 점거하니 이는 가히 두려운 침공이다. 드디어 베르나도트가 러시아에 붙은 마음을 견고하게 하는 것이었다. 4월에 스웨덴과 러시아가 연맹의 조약을 서로 교환하고 다보스토[703]가 또한 러시아에 붙어서 베르나도트와 함께 핀란드에 모여서 프랑스를 막는 계책을 몰래 의논하였다.

이 때를 당하여 사람들이 프랑스 황제를 막으라고 간언하지 않는 사람이 없었다. 그러나 감히 그 죄를 직접 물리치지 못하는 것은 타리엔란과 같이 능욕을 받을까 두려워하는 것이고 오직 순찰 푸치가 러시아 침공의 해를 통탄하게 진술하니 나폴레옹이 사례하며 말하기를, "우리가 일을 행하는 것이 병사들의 능력을 보고 나가고 물러나거늘 지금의 병사 80만 명이 있으니 전 유럽을 돌아다녀서 천하를 호령하는 것이 어렵지 않았고 내가 세운 공업이 오히려 완전하지 못하여 그림과 같이 외곽에만 있다.

그러나 반드시 힘을 다하여 돈을 가득하게 할 것이니 내가 장차 유럽을 합하여 한 나라를 삼고 파리를 제국의 수도로 삼고 공공의 법률을 정하며 하나의 화폐를 만고에 획일된 법량과 척도를 정하여 각 나라의 군주가 한결같이 높은 사람으로 다 통합한 연후에야 우리

---

[702] 다보스토(代服斯脫)
[703] 앞의 한자는 '代服斯脫'인데 여기는 '代脫斯脫'이다.

의 소원이 비로소 이루어질 것이고 지금에 다른 사람의 손을 빌려 이미 얻어서 천하를 내 멋대로 할 기미가 나타나고 있으니 어찌 가히 길 도중에 그치겠는가" 하였다.

그리고 티폴리⁷⁰⁴⁾에게 또 일러 말하기를, "내가 러시아를 멸하는 것이 진정 두 나라의 전쟁에 있으니 마땅히 러시아 황제가 굴복하게 하고 러시아 병사가 창을 던져 싸움을 그만두면 영국인이 듣고 나의 위엄을 반드시 두려워하여 스페인을 가지고 서로 사양할 것이니 이와 같이 하면 내가 천하에 공공의 주인이 될 것이다. 어진이를 선택하여 명령을 전하고 내 아들과 함께 서로 간섭하지 못하게 하여 오직 나의 나머지 땅을 머무르게 하는 것이 가하다" 하였다.

장차 출정을 할 때에 먼저 모레토가 편지를 영국 사신 카이슬리⁷⁰⁵⁾에게 보내어서 화친을 의논하는 일을 다 말하고 간략하게 이르는데 "눈 앞에 있는 땅을 각각 비추어서 두 나라가 서로 침범하지 않고 시실리를 가지고 페르디난트⁷⁰⁶⁾에게 양보하여 관리하게 하고 포르투칼을 가지고 볼렝겐⁷⁰⁷⁾에게 양보하여 관리하게 하였는데 오직 스페인을 가지고 그 형 조제프에게 주어서 가히 뺄 수 없는 정관을 삼게 하라" 하니 카이슬리가 사례하여 말하기를, "스페인을 페르디난트에게 주는 것은 가하지만 조제프에게 주는 것은 불가합니다" 하였다.

카이슬리의 이 말은 토구와 싸우는 대장군 후이링칸의 용맹함과 지략이 가히 믿을만하고 러시아 황제의 마음이 견고한 것이 가히 믿

---

704) 티폴리(提潑立)
705) 카이슬리(開斯理)
706) 페르디난트(飛蝶南, Ferdinand, 1793~1875)
707) 볼렝겐(苦倫根)

을만한 것을 깊이 알고 있고 또 프랑스가 러시아를 침공한 것이 반드시 뜻밖의 재난이 있을 줄을 미리 생각했기 때문에 엄중한 말로 막았으니 그 뛰어난 상식이 영국 조정에서 제일이 되었다.

제78절 군대를 주어 러시아를 공격하다

5월 초에 러시아 사신이 파리에 오히려 있으면서 모레토[708]에게 위하여 말하기를, "프랑스가 진실로 바르샤바와 보바니[709]의 병사를 거두면 러시아가 바로 프랑스와 함께 우호를 닦을 것이고 만일 세력을 가지고 러시아 부속 국가를 침공하고 싫어하지 않는 구조를 방자하게 하면 비단 러시아가 서로 양보하지 않을 수 없을 것이기에 상제가 또한 그 몸에 재앙을 내릴 것이라" 하니 나폴레옹이 듣고 크게 화가 나서 러시아 사신에게 일러 말하기를, "너는 여행권[710]을 속히 만들고 나라로 돌아가서 우리가 화내는 것에 다가서지 말라"고 하니 러시아 사신이 그날로 돌아갔다.

나폴레옹이 러시아를 공격하는 뜻이 더욱 확고하여 비록 사람이 있어서 군색하지 않게 권유해 보지만 조금도 움직이지 않으니 평생에 위험을 여러 번 무릅써서 큰 자리에 오른 까닭에 이러한 것에 다다름에 담력과 지략이 더욱 뛰어나서 반드시 유럽을 통일하고자 하

---

708) 앞의 한자는 '謨勒脫'인데 여기는 '謨勒奪'이다.
709) 보바니(潑拔尼)
710) 원문은 호조(護照)이다.

는데 소원을 즐겨 억제하지 않으니 한 때에 모시던 여러 신하가 그 평일에 지혜가 홀연히 자주 없어짐을 깨달았다. 대개 동북의 러시아와 서방의 영국은 프랑스 병사가 일찍이 전쟁에서 승리를 하지 못했으니 지금의 한 몸으로 두 나라를 대적하려고 하니 그 전쟁의 책략이 어디에 있는가를 알지 못하였다.

같은 달 9일에 나폴레옹이 마리 루이즈와 함께 파리 수도로부터 각 나라[711]의 군주를 쥘레스턴[712]에 모이고 병사를 빌리는 일을 논의할 때에 성에서 이미 나옴에 길을 따라서 남자 어른들이 환영하고 독일 국경에 나아간 것에 또한 그렇고 다음 날에 주브[713]성에 이르러서 포대를 자세히 보고 11일에 마인츠[714]에 도달하니 16일에 작센 왕이 왕후와 함께 와서 맞이하고 또 호송하여 글래스턴[715]에 도달하니 각 나라의 군주와 장군, 수상이 친목을 이어서 도착하여 대륙의 황제에게 함께 배알하니 빛나는 것이 짝할 것이 없었다.

이틀 뒤에 오스트리아 왕이 왕후와 함께 이르고 26일에 프로이센 왕이 또한 도착하여서 서로 볼 때에 공을 노래하고 덕을 칭송함이 아첨하는 말이 아님이 없었다. 나폴레옹이 보니 꼭두각시와 거의 같아서 내 뜻대로 지휘하여 끌어서 움직이는데, 이에 오스트리아 왕을 명하여 병사 3만 명을 내고 프로이센 왕이 2만 명이라고 하니 감히 따르지 않을 수 없었다. 러시아 황제가 비엔나에 있는 것을 소문으로

---

[711] 원문은 묵(墨)인데, 국(國)의 오타로 보인다.
[712] 쥘레스턴(掘勒斯頓)
[713] 주브(掘雌)
[714] 마인츠(梅恩寺, Mainz)
[715] 글래스턴(國勒斯頓)

듣고 순찰 네포니[716]를 보내어서 편지를 러시아 황제에게 보내서 쥘레스턴의 모임에 임하기를 청하니 러시아 황제가 사양하고 오지 않자 나폴레옹이 병사가 많은 군대에게 명을 전하여 각 나라에서 징집한 병사와 함께 리몽[717]강에 모이니 병사 수가 너무 많아서 많은 식량을 헤아리기 어려워 그 백성의 재산을 빼앗아서 군대 식량에 부족한 것을 메꾸려는 것을 들으니 그 병사 수가 합이 49만 8천 명 안에 폴란드가 6만 명이고, 작센이 2만 명이고, 오스트리아가 3만 명이고, 바이에른이 3만 명이고, 프로이센이 2만 2천 명이고, 베스트팔렌이 2만 명이고, 독일 연방이 3만 2천 명이고, 이탈리아와 나폴리가 함께 2만 명이고, 스페인과 포루투칼이 함께 4천 명이고, 스웨덴이 1만 명이고, 프랑스가 25만 명이니 병력의 두터움은 옛날부터 듣지 못했다.

오래지 않아 나폴레옹이 마리 루이즈를 글래스턴[718]에 머물게 하고 군대를 스스로 거느리고 길에 올라서 30일에 폴란드에 나아가고 6월 2일에 상성(商城)에 도착하여 군대를 정돈하고 6일에 단치히에 도착하고 24일에 코노[719]를 지날 때에 다리 3개를 건축하고 리상[720]강을 건너서 나폴레옹이 높은 곳에 올라서서 바라보니 군대의 열이 가지런히 정돈되어서 흥취가 일어나니 이틀을 지남에 이에 다하였다.

좌익군 무크두날[721]은 군대를 거느리고 틸지트를 말미암아서 리

---

716) 네포니(鼐飽尼)
717) 리몽(離門)
718) 앞의 한자는 '國勒斯頓'인데, 여기는 '掘勒斯頓'이다.
719) 코노(科諾)
720) 리상(離三)

몽강 하류를 건너서 리지에[722]성을 공격하고, 우익군 수셰[723]는 베이그[724]강을 지나서 좌익군과 함께 서로 거리가 300마일이더니 이후에는 더욱 떨어진 것이 멀어서 매우 전쟁의 일과 함께 해로운 것이 있었다.

후방 길 예비병이 며칠을 늦게 도착하여 대대에서 바야흐로 나갈 때에 러시아 황제가 프랑스 병사가 장차 가까이 있음을 알고 혈전을 면하기 어려울 것이라 하여서 이에 터키와 스웨덴을 화친 연합하는 것과 함께 그 이익의 원천을 얻어서 군비로 사용하고 프랑스 병사 15만 명을 모아서 3부대로 나누니 제1대 병사는 9만 명이니 라를레[725]가 장군이어서 비엔나[726]에 주둔하고 제2대병사는 4만 5천 명이니 베크신[727]이 장수를 하여서 우고페[728]에 주둔하고 제3대 병사는 3만 5천 명이니 아무개 장군이 거느려서 얀스크[729]에 주둔하고 또 코사크 기병 1만 명은 볼리에투어푸[730]가 거느렸는데 베크신이 보내서 돌아갔다.

러시아 황제가 비엔나 별장에 있으면서 여러 신하와 함께 연회에

---

721) 앞의 한자는 '墨克杜腦而'인데 여기는 '墨克杜巾留而'이다.
722) 리지에(黎界)
723) 수셰(血順保, Karl Philipp Fürst zu Schwarzenberg, 1771~1820)
724) 베이그(白格)
725) 라를레(羅克雷, Michael Andreas Barclay de Tolly, 1761~1818)
726) 앞의 한자는 '維也'인데 여기는 '維那'이다.
727) 베크신(白克興, Pyotr I. Bagration, 1765~1812)
728) 우고페(舞皇肥, Volkovysk)
729) 얀스크(將斯刻)
730) 볼리에투어푸(鉢烈拓富, Matvei I. Platov, 1753~1818)

서 음식을 먹다가 프랑스 군대가 리몽강을 이미 건넌 보고를 접하고 급히 군민에게 전하고 보이어서 개전의 뜻을 펼쳐 보이는데 이에 "종교를 보호하고 나라를 보호한 것으로 너희 장교와 병사들은 각각 같은 마음으로 임무 수행에 죽을 힘까지 써서 왕가를 호위하라" 하니 모든 사람들이 명령에 따랐다.

처음에 나폴레옹이 장차 비엔나를 직접 공격하려다가 바커레이[731]가 러시아 황제를 권면하여 피하게 하고 또 군장국을 불태워 없애고 다리를 폭파시켜 끊어 놓은 것을 듣고 이에 그쳤다.

28일에 병사들을 이끌고 루세니[732]에 도착하여 그 성을 항복시키고 병사를 비엔나에서 3주[733] 동안을 주둔시키고 루세니에 잠시 정부를 설치하여 각 속국에게 편지를 보내서 답변을 하였는데 프랑스 제국과 관련이 있는 자는 일이 매우 복잡하여 러시아 황제가 프랑스 병사의 수를 듣고 크게 놀라서 볼리에투어푸[734]에게 프랑스에 가서 화친을 청하라[735] 하니 프랑스가 허락하지 않았다.

얼마 있다가 러시아 장군 바커레이와 함께 쿠리재[736]에서 만나서 작은 전투 여러 차례에 프랑스 병사가 용감하게 앞으로 나가니 러시아 병사가 한 보씩 물러나 지키다가 오래지 않아 바커레이가 홀연히 병영을 버리고 비스트[737] 성에 물러나 도착하여 베크신과 함께 군영

---

731) 罷克雷의 음차. 앞의 한자는 '羅克雷(라클레)'이다.
732) 루세니(路賽尼, Raseiniai)
733) 원문은 삼예배(三禮拜)이다.
734) 앞의 한자는 '鉢烈拓富'인데, 여기는 '鉢烈拓富'이다
735) 원문은 행성(行成)이다.
736) 쿠리재(窟力寨, Klyastsitsy)

을 연합하였다.

7월 20일에 프랑스 병사는 러시아 병사가 성에 다가가서 수호하는 것을 보고 매우 기뻐하여 이르는데, "가히 격투를 하겠다" 하더니 뜻밖에 러시아 병사가 밤사이에 성 가운데에 모아둔 것을 불사르고 달아나니 프랑스 병사가 불빛이 하늘로 오르는 것을 보고 어떻게 할 줄을 알지 못하더니 새벽에 일어나서 보니 러시아 병사가 한 사람도 남아 있지 않았다.

그 성에 들어가서 3주를 머무니 성의 백성들이 러시아 병사를 이미 따라서 도망가고 눈에 황량한 것이 가득 차서 사람이 사는 자취가 적막하고 없으니 프랑스 병사가 빼앗을 것이 없거늘 나폴레옹이 나가고 물러나는 주장이 없어서 여러 장군들에게 상의 하니 모두 군대를 돌리는 것으로 말을 하다가 바카레이가 이미 베크신과 함께 스몰렝고[738]에 연합 병영이 있다는 것을 문득 듣고 나폴레옹이 분산해 있는 병사를 모으라고 하였다.

8월 13일에 비스트를 떠나서 스몰렝고에 도착하여 러시아와 함께 교전을 할 때에 러시아 군대가 또 스몰렝고를 버리고 도망가니 그 뒤에 부대 병사가 견고하여 움직이지 않아서 프랑스 병사를 막다가 앞 부대가 한꺼번에 다 물러간 뒤에 성을 불사르고 도망갔다. 프랑스 병사가 앞으로 쫓아가서 미치지 못하고 러시아 국경에 들어갔다가 오는 것으로부터 한 마디 한 마디가 막혀서 두 달에 거의 미치니 가히 귀중한 시일을 헛되이 소비하고 전쟁 중에 잃은 병사가 이미 2만

---

737) 비스트(尾斯脫, Vitebsk)
738) 스몰렝고(斯毛倫古, Smolensk)

명이고 그 굶주리고 힘들고 병에 전염이 되어서 죽은 자가 많아 헤아리지 못할 정도였다. 나폴레옹이 후회하는 뜻이 점점 있었다.

제79절 발루티노[739]의 전쟁[740]

러시아 군영 장교와 병사가 무너지고 패하는 것을 만나지 못하고 매번 물러나 사양하는 것으로 마음에서는 실상으로 달갑지 않아서 프랑스 군대와 함께 전쟁을 결의하여 적개심의 기세로 펼치고자 하니 러시아 황제가 허락하고 이에 크토로프[741]를 명하여 전군을 거느리게 하니 크토로프의 나이가 이미 70세이기에 오트리스[742]의 전투에 패하여서 위엄의 명성이 점점 없어지더니 터키의 역할에 프랑스 황제를 다뉴브강에서 패하게 하여 위엄의 명성이 다시 진동하였다.

이 때에 이르러서 군대의 신표를 받고 9월 3일에 군대를 발루티노에 안치하니 5일 밤에 프랑스 병사가 많이 도착하여 다음 날에 양쪽 군대가 전쟁을 준비할 때에 각자가 새벽에 그 병사를 가르치고 프랑스 황제는 오직 전승의 번영을 베풀어 놓아서 이르는데, "모스크바 도성을 다시 시작할 수 있다" 하니 크토로프는 말하는데, "백성의

---

739) 발루티노(白羅提諾, Valutino)
740) 발루티노 전쟁은 1812년 8월 18일 미셸 네 원수(Marshal Ney's)가 지휘하는 프랑스 군단 약 30,000명과 바클라이 드 톨리(Barclay de Tolly)가 직접 지휘한 강력한 러시아 후위부대 40,000명 사이에서 벌어진 전투이다.
741) 크토로프(克託率甫, Mikhail I. Kutuzov, 1745~1813)
742) 오트리스(澳特利司, Austerlitz)

집이 프랑스에게 유린당하고 교당과 제단이 프랑스에게 더럽혀지는 것을 받았다"하여 이것으로 군사와 호걸의 마음을 격동하였다.

　장차 전쟁의 저녁에 프랑스 장군 호피야가 와서 고하는데 "스페인이 실수하여 웰링턴이 프랑스 군을 살라망카[743]에서 전승하고 마르탱 성을 따라가 점거하였다"하니 나폴레옹이 듣고 크게 놀라서 러시아 국경에서 군대를 잃은 것을 통한해 하고 영국인에게 땅을 잃은 것에 다시 상처 입어서 마음 속 생각이 어지럽고 회한의 끝이 없어서 다음 날에 발루티노에서 개전할 때에 양쪽 군대가 다 적이 되어서 살육이 너무 많았다.

　전쟁이 일몰이 지났는데도 승부를 정하지 못하고 프랑스 병사의 죽은 자가 2만 2천 여명이고, 러시아 병사의 죽은 자가 2만 8천 여명이고 용장 베크신이 진에서 사망하니 크토로프가 군대를 수합하여 물러날 때에 군대 뒤를 돌아보니 부축하여 호위하는 백성과 구원의 병사가 매우 많고 프랑스 황제는 외로운 군대가 적에 함몰되고 별대는 너무 멀리 떨어져 있어서 가히 고하여 도울 수가 없었다.

　8일에 전쟁을 할 수 있는 병사를 모집하니 9만 명뿐이다. 전날 밤에 러시아 병사가 겨우 서로 거리가 1마일의 마애사에 물러나 도착하였는데 프랑스 병사가 급히 따라가서 러시아의 뒷 부대 병사에게 쫓기게 되어서 돌아오려고 하니 러시아 군대가 이에 조용히 물러갔다.

---

743) 살라망카(沙拉蠻克, Salamanca)

제80절 **모스크바 도성을 점거하다**

14일에 러시아 군이 모스크바 도성을 지나갈 때에 지나고 들어가지 않으니 성을 가지고 적에게 양보하는 듯하더니 프랑스인이 러시아에서 사용하는 계책을 알지 못하고 의연하게 앞으로 나아가서 멀리서 모스크바 성을 바라보고 다투어 먼저 뛰면서 환호하고 들어가니 나폴레옹이 또 그 경도를 점거하여 러시아 황제가 반드시 머리를 구부리고 항복할 것이라 생각했는데, 누구의 계책인지 뭇 병사들이 시끄럽게 음식을 먹을 때에 홀연 성 가운데서 연기와 불꽃이 하늘을 덮는 것을 보고 사면에 불이 폭발하며 큰 바람이 불어서 가히 쳐서 없앨 수가 없었다.

다 타고 하늘이 밝아짐에 이르러 전체 성이 다 타고 쌓았던 것이 한결 같이 비었으니 나폴레옹이 성 밖으로 달아나서 러시아 황제의 더위를 피하는 궁에 잠시 살다가 18일에 성 가운데로 다시 돌아오니 한 조각의 불에 탄 땅에 가히 주둔해서 만족할 것이 없기에 10월 13일에 로링턴[744]이 러시아 궁에 도착하여 통령과 함께 화친을 의논할 때에 크토로프가 권한이 없어서 사직하니 로링턴이 러시아 황제에게 스스로 전달하기를 청하니 허락하지 않고 오직 순찰을 보내어서 전달하는 것을 윤허하니 로링턴은 이내 돌아가고 순찰은 한 번 감에 다시 소리를 듣는 것이 묘연하니 나폴레옹이 다시 로링턴이 앞에 가서 물었는데 확실한 소식이 이내 없었다.

---

744) 로링턴(勞靈敦, Jacques Alexandre Bernard Law, marquis de Lauriston, 1768~1828)

제81절 병사가 퇴각하는 고충[745]

　이 때에 프랑스의 선봉 모레토의 한 군대가 러시아에 공격을 받아서 협박하여 퇴각하여 돌아가니 비로소 프랑스를 가지고 러시아를 공격하던 자가 지금에 전하여 러시아의 공격을 당하였다. 러시아 군 중에서 영국이 스페인을 점거한 소식을 듣고 크게 기뻐하여 이르는데, "프랑스 황제가 나가고 물러남에 의지하는 것을 잃었으니 능히 도움이 되지 않을 것이다. 장차 이 기회를 틈타서 한 번 북을 치면 다 죽일 것이다." 하였다.

　프랑스 군 가운데 무리들이 모스크바가 빈 성인 줄 알고 반드시 능히 지키지 못할 것이라 하여 이에 19일에 군대를 이끌고 돌아올 때에 여러 장군의 뜻에 있는 것은 일찍 병사들을 모아서[746] 퇴각하고자 하는데 오직 프랑스 황제는 반드시 러시아 황제가 화친을 청한 뒤에 병사를 물리면 바야흐로 이렇게 한 번 행한 것이 헛되지 않고 돌아가는 길에 또한 편안함을 얻을 것이라고 하더니 뜻밖에 허망한 것을 마침내 이룩하니 이 때에 크토로프가 전사들을 휴양하게 한지 한 달여에 다시 신병을 추가하여 전쟁을 돕더니 군대의 위세가 다시 진동하였다.

　장차 큰 부대를 가지고 프랑스 병사들이 돌아가는 길을 막고자 하여 빨리 앞다투어 가니 프랑스 군대가 다른 길로 가서 장차 폴란드에서 나와서 먹으러 나갈 때 10월 24일에 길 여정의 반 만에 가서

---

745) 원문은 점(苫)인데 고(苦)의 오자로 보인다.
746) 원문은 감(歛)인데 렴(斂)의 오자로 보인다.

도착하니 러시아 병사가 이미 그 앞이 끊기고 엄중한 군진이 기다리고 있어서 큰 싸움 1차에 비록 프랑스 병사들이 승리를 얻었지만 그러나 능히 차단된 길에 러시아 병사와 충돌하여 열지 못하고 결국 원래 길로 이내 돌아서 갔다. 전쟁을 하던 어제 볼리에토프가 크사크병[747]이 쫓아 와 군 중에 가까이 와서 협박하는 것으로 나폴레옹이 사로 잡힐까 걱정하더니 다행히 좌우가구하여서 이내 면하였다.

11월 6일에 천기가 갑자기 추워져서 비와 눈이 길에 쌓이니 행군하는 것이 바로 힘들어서 비록 나이가 굳건한 자라도 눈 가운데에 넘어져서 능히 일어서지 못하니 그 다른 것을 가히 알 수 있다.

대개 북쪽 땅이 너무 추워서 프랑스가 능히 참아내지 못할 것이고 또 밖에 오래 있어서 옷과 음식이 결핍한 것으로 점점 나아가니 굶주림과 추위가 동시에 핍박하고 사면에 적병이 가까이에서 협박하는 것을 깊이 걱정하여 결국 힘을 써서 길로 나아갔다. 깊은 숲 속을 걷고 있을 때에는 깜깜하여 하늘의 해를 볼 수 없고, 넓은 사막을 걷고 있을 때에는 반질반질한 잔돌이 한 번 바라 봄에 끝이 없고 강 항구에 다리가 모두 다 끊어지고 물결의 세력이 널리 퍼져서 가히 건너지 못하였다.

반드시 다른 길로 멀리 돌아서 저 언덕에 비로소 도달할 것이지만 가장 힘든 것은 이 때에 햇빛이 너무 짧고 밤이 너무 길어서 매일 순조롭게 진행되는 때는 적고 앉아서 잠을 잘 때가 많으니 예로부터 행군의 고통이 이보다 더 깊은 것은 있지 않았다.

9일에 스몰렝고에 도착하여 여러 일을 쉬면서 다시 행군하고자

---

[747] 可薩克兵의 음차. 앞에 '可薩克'이 있는데 같은 사람인지는 모른다.

하는데 성곽이 없어서 황량한데 어찌 하겠는가. 음식과 옷을 찾을 곳이 없고 러시아 병사가 또 따라와 도착하거늘 갈 길이 없어서 옛날과 변함이 없이 앞에와 같이 행군할 때에 내장군이 있으니 전 군대가 믿어서 두려움이 없지만 그러나 얼마 있다가 내장군이 러시아 군대에게 포위당하여 병사 2/3를 잃고 거의 만날 것을 헤아리지 못하다가 25일에 베레지나[748]강에 이르니 앞과 좌우의 3면에 적병이 고르게 있는데 이 위험의 때를 당하여 진퇴양난이었다.

나폴레옹은 휘하 병사들이 맹렬하게 싸우다가 조용히 길을 벗어나서 나오니 강을 건널 당시에 러시아가 다시 스스로 뒤로 포를 공격하거늘 살던 백성이 소리를 듣고 두려워하여 노인을 부축하고 어린애를 데리고 프랑스 병사들과 함께 먼저 다투면서 다리를 통해서 달아날 때에 일시에 서로 밟아서 강 속으로 빠져 죽은 자가 1만 명에 그치지 않았다.

12월 3일에 발루티노에 이르러서 군대를 보내어서 파리에 보고하는데 전쟁에서 패배한 형상으로 아뢰고 다음날에 나폴레옹이 여러 장군과 함께 스모르곤[749]에 모여서 군대를 떼어 놓고 파리로 돌아온다고 발표를 하고 군대 일을 모레토에게 주었다. 10일에 나폴레옹이 바르샤바에 홀로 있으면서 14일에 사코니스 왕을 글래스텐에서 불러서 보고 18일 밤에 튈르리궁에 나아가니 지키는 자가 크게 놀랐다.

러시아에 있는 병사가 천신만고 끝에 러시아 국경에 비로소 나옴에 6개월간 러시아 정벌의 병사를 돌아보며 기억하니 50만 명에 거

---

748) 베레지나(跋西諾, Berezina River)
749) 스모르곤(絲馬呢, Smorgoni·Smarhon)

의 다다르더니 지금에 생환한 자가 겨우 4만 수천 명일뿐이다. 좌익군 무크두날과 우익군 수셰 두 진영이 오히려 러시아 국경에 있어서 아직 돌아오지 않았다. 러시아와 프랑스 두 군대의 사망자 수와 평민 중에 전쟁에 걸린 자를 계산하면 약 1조 명이 되니 진실로 백성들에게 있지 않던 재앙이었다.

제82절 멜리토의 모반

멜리토가 나폴레옹을 따라서 이탈리아와 라인강을 정복한 공이 있지만 오직 민주의 마음을 몰래 가지고 있어서 항상 나폴레옹의 권세를 재제하여 억누르려고 하니 나폴레옹이 딴 마음을 품은 것을 의심하여 옥에 가두었다가 옥으로부터 사면으로 나오게 하여 교도소 경비원에게 주니 멜리토가 원한을 품은 것이 뼈를 찌르는 것 같아서 항상 해를 가하고자 하였는데 그 틈을 얻지 못하였다.

나폴레옹이 로마를 점거하는 것에 맞추어서 교황을 업신여기고 학대하니 천주교민이 같이 깊이 분하게 여겨서 다 보복하고자 하는 생각이 있다가 이내 이 기회를 틈타서 소용의 주동을 의논할 때에 나폴레옹이 러시아를 정복할 즈음에 미쳐서 파리 사람들이 전쟁에 이겼다는 소식을 간절히 바라더니 모스크바에서 불을 만났다는 소식을 우연히 듣고 모두 다 실망하였다.

멜리토가 같은 죄인 레팡[750]과 레토[751] 두 사람과 함께 상의원에

---

[750] 레팡(雷紡, Jean-Baptiste-Hyacinthe Lafon, 1765~1836)

서명의 명령서를 위조하여 이르는데, "나폴레옹이 이미 죽었으니 잠시 정부를 세운다" 하고 밤에 구치소를 따라서 도망하고 탈출하여 성명을 바꾸고 거짓 명령으로 군영에 전달하여 배포하니 군사들이 믿었다. 먼저 순찰 두 사람을 잡으니 하나는 샤프래이고 하나는 보스크[752]이다.

또 파리 총독 헤이링[753]을 잡고자 하다가 어찌 헤이링이 알게 되어 그 간사한 꾀를 알고 영무처에 잡아 보내어서 신문하면서 죄를 다스릴 줄 알았는데 비록 일이 이루어지지는 않았지만 그러나 민심이 격동되었기 때문에 나폴레옹이 마렝고[754]에 있어서 듣고 급히 파리에 돌아와서 여러 신하에게 꾸짖어 물어서 천주교인이 교황에게 잡히는 것으로 마음을 끝내 복종하지 않는 것을 알고 이에 교황을 폰텐블로[755] 궁에서 후하게 대접하니 장막을 친 것이 매우 좋고 공경하는 예가 더 있어서 내년에 여러 차례를 친히 가서 서로 보고 화친 조약을 세우기로 했다.

옛날에 좋았던 것을 거듭 약속하는 것을 의논하는데 조약 안에 조항으로 관보에 인쇄하니 교황이 서명한 것과 같지만 그러나 교황이 속인 것을 깨닫고 화친 조약을 따르지 않으니 천주교민의 숨은 한이 더욱 깊고 교회 밖에 백성들도 러시아 정벌에 불리함과 토구의

---

751) 레토(賴拖, Jean-Auguste Rateau, 1784?~1812)
752) 보스크(潑司克, Étienne-Denis Pasquier, 1767~1862)
753) 헤이링(黑靈, Pierre-Augustin Hulin, 1758~1841)
754) 앞의 한자는 '謨古倫', '謨倫古'인데, 여기는 '毛斯倫古'이다. 같은 표기의 오자로 보인다.
755) 폰텐블로(放脫白羅, Fontainebleau)

병사가 영국 장군에게 여러 번 패함을 보고 또한 병사를 잘 사용한다는 것을 믿지 않았다.

제83절 러시아, 프로이센, 오스트리아 연합군이 프랑스를 정벌하다

모레토[756]가 거느리는 군대가 러시아 국경으로부터 도망 나와서 리몽강 왼쪽 근처에 도달하니 안에 프로이센 군대 1대대가 있어서 러시아 병사에게 도중에 공격을 당하여 프로이센 장군 요크[757]가 힘을 다하여 투항하고 12월 3일에 러시아 통령과 함께 결합을 맹세하여 두 달간 중립이 되니 프로이센이 듣고 프랑스의 배반을 참을 수 없어서 장차 죄를 요크에게 더하려고 할 때에 사람을 보내서 대신하려고 하였다.

이에 프로이센 백성이 모두 그 임금을 도와서 프랑스를 배반하게 하고자 하여 이르는데, "요크가 일을 함에 충성하니 모욕을 당하지는 않고 또 프로이센의 부속 나라 백성이 있어서 프랑스의 맡은 일을 배반하니 장차 헤아릴 수 없는 변화가 있을 것이다"고 하니 프로이센 왕이 프랑스와 함께 절교하는 것을 백성이 하고자 하여 따르고 특별히 피하여 브레슬라우[758]에 도착하여 감히 서울에서 다시 살지 못하니 러시아 황제가 프랑스 병사를 쫓아서 국경에 나아가고 다시 독일

---

756) 앞의 한자는 '謨勒脫'인데 여기는 '謨勤脫'이다
757) 요크(堯克, Johann David Ludwig Graf Yorck von Wartenburg, 1759~1830)
758) 브레슬라우(白來斯撈, Breslau)

경계에 따라가서 도착하였다.

1813년 1월에 러시아 선봉이 비스와[759]강에 이르러 지나온 곳에 나가서 보고 이르는데, "프랑스인을 오로지 토벌하고 다른 나라는 범하지 않는다" 하니 독일인이 듣고 크게 기뻐하였다.

2월에 프로이센 왕이 백성들과 전쟁을 준비할 때에 러시아 황제가 프로이센 왕을 브레슬라우에서 만나고 연합군 병사의 조약에 서명하고 러시아 병사 15만 명과 프로이센 병사 8만 명을 내어서 같은 마음으로 프랑스를 정벌하는 것을 분명하게 정하니 스웨덴이 또한 연맹에 들어와서 병사 3만 명을 내거늘 영국이 또 코토르[760]의 땅을 러시아에 양보해서 러시아의 병사가 나아가는 것과 아울러 연맹하는 것을 편안하게 하니 오스트리아가 비록 프랑스와 함께 결연을 하였으나 그러나 마음의 실상은 화목하지 못하여 연합군을 몰래 돕고 나폴레옹을 대면해서 보면 스스로 중립하여 화친을 권장하는 사람이라 일컫는다고 하였다.

나폴레옹은 연합군을 서로 협박하는 것을 알지 못하고 병사의 숫자를 크게 늘려서 용기를 고무하고 다스린 내란의 일은 묻지 않고 잠시 두고 전력을 사용하여 적을 막을 때에 의원대신에게 일러 말하기를, "아미앵 화친 조약이 결렬된 뒤로부터 위가 대륙을 이어 평정하기를 바래서 4번을 영국을 향하여 화친을 요구했더니 영국이 전쟁을 그만두지 않고 유럽에 전쟁을 이내 부채질 하여 다시 러시아와 프로이센과 함께 행동을 같이하여 올 줄을 누가 알았겠는가. 내가 결국

---

759) 비스와(佛斯鐵拉, Vistula River)
760) 코토르(卡奪洛, Kotor)

군대 식량을 많이 모으고 병력을 많이 소집하여 막겠다"고 하였다.

러시아 병사가 비스와 강을 지나니 모레토가 늙고 병사들을 감독하기를 원하지 않아서 통령의 책임을 사양하니 나폴레옹이 매우 화가 나서 이탈리아 총독 야친바이하나이[761]에게 대신하게 하였다. 그러나 능히 러시아 병사가 강을 건너는 것을 막지 못하고 스스로 병사를 거느리고 베를린으로 물러나가서 쇼아르보[762]강에 이르러 4월에 러시아 병사와 함께 만나서 교전을 하다가 이기지 못하고 이에 병사를 세야르[763]강에 모여서 나폴레옹을 기다렸다.

처음에 나폴레옹이 군대를 낼 즈음에 나라 일을 가지고 그 황후 마리 루이즈에게 부탁하는데 큰 권력은 자신의 손아귀에 이내 돌아왔다. 3월 30일에 황후가 뭇사람들에게 맹세하여 아뢰는데 나라 일을 대리하는 사람이 되었다고하였다.

4월 15일에 나폴레옹이 군대를 거느리고 매리엔스에 도착하니 이탈리아와 다른 곳의 병사가 약 25만 명이었다. 포르제나[764]에 가서 연합군과 함께 작은 전투를 1차 하고, 5월 2일에 루증[765]에서 크게 싸워서 연합군이 패해서 도망가기에 프랑스 군대가 월러스든[766] 성에서 나아가니 러시아와 프로이센 패잔병이 시폴리[767]강에 물러나

---

761) 야친바이하나이(亞勤白哈奈) 앞의 한자는 '亞勤哈奈'인데 여기는 '亞勤白哈奈'이다.
762) 쇼아르보(受而勃, Elbe River)
763) 세야르(賽爾, Saale River)
764) 포르제나(潑拉雪, Poserna)
765) 루증(路甑, Lützen)
766) 월러스든(握勒斯頓, Dresden)
767) 시폴리(師魄里, Spree River)

도착해서 포대를 건축하고 스스로 지키니 그 포대가 비록 땅의 세력을 얻었지만 병사의 수가 너무 적어서 족히 적을 막지 못하였다.

20일에 나폴레옹이 다시 많은 병사를 사용하여 공격할 때에 격투한 지 2일에 그 포대를 강력하게 핍박하여 물러 나가게 하고 또 싸운 여러 차례에 러시아 병사가 크게 패하여 이에 프랑스와 함께 잠시 전쟁을 쉬는 조약을 의논하니 나폴레옹이 러시아와 프로이센의 사귐을 깨트리고자 하여 러시아와 함께 별도의 화친 조약을 세우기로 청하니 러시아 황제가 윤허하지 않았는데 또 함께 서로 보는 것을 청하니 또 사양하였다.

나폴레옹이 오스트리아 왕에게 중립을 권장하는 화친을 따르는 것으로 인하여 이에 전쟁을 쉬는 6주의 약속[768]을 윤허하여 세우고, 6월 4일에 페레베[769]에서 서명하였는데 그 뒤를 이어 만일 전쟁을 다시 하고자 한다면 반드시 6일 전에 미리 서로에게 알리는 것을 분명하게 정하였다.

15일에 러시아, 프로이센, 오스트리아 3국이 프랑스를 함께 넘어뜨리자는 약속을 리친바[770]에서 사사롭게 정하였다. 7월 초에 연합군은 웰링턴이 프랑스 병사를 스페인에서 승전한 소식을 듣고 군인의 마음이 크게 진동하여 남북의 유럽이 변동의 정세가 갖추었다.

나폴레옹이 더욱 병사를 늘려서 전쟁을 준비할 때에 이 때에 오스트리아가 연합군을 두드러지게 도와서 명장 수셰를 연합군의 통수

---

768) 플레이스비츠 휴전 협정을 말한다.
769) 페레베(拍泐維, Pleischwitz)
770) 리친바(理慶拔, Reichenbach in Schlesien)

(統帥)를 삼고 8월 11일에 전쟁을 알리는 통지서를 배포해서 보이니 마침내 프랑스 장군 모로가 미국대륙으로부터 도착하니 러시아 황제가 전쟁 돕는 것을 청하거늘 허락하고 독일 연방이 또 열심히 서로 도우니 연합군의 통계로 동원한 병사가 약 1만 명이다.

  세상 사람들이 듣고 혀를 차지 않는 사람이 없어서 이것을 가지고 이르는데, 이 전쟁에 여러 나라 성패가 관계하기 때문에 유럽 사람이 학수고대하여 결국 어떻게 될 것인지를 보고 싶어했다. 27~28일 양일에 연합군이 프랑스와 함께 월러스든에서 싸워서 연합군이 크게 져서 병사와 기계를 손상한 것이 너무 많고 모로가 포탄에 두 발을 부상 당하여 자르는 고통을 참더니 5일이 지나 죽었다.

  러시아 황제가 향료를 가지고 그 유해에 넣어서 러시아에 들고 돌아와서 상트페테르부르크에서 장례 지냈다. 혁명의 영웅으로서 다른 나라를 위하여 전사하니 또한 뛰어나다고 하였다. 프랑스 병사가 전쟁에 이기는 날을 당하여 프랑스 장군 무크두날이 케스바이[771]에서 연합군에게 패하여 바야흐로 병사를 이끌고 퇴각하고자 하다가 독일 장군 지로그[772]의 선봉에게 과실로 죄를 범하여 또 이해에 공격을 받으니 패배에 이르는 병사가 보잘 것 없어서 능히 가서 이루지 못하고 스웨덴 왕 베르나도트가 또 프랑스의 별대를 서로 가까이한 베를린의 땅에서 패하고 협박하는 명령을 받고 퇴각하여 돌아왔다.

  다음 날에 나폴레옹이 부장 윈덤[773]을 명하여 대대를 거느려 연합

---

771) 케스바이(凱士白, Katzbach River)
772) 지로그(姿羅葛, Gebhard Leberecht von Blücher, 1742~1819)

군의 뒤를 습격하여 쳐부수고 적장 유스트먼[774]이 설계하여 물리치니 전군은 무너져서 해산하고 윈덤은 사로 잡혔다. 9월 15일에 내장군이 또 덴노비츠[775]에서 프로이센 군대에게 패하여서 쫓겨서 돌아오니 연합군이 패배를 전환시켜 승리를 하니 기쁜 얼굴색이 고르게 있었다.

    나폴레옹이 패배의 소식을 연속하여 접하고 우울한 생각이 갑자기 증가하여 전군을 모이게 하여 힘을 아울러서 다시 싸우고자 하는데 이 즈음에 관계되는 곳이 너무 커서 갑자기 능히 전쟁에서 승리해야만 가히 유럽을 통일하고 각 나라의 연맹을 해산시켜서 강력한 적에게 다 호령을 따르게 하고 황제 자리를 영원히 보전할 것이지만 연합군 병사의 패거리를 제거할 수 없으니 어찌 하겠는가. 사면이 모두 포위되어서 물러나지도 못하게 하였다.

    10월 16일에 양 군대가 라보슈[776]에서 크게 싸워서 프랑스 군의 패배가 누적되고 다음 날에 다시 싸우기를 준비하였다. 18일 밤에 쭉 늘어선 프랑스 병사 부대가 홀연히 연합군에게 충돌하여 해산하고 작센[777]의 병사가 또한 배반하여 적에게 투항하니 이 때에 프랑스 병사가 물러나려고 하지만 그럴 수 없었다. 여러 장군들이 프랑스 황제의 앞에 많이 모여서 서로 보며 말을 하지 않고 어떻게 해야 할지 알지 모르더니 오직 적들이 빠르게 서로 쫓아오지 않아서 오히려 군

---

773) 윈덤(文達姆, Dominique-Joseph René Vandamme, 1770~1830)
774) 유스트먼(拗斯透們, Alexander Ostermann-Tolstoy, 1770~1857)
775) 덴노비츠(代尼維司, Dennewitz)
776) 라보슈(拉潑雪) 앞에 '拉潑'이 있는데 같은 것인지는 확실하지 않다.
777) 앞의 한자는 '薩克思義'인데 여기는 '煞克思義'이다.

대를 거느리고 물러날 때에 뒤쪽에 한 번 멈춘 좁은 길은 길이가 2마일이니 중간에 알토[778]강이 막고 위로 한 개 다리가 있어서 추격하는 병사가 곳곳에서 들어올 수 있으니 위험한 지경이었다.

나폴레옹은 이미 너무 피곤하였는데 억지로 일어나 불을 더 밝히고 물러나는 병사에게 명령을 내려서 보시에에게 보내서 군영 중에 선포하여 보이고 이에 군대를 거느리고 좁은 길로 말미암아 물러날 때에 라보슈 성에서 숙박을 하고 하늘이 밝기 전에 군대를 빼서 행군하게 하니 혹은 이르기를, "이번 10월 16일 아침 9시에 연합군이 포를 울려서 프랑스와 함께 개전의 시기를 표명하였으니 20년 전에 나폴레옹이 로베스피에르에게 기대서 단두기를 가지고 프랑스 황후 마리 앙트와네트[779]를 그곳에서 죽이는 것과 함께 월이 같고 날이 같고 때가 같으니 또한 교묘한 일이기에 어찌 하늘의 보답이 과연 밝지 않을까" 하였다.

군대를 뺄 때에 나폴레옹이 군영 가운데 명령을 전하여 이르는데, "군대가 다 물러나거든 바로 쇼아르토[780] 다리를 끊어서 이것으로 쫓아오는 병사를 잘라내라" 하니 병정이 너무 일찍 다리를 끊어서 훼손하니 뒷 부대 병사 2만 5천 명과 포 200대와 군수품 기계가 다 적에 잡히게 될 줄을 어찌 뜻하였겠는가.

일시에 달아나고 도망가서 미치지 못하여 강에 빠져 묵은 자가 그 수를 알지 못하였다. 앞 부대의 군은 비록 위험에서 벗어났지만

---

778) 알토(愛而脫, Rio Alto)
779) 마리 앙트와네트(謨利阿託脫, Marie Antoinette, 1755~1793)
780) 쇼아르토(受而脫, Weiße Elster)

낭패의 정황이 모스크바에서 도망쳐서 돌아올 때와 같이 이미 끝이 없으니 병사들 마음이 일상적이지 않고 정신이 얼떨떨하며 뒤숭숭하여 군대의 열이 서로 썩이니 비록 중도에 있어서 쉬면서 잠을 자지만 이내 능히 정숙하지 못하였다.

하내[781]지방에 가서 도착하니 부하 바이에른 한 군대가 홀연히 도착하여 서로를 향해 싸워서 라인강 둑에서 절절히 어지러움을 막거늘 10월 30일에 격투 1차전에서 그 칼날을 꺾고 순조롭게 행군하는데 막힘이 없는 것을 비로소 얻었다. 연합군이 승리를 얻은 다음에 라보슈 성에 나아가 점거하였다. 11월 4일에 러시아, 프로이센, 오스트리아 3국의 군주가 프랑크푸르트 성에 또 나아가니 깃발이 햇빛에 빛나고 창과 갑옷이 구름 같이 많아서 프랑스인을 삼킬 절개가 있었다.

프랑스 군이 라인강으로부터 물러나니 징집된 다른 나라의 병사들이 길을 따라서 새벽에 흩어지고 평일에 유럽에 나누어 있으면서 수비하는 병사가 혹 투항하며 혹 도망가서 남은 자가 거의 없고 독일 땅을 그 군주에게 교환하는 것으로 인하여 프랑스인이 모두 거느려 다스리는 것에 돌아가지 않고 각 인민이 그 20년 중에 전 유럽을 어지럽게 하여 백성의 삶을 도탄에 빠지게 하는 것이 가히 승리의 실마리가 될 수 없기에 모두 프랑스를 대적할 뜻이 있어서 한 번 부르니 백 명이 화답을 하여 힘써서 굴러 넘어진 뒤에 그치고자 하였다.

9일에 나폴레옹이 겨우 본국의 패잔병을 이끌고 파리로 돌아오니 기상이 크게 달라서 성 안에 백성이 한 명도 나와서 맞이하는 이가 없으니 나폴레옹이 부끄럽고 통한한 것이 많아서 병사를 들어 다시

---

781) 하내(哈奈, Hanau)

싸우고자 하여 그 부끄러운 것을 씻어내기 위해 이내 생각하니 19일에 의원 대신이 의원을 몰래 보내어서 푸랑크푸르트 성에 이르러서 나폴레옹과 연방 화친 논의의 일을 방문하여 조사하고 그 거동을 아울러 엿보았다.

28일에 의원에 돌아가 보고하니 한 종이에 인출을 하여 뭇사람에게 보이고 나폴레옹에게 아울러 요구하는데 "이번 화친 논의는 반드시 정해진 법률을 살펴서 백성의 자유를 보전하고 권력으로 아무것도 못하게 하는 것을 이내 받지 않는다" 하니 나폴레옹이 크게 화를 내서 방문 조사원을 구속하여 이르는데, "나의 거동을 어찌 타인에게 엿보는 것을 용납하겠는가" 하고 이에 의원을 통한스럽게 여기고 정권을 스스로 장악하고자 하였다.

1814년 1월 1일에 의원의 여러 신하들을 모이게 하고 연설하며 말하기를, "너희들은 민심대로 잘되기를 바라는 사람이 아니고, 나는 민중에게 추대 받은 자이니 민중이 나를 옹위하여 우두머리가 된 것이 4번이고, 백성이 나를 천거하여 군주로 삼은 자들은 5조 명이다. 나는 내 한 몸을 돌아보지 않고 전쟁터를 옮기며 싸워서 칼날을 무릅쓴 것이 어찌 나의 사사로움이겠는가.

프랑스가 유럽의 영웅 나라가 되고자 한 것이니 지금에 우연히 좌절하고 패배하여 근심을 만났지만 좋은 말로서 와서 서로 위로하지 않고 도리어 나의 위험한 것을 틈타서 그 업신여기는 것을 베푸니 어찌 내가 진실로 가히 죽어서 욕을 먹을지 못할 줄을 알았겠는가. 나는 하늘이 굳건한 마음을 주셔서 위험을 지나가지만 변하지 않고 바야흐로 많은 사람이 들고 일어나서 거듭 도모하여서 나의 부끄러움을 없애버리니 이기면 이름을 역사책에 남길 것이고 승리하지 못하면 즉 모래사장에서 목을 벨 것이다. 내가 의원 중에 반드시 무리를 결성하여 모반을 도모한 자가 있는 줄을 알고 있으니 여러 공들은 쉬면서 다시 많은 말을 하지 말라" 하였다.

의원을 물리치려다가 또 지나치고 격렬하게 천거를 하여 국민이 복종하지 않을까 두려워서 어루만지고 위로하는 것만 같지 못하였다 하고 드디어 교황의 감금을 풀어주었지만 그러나 로마에 돌아가게 두지 않고 또 스페인 전체 국경으로 페르디난트 옛 군주에게 양보하여 돌려주어서 함께 화친 조약을 세우는데 오직 조항 안에 영국과의 화친을 끊게 하고자 하니 이는 또 영웅의 옛날 지혜이니 도량이 너그럽다고 이르지 않을 수 없었다.

제84절 **연합군이 파리를 에워싸다**

연방의 주군이 프랑크푸르트[782]에 있어서 프랑스를 처치하는 일을 회의할 때에 프랑스 황제가 얻은 이탈리아와 독일과 네덜란드 각 나라에 속한 땅을 가지고 한 가지 법률로 내놓고 겨우 벨기에[783]를 남겨서 거느리는데 돌아오고 영국의 통상 자유를 아울러 준비하라고 하니 이 정관이 비록 맹렬한 것에 가까웠다.

그러나 오히려 프랑스의 고유한 땅이 아니니 만일 나폴레옹이 능히 기미를 보고 계책에 대응하였다면 그 왕위를 이내 보존하고 국체

---

782) 앞의 한자는 '佛郞敦堡'인데, 여기는 '佛倫刻伏式'이다.
783) 벨기에(比利時, Kingdom of Belgium)

에도 오히려 큰 손실이 없을 것이니 그 최고의 마음을 억제하지 못하여 오히려 때를 틈타서 다시 천거하여 이것으로 연방의 합종을 해산하고자 하였는데 간청을 허락하지 않으니 이는 서로 자기 의견을 고집하는 즈음을 당하여 스위스와 덴마크와 독일이 다 프랑스를 배반하고 연맹에 들어가는 것이다.

또 대장 여러 사람이 가만히 연방과 함께서로 통하여 연방의 병력이 증가하고 명성의 정세가 더욱 건장한데 나폴레옹은 알지 못하고 오히려 연방의 의견이 가지런하지 못하여 반드시 같은 마음으로 힘을 합치지 않는다고 하여 장차 그 친목하지 못한 틈을 타서 한 번의 싸움을 모험하여 이것으로 해산할 것이라 하였다.

25일에 마리 루이즈와 그 아들 로마왕을 데리고 통령소에 이르러서 29일에 연합군과 함께 브라이언에서 전투를 하여 프로이센 장군 바일리그[784]가 거느리는 군대를 따라가 해산하니 2월 1일에 연합군이 힘을 합하여 공격하거늘 프랑스 병사가 크게 혼이 났다.

나폴레옹은 적군이 장차 파리를 공격한다는 것을 듣고 힘을 다해 싸워서 물리치고 10일, 11일, 14일에 승리를 거듭 얻었는데 마지막 승리가 더욱 명성을 확실하게 드러냈으니 대개 무리가 적어 대적할 수 없어서 저항하기 어려운 때에 능히 신 같은 위엄을 크게 떨쳐서 패배를 전환하여 승리하는 것은 진리로 드문 일이다.

파리 사람들이 듣고 기뻐서 날뛰지 않는 자가 없었고 나폴레옹이 또한 기미가 전환될 희망이 있다고 하니 어찌 사면으로 적병이 밀물과 같이 사납게 와서 더욱 모이고 더욱 많아질 줄을 생각했겠는가.

---

[784] 바일리그(柏李葛, Gebhard Leberecht von Blücher, 1742~1819)

대개 영국, 러시아, 프로이센, 오스트리아가 셰스틸랑[785]에서 조약 회의를 거듭 정하고 이르는데, "각 나라가 군대 식량을 함께 만들고 가히 믿는 병사를 15만 명씩 각각 내오는데 만일 펴지 않을 생각이 있거든 6만 명씩 다시 추가하여 힘을 합쳐서 프랑스를 죽이자"하고 한 면으로는 앞선 논의를 이내 펴서 이르는데, "프랑스가 만일 각 침략지를 내놓으면 라인강[786]을 가지고 서쪽을 계획하여 프랑스 제국의 경계를 삼으라"하니 나폴레옹이 이내 고집하여 오래도록 허락하지 않았다.

3월 초순에 또 프로이센 군과 함께 작전을 하여 처음에 이기고 끝내 패하니 연합군이 승리하는 틈을 타서 파리로 나아가 공격할 때에 길을 따라서 프랑스 백성의 저항을 받고서 이에 명령을 백성에게 내어 보여서 말하기를, "프랑스 황제가 오로지 하는 정치를 행하여 그 백성을 우매하고 어둡게 하고 한 몸의 존중과 영화로움을 도모하며 타인을 위험에 빠뜨리니 가히 백성에 임하는 책임으로 부합하지 못한다. 마땅히 그 황제의 자리를 빼앗아서 풀어 놓고 서민을 만들고 부르봉의 옛 임금을 이내 맞아서 옛날의 통령을 다시 잇게 하였다."고 하였다.

이에 연합군이 파리성 아래 도착하니 프랑스 병사가 오히려 항거하거늘 잔인하게 서로 죽여서 시체가 쌓인 것이 산을 이루었으니 마침내 적은 수로 많은 사람을 대적하지 못하여 능히 지킬 수 없어서 31일에 파리성이 항복하였다.

---

785) 셰스틸랑(却司鐵郎, Châtillon-sur-Seine)
786) 앞의 한자는 '來因江'인데 여기는 '來回江'이다. 因의 오자이다.

앞선 때에 나폴레옹이 에스베스[787]에 있어서 병사를 돌이키려고 할 때에 연합군 병사의 뒤를 밟아서 이것으로 위협하다가 바로 수도에서 계엄의 소식을 듣고 파리에 가서 도착하여 이미 지키지 못하는 것을 알고 마리 루이즈와 그 아들과 함께 바일롱으로부터 피란하여 오스트리아에 이르러서 오스트리아 왕의 보호에 나아가니 이로부터 처자와 함께 다시 서로 보지 못하고 이에 병사를 이끌고 방트바이나에 물러나 도착하였다.

연합군이 이미 파리로 나아가니 프랑스인이 갑옷과 창을 버리고 기쁘게 맞이하거늘 상의원이 잠시 정부를 설립하여 탈레랑으로 우두머리를 삼고 다음 날에 명령 1번을 내서 나폴레옹의 황제 자리와 그리고 그 세습의 호를 폐하고 전 프랑스 인민을 따라서 나폴레옹과 함께 세운 충심의 맹세를 한 번에 제거하고 드디어 이 명령을 가지고 프랑스 경내와 각 부서에 전하고 보여서 모든 사람들이 다 알게 하였다.

그리고 6일에 루이 18세를 맞이하여 러시아로부터 나라에 돌아오거늘 왕의 자리에 봉하여 오르고 모든 정치를 옛날 법에 이내 맞추니 프랑스 백성이 이로부터 심지를 바꾸어서 옛날에 사랑했던 황제는 꺾어 없애고 금일 새로 세운 주군을 만나서 맞았다.

제85절 **나폴레옹이 퇴위하고 엘바섬에서 살았다**

나폴레옹이 사람을 시켜서 파리에 도착하여 찾아가 소식을 물어

---

787) 에스베스(矮雪司, Arcis-sur-Aube)

서 폐위된 소식을 듣고 발연 진노하여 저항하며 조서를 받들지 않고 장교와 병사를 강제로 파리 공격을 도우라고 하니 응하는 자가 한 사람도 없었다. 결국 이번 달 4일에 퇴위의 조서를 스스로 서명하여 말하기를, "연방이 아무개를 가지고 유럽의 태평을 막은 사람이다" 하니 지금의 자리를 우리 아들이나 혹은 황후에게 양위하여 정치를 대신하고 제국 헌법을 보호하고 지키기를 원한다고 하여 사람들이 파리에 도착하여 주었지만 연합군이 허락하지 않았다.

나폴레옹이 알고 더욱 화가 나서 병사를 들어서 궁궐을 공격하고자 하는데 손에 조금만이라도 가진 권력이 없고 병사들도 모두 떠났으니 결국 한 통의 편지를 고쳐서 약속하여 이르는데, "내 아들을 위하여 프랑스와 이탈리아 왕위를 버려서 프랑스에 이익이 있는 일이 되게 하노라" 하고 11일에 영국, 러시아, 오스트리아, 프로이센의 여러 임금과 함께 황제의 자리에서 물러나는 종이에 서명을 하니 연방의 공의(公議)가 지중해의 엘바섬에 나폴레옹을 봉하여 자유의 나라를 삼고 인민의 산업은 전제로 균등하게 하여 매년 2조 프랑을 가지고 나폴레옹과 그 처자가 사용하는 것에 공급하였다.

12일 밤에 폰텐블로에서 떠나서 섬에 도착하니 영국, 러시아, 오스트리아, 프로이센이 각 1명을 보내서 따라왔다. 마차에 오를 때에 옛날 호위병을 모아서 연설한 뒤에 이별하고 프랑스의 남쪽 변경에 도착하니 뭇 백성들이 옛날의 한을 품어서 장차 마차를 충돌하여 죽이고자 하는 이도 있고 다시 촬영한 작은 동상을 취하여 얼굴을 불사르고 훼손하는 이도 있고 또 동상에 피도 바르며 그 가슴도 깨어서 형벌을 받은 자와 같아서 종종 욕보이니 가히 다 적지 못하였다.

나폴레옹이 성내는 것을 참아내고서 받고 28일에 펠리체[88]에 도착하여 영국 배에 올라서 지중해를 건너 5월 4일에 섬에 다다르니 이 섬은 넓이가 너무 작아서 사는 백성이 많이 없고 겨우 두 진과 마을 몇 개가 있어서 밭이 비옥하고 공기가 맑아서 가히 낙토라고 일컬었다. 나폴레옹이 섬에 내린 뒤에 주위와 형세를 살펴보고 하나의 작은 조정을 만들어서 병관 몇 사람과 사랑하는 옛날 호위병과 함께 살고 손님을 맞아들여 술을 마시며 연극을 보고 뜻이 자못 기뻐하여서 일찍 끝없는 대국의 제왕이 되었던 자를 스스로 잊은 것 같았다.

영국 정부가 폰텐블로의 조약을 가지고 나폴레옹의 황제 칭호를 삭제하지 못하더니 오직 이 조약이 벌써 공동 서명까지 하여 가히 만회하지 못하였다. 전월 23일에 프랑스 왕 루이 18세가 연방과 함께 전쟁을 쉬는 조약을 논의하여 정정하고 당월 30일에 함께 보전하는 태평의 조약을 또 정하니 이름은 파리조약이다.

제2조에 이르는데, "프랑스가 옛날 경계를 완전하게 하여 1792년 정월 1일 이전의 소유지를 가지고 자른다" 하고 또 1조에 이르는데, "무릇 나폴레옹에서 취한 적이 있는 인근 여러나라의 물건은 명령으로 세금을 면하여 교환하라" 하니 이 두 조목은 프랑스의 편리가 가장 많은데 오직 프랑스인이 나폴레옹의 압제를 오래 받아서 놀라는 가운데 날을 보내서 감히 두 가지 마음을 가지고 있지 못하더니 지금에는 루이왕의 부드럽고 나약한 것을 속이고 또 몰래 당을 만들고 백성들과 결합하여 민주 군주가 서로 논쟁을 하여 어지럽고 말썽이 났는데 가히 끝까지 따져 힐책할 수 없고 루이왕이 자유를 구속할 방법이 없었다.

---

788) 펠리체(裴利奇, Fréjus)

또 능히 화해하지 못하여 당의 불꽃같은 기세가 날로 늘어나서 모반의 자취가 밝게 드러나니 여러 대신이 근심을 하여 팔을 누르고 탄식하며 말하기를, "나폴레옹을 맞이하여 나라에 돌아가지 않으면 옳지 않다"고 하니 나폴레옹이 섬 가운데에 비록 있지만 파리의 정황과 유럽의 거동을 사람이 있어서 수시로 보고를 받기 때문에 일을 알지 못하는 것이 없더니 파리의 두 당이 어지럽게 다투어서 루이왕이 약속을 복종하지 않는다는 것을 듣고 크게 기뻐하며 말하기를, "이것은 나에게 다시 왕위에 오르는 기회다" 하였다.

제86절 파리로 몰래 돌아오다

1815년 2월 16일에 영국 수행원 치엔포져알[789]이 나폴레옹이 몰래 일을 도모하는 것을 알고 며칠 안에 장차 변동이 있을 것이라고 생각하여 급히 편지를 보내서 영국 정부에 고하여 이르는데, "만일 달아나면 누가 능히 따라가서 잡겠습니까?" 하여 편지를 고침에 나폴레옹이 바로 이 밤에 섬을 잠시 떠나서 기다리고 있던 따르는 여러 사람들과 정예병 4백 명을 데리고 배 6척에 나누어 타고 바다를 건너서 나라에 한 번 돌아올 때에 배 가운데에서 격문 2개를 써서 하나는 프랑스 병사에게 보이고, 하나는 프랑스 백성에게 보였는데 감언이설로 농락하였다.

3월 1일에 배를 칸느[790]에 정박하고 해안에 올라서 앙티브[791]에 가

---

789) 치엔포져알(嵌魄臼爾, Major-General Sir Neil Campbell, 1776~1827)

서 도착하니 지키던 장군이 병사들로 막아서 호위병 25명을 쳐 죽였는데 나폴레옹이 조금도 물러나지 않고 이내 다시 위험을 무릅쓰고 앞으로 나아가서 알프스 산기슭에 도착하여 이에 의지하여 따르는 백성 수천 명을 얻어서 그르노블[792]성을 지날 때에 지키던 병사가 미리 헤아려 막고 진을 벌려서 기다렸는데 나폴레옹이 그 앞에 달려와서 일러 말하기를, "너희들이 나를 죽이려고 하느냐. 청컨대 총을 쏴라" 하고 인하여 곧게 서서 움직이지 않고서 가슴을 풀어헤치고 손으로 때리니 뭇 병사들이 무기를 버리고 크게 부르며 말하기를, "원컨대 황제는 만세하소서" 하니 소리가 벼락치는 듯하였다. 이것으로 서로 함께 따라서 갔다.

7일에 군대를 정돈하여 그르노블 성에 들어가니 성 주민들이 좁은 길에서 환영하니 개선하는 것과 다름이 없었다. 바로 앞의 격문을 가지고 뭇 사람들에게 뿌려 보이니 루이왕이 듣고 내장군에게 군대를 이끌고 물리치라고 하니 내장군이 나폴레옹에게 도리어 붙어서 군대 안에 소리 높여 말하여 이르는데, "부르봉의 자리를 잃은 것이 너무 멀다"고 하였다.

나폴레옹이 급히 파리를 향해 함께 길을 떠나서 나아갈 때에 밤 20시에 튈르리궁에 갑자기 도착하니 루이왕이 몇 시간 전에 풍문을 듣고 이미 달아나서 파리 성밖에 릴[793]지방에 잠시 주둔하고 25일에 조정이 풀랑드르[794]에 옮기더니 뒤에 나폴레옹이 제2차 퇴위를 하는

---

790) 칸느(開呢, Cannes)
791) 앙티브(安鐵毗, Antibes)
792) 그르노블(俗納薄, Grenoble)
793) 릴(赫爾, Lille)

것에 이르러서 나라에 돌아오는 것을 비로소 얻었다.

전년 7월 29일에 연방의 임금과 신하가 파리 화친 조약을 이미 고치고 비엔나에 모두 모여서 유럽의 일을 편안하게 논의하는 것을 거듭 의심하더니 10월 1일에 조정에 도착하여 회의를 개시하니 피차 변론을 다투어도 결정이 나지 않아서 같은 방에서 무기를 잡고 싸우는 것에 거의 다다르더니 그 다툼의 시작은 러시아가 태반의 속지를 넓게 가지고 폴란드를 병합해서 없애고자 한 것이어서 콘스탄틴 대공작을 명하여 병사를 가지고 점거하였다.

프로이센 또한 작센을 탐내서 다 파리의 조약을 배신하고 비엔나의 맹세를 업신여기니 영국 사신 커슬리[795]가 그 뜻을 작게 보고 각각의 법을 가지고 방해하여 군세지 못하게 하고 영국 조정의 세력을 믿고서 프랑스와 오스트리아의 두 나라와 함께 올해 2월 3일에 밀약에 서명을 하고 러시아와 프로이센을 억지로 협박하여 파리의 원래 조약을 따르는데 만일 허락하지 않으면 영국, 프랑스, 오스트리아 세 나라가 기마병과 보병 15만 명을 각각 내어서 공격한다고 하였다.

3월 7일에 미쳐서 영국 사신 모토니치[796]가 나폴레옹이 그르노블성에 이미 나간 것을 듣고 뭇사람들이 더욱 놀라고 두려워하여 비록 이 회의의 일이 크게 정하지는 못하였지만 결국 싫어하는 것을 각각 풀어놓고 힘을 합쳐서 이것으로 큰 적을 공격하자고 하고 13일에 연방이 나폴레옹에게 격문을 보이며 말하기를, "너의 맹세를 어긴 죄를

---

794) 풀랑드르(佛蘭特, Flandre(s))
795) 커슬리(克司利, Robert Stewart, Viscount Castlereagh, 1769~1822)
796) 모토니치(墨突泥區, Klemens Wenzel Fürst von Metternich, 1773~1859)

짓고 남을 헤치려는 마음을 포장하여 섬을 떠나 나라로 돌아오니 이는 보호의 이익을 스스로 잃은 것이다. 우리들이 결국 힘을 합하여 너를 공격하는 것은 천하 후세에 마땅히 함께 이해하는 것이다" 하였다.

25일에 또 나폴레옹을 함께 공격할 약속을 바로 잡았는데 매번 나라가 기마병과 보병 약간을 함께 내고 만일 영국이 병사를 내놓지 않거나 혹 군비를 내놓고 대신하려고 한다면 매번 한 기마병의 식량은 30파운드와 보병은 20파운드로 계산하라고 하니 이는 최대한의 예상 비용이다.

방법을 계획하기를 이미 정하고 비엔나로 말미암아서 군대를 일으키는데 나폴레옹이 파리에 이미 도착하여 모든 일을 정돈할 때에 백성이 다시 압제 받기를 원하지 않아서 자유를 가지고 허락하여 응당 얻을 권리를 돌려 구하거늘 나폴레옹이 일러 말하기를, "우리가 자유를 매우 사랑하여 소년 때에 항상 여러 형상을 꿈꾸었는데 지금에 이미 이루어진 공이 벌써 무너지는 것을 경험하여 능히 다시 진흥시키기 어렵다. 너희들이 만일 자유롭고자 하거든 반드시 나를 도와서 적을 막아라. 능히 한 번 싸움에 이겨서 가히 각 나라의 연맹을 해산시키면 내가 임금과 백성에게 함께 주인이 되는 정부를 바로 설치하고 백성에게의원 선거와 정사를 함께 다스리는 것을 들어서 이것으로 자유의 즐거움을 끝까지 다할 것이고 내가 나이 들어서 다시 다른 것을 구하지 못하니 오직 백성들과 함께 평화를 즐겨서 다른 날에 주군과 백성이 함께 주인인 나라를 우리 아들에게 전하기를 바라니 오직 내 소원은 이뿐이지만 다만 이 일이 쉽지 않으니 반드시 병사 50만 명을 첨가하여야 비로소 공을 아뢸 것이다. 그러나 우리 계획이 소원과 같이 된다면 결단코 너희들에게 실망하는 탄식이 없게 할 것이다" 하였다.

또 꾸짖는데, "연방이 폰텐블로의 약속을 따르지 않아서 그 황후와 아들을 송환하지 않고 그 몸을 보호하지 않아서 중도에 있어서 헤아리지 못하는 것을 거의 만날뻔하고 2조 프랑이 숫자대로 부합하지 않으니 이것으로 연방을 믿지 못하는 것을 깊이 원망하여 4월 1일에 또 편지를 연합군에게 보내어서 이르는데, 우리가 황제 자리에 다시 올라서 바로 유럽과 함께 태평의 국면을 함께 보호한다"고 운운하니 연방의 전쟁 의지가 이미 결정이 나서 그 감언에 유혹되는 것을 다시 하지 않으리라 하고 거절하여 허락하지 않았다.

제87절 워털루[797]의 전투[798]

나폴레옹이 힘을 다하여 징병할 때 잠시 정부를 파리에 설치하고 형 조제프를 장으로 삼아서 정치 일을 대리하게 하고 6월 12일에 파리로부터 통령소에 이르러서 병사를 이끌고 길에 올라서 14일에 아이웨이니[799]에 도착하여 연합 병사가 곧 올 것을 미리 헤아리고 감히 남아 있지 못하였다.

16일에 벨기에 변경을 지나서 그 병사를 가지고 여러 곳에 나누어서 강을 건널 때에 몰래 생각해보면 세월이 보배이기에 이 때에 러시

---

797) 워털루(滑鐵盧, Waterloo)
798) 워털루 전투는 1815년 6월, 벨기에의 워털루에서 나폴레옹의 프랑스 제1제국과 영국, 프로이센 왕국, 네덜란드의 대프랑스 연합군 간에 벌어진 전투이다.
799) 아이웨이니(愛維呢, Avesnes-sur-Helpe)

아와 오스트리아의 병사들이 아직 도착하지 않은 것을 틈타서 앞에 빨리 따라가서 영국과 프로이센 두 군대를 먼저 공격하여 프로이센 장군 부르그[800]와 영국 장군 웰링턴이 피차 사이가 떨어져서 능히 같이 고려하지 못하게 하면 연합군을 가히 해산시킬 수 있을 것이고 전승을 가히 기약하리라 하여 이에 내장군이 병사를 거느리고 쿠터바이레이[801]에 도착하였다.

16일에 웰링턴과 함께 교전하여 패하니 영국 군대 안에 포대가 없고 벨기에의 기마병이 또 전장으로부터 도망가니 웰링턴이 피에돈[802]에서 보병을 가지고 내장군의 기마병을 와서 충돌하니 내장군이 위급할 즈음에 구원병이 마침 도착하여 큰 승리를 이내 얻고 돌아가니 부르그의 패전 소식을 듣고 뜻을 결정하여 워털루에 물러나 도착하였다.

17일 아침에 치네이포[803] 지방을 가서 지날 때에 프랑스 병사가 따라와서 공격하여 해산하는 것을 당하니 이에 영국군이 길을 따라 감에 막힘이 없어서 워털루 마을에 밤이 되어 도착하니 이 밤에 큰 비가 오다가 새벽에 점점 맑아지거늘 두 군대가 성을 대하여 펼쳐져 있으니 프랑스 병사는 7만 1천 명과 포가 246대이고 영국 병사는 6만 7천 명과 포대가 156개이다.

1시에 나폴레옹이 휘하 병사를 사납게 공격하여 그 앞 부대를 깨부수니 곁에 있던 벨기에와 네덜란드 병사가 다 무너지고 흩어졌는

---

800) 부르그(步魯格, Gebhard Leberecht von Blücher, 1742~1819)
801) 쿠터바이레이(苦忒白雷, Quatre-Bras)
802) 피에돈(撇敦, Sir Thomas Picton)
803) 치네이포(奇內潑, Genappe)

데 영국 병사는 서 있는 것이 담장 같아서 견고하게 지키며 움직이지 않고 프로이센 병사가 와서 구해주는 것을 간절히 기다리고 있었는데 나폴레옹이 여러 차례 공격을 하자 나아가지 않았다.

또 뒷 부대가 와서 도와주기를 바랬더니 7시에 내장군이 뒷 부대 병사들을 거느리고 도착하니 프로이센 장군 부르그가 또 좌익군 병사를 가지고 도착하거늘 웰링턴이 담력 기운이 더욱 굳건하여 군 안에 명령을 내려서 전 부대가 프랑스 군을 충돌하고 프로이센 군대가 힘을 다하여 도우니 소리가 크고 시끄러워서 프랑스 병사를 종횡으로 소탕하여 뜻밖의 승리를 크게 얻으니 프랑스 병사가 무기를 버리고 달아났는데 프로이센 군대가 쫓아가니 나폴레옹이 패잔병 중에 섞여 있어서 황급하게 내뺄 때에 어렵고 막힌 것을 널리 돌아보고서 19일에 샤를루아[804)]에 도착하고 20일에 리옹에 도착하여 31일에 파리에 돌아왔다.

제88절 **나폴레옹이 두 번째 퇴위하다**

파리성 가운데에 노랫말이 벌처럼 일어서 사람마다 원망하고 두려워하니 정세가 장차 변동이 생기는데 나폴레옹이 이내 병권을 장악하고 싶거늘 레프투오[805)]가 의원 중에서 이해의 말로 연설을 하는데 나라 정세의 위급한 것이 이보다 더 깊음이 없으니 여러 주군은

---

804) 샤를루아(佳里罷, Charleroi)
805) 레프투오(雷佛脫, Gilbert du Motier, marquis de La Fayette, 1757~1834)

마땅히 마음을 같이 하고 힘을 합쳐서 이 어려움을 구하는데 만일 나폴레옹이 1시에 스스로 자리에서 물러나지 않으면 우리들이 함께 물리치고자 하였다.

뤼시앵이 그 형을 권장하여 의원을 해산하고 정권을 거두어 드리라고 하였는데 나폴레옹이 더디게 끊지 않고 감히 먼저 치지 못하고 비로소 위협을 사용하다가 끝내 빌면서 그 자리를 이내 회복하고자 하더니 의원이 그 죄를 밝게 정하여 가히 말참견을 할 수 없으니 결국 머리를 수구리고 항복하여 퇴위의 조서를 스스로 서명하니 이 때인 즉 6월 22일이었다.

그 조서에 말하기를, "내가 국민 자유를 보호하고 지키고자 했기 때문에 위험을 무릅쓰고 출전하는 것을 꺼리지 않은 것은 사람마다 힘을 합치고 서로 도와서 이룩하는 것에 이르기를 기약하였더니 뜻밖에 일이 바라는 것과 함께 어그러져서 여러 영웅이 서로 핍박하니 내가 스스로 희생의 자리를 빼앗기지 않으면 즉 내가 비록 죽으나 또한 유감이 없을 것이다. 내가 퇴위한 뒤에 마땅히 우리 아들을 이름하여 '나폴레옹 2세'라 하여 자리에 오르고 여러 신하는 잠시 의원을 설립하고 대리의 사람을 선거로 뽑아서 내 아들이 자라기를 기다려서 직접 정치를 하게 하는데 여러 신하들은 나라를 위하여 힘을 베풀어서 스스로 사사로운 마음을 가지지 말라. 이와 같이 한즉 태평을 가히 기약할 것이고 자유의 나라를 가히 영원히 보전하리라." 하니 이에 정부 중에 집정한 자가 5명이니 말하기를, 그니야[806], 구라인[807], 지나투오[808], 쿠이나트[809], 푸치이다.

---

806) 그니야(格尼亞, Paul Grenier, 1768~1827)

나폴레옹의 아들이 자리를 잇는 것을 용납하지 않거늘 뤼시앵이 오히려 그 형을 도와서 다투다가 마침내 세력으로 의회를 제압하여 복종시키지 못하고 이에 한을 머금고 다른 곳으로 갔다. 나폴레옹이 마이메종 별장에 물러나 도착하여 떠나고 남기를 능히 스스로 결정하지 못하더니 정부의 명령을 홀연 접하니 이에 협박하여 머무르는 것을 허락하지 않았다.

29일 땅거미 질 무렵 바로 마이메종으로 말미암아서 나아갈 때에 마차로써 온갖 기구를 묶어서 싣고 스스로 종을 따라서 마차 가운데에 섞여서 가면서 헤아리지 못하는 것을 대비하였다.

7월 3일에 루오치푸[810]에 이르러서 미국 대륙에 들어가서 화를 피하기를 생각하고 레제알[811] 배를 타고 바다로 나아가니 누가 영국 순찰 배가 몰래 항구를 지켜서 갑자기 능히 나아가지 못할 줄을 알았겠는가. 루오치푸로 이내 돌아왔다.

당시에 영국과 프로이센의 군대가 프랑스 병사를 이미 패하고 바로 승리를 타서 파리로 나아가 공격할 때 여러 날이 못되어서 도착하니 파리의 여러 신하들이 힘껏 능히 지키지 못하는 것을 스스로 짐작하고 바로 항복의 글을 드리니 연락하고 운송하여 성에 나아갔다.

8일에 루이 18세가 자리에 복귀하니 웰링턴이 성 안에 군대를 주둔

---

807) 구라인(穀拉殷, Armand Augustin Louis de Caulaincourt, duc de Vicence, 1773~1827)
808) 지나투오(指拿脫, Lazare Carnot, 1753~1823)
809) 쿠이나트(魁納忒, Rochemont, 1762~1821)
810) 루오치푸(羅氣福, Rochefort)
811) 레제알(賴賽兒) 배 이름이다.

시키고 병사를 엄하게 경계하여 크고 작은 방을 훼손하지 못하게 하라 하고 프로이센 장군을 권장하여 노략질을 하지 못하게 하기 때문에 파리의 아름다운 집들이 다 보전함을 얻으니 이는 웰링턴의 힘이다.

이 때에 지중해의 영국 순찰 배로 유명한 보레펑[812]은 배주인이 "메이트런[813]"이니 루오치푸 사람들이 월일의 소식이 없음을 홀연 접하고 이르는데, "나폴레옹이 순식간에 도망칠 것이니 지키는 망이 새도록 하지 말라" 하였는데 메이트런이 특별히 주의하여 지키더니 10일에 보니 찢겨진 흰 깃발을 단 작은 배가 물결을 맞아서 오거늘 접견하는 것에 이에 샤프레가 라이카이시[814]와 함께 터바이레이[815]가 영국 해군 제독에게 보내는 편지를 가지고 있었다.

그 사람이 묻는데, "나폴레옹이 프랑스 배나 혹은 중립국의 배를 타고 자유롭게 바다로 나아갈 것이니 영국 조정이 능히 법을 윤허하지 않아서 메이트런이 능하지 못한다"고 답하고 그 편지를 제독에게 대신 전달하니 며칠이 지남에 라이카이시가 메이트런에게 편지로 문의하였는데 메이트런이 다시 편지를 얻지 못하여 이를 아뢰고 영국 조정이 장차 황제를 폐하고 잡아들일 생각이 있는 것을 몰래 드러냈는데 라이카이시가 나폴레옹에게 보이니 13일에 나폴레옹이 루오치푸[816]로부터 편지를 영국 태자에게 보내서 그 감싸고 보호하는 것을 구하였다.

---

812) 보레펑(帛勒風) 배 이름이다.
813) 메이트런(梅特倫, Capt. Frederick L. Maitland, 1777~1730)
814) 라이카이시(賴開西, Emmanuel de Las Cases, 1766~1842)
815) 터바이레이(忒白雷, Antoine de Savary)
816) 앞의 한자는 '羅氣福'인데 여기는 '梅氣福'이다. 羅의 오기로 보인다.

또 라이카이시가 메이트런 장소에 다시 도착하여 주저하다가 이내 말하기를, 만일 내 배에 올 것이라면 마음대로 스스로 해안에 오르지 말고 반드시 정부에 명이 있는 것을 기다려서야 가하다고 하니 라이카이시가 윤허하고 바로 나폴레옹을 가서 불러서 배에 오르고자 하는데 메이트런이 힘껏 그치게 하며 말하기를, "우리가 아침에 명을 받들지 못하였으니 사사로이 접촉해서 들이면 나에게 불편할 것이 있을까 두려우니 지금에 너희를 위하여 계산하자면 오직 영국의 여러 주군에게 힘을 다하여 보호하는 것으로 빠르게 구해야 아무런 탈이 없을 것이다" 하니 라이카이시가 말하기를, "이미 구하였다"고 하였다.

15일 아침에 나폴레옹이 보레펑 배에 올라서 메이트런에게 일러 말하기를, "내가 오는 것은 명을 영국 태자 랭핑샤[817]가 부탁하는 것입니다." 하였다. 얼마 있다가 영국 해군 제독이 도착하여 서로 인사하고 의심과 시기가 끊이지 않으니 나폴레옹이 배 가운데에 있어서 뭇 병사와 함께 임의로 한담을 할 때에 영국 해군에 정돈된 훈련의 일을 토론하고 뜻이 매우 기뻐서 병사와 함께 마주 앉아 노는 것으로 소일거리를 하더니 한 사람이 판에 들어가는 것을 원하지 않기에 물었는데, "어떤 까닭인가" 하니 말하기를 "재화가 없습니다" 하니 나폴레옹이 웃으며 말하기를, "내가 너를 도울 것이니 훗날에 보상하는 것이 옳다" 하니 그 기쁨의 정을 가히 볼 수 있었다.

이 때에 배가 이미 항해를 하여서 24일에 토베이[818]에 도착하고

---

817) 랭핑샤(仁餠下, George Augustus Frederick, Prince Regent, 1762~1830) 훗날 조지 4세이다.

26일에 플리마스[819]에 정박하니 31일에 영국 정부가 논의를 정하고 나폴레옹을 시리나 섬에 풀어 놓으니 나폴레옹이 듣고 통한해 하며 말하기를, "나를 가지고 부르봉 왕에게 보내서 죄를 다스리면 반드시 바로 죽이지 않을 것이고 지금에 나를 염열의 땅에 두었으니 이는 나의 죽음을 속히 하게 하는 것이라" 하고 조금 있다가 또 말하기를 "세력으로 핍박한 것이다. 내가 진실로 가히 어떠한가가 없음이로다. 그러나 우리 마음에 원하지 않는 것이다" 하였다.

8월 4일에 편지를 영국 조정에 보내서 그 재상이 기다리는 시간이 지나는 것을 꾸짖고 며칠이 지남에 따르는 자와 함께 라오세볼라이[820] 배를 고쳐 타고 대서양에 나아갈 때에 메이트런을 이별하며 감사하여 말하기를, "영국 조정이 나를 기다리게 하기를 이와 같이 하니 나의 바라는 것과 함께 서로 너무 심한 차이가 있었다. 나는 주군이 반드시 일찍 들었을 것이라고 알고 있지만 오히려 은은히 늦게 접하여 예절의 몸가짐이 쇠하지 않았으니 진실로 '군자인'이로다" 하고 10월 5일에 시리나 섬에 도착하여 해안에 올랐다.

제89절 나폴레옹이 죽다

나폴레옹이 섬 안에 있으니 경황이 처량하여 슬픔을 스스로 이기

---

818) 토베이(土倍, Torbay)
819) 플리마스(魄力毛, Plymouth)
820) 라오세볼라이(饒瑟勃來)

지 못하고 종 무리가 항상 섬 안의 총독과 함께 시끄럽게 다투다가 배척하고 욕을 자주하며 총독이 또 말달리는 경계를 한정하여 넘지 못하게 하고 매일 반드시 한 번씩 확인하여 그 도망가는 것을 방지하니 나폴레옹이 분한 것을 능히 참지 못하여 마음이 항상 억울해서 체질이 쇠퇴한 것이 날로 나아가니 비록 많은 방법으로 치료를 하였지만 병이 날로 더욱 나빠져서 1821년 4월 29일에 교사를 특별히 요청하여 이후로 정신이 착란 되는 것을 기도할 때에 황홀 중에 연속되지 않는 말을 내뱉더니 5월 5일에 이르러서 기가 끊어져서 죽으니 나이 52세이다. 의사가 그 시신을 부검하여 위 악창의 병인 줄 알고 4일이 지나 섬 안에 매장하였다.

제90절 **총론**

　아 슬프다. 사람이 세상에 태어남에 어리고 장성하고 늙어서 죽는 것으로부터 유성이 빛나는 것과 같아서 홀연히 보이지 않으니 이는 몸이 언덕 묘지에 돌아가는 것으로 사람이 바로 잊어버리니 비록 친애하는 사람이라 할지라도 생각하기를 오랫동안 하지만 그러나 마침내 잊을 시간이 있으니 소리가 적막하고 소리가 침음하여 황연히 세상에 이 같은 사람이 있지 않는 것과 같고 만일 큰 사업을 세우고 대권을 장악한 자인즉 그렇지 않아서 그 성명이천지에 있는 것이 공기가 인간 세상에 널리 가득 찬 것과 같아서 산꼭대기에 올랐다가 물가로 가는 것을 물론하고 그 성씨를 알지 못하는 이가 없어서 이미 죽고 다시 살아나는 것과 같이 영원히 죽지 않으니 비록 잊고자 하나 어찌 잊을 수 있겠는가.

 오직 내가 생전에 권력이 있는 사람을 보건대 그 하나 것의 일이 매번 처음에 원하는 것으로 서로 반대로 하기 때문에 선과 악이 섞여 밟고, 포와 폄이 섞여 있으니 이것이 결국 공평하고 바른 도리의 품평일 것이다.

 나폴레옹의 사람됨을 칭찬하는 사람도 있고 폄훼하는 사람도 있어서 사람들이 미혹하고 혼란스러워서 가히 논단을 할 수 없으니 응당 그 마음을 평정하게 하여 충돌하는 것으로 생각하면 가히 정하여 공도 있고 죄도 있는 사람이라 할 것이다.

 마땅히 프랑스가 혁명할 때에 어지럽고 어지러움을 물리쳐서 백성이 힘든 것이 심해지더니 나폴레옹이 나와서 평정하고 그 속박을 풀어서 자유를 허락하니 이것은 진실로 막대한 공이고 어지러운 당을 이미 평정하고 분수를 지켜 만족하는 마음이 능히 있어서 모서리를 보수하고 내치를 정돈한 즉 가히 한 대의 어진 군주가 될 것이다.

 그런데 이에 복무하지 않고 물리지 않는 욕심이 있어서 반드시 다른 나라를 병탄하고 유럽을 한데 섞어서 하나로 만들어서 이탈리아의 철관을 쓰고 영국과 러시아가 다리 아래에 기고자 하여 드디어 한 번 패한 진흙 땅에 이르러서 앞의 공을 다 버리니 대개 그 성질이 이기는 것을 좋아하여 즐겨 사람에게 내리지 않고 뜻에 하고자 하는 것을 이루지 않으면 그치지 않아서 매번 한 번 전쟁을 이기는 것에 반드시 수만 명의 사람을 부상하게 하고 유럽을 오로지 하는 권세가 전혀 사람의 피를 가지고 인재를 양성해서 이루니 애석한 저 권세의 기틀을 견고한 땅에 건축하지 않고 거칠고 연약한 모래 땅에 건축했기 때문에 바람이 한 번 이르면 바로 날아가 버린다.

세상 사람이 오랫동안 병사를 쓰는 것을 싫어하여 동쪽을 정벌하고 서쪽을 정벌하는 것에 전쟁이 끊이지 않을 때이더니 마침내 여러 나라가 다 일어나서 공격함에 황제 자리가 뒤집혀서 우울하고 근심하여 죽으니 이것은 이내 병사를 다하고 무관을 더럽힌 업보이다.

　　살았을 때 권력으로 일관하여 사람을 복종시키고 모든 일이 순조롭게 되어가는 중에 심취하여 마음에 거슬리는 일을 능히참지 못하더니 하루 아침에 구속을 당하여 힘든 상황을 준비하고 받으니 후세에 복을 만들고 위엄을 만드는 자들이 들으면 경계하고 두려워하여 또한 이르는데 "저 하늘이 중벌을 그 몸에 이미 가하였다고 하지만 그러나 그 일생에 일을 하는 것이 하느님이 절단하는 것이 있는 줄을 알지 못하고 힘써 권세를 확장하고자 하여 자기 위에 다시 권세를 장악한 사람이 있는 줄을 믿지 못하고 그가 죽을 고비일 때에 또 전쟁터에서 죽지 않고 선종함을 얻어 하느님이 내려주신 것을 감사하게 생각하니 그 언행이 부합되지 않는 것이 이와 같았다.

　　그 병사 사용을 잘하여 백전백승을 하는 것에 이르러서 대장이 부끄럽지 않고 한 칼을 들고서 이것을 가지고 여러 영웅을 매질하는 것에 전 유럽을 위하여 놀라게 하니 이는 반대로 취하고 순순히 지키지 못하여 드디어 전투의 공적으로 언덕에 묻히는 것을 의탁하고 정사의 일을 진토에 위임하며 필생의 힘을 다하여 이것으로 권세를 빼앗아서 마침내 존경과 번영을 오래도록 누리지 못하고 수조 명의 사람 생명을 없애서 이것으로 자유를 넓히려다가 마침내 감금되는 것을 스스로 면하지 못하니 필부로부터 올라가서 제왕이 되고 제왕으로부터 내려가서 죄수가 되니 성패의 빠름이 가벼운 기운이 날아올라 빠른 것과 함께 서로 같도다.

알렉산더는 장성의 나이에 죽었고, 로마 카이사르는 자객의 손에 죽었고, 나폴레옹은 황량한 섬 안에서 죽으니 고금의 수레바퀴 자국이기에 진실로 가히 슬프도다. 그러나 그 승리의 좋은 마음을 보건대 나아가서 더욱 올라가는데 세계가 오히려 작아 보여서 족히 그 펼치는 것을 이바지하지 못할 것 같으니 비록 공과 패가 다 이루어져서 큰 바램을 다 갚을 수 없으나 그 세우고자 한 사업과 장악하고자 한 권세가 역사책을 둘러보는데 능히 미칠 사람이 있지 않으니 진실로 옛날과 지금에 제일 영웅이다. 어찌 사람들이 역사를 오래도록 잊지 않도록 하지 않겠는가.

융희 2년(1908년) 12월   일 인쇄
융희 2년   일 발행

정가　　금 40 전

역술자　박문서관 편집부
발행자　노익형
발행소　박문서관
인쇄소　탑인사
발매소　경성 남대문내 상동 박문서관
　　　　　개성 종로 흥학서포
　　　　　평양 종로 태극서관
　　　　　경향 각 서포

해설

나파륜사
: 유럽을 제패한 영웅 나폴레옹 일대기

조상우

Ⅰ. 들어가며

조선은 19세기 말기부터 서구 열강들의 문호 개방 요구를 받으며 쇄국을 중심으로 한 정책을 펴고 있었다. 여기에는 이항로를 중심으로 한 "위정척사"가 그 중심에 있었다. 이는 당시 유학자들이 중심이 되었고 그 사상의 기저에는 성리학이 자리 잡고 있다.

반면 계몽주의자들은 서양의 신학문을 배워서 현재의 조선을 더 발전시켜야 한다고 주장을 하였다. 이들은 주로 일본 유학생과 당시 조선에서 외국어를 습득하고 선교사들이 가르치는 학교를 졸업한 사람들이었다. 여기에 개신교 신자들도 함께 참여를 하였다.

조선은 1896년 갑오농민운동을 중심으로 많은 정치적 변화를 겪는다. 조선 정부는 갑오개혁으로 인해 그동안 조선에 있었던 여러 가지 제도를 바꾸고자 하였다. 그 대표적인 것이 노비철폐와 과부의 개가 등이다. 이는 조선에서는 변하지 않을 것만 같았던 제도들이 사라지는 것이다.

게다가 조선은 1905년에 일본에 의해 을사늑약을 당해서 외교권을 박탈당하는 등 정당한 국가의 자격과 모습을 갖출 수 없었다. 조선의 마지막 임금인 고종은 대한제국을 선포하여 황제라 칭하기도 하지만 여전히 할 수 있는 것은 아무것도 없었다. 이러한 상황이다 보니 조선의 국민들은 위정자를 비롯하여 당시의 양반을 믿고 따를 수가 없는 상황이었다.[1]

조선시대에 민중들이 〈정감록〉을 읽으며 정도령을 기다리던 상황과도 비슷할 것이다.[2] 언젠가는 정도령이 나타나서 자신들의 참담한 삶을 구해주었으면 하는 바램이 있었던 것이다. 이러한 상황은 애국계몽기에도 그대로 나타난다. 영웅소설이 인기가 높아져서 딱지본 소설들이 인기를 끌었다. 영웅소설이 인기를 얻은 것도 바로 자신들을 구원해 줄 영웅이 오기를 기다린 것이다. 여기에 여성영웅, 신여성 등이 함께 등장한다. 이는 시기적 특성을 반영한 것이라 할 수 있다.

여기에 한 가지 더 특이한 사항은 서양의 영웅이나 군주, 또는 신여성을 주인공으로 하는 전기가 일본이나 중국을 통해서 한국으로 유입이 된다는 것에 있다. 그 목록을 보도록 하자.

---

[1] 자세한 사항은 논문을 참조 바람.(조상우, 「애국계몽기 한문산문의 의식 지향 연구」, 고려대학교 대학원 박사학위논문, 2002.)
[2] 조상우, 「단국대학교 율곡도서관 소장 한글본 『뎡감녹』 해제」, 『동양고전연구』 44집, 동양고전학회, 2011.

마찌니·카부르·가리발디의 〈이태리건국삼걸전〉, 프랑스 신여성 롤랑부인의 〈라란부인전〉, 미국 초대 대통령 조지 워싱턴의 〈화성돈전〉, 독일 영웅 비스마르크의 〈比斯麥傳〉, 영국 영웅 올리버 크롬웰의 〈歷史譚 크롬웰傳〉, 러시아 개혁 군주 표트르 대제의 〈彼得大帝傳〉, 헝가리 충신 코슈트 러요시의 〈匈加利愛國者噶蘇士傳〉, 프랑스 영웅 나폴레옹의 〈나파륜전〉

주로 유럽과 미국의 영웅을 주인공으로 하고 있다. 서양에서 일본이나 중국으로 유입이 되어서 그 나라의 표기로 된 책을 일본어와 중국어나 한문으로 번역을 하고, 이러한 책이 다시 조선에 유입되어 국문이나 국한문 혼용체로 중역을 한 것이 대부분이다.

그 내용을 보면 일본, 중국, 그리고 한국이 공통적으로 수용했던 '영웅서사'[3]다. 여기서 '영웅서사'는 장구한 시간동안 존재해왔던 동서양의 특정 서사 양식에 대한 지칭이 아닌 단순히 '영웅'들의 '서사'에 가깝다. 일반적으로 '위인'을 인류 및 세계를 무대로 탁월한 성과를 내거나 보편적 귀감이 되는 인물이라 할 때, '영웅'은 武力의 범주나 특정 국가를 흥성시킨 정치의 영역 위에 존재했다.[4]

---

[3] '영웅서사'의 정의와 범주는 "영웅의 일대기 및 역사적 사건을 서사적으로 재구성한 제 출판형태(단행본 및 신문/잡지 기사)"로 정리된다. 엄밀히 말해 이 개념은 그 대상만을 '영웅'으로 한정했을 뿐 '전/전기'의 정의에서 멀리 벗어나지 않는다.(손성준, 「국민국가와 영웅서사: 『이태리건국삼걸전』의 서발동착(西發東着)과 그 의미」, 『사이間SAI』 3, 2007.; 윤영실, 「『소년』의 '영웅' 서사와 동아시아적 맥락」, 『민족문화연구』 50, 2010.; 윤영실, 「최남선의 수신(修身)담론과 근대 위인 전기의 탄생」, 『한국문화』 42, 2008, 109~111쪽)

[4] 손성준, 「영웅서사의 동아시아 수용과 중역의 원본성 : 서구 텍스트의 한국적 재맥락화를 중심으로」, 성균관대학교 박사학위논문, 2012, 3쪽.

엄연히 전기류인데도 불구하고 의도적으로 '전'이라는 용어를 배제하고 '역사담'이라는 표제가 붙거나 '잡찬' 항목을 통해 다뤄진 케이스도 다수 존재했다. 특히 '전'을 부기하되 '정치소설', '신소설' 등의 표제를 첨가하는 등 당대에는 '전' 자체의 용례에 일관성이 결여되어 있었다. 영웅을 다룬 글들의 경우 변폭이 커서 '소설' 혹은 '전'으로 쉽게 묶일 수 없는 면이 있다.[5]

그러면 위에 예로 들었던 각 작품의 주인공들을 살펴보자. 이탈리아 건국을 주도했던 3명의 영웅, 미국 초대 대통령, 영국과 독일, 그리고 헝가리의 영웅이자 충신, 러시아 개혁 군주, 프랑스의 신여성과 황제이다. 이들은 당시 조선이 일본과 외세에 대항하기 위해서는 반드시 필요한 인물이다. 그렇기에 조선의 독자들에게 이들의 활약을 보여주어 조선도 다른 서구 열강과 같이 변할 수 있다는 희망을 주고 있는 것이라 생각한다.

그러면 본 책에서 살펴볼 〈나파륜사〉를 알아보기 전에 나폴레옹과 관련한 책에 대해서 먼저 알아보고자 한다. 나폴레옹과 관련한 가장 먼저 연재된 서사물은 현재로서는 「한성신보」의 〈拿破崙傳(나보례전)〉이라 할 만하다. 현재 남아 있는 신문 중, 〈拿破崙傳(나보례전)〉이 연재되기 이전에 보여준 신문 체제가 그를 방증하기 때문이다. 1895년 9월 2일[102호]부터 1895년 11월 5일[130호]까지의 「한성신보」를 보면, 초기 신보에서는 장편으로 된 연재물이 실리는 것이 거의 불가능했다는 것을 알 수 있다.

---

5) 윤영실, 「최남선의 근대적 글쓰기와 민족담론 연구」, 서울대학교 박사학위논문, 2009, 33~35쪽.

〈拿破崙傳(나보례전)〉이 연재되기 시작한 1895년 11월 7일은 미국 공사 알렌과 러시아 공사 베베르 등에 의해 을미사변을 두고 일본이 조직적으로 개입한 사건이라는 점이 알려져, 서양으로부터 갖은 비판을 받고 있던 때였다. 이런 상황에서 일본이 내세운 권력 평균은 국제적 비판에 대한 조선 민중의 협조를 구하는 주의 및 주장을 대신한 것이라 할 만하다.[6]

　이런 점에서 볼 때 〈拿破崙傳(나보례전)〉을 순수하게 오락적 장치로 보기 어려운 이유다. 특히 「한성신보」는 조선총독부 기관지 역할을 하고 있으며 〈엿장사〉 등의 친일소설을 게재하고 있어서 〈拿破崙傳(나보례전)〉을 근대소설로 읽는 것은 다소 신중할 필요가 있지 않을까 한다.

　다음으로 살펴볼 책은 〈나파륜전사〉이다. 1908년 경성의 義進社에서 간행한 것으로 표제는 '拿破崙戰史 上'이고, 판심제는 '伊太利役前의拿破崙 외'이며, 유문상 번역이다. 책은 선장이고 크기는 22.1×15.2cm이고, 14行 35字 정도이다. 판권지는 隆熙二年(1908) 八月九日發行이다. 목차를 보면 第1章, 伊太利役前의拿破崙. 第2章, 伊太利役. 第3章, 埃及시리아의役. 第4章, 伊太利바위아리아役 등이다.

　지금은 아세아문화사에서 간행한 한국개화기문학총서 역사.전기소설 9권에 〈몽견제갈량〉과 〈나파륜사〉가 함께 영인이 되어있다.

---

6) 김영민, 『한국근대소설의 형성과정』, 소명, 2005.; 김영민, 『한국의 근대신문과 근대소설 2』, 소명출판, 2008.; 김준형, 「「한성신보」 수재 고전소설의 실상과 향유양상」, 『고전문학연구』 제48집, 한국고전문학회, 2015.

〈나파륜전사〉의 분량은 '175~352쪽'으로 여타 작품보다는 긴 편이다. 그리고 번역자가 밝혀 있다는 것도 하나의 특징이라 할 수 있다.

마지막으로 우리 책의 저본인 〈나파륜사〉이다. 〈나파륜사〉는 프랑스의 황제인 나폴레옹(1769~1821, 拿破崙, Napoleon)의 일대기를 번역하여 발행한 책이다. 융희(隆熙) 2년(1908) 박문서관 편집부에서 譯述하고, 박문서관에서 발행한 책이다. 분량은 1권이고 총 178쪽이다.

목차는 총 90절로 구성이 되어있는데, (1) 나파륜(拿破崙) (2) 종족부모(宗族父母) (3) 유치지사(幼穉之事) 등으로 시작해서 마지막 총론으로 끝을 맺고 있다. 표지는 후대에 개장하였으며, 판권지에는 발행년이 융희(隆熙) 2년(1908)으로 되어있으나, 속표지에는 융희(隆熙) 3년(1909) 박문서관에서 발행된 것으로 기록되어 있다.

Ⅱ. 영웅이 되기 위한 젊은 나폴레옹의 형상화

전기 작품의 처음은 주인공의 집안과 출생을 다루는 전기적 서술이 주를 이루고 있다. 〈나파륜사〉에서도 기존과 마찬가지로 나폴레옹의 출생을 다루고 있다. 그 내용을 보기로 한다.

나폴레옹은 지중해 제일 섬인 코르시카에서 태어났다. 섬은 이탈리아 서남부에 있어서 산봉우리가 중첩해 있고 물산이 풍부하였다. 처음에는 아랍의 지배를 받다가 예수가 강림한 지 십일 주년에 이탈리아 연방의 제노아가 쌀을 거두어들이고 문인들을 내쫓고 빼앗아서 점거하였다. (중략) 프랑스 사람이 섬에 자리 잡은 지 여러 달에 나폴레옹이 코르시카의 "아작시오" 성에서 비로소 태어나니 이 때는 1769년 8월 15일이다. 혹은 말하기를, 그 아내를 맞아들일 때 쓴 '혼인책'에는 1769년 2월 5일에 출생이라 하니 〈나파륜사〉 1~2쪽

나폴레옹은 이탈리아 서남부의 코르시카섬의 아작시오성에서 1769년 2월 도는 8월 출생이라고 적고 있다. 이 지역은 처음에 아랍의 지배를 받다가 이탈리아 연방에 편입되어 지금에 이르고 있다고 한다. 나폴레옹이 이렇게 이탈리아 출신이기에 이탈리아 왕이 되려는 욕심을 드러내기도 한다.[7]

나폴레옹의 출생지와 출생일을 알아보았다. 그러면 나폴레옹의 부모는 누구인지 살펴보기로 한다.

나폴레옹의 아버지 이름은 찰스이니 자태와 용모가 아름답고 구변을 잘하며 피사 대서원(大書院)에서 직업을 익힐 때 형법을 배우고 익혀서 이로써 글에 의지함이 있었다. 나이가 19세에 레티치아에게 장가들어서 아내로 삼으니 그 선대에 이름이 또한 금책에 올라서 차얼과 함께 가문은 서로 비슷했지만 집이 근본적으

---

7) 이러한 상황은 나폴레옹과 공작부인의 대화에서 자연스럽게 드러난다.(공작 부인이 나폴레옹의 의향을 살피고자 하여 농담 삼아 말하기를, "장군님. 어제 저의 꿈에 당신이 이탈리아 왕이 되었다"고 하니 나폴레옹이 매우 기뻐하여 그 귀에 대고 말하기를, "내 꿈에도 또한 이러한 증상이 항상 있으나 다만 내가 본래 이탈리아 사람이라 마땅히 먼저 프랑스 왕이 되고 이탈리아 왕이 될 것이다" 하였는데, 부인이 변색하며 말하기를, "나는 민주 국민이고 당신도 또한 민주국의 사람인데 어찌 이런 말을 말하십니까" 하니 나폴레옹이 신중하지 못함을 스스로 알고 급히 말을 고쳐서 말하기를, "나도 또한 영원히 민주를 받들 것이다" 하고 인하여 멍청한 모양을 거짓으로 내고 그 뺨을 웃음 지으면서 이탈리아 노래를 큰 소리로 부르다가 갔다. 〈나파륜사〉 61~62쪽)

로 초라했기에 아내를 취한 후에 가난함이 더욱 심하다 보니 주선하여 아작시오 율사가 되니 그 총명함과 재치있게 말을 잘하여 여러 율사 위에 뛰어났다. 〈나파륜사〉 3~4쪽

나폴레옹의 부친은 이름이 찰스이고, 모친의 이름은 레티치아이다. 나포레옹 부친에 대한 평가를 보면 자태와 용모가 아름답고 구변을 잘 한다고 서술하고 있다. 구변을 잘해서인지 아작시오의 율사로 활동을 한 것으로 서술하고 있다. 전체적으로 총명하고 재치있게 말을 잘한다고 평하고 있다. 그런데 나폴레옹 부모와 그 선대는 가문이 초라했고, 결혼 후 더욱 가난해져서 율사를 하려고 노력한 듯이 보인다. 다음은 나폴레옹의 어린 시절을 살펴보도록 한다.

1779년에 나폴레옹의 나이가 9세이니 비록 나이가 어리지만 비로소 코르시카를 떠나서 브리엔 군사학교에 들어가서 수업을 익히니 비록 어릴 때라도 표현하는 것이 없으나 성질은 잡음이 굳세며 기계를 옮김에 빠르고 총명함이 무리 중에서 뛰어나서 학교에 있은 지 6년만에 프랑스 언어와 문자를 익히게 연습하고 산술을 자세히 통하며 역사책 읽기를 즐거워하였다. 〈나파륜사〉 5쪽

나폴레옹은 자신이 태어난 코르시카를 9살이 되는 1779년에 떠나 브리엔군사학교에 입학을 한다. 어린 나폴레옹에 대한 평가를 보면, 성질이 굳세고 기계를 옮기는 것이 빠르고 무리 중에서 총명함이 돋보인다고 하였다. 군사학교에 입학하고 6년만에 프랑스 언어와 문자를 다 익혔으며, 산술과 역사를 좋아한다고 기술하고 있다. 나폴

레옹은 뒤에서도 나오지만 역사[8]에 지대한 관심을 가지고 있는 인물이다.

> 1783년에 프랑스 왕이 대신 클레리스를 파견하여 군사학교의 모든 학생들에게 시험을 보게 할 때에 나폴레옹이 산술과 국사를 깊이 통찰했고 몸이 강하며 힘이 세고 시찰과 호령을 중하게 하는 것으로 가히 군대의 책임을 맡길만하다고 하여 드디어 같은 해 10월에 파리 육군사관학교에 입학하여 수업을 이어 듣고 책략을 연구함에 더욱 정진함을 구하니 (중략) 상급 무리에 있었다. 〈나파륜사〉 6쪽

나폴레옹은 1783년 13세에 파리 육군사관학교에 입학한다. 전술했듯이 나폴레옹은 시험을 보면 산술과 역사에 깊이 통찰하여 점수가 높았던 것 같다. 그리고 체력이 더 강해졌고 시찰과 호령을 중요하게 여겨 군대의 책임을 맡길만한 인물이라 평가하고 있다. 파리 육군사관학교에서도 수업을 잘 받고 훈련도 열심히 하여 상급 무리에 속하는 학생이라고 서술하고 있어 앞으로 군 장교로 역할을 잘할 것이라는 추측을 가능하게 하고 있다.

---

[8] 나폴레옹과 아주 절친인 블리언의 말을 통해 나폴레옹이 역사책을 좋아했고 영국에 대한 대항심이 컸다는 것을 알 수 있다.(나폴레옹이 군영 안에 있으면서 날이 저물도록 노동을 하고 야간에는 반드시 블리언에게 작은 시간이라도 책을 읽게 하고 자리에 앉아 조용히 듣고서 심신을 고르게 기르니 블리언이 사람들에게 얘기하여 말하기를, "내가 항상 찾는 역사책을 읽으면 네가 자다 깨달을 하다가 만일 영국 역사를 읽어서 크랑푸얼의 일에 이르면 네가 반드시 귀를 기울이고 들어서 피곤한 것을 잊고 밤새도록 자지 않았다."고 하였다. 〈나파륜사〉 77쪽)

나폴레옹이 프랑스 군대에 들어간 것으로부터 2, 3년 중에 군대 행정을 부지런히 익히고 장군 참모 등과 함께 사귀는 것으로 관계가 흡족하여 1788년에 피렌체로 말미암아서 군대를 라이언스에 옮길 적에 〈나파륜사〉 7쪽

나폴레옹은 파리 군사학교에서 체계적인 군사훈련과 수업을 받고 졸업을 한 후에 실제로 군 복무를 하며 군대 행정을 부지런히 익히고 다른 장군 참모 등과도 관계를 좋게 유지하는 군인으로 묘사하고 있다. 나폴레옹은 18세인 1788년에 피렌체로 군대를 옮겨서 생활을 하게 된다.

이후 나폴레옹은 다양한 전투에 투입이 되어 많은 계책을 활용하여 승리를 많이 거둔다. 브리엔 군사학교와 파리 육군사관학교에서 체계적인 훈련과 수업으로 인해 나폴레옹은 영웅의 자질을 키워 나갔다고 볼 수 있다.

Ⅲ. 민중의 영웅인 나폴레옹의 형상화

앞서 나폴레옹의 출생과 어린 시절, 그리고 군사학교와 육군사관학교에서의 활동 사항을 알아보았다. 이 시기는 영웅의 면모를 보이기 위한 준비단계라고 한다면 이제부터는 실제 전투에 투입된 나폴레옹의 영웅적 모습을 살펴보기로 한다.

(나폴레옹이) 1792년 3월에 포병 군영 수비에 오르니 그 때를 잘 쫓아 말미암음이다. 그런 이유로 승천이 이같이 빠르고 보직

을 받은 후에 군주의 명령을 받들지 못하여 곧 군영을 떠나서 파리에 이르러서 왕에게 다시 쓰임을 구하여 능히 원하는 것과 같지는 못하였다. 7월에 파리 민당(民黨)이 튈르리 왕궁(王宮)에 공격하여 오거늘 나폴레옹이 파리에 있어서 그 일을 목격하고 깊이 민란이 창궐한 것과 프랑스 왕의 유약한 것을 한탄하여 이르기를, "만일 포수존(礮數尊)을 사용하여 공격을 도우면 곧 가히 이 민란을 섬멸할 것이지만 권력이 있지 못하니 어찌 할 수가 없습니다" 하였다. 〈나파륜사〉 9쪽

나폴레옹은 22세인 1792년에 포병 군영 수비의 임무를 맡는다. 처음에는 승진이 빨랐는데 이 시기에 군주의 명령을 받지 못하여 쓰임을 제대로 받지는 못한 듯하다. 이러한 상황에 나폴레옹은 파리에 있으면서 민당이 왕궁을 공격하고 민란이 창궐하는 것과 프랑스 왕이 유약한 모습을 보게 된다. 그리하여 나폴레옹은 포대만 사용하면 민란을 섬멸할 터인데 권력이 없음을 한탄하고 있다. 이러한 모습에서 나폴레옹은 거대한 욕심이 있고, 이를 실현하기 위해 노력하는 모습이 보인다.

나폴레옹이 말하기를, "성을 공격한 즉 하는 일 없이 헛되이 세월을 오래 보낼 뿐만 아니라 능히 승리하는 것을 반드시 기약하지 못할 것이니 만일 포대를 라르수 산 위에 축조하여 포구에 연합군의 정박한 배를 옮겨 가게 하고 그 돌아가는 길을 끊으면 성중에 병사들이 머무르기 어려울 것이니 이와 같이 한 즉 툴롱이 우리에게 있을 것이다"라고 하였다. 〈나파륜사〉 12쪽

이 예문을 보면 나폴레옹의 전술 계책이 보인다. 나폴레옹은 전쟁 지역의 지형을 먼저 생각하고 어느 것이 더 유리한 것인지를 파악한다. 나폴레옹은 성을 공격하는 것은 승리를 확신할 수 없으면서 시일만 늘어날 것이라고 말한다. 그러고는 산 위에 포대를 만들고, 포구에 있는 연합군의 배를 옮기게 한 후 돌아가는 길을 끊는다면 자연 이 전쟁에서 승리할 것이라 말하고 있다. 전쟁에서 계책의 중요함을 다시 한번 강조하고 있다.

나폴레옹이 사람을 시켜 일러 말하기를, "지금 새로운 법률에는 무릇 작고 약한 나라가 이른바 중립이 없고 전쟁을 돕지 않는 자는 바로 적이니 만일 중립하고자 한다면 반드시 나라 세력이 강대하여야 이에 옳고 그렇지 않으면 반드시 길을 임시로 하고 또한 응당 음식을 공급하여 동도(東道)의 주인이 되어야 한다. 무릇 내가 온 것은 장차 국민에 자유권을 펴게 하는 것이니 삼가 뜻이 있어서 사이가 멀어져 죄를 천하에 얻지 말라" 하였다. 〈나파륜사〉 14쪽

나폴레옹은 1794년에 장군의 부장으로 뽑혀 이탈리아 정벌에 참여한다. 이 때 여러 장군들에게 병사를 거느리는 법과 함께 다양한 계책을 배우게 된다. 나폴레옹은 위 예문에서와 같이 약육강식의 논리를 설파하고 있다. 약한 나라는 중립국이 될 수 없고 나라의 힘이 강해야만 중립국을 할 수 있다고 말하고 있다. 이어 전쟁을 돕지 않는 자는 적이라 단정하고 있으면서 자신이 이탈리아에 온 것은 국민들에게 자유권을 펴게 하는 것이라는 정당성을 제시하면서 전쟁을

도와서 죄를 짓지 말라고 한다. 이 때의 나폴레옹은 진정으로 자유를 국민들에게 주려고 노력하는 인물로 보인다.

  조세핀이 그 친구 라이카이도에게 개인적으로 알리어서 혼인을 주관하고자 하니 라이카이도는 파리의 나이 많은 서리이다. 웃으며 일러 말하기를, "네가 진정 이와 같이 미쳤는가! 저 소년 남자에게 시집을 가고자 하느냐? 저 사람은 가진 것이 없고 불과 한 개 옷과 한 개 칼만 가졌을 뿐이다." 하였다. 조세핀이 시집갈 뜻을 이미 결정하여서 결정을 움직이지 않았다. 나폴레옹이 그 말을 듣고 기록하여서 잊지 않고자 하였더니 〈나파륜사〉 21~22쪽

나폴레옹은 조세핀과 결혼하기 위하여 여러 가지 애를 쓴다. 그리하여 조세핀과 결혼을 하기로 했는데 조세핀이 자기의 친구에게 나폴레옹이 어떠냐며 물어본다. 그런데 조세핀의 친구는 조세핀이 미쳤다고 하고 아무것도 가진 것이 없는 사람에게 시집을 가냐며 핀잔을 준다. 그런데 조세핀은 친구의 이러한 핀잔에도 불구하고 나폴레옹과 결혼을 결정해 버린다. 조세핀은 이 때의 나폴레옹에게 믿음을 가진 듯하다.

  조세핀의 친구가 했던 아무것도 없는 사람이라는 말을 나폴레옹이 듣고 나중에 프랑스 황제가 된 후에 조세핀의 친구에게 지금도 내가 아무것도 없냐면 예전에 자신에게 핀잔을 준 사람에게 말로 앙갚음을 하기도 했다. 이 예화를 보면 나폴레옹은 자신에게 모멸감을 준 사람에게 반드시 복수를 하는 성격의 소유자인 것을 알 수 있다.

감독의 명을 받들고 알프스 산 밖에 이르러서 이탈리아에 정벌하는 군대를 직접 통솔하니 이 때 나이가 27세에 족하지 못하였다. 몸이 작지만 굳세고 능히 노고를 인내하며 얼굴은 그 어머니와 비슷하고 눈빛은 번뜩여서 물건 찾기가 쉽고 행동거지가 위엄이 있으니 이는 천생 장군의 재질이다. (중략) 나폴레옹이 이탈리아에 지도를 자세히 읽어서 모처가 가히 병사들이 나아가고, 가히 병사들을 매복시킬 수 있는 것을 알고 아울러 능히 정탐을 널리 보내어서 적의 정세를 알고 있기 때문에 소식이 신령스럽게 잘 통하며 기이한 계책을 송출하였다. 〈나파륜사〉 22~23쪽

나폴레옹은 여러 차례 전쟁에 참여하게 된다. 이로 인하여 27세의 나이에 이탈리아를 정벌하는 군대를 통솔하기도 한다. 이 당시 나폴레옹의 묘사를 보면 몸은 작지만 여러 가지 힘든 일을 잘 참고 눈빛이 번뜩여서 물건을 잘 찾고 행동거지에 위엄이 있어 천생 장군의 체질이라고 극찬을 하고 있다.

나폴레옹은 전술했듯 해당 지역의 지형지물을 잘 이용하는 인물인 듯하다. 그리고 지도를 잘 볼 줄을 알아서 병사들이 나아가고 매복시킬 수 있는 곳을 잘 알아 두고 정탐을 잘 활용하여 적의 동태를 잘 파악하여 계책이 뛰어난 인물이라 서술하고 있다.

나폴레옹은 '라오티 다리 전투'에서 영웅의 모습을 보여주어 그 이름을 알리게 된다. 이 전투에서는 포를 쏴서 프랑스 병사를 오지 못하게 하였는데 나폴레옹은 포를 쏜 다음에 연기가 낄 때를 이용하여 계속해서 병사들을 달리게 하니 앞의 병사들은 죽는 자가 많았지만 뒤에 따라가던 병사들이 살아서 다리를 빼앗았다. 여기에서도 나

폴레옹의 계책이 뛰어난 것을 알 수 있다.

　　감독에게 급하게 아뢰었는데 "좋은 장군과 정예병을 잃은 것이 이미 많았고 또 외로운 군대로 중첩한 포위에 힘들게 들어갔으니 만일 적병이 힘을 다하여 와서 공격하면 삶을 바라지 못할 것이다" 하거늘 감독이 이 소식을 듣고 이르기를, "나폴레옹이 세력이 곤궁하고 힘이 다하여 반드시 적에게 항복하리라" 하고 몰래 즐겁다고 일컬었다. 〈나파륜사〉 32쪽

나폴레옹이 여러 전투에서 계책으로 승리를 하니 나폴레옹이 제멋대로 할까를 두려워하는 사람들이 늘어나고 있다.[9] 위 예문에 보이는 감독들도 바로 그런 인물이다. 나폴레옹이 적진에 포위가 되어 살아날 가능성이 적다고 보고하는데, 감독은 그 보고를 듣고 나폴레옹이 반드시 항복한다는 생각하며 몰래 즐거워한다는 말을 하고 있다. 이러한 것을 볼 때 나폴레옹의 명성이 많이 높아졌다는 것을 알 수 있다.

　　프랑스 병사가 힘을 다하여 막고 또 싸우고 또 물러나서 나폴

---

[9] 이 부분에서도 나폴레옹이 제멋대로 할까 두려워하지만 나폴레옹의 지략만큼은 인정하고 있다는 것을 알 수 있다.(다섯 감독이 이 편지를 보고 주저하며 결론을 내지 못하는데 만일 이에 명령으로 병권을 손에 쥐면 장래에 제멋대로 날로 뛰어서 더욱 가히 제어할 수 없을까 두려워하고 만일 사직하여 서울로 돌아오는 것을 윤허하면 남아서 군대를 누가 능히 통솔하겠는가. 프랑스 군이 향하는 곳에 대적할 병사가 없어서 이탈리아의 모든 곳에 몰래 다다름은 다 나폴레옹의 지략이 있는 것을 믿은 것이다. 〈나파륜사〉 38~39쪽)

레옹이 비로소 위험에서 벗어났다. 이에 편지로써 감독 카이나토에게 아뢰어서 이르기를, "평생에 전쟁을 여러 번 경험을 했지만 이와 같이 위험한 것은 처음입니다. 적병은 많고 또 용맹하며 우리 군사는 존재함이 거의 없으며 포화 중에 위험에서 벗어나 돌아옴을 얻은 것 또한 다행입니다" 하였는데, 뭇사람이 듣고 드디어 나이가 젊은 용맹한 장군이라 칭하였다. 〈나파륜사〉 33쪽

나폴레옹은 〈나파륜사〉에서 불사조 같은 모습을 보여준다. 전술했지만 나폴레옹이 적진에 포위가 되어 거의 살아 올 수 없는 상황이었는데도 불구하고 나폴레옹은 그 위험에서 벗어난다. 그런데 나폴레옹이 항복하거나 죽기를 바랐던 감독은 힘든 전쟁에서 안전하게 살아서 돌아온 것을 환영하고 있다. 여기에서 나폴레옹의 영웅적 모습이 드러난다고 할 수 있다. 그렇다 보니 프랑스 백성들이 나이가 젊은 용감한 장군이라고 나폴레옹을 일컫고 있는 것이다. 나폴레옹은 위기를 자신의 기회로 만드는 인물이라 생각한다.

프랑스 장군 베르나도트가 나폴레옹과 함께 이탈리아에서 이별하고 일찍 사람에게 일러서 말하기를, "이 나이 적은 장군을 보니 일들을 혼자 결정하여 호령을 내고 명령을 시행함에 민중이 따르지 않는 이가 없으니" 〈나파륜사〉 50쪽

사람들이 영웅의 이름을 사모하는 자가 멀고 가까운 곳에서 모두 오기를 다투어서 풍채를 한 번 보고자 하니 사람들이 보기 시기하는 것을 막기 위해서 숨어서 손님을 보지 않고 매번 야간에

미복으로 도시에 들어가서 사람들이 의논하는 것을 들을 때에 오직 칭탄의 소리가 귀에 끊이지 않은 것을 듣고 인하여 민심이 즐겨 복종함을 알아서 기뻐하였다고 하였다. 〈나파륜사〉 62쪽

나폴레옹은 이제 많은 사람들의 입에 오르내리는 유명한 인물이 되었다. 프랑스 장군 베르나도트가 나폴레옹을 평가하는데 일을 혼자 결정하고 있지만 민중이 따르지 않는 자가 없다면서 긍정적인 평가를 하고 있다.

나폴레옹이 전쟁에서 승리한 후에 파리로 돌아오니 영웅을 보기 위해 많은 사람들이 나폴레옹을 찾아왔고, 나폴레옹도 몰래 밤에 나가서 사람들이 자신을 칭탄하는 소리[10]를 듣고는 민심이 자신에게 복종한 것에 대해 많이 기뻐하고 있는 것을 알 수 있다.[11]

12월 24일에 이 법률을 나라 안에 반포하여 시행하게 하니 이름하여 말하기를, "제8년 법률이다" 하였다. 듀거스와 기네스가 서로 계속하여 그 직을 사양하고 상의원에 물러나 들어가거늘 나폴레옹이 스스로 대통령이 되고 카이바이시아와 리바이루를 천

---

10) 나폴레옹에 대한 민중들의 사랑이 진심으로 느껴지는 부분이기도 하다.(나폴레옹이 펠리체로 쫓아서 파리성에 도착하니 의기가 날아 올라서 개선하는 것과 다름이 없었다. 들으니 길 중에서 다 금자탑의 승리한 일을 이야기하여 같은 목소리로 찬미하고 심지어 가요를 편성하는 자가 있었는데. 〈나파륜사〉 82쪽)
11) 이 부분에서도 나폴레옹이 포를 이용한 계책으로 승리를 얻은 것이다.(나폴레옹이 아크레에서 잠시 떠난 때를 당하여 영국인이 성밖에 참호와 해자를 건축해 나아가고 병사를 일렬로 세워 지키니 이로부터 프랑스인이 나아가서 공격을 하는데 그 성의 담에 가까이 못하더니 다행히 요파로부터 18파운드 무게의 큰 대포 몇 개가 도착하니 군대의 위엄이 점점 떨쳤다. 〈나파륜사〉 74쪽)

거하여 부통령을 삼아서 튈르리 궁에 옮겨 사니 거동이 스스로
멋대로 하여 함께 부딪치는 일이 없었다. 〈나파륜사〉 88쪽

나폴레옹은 1799년인 29세에 드디어 프랑스의 대통령이 된다.
22세에 처음 군대에서 임무를 받은 지 7년만에 여러 전쟁에서 승리
를 거두어서 이루어낸 업적이라고 할 수 있다. 나폴레옹은 대통령이
되고 두 명의 부통령을 두어서 함께 정무를 보았다. 그럼에도 불구하
고 나폴레옹은 여전히 자기 멋대로 일을 했다는 것을 알 수 있다.

나폴레옹이 이미 황제를 칭함에 교황에게 청하여 면류관을 추
가하라 하니 교황은 피사스드치인데 날씨가 추우면 길이 멀고 나
이가 많아 간신히 걷기에 이것으로 사양하고 주교장과 함께 상의
하였는데 그 형세가 가히 물리치지 못하였다. 이에 11월 5일에
로마로부터 비로소 출발하여 25일에 파리에 도착하였다. 나폴레
옹이 길한 날짜를 선택하여 대관례를 노트알다모 예배당에서 행
할 때에 독일의 친왕과 이탈리아의 공작과 스페인의 대신과 프랑
스의 신구 귀족들과 장군 병관 등이 모두 도착하였다. 교황이 제
단 앞에 나아가서 먼저 면류관을 향해서 축복을 한 연후에 나폴레
옹의 머리에 올리니 나폴레옹이 다시 조세핀에게 대관을 하고 봉
하여 황후를 삼았다. 〈나파륜사〉 126~127쪽

나폴레옹은 1799년에 프랑스의 대통령이 된 이후에 5년 뒤인 1804
년 12월 2일에 프랑스 제국의 황제에 등극을 한다. 이제는 프랑스만이
아닌 유럽의 대부분을 차지한 프랑스 제국의 황제가 된 것이다.

어찌 보면 이탈리아의 한 작은 섬에서 태어난 나폴레옹이 비교적 젊은 나이에 여러 전쟁에서 승리를 하여 대통령과 황제가 된 것이다. 이보다 더 영광스러운 일은 없을 것이다. 위의 예문에서도 본 것과 같이 나폴레옹은 이 때까지는 민중들에게 영웅으로 칭송을 받았다. 그러면 이러한 상황에서 나폴레옹은 황제의 위치에서 선정을 베풀었어야 했다. 자신이 민란이 창궐하고 프랑스 왕의 유약한 것을 권력이 있으면 없앨 수 있다고 한 것과 같이 정도를 갔어야 했다.

그런데 나폴레옹은 프랑스 제국의 황제가 된 것으로 만족하지 않고 더 많은 욕심을 부려서 자신의 자리도 제대로 지키지 못하는 처지로 전락하고 만다. 바로 이 황제로 등극했을 때가 나폴레옹이 영웅으로서의 모습을 보이는 최고의 정점이라고 생각한다.

Ⅳ. 폭군으로 전락된 나폴레옹의 형상화

나폴레옹은 전술했던 것과 같이 프랑스 제국의 황제로 등극한 이후부터 영웅에서 전제 폭군의 모습을 보이고 있다. 그러면 나폴레옹이 영웅에서 어떻게 폭군으로 바뀌어 가고 있는가를 살펴보기로 한다.

8월 4일에 상의원이 임금의 명령을 나라 안에 보여서 나폴레옹이 영원히 대통령 하는 것을 표명하니 논의를 정한 뒤에 대통령이 기뻐 말하기를, "우리가 지금에 각 나라의 주군과 함께 평등하기에 저는 한 평생 왕이 되고 나는 한 평생 대통령을 할 것이니 이름은 비록 같지 않지만 실상인 즉 한 가지요, 또 더욱 각 나라의 신하들이 나를 공경하며 두렵게 할 것이니 어찌 나를 경멸하는 자가 있겠는가" 하니 이에 법률을 정함에 잘못한 것이 있으면 고쳐야 해서 행정에 권한은 의원에 돌아가고 의원의 권력은 통령이 잡으니 보민회원이 날로 감소하고 심문에 죄를 범한 것은 안찰로 인해 평의를 정하지 않고 또 자리 뒤에 우연한 기회가 있는 것을 의심하여 의원과 보민회를 또한 없애서 전제 정치를 이룩하였다. 〈나파륜사〉 112쪽

나폴레옹은 대통령이 된 다음에 생각하는 것은 민생의 안전과 나라 발전이 아닌 영원히 대통령을 하는 것에만 관심이 있다. 말로는 프랑스가 각 나라와 평등을 말하며 다른 나라 왕과 대통령인 자신이 이름만 다르지 실상은 같다고 하면서도 그 왕들이 자신을 공경하고 두려워하게 만들 것이라고 한다.

그리고 나폴레옹은 법률이 영원한 대통령을 하는데 문제가 있으면 이것을 고치고 행정의 권한이 있는 의원을 대통령이 장악을 하여 국민을 대표하는 보민회의 회원을 계속 감소시켜서 보민회를 없애고 전제정치를 하려고 기획한다. 이는 나폴레옹 1인 독재를 위한 계획인 것이다. 이 때부터 나폴레옹은 이제 영웅이 아닌 폭군의 모습을 드러내고 있다고 볼 수 있다.

나폴레옹이 유럽 과반을 자기 멋대로 하여 파리 사방에 모반의 사람이 많으니 그 연고는 각종 익명의 작은 책이 격동하여 일어난 것에 말미암은 것이다. 의원이 알고 인쇄소에 주군의 명령을 전하여 인쇄한 서적과 신문을 담당자에게 보여서 눈으로 살펴본 뒤에 발행하는 것을 바야흐로 허락하고 순찰들이 몰래 찾아가 수사하여 매번 밤에 사람을 잡아 와서 옥에 가두니 파리 감옥이 가득

찼다. 〈나파륜사〉 117쪽

　　나폴레옹이 프랑스의 대통령이 된 이후에 더 많은 나라를 차지하기 위해 전승을 벌여서 유럽의 과반을 자기 멋대로 차지하게 된다. 이러한 과정에서 여러 가지 일이 생기다 보니 나폴레옹에 대한 반감이 각 나라의 민중들에 의해 일어나게 된다. 그리하여 나폴레옹에 반하는 책이 인쇄되기도 하고 신문 기사도 나와서 이제는 언론을 검열하는 수준에 이르게 된다. 이로 인해 밤에 잡혀 오는 사람이 파리 감옥에 가득 찼다고 한다. 독재와 전제 정치에서 행하는 언론을 통제하여 자신의 정권을 유지하려는 모습을 나폴레옹이 보여주고 있다.

　　1806년에 나폴리스 왕을 내몰아서 시실리로 쫓아내고 형 조제프를 봉하여 나폴리스와 시실리의 왕을 삼고 그 동생 루이를 봉하여 네덜란드 왕으로 삼았다. (중략) 나폴레옹과 함께 각자 소유한 토지를 나누기로 의논할 때에 말이 잘 되어 돌아가고 이어져서 신당 라우터알이 프랑스에 도착하여 화친 조약을 거듭 논의하니 어찌 나폴레옹이 시실리를 가지고 조제프에게 주고자 하는가.
〈나파륜사〉 129~130쪽

　　나폴레옹은 프랑스 대통령에서 이제는 프랑스 제국의 황제가 된다. 그런데 황제가 되면서 한 일을 보면 자신의 형제들을 나폴리와 시실리, 그리고 네덜란드의 왕으로 삼는다. 이는 다른 이들이 왕을 하면 모반을 할까 두려워서 형제들을 가지고 왕으로 삼은 것이다. 그런데 이들이 그 정도의 정치를 잘하고 능력이 있다면 문제가 되지 않는다. 그러나 이러한 생각은 나폴레옹 가족 외에는 하지 않는 듯하다. 화친 조약을 논의 하던 사람들이 시실리에 조제프를 왕으로 삼은 것에 대해 의문을 제기한다. 이는 한 사람의 의문이 아닌 민중들의 의문으로 보인다.

> 독일 북부가 프랑스인에게 학대를 오래 받아서 민심이 어지러워지니 우두머리 스키르가 있어서 같은 당의 수천 명을 불러 모아서 병사를 일으켜 프랑스를 배반하니 이탈리아의 테루엘 사람이 오스트리아에 충성하더니 지금에 또한 병사를 일으켜 프랑스를 배반하거늘 프랑스인이 막다가 도리어 패하여 병사를 잃은 것이 매우 많으니 나폴레옹이 이것으로 경계의 마음이 점점 생겨서 짐짓 셰바이런 평화조약 안에 요구하는 것이 많지 않지만 〈나파륜사〉 140쪽

나폴레옹이 자신의 형제들로 왕을 삼으면서 프랑스 제국을 통치를 하다 보니 각 나라의 민중들의 마음을 헤아리는 정치를 할 수 없었으리라 추측할 수 있다. 이러한 상황에서 독일 북부 지역에서 프랑스인에게 학대를 받은 민중들이 프랑스에 배반을 하고, 이탈리아도 프랑스가 아닌 오스트리아에 충성을 하는 일이 발생한다.

이러한 배반의 일이 계속하여 일어나다 보니 프랑스가 이를 막으려고 노력을 하는데 프랑스가 각 나라의 배반을 막을 수 없는 지경에까지 이르게 된다. 이리하여 나폴레옹은 각 나라에 대해 경계의 마음을 가지고 평화조약 안에 자신이 요구하는 문구를 넣으려고 한다. 계속하여 자신의 영구적인 황제로 있기 위한 방안을 모색할 뿐이다. 그러나 이러한 계획을 미리 눈치챈 유럽의 많은 민중들은 나폴레옹

의 전제정치에 반하는 모습을 보이고 있다.

> 10월 13일에 나폴레옹이 셰바이런을 보며 염탐할 때에 소년이 있어서 사람들 속에서 사람들을 배척하거늘 좌우에서 잡아내서 그 몸에 물건이 있음을 깨닫고 수색해서 과연 병기가 나와 잡히니 나폴레옹이 친히 국문을 하며 죄를 물었는데 소년이 스스로 말하는데 "나는 독일인이고 이름은 스타스이고 나는 19세이다" 하니 물어 말하기를, "병기를 품에 품고 여기에 온 것은 어째서인가" 하니 답하여 말하기를, "너를 찌르고자 함이다." 하니 물어 말하기를, "어째서 나를 찌르고자 하는가" 하니 답하여 말하기를, "네가 세상에 있으면 우리나라가 태평한 날이 영원히 없기 때문에 너를 죽여서 우리나라를 안전하게 하고자 하였다." 하니 물어 말하기를, "네가 나를 죽이고자 도모하는 것은 상제가 허락하신 것이냐" 하니 답하여 말하기를, "내가 깊이 상제가 나를 도우셔서 이 거사를 이룩하기를 바랬던 것이다." 하니 물어 말하기를, "오히려 내가 너를 살려주면 어떻게 하겠냐" 하니 대답하여 말하기를, "나는 끝내 반드시 너를 죽일 것이다." 하거늘 이에 영무처에 보내어서 극형에 처하였다. 〈나파륜사〉 141쪽

나폴레옹이 각 나라의 국민들과 대척점에 있을 때 하나의 사건이 발생한다. 바로 한 소년이 나폴레옹을 죽이려는 시도를 한 것이다. 전술했듯 프랑스에 모반을 먼저 한 지역은 독일이었다. 나폴레옹 시해를 시도한 소년도 바로 19세의 독일인이었다.

나폴레옹은 직접 소년에게 국문을 하면서 왜 병기를 품고 있었냐

는 질문에 소년은 떳떳하게 나폴레옹 너를 찌르려 했다고 답을 한다. 그러자 나폴레옹이 다시 묻기를 왜 나를 찌르려 했냐고 하니 독일 소년은 나폴레옹이 있으면 자신의 나라가 태평한 날이 없기 때문에 독일의 영원한 안전을 위하여 나폴레옹을 죽이려고 한 것이라 답을 한다. 이 소년의 답변에서 유럽인들이 나폴레옹을 어떻게 생각하고 있는지를 알 수 있다.

나폴레옹은 독일 소년에게 너에게 이러한 것을 시킨 사람이 누구냐고 물으면서 하느님이 허락한 것이냐고 묻는데, 소년은 하나님도 이 거사가 이루어지기를 바랬을 것이라 답한다. 소년은 이 거사가 이루어지기를 간절히 바랬던 것 같다. 소년의 담담한 대답에 나폴레옹은 내가 너를 살려주면 어떻게 하겠냐는 말에 소년은 다시 나폴레옹을 반드시 죽이려고 노력할 것이라고 한다. 이 말에 결국 나폴레옹은 소년을 극형에 처한다.

한 독일 소년의 행동이지만 이 행동으로 미루어 짐작할 수 있는 것은 자신의 조국 독일의 영원한 안전을 기원하며 벌였던 행동이다. 이러한 행동이 과연 독일 한 나라에만 국한된 것은 아니었을 듯하다. 어찌 보면 나폴레옹과 독일 소년의 대화는 백제 계백과 신라 화랑인 관창의 대화를 연상하게 만든다.

교황을 제노아 해변에 보내어서 샤프나 포대에 잠시 매어 두고 3일이 지나서 또 프랑스 서울에 도착하여 풀어주고서 팡트바이나 궁에 가두니 그 문을 지나는 자는 교황의 연로한 것을 슬프고 가엾게 여기고 프랑스 황제를 분하고 한탄스럽게 여기지 않는 사람이 없어서 입으로는 비록 말하지 않지만 마음에 서운한 감정이

오랫동안 쌓여서 〈나파륜사〉 145쪽

　나폴레옹은 독일 소년이 자신을 시해하기 위한 행동을 벌이는 것을 보면서 놀라고 두려웠을 것이다. 그러나 나폴레옹은 자신의 제국을 지키기 위해 더 악랄한 모습을 보인다. 특히 나폴레옹은 로마의 교황들과 사이가 나빴다. 여러번 교황들을 힘들게 만든 적도 있다.
　심지어 이제는 교황을 잡아다가 여러 곳을 옮겨가며 가두고 나중에는 파리의 성에 가둔다. 이러한 상황을 본 프랑스 및 유럽의 백성들은 나폴레옹에게 화를 내면서도 어찌 할 수 없는 상황에 한탄을 하고 만다. 황제의 권한이 무서워서 다들 말은 하지 못하지만 각자의 마음에 연로한 교황에 대한 학대로 지금까지 쌓였던 서운한 감정이 이제는 참을 수 없는 지경에 이렀다는 것을 알 수 있다. 나폴레옹의 폭군 모습은 거의 절정에 이르렀고 그 제국의 운명도 이제 장담할 수 없다는 것을 알 수 있다.[12]

　연합군이 이미 파리로 나아가니 프랑스인이 갑옷과 창을 버리고 기쁘게 맞이하거늘 상의원이 잠시 정부를 설립하여 탈레랑으로 우두머리를 삼고 다음 날에 명령 1번을 내어서 나폴레옹의 황제 자리와 그리고 그 세습의 호를 폐하고 전 프랑스 인민을 따라

---

[12] 이러한 상황은 보면 나폴레옹과 함께 이탈리아를 정벌했던 부하들의 배반에서도 알 수 있다.(멜리테가 나폴레옹을 따라서 이탈리아와 라인강을 정복한 공이 있지만 오직 민주의 마음을 몰래 가지고 있어서 항상 나폴레옹의 권세를 재제하여 억누르려고 하니 나폴레옹이 딴 마음을 품은 것을 의심하여 옥에 가두었다가 옥으로부터 사면으로 나오게 하여 교도소 경비원에게 주니 멜리테가 원한을 품은 것이 뼈를 찌르는 것 같아서 항상 해를 가하고자 하였는데 그 틈을 얻지 못하였다. 〈나파륜사〉 157쪽)

서 나폴레옹과 함께 세운 충심의 맹세를 한 번에 제거하고 드디어 이 명령을 가지고 프랑스 경내와 각 부서에 전하고 보여서 모든 사람들이 다 알게 하였다. 그리고 6일에 루이 18세를 맞이하여 러시아로부터 나라에 돌아오거늘 왕의 자리에 봉하여 오르고 모든 정치를 옛날 법에 이내 맞추니 프랑스 백성이 이로부터 심지를 바꾸어서 옛날에 사랑했던 황제는 꺾어 없애고 금일 새로 세운 주군을 만나서 맞았다. 〈나파륜사〉 166쪽

나폴레옹은 프랑스 제국의 황제가 되면서 이제 프랑스 영웅에서 폭군으로 전락하는 단계를 밟는다. 각 나라에서는 나폴레옹에게 배반을 하고 그 나라들은 연합군을 만들어 프랑스와 나폴레옹에게 대항을 한다.

결국 연합군은 나폴레옹을 황제 자리에서 내려오게 하고 각 부서에 이러한 상황을 전한다. 이어 러시아에 있던 루이 18세를 맞아들여 왕으로 봉한다. 이제부터 나폴레옹이 영원한 황제를 하기 위해 만들었던 옛날 법을 개정하여 나폴레옹의 흔적을 없애고 새로 왕을 중심으로 새로운 나라를 건설하고자 하였다.

이러한 상황인데도 불구하고 나폴레옹은 아직도 제정신을 차리지 못한다. 왜냐하면 자신을 황제에서 폐하면 자신의 아들에게 황제 자리를 잇도록 해달라고 부탁한다.[13] 나폴레옹은 계속해서 자신이

---

[13] 나폴레옹의 아들이 자리를 잇는 것을 용납하지 않거늘 뤼시앵이 오히려 그 형을 도와서 다투다가 마침내 세력으로 의회를 제압하여 복종시키지 못하고 이에 한을 머금고 다른 곳으로 갔다.(〈나파륜사〉 173쪽)

무슨 잘못을 했는지를 알지 못하고 그저 자신의 가족이 영원히 프랑스 제국을 다스리고 싶었던 것이다.

나폴레옹은 황제 자리에서 내려와 섬에서 살고 있었는데 여기에서도 한 번의 쿠테다를 시도한다. 파리에까지 다시 와서 다시 황제 자리에 오르려고 노력하지만 결국 두 번째 폐위를 당하고 나폴레옹은 섬으로 다시 돌아간다. 나폴레옹은 끝까지 자신이 어떠한 행동을 한 것인지를 반성하지 못하는 인물로 서술하고 있다.

> 나폴레옹이 섬 안에 있으니 경황이 처량하여 슬픔을 스스로 이기지 못하고 종 무리가 항상 섬 안의 총독과 함께 시끄럽게 다투다가 배척하고 욕을 자주하고 총독이 또 말달리는 경계를 한정하여 넘지 못하게 하고 매일 반드시 한 번씩 확인하여 그 도망가는 것을 방지하니 나폴레옹이 분한 것을 능히 참지 못하여 마음이 항상 억울해서 체질이 쇠퇴한 것이 날로 나아가니 비록 많은 방법으로 치료를 하였지만 병이 날로 더욱 나빠져서 1821년 4월 29일에 교사를 특별히 요청하여 이후로 정신이 착란 되는 것을 기도할 때에 황홀 중에 연속되지 않는 말을 내뱉더니 5월 5일에 이르러서 기가 끊어져서 죽으니 나이 52세이다. 〈나파륜사〉 176쪽

나폴레옹은 섬에서 한 번의 탈주를 시도했고 쿠테라를 하려고 했던 인물이었기에 두 번째 섬에 왔을 때는 모든 행동을 자제시키고 행동 반경도 아주 좁게 한정을 한다. 나폴레옹은 여기에서도 여러 가지로 반발을 했지만 반영이 되지 않자 스스로 불만이 많아지고 억울함을 느껴서 건강이 점점 쇠퇴하다가 결국 1821년 향년 52세로

운명을 한다.

이탈리아의 작은 섬에서 출생하여 군사학교와 육군사관학교를 거쳐 프랑스를 위한 여러 전장에서 승리를 거두고 거의 죽을 뻔했던 곳에서도 불사조로 살아나 프랑스가 승리하는데 견인한 인물이었다. 이로 인해 프랑스 백성들은 용기 있고 계책이 뛰어난 장군이라고 칭찬을 아끼지 않았다.

그런데 이러한 민중들의 칭찬을 등에 업고 젊은 나이에 프랑스 대통령과 프랑스 제국의 황제에 오른다. 이러한 과정을 보면 나폴레옹은 진정한 영웅이다. 그런데 문제는 권위가 절정에 오를 때부터 나폴레옹은 자기 멋대로의 정치를 시작하여 전제정치를 꿈꾸면서 영원한 황제를 하려 했고 자신의 아들에게 황제 자리가 계속 이어지기를 바랬다. 이러한 무리수가 영웅인 나폴레옹을 결국 폭군으로 만들고 황제 자리에서 내려오게 하였다.

나폴레옹에 대한 다음 평가는 주목할 필요가 있다. "나폴레옹은 오히려 전형적인 파멸의 모델에 다름 아니었다. 이 부정적 모델에 대한 이야기는 다음과 같은 동정의 변과 함께 마무리된다. '가엾은 나폴레옹, 그는 위대한 역량을 낭비하고 쓸모없는 존재가 되어갔습니다. 우리의 마지막 위인입니다!'"[14] 더 이상 나폴레옹은 민중의 영웅이 아니라 폭군 그 자체였다.

---

[14] 손성준, 「영웅서사의 동아시아 수용과 중역의 원본성 : 서구 텍스트의 한국적 재맥락화를 중심으로」, 성균관대학교 박사학위논문, 2012, 276~277쪽.

Ⅳ. 〈나파륜사〉에서 표현된 나폴레옹 형상화의 의미

지금까지 〈나파륜사〉에 형상화된 나폴레옹의 영웅과 폭군의 모습에 대해서 살펴보았다. 〈나파륜사〉에는 89절까지는 각 절에 해당하는 제목이 있는데 마지막 90절에는 '총론'이라는 제목으로 〈나파륜사〉 전체에 대한 요약과 함께 평을 싣고 있다. 그 부분을 보도록 하자.

> 아 슬프다. 사람이 세상에 태어남에 어리고 장성하고 늙어서 죽는 것으로부터 유성이 빛나는 것과 같아서 홀연히 보이지 않으니 이는 몸이 언덕 묘지에 돌아가는 것으로 사람이 바로 잊어버리니 비록 친애하는 사람이라 할지라도 생각하기를 오랫동안 하지만 그러나 마침내 잊을 시간이 있으니 소리가 적막하고 소리가 침묵하여 황연히 세상에 이 같은 사람이 있지 않는 것과 같고 만일 큰 사업을 세우고 대권을 장악한 자인즉 그렇지 않아서 그 성명이 천지에 있는 것이 공기가 인간 세상에 널리 가득 찬 것과 같아서 산꼭대기에 올랐다가 물가로 가는 것을 물론하고 그 성씨를 알지 못하는 이가 없어서 이미 죽고 다시 살아나는 것과 같이 영원히 죽지 않으니 비록 잊고자 하나 어찌 잊을 수 있겠는가. 〈나파륜사〉 176~177쪽

누구나 이 세상에 왔다가 죽음을 맞이하게 되어 있는데 그 중에서 사람들의 뇌리에 끝까지 남아 있는 사람들이 얼마나 될 것인가? 그런데 〈나파륜사〉의 작가는 나폴레옹이 영원히 죽지 않고 비록 잊으려고 하지만 잊을 수 없는 영웅이자 위인이라고 말하고 있다.

나폴레옹도 항상 지인들과 얘기를 할 때 자신을 역사책에 어떻게 기재될 것인가를 궁금해 하였다. 이는 나폴레옹이 역사를 좋아했고 역사책에 등장하는 인물들을 보면서 자기의 삶과 비교를 했을 것이다. 그래서인지 후대인이 하는 자신의 평가가 궁금했을 것이다.

사람은 누구나 빈손으로 와서 빈손으로 간다. 그런데 나폴레옹은 이러한 인생의 진리를 모르고 영원히 권력을 소지할 무리한 욕심을 부린 것이다. 만약에 나폴레옹이 프랑스 대통령으로 만족해서 프랑스인들을 위한 정책을 했다면 섬으로 쫓겨나 쓸쓸한 죽음을 맞이하지는 않았을 것이다. 그러나 이러한 삶을 살았다면 나폴레옹을 우리가 지금까지 얘기하고 있을까. 참으로 아이러니한 일이다.

알렉산더는 장성의 나이에 죽었고, 로마 카이사르는 자객의 손에 죽었고, 나폴레옹은 황량한 섬 안에서 죽으니 고금의 수레바퀴 자국이기에 진실로 가히 슬프도다. 그러나 그 승리의 좋은 마음을 보건대 나아가서 더욱 올라가는데 세계가 오히려 작아 보여서 족히 그 펼치는 것을 이바지하지 못할 것 같으니 비록 공과 패가 다 이루어져서 큰 바램을 다 갚을 수 없으나 그 세우고자 한 사업과 장악하고자 한 권세가 역사책을 둘러보는데 능히 미칠 사람이 있지 않으니 진실로 옛날과 지금에 제일 영웅이다. 어찌 사람으로 하여금 역사를 오래도록 잊지 않도록 하지 않겠는가.
〈나파륜사〉 178쪽

〈나파륜사〉의 작가는 나폴레옹을 알렉산더와 카이사르에 비교하고 있다. 다 영웅이지만 장성의 나이에 죽고, 자객에 의해 죽고, 섬에 귀양을 가서 죽는다는 공통점을 가지고 있다. 작가는 이를 '고금의 수레바퀴'라고 하면서 예정된 죽음이라는 것을 얘기하고 있다. 전술한 것과 같이 나폴레옹을 어떻게 평가할 것인가를 중요하게 인식하고 있다.

우리 역사에도 공과 패를 함께 가지고 있는 인물들이 많다. 나폴레옹도 여기에 마찬가지이다. 그런데도 나폴레옹을 보면 패보다 공을 더 많이 기억하고 있다. 그것은 무엇인가. 가난한 집안에서 태어나 자신의 힘으로 군사학교와 육군사관학교를 나와 여러 전쟁에서 승리한 인물이다. 그러다 민중들에게 영웅이라는 칭호를 받기도 하였다. 이러한 기운이 계속해서 이어져 프랑스의 대통령이 된 사람이다.

이러한 상황을 사람들이 놀랍게 여긴 것이다. 프랑스 대통령 이후부터의 행적이 문제이지만 당시 프랑스 사람들은 여러 가지의 민란과 이를 대처하는 프랑스 왕의 유약함을 보면서 자신들을 구해줄 영웅을 기다렸던 것이다. 그 영웅이 바로 나폴레옹이다.

이러한 상황은 새로운 시대를 맞이했던 중국과 일본에서도 같은 이유로 〈나파륜사〉를 그 민중들이 즐겨 읽었으리라 생각한다. 일본은 명치유신을 거치면서 서양의 문물을 비교적 일찍 받아들였기에 이러한 상황을 일찍 맞닥트렸을 것이다. 이후 중국을 거쳐 조선에 〈나파륜사〉가 전파되면서 우리의 민중들은 우리를 구원해 줄 영웅을 기다리고 있었다고 생각한다.

다만, 한 가지 우려는 있다. 나폴레옹의 일대기를 보면 영웅에서 폭군으로 전락한다. 이는 당시의 일본이 우리에게 비쳐지는 이미지와 같다고 생각한다. 1904년 러일전쟁이 일어났을 때 모든 사람들은 러시아가 이길 것이라고 생각했고 일본이 이길 줄은 아무도 몰랐다.

그래서인지 윤치호는 그의 일기에 '러일전쟁에서 일본의 승리는 일본만의 승리가 아니라 아시아의 승리'라고 쓰고 있다. 서양이 동족으로 올 때 같은 황인종인 일본이 그들을 막아줄 것이라고 생각했다.

그런데 1905년 일본에 의해 조선은 을사늑약을 당하고 일본의 손아귀에 조선은 들어가고 만다. 러일전쟁에서 일본의 승리는 조선과 중국을 병합하려는 의도에서 출발한 것이 뒤 늦게 알게 된 것이다. 그리하여 장지연이 〈시일야방성곡〉을 써서 일본의 만행을 만천하에 알린 것이다.

이러한 것과 관련해 본다면 〈나파륜사〉의 나폴레옹을 일본과 견주어 볼 필요가 있다고 당시의 지식인들은 생각했을 수도 있다. 그리하여 무조건적인 영웅으로의 나폴레옹보다는 폭군으로 변하는 나폴레옹도 의식하며 읽었을 가능성도 배제할 수 없다고 생각한다.

참고문헌

김영민, 『한국근대소설의 형성과정』, 소명, 2005.
_____, 『한국의 근대신문과 근대소설 2』, 소명출판, 2008.
김준형, 「「한성신보」 수재 고전소설의 실상과 향유 양상」, 『고전문학연구』 제48집, 한국고전문학회, 2015.
손성준, 「영웅서사의 동아시아 수용과 중역의 원본성 : 서구 텍스트의 한국적 재맥락화를 중심으로」, 성균관대학교 박사학위논문, 2012.
_____, 「국민국가와 영웅서사: 『이태리건국삼걸전』의 서발동착(西發東着)과 그 의미」, 『사이間SAI』 3, 2007.
윤영실, 「최남선의 근대적 글쓰기와 민족담론 연구」, 서울대 박사학위논문, 2009
_____, 「『소년』의 '영웅' 서사와 동아시아적 맥락」, 『민족문화연구』 50, 2010.
_____, 「최남선의 수신(修身)담론과 근대 위인전기의 탄생」, 『한국문화』 42, 2008.

조상우, 「애국계몽기 한문산문의 의식 지향 연구」, 고려대 대학원 박사학위논문, 2002.

_____, 「단국대학교 율곡도서관 소장 한글본 『명감녹』 해제」, 『동양고전연구』 44집, 동양고전학회, 2011.

영인자료

拿破崙史

여기서부터는 영인본을 인쇄한 부분으로 맨 뒷 페이지부터 보십시오.

조상우

단국대학교 인문과학대학 국어국문학과 및 동대학 대학원 졸업(문학석사), 고려대학교 대학원 졸업(문학박사). 현재 단국대학교 외국어대 글로벌한국어과 교수. 주요 논저로 「애국계몽기 한문산문의 의식 지향 연구」, 「애국계몽기 우언에 표출된 계몽의식」, 「愛國啓蒙期 寓言文學에 표현된 일본의 형상과 그 의미」, 「〈몽배금태조〉에 표현된 현실인식과 이상세계」, 『고전산문의 발견과 활용』, 『애국계몽기 지식인의 현실인식과 상상력』 등이 있다.

근대계몽기 서양영웅전기 번역총서 16
나파륜사
: 유럽을 제패한 영웅 나폴레옹 일대기

2025년 4월 25일 초판 1쇄 펴냄

옮긴이 조상우
발행인 김흥국
발행처 보고사

책임편집 이경민
표지디자인 김규범

등록 1990년 12월 13일 제6-0429호
주소 경기도 파주시 회동길 337-15 보고사
전화 031-955-9797
팩스 02-922-6990
메일 bogosabooks@naver.com
http://www.bogosabooks.co.kr

ISBN 979-11-6587-849-8 94810
　　　979-11-6587-833-7 (세트)
ⓒ 조상우, 2025

정가 28,000원
사전 동의 없는 무단 전재 및 복제를 금합니다.
잘못 만들어진 책은 바꾸어 드립니다.

이 책은 2018년 대한민국 교육부와 한국연구재단의 지원을 받아 수행된 연구임
(NRF-2018S1A6A3A01042723)

영인자료

拿破崙史

- 『나파륜사』
  박문서관편집부, 박문서관, 1908.2.

여기서부터 영인본을 인쇄한 부분입니다. 이 부분부터 보시기 바랍니다.

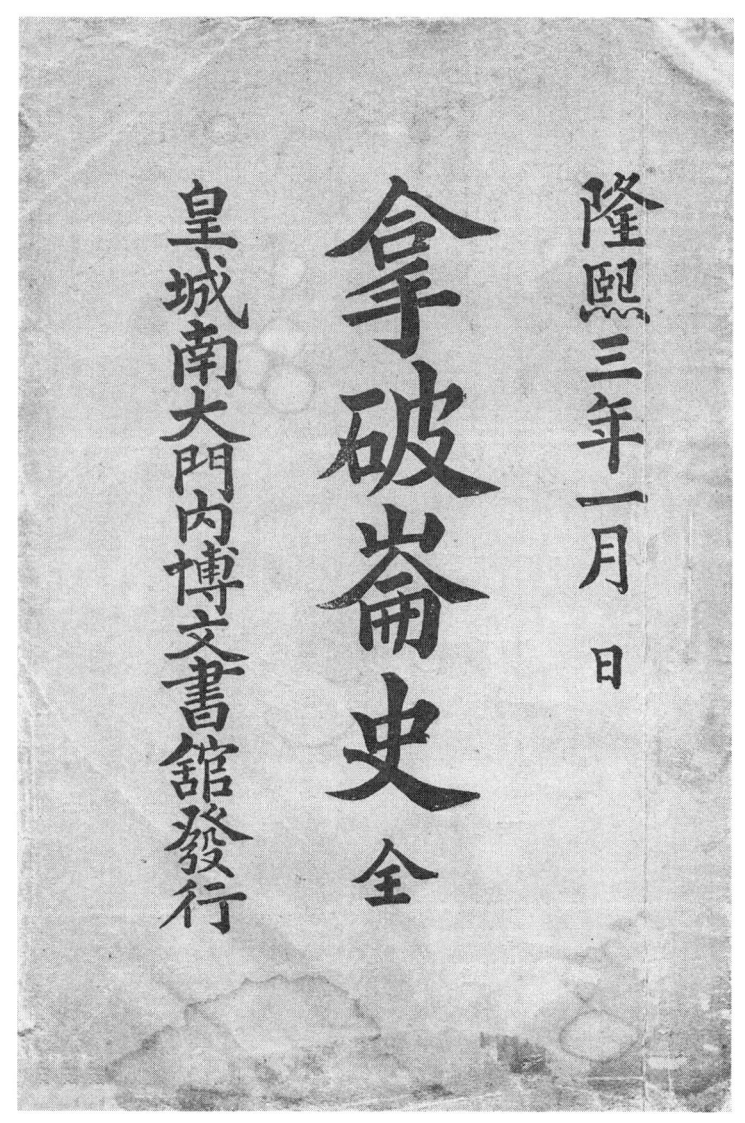

2

拿坡崙史

第一節 拿坡崙

拿坡崙은 第一地中海科西嘉島에 産ᄒᆞ니 意大利西南에 在ᄒᆞ야 峰巒이 重疊ᄒᆞ고 物産이 豐茂ᄒᆞ야 初에 阿拉伯 統轄이 되얏더니 耶蘇降世ᄒᆞᆫ지 十一周時에 意大利列邦의 耕羅亞가 島中 米撒而門人을 逐去ᄒᆞ고 奪ᄒᆞ야 據ᄒᆞ니 라 初에 島人이 拙ᄒᆞ고 撲ᄒᆞᆷ으로서 安ᄒᆞ며 文敎를 知터 못ᄒᆞ더니 羅馬敎皇이 主敎를 遣ᄒᆞ야 據ᄒᆞᄂᆞᆫ 으로브터 禮拜堂을 設ᄒᆞ고 時를 隨ᄒᆞ야 訓誨ᄒᆞ니 是로 由ᄒᆞ야 敎化의 涵濡ᄒᆞ고 文明에 漸進ᄒᆞ더니 耕羅亞에 屬ᄒᆞᆫ 後로 十五百餘年을 滋變치 못ᄒᆞ고 十六周末에 耕羅亞의 權勢가 漸衰ᄒᆞ니 島民이 드듸여 背叛홀意가 有ᄒᆞᆫ지라 一千七百三十六年에 豪傑이 興ᄒᆞ야 島主를 삼어 耕羅人을 다 逐ᄒᆞ고 自主의 國이 되니 耕羅亞에 力으로ᄂᆞᆫ 能히 抵敵지 못ᄒᆞᆯᄉᆡ 此를 藉ᄒᆞ야 遠近이 翕然히 從ᄒᆞ야 甲兵을 修ᄒᆞ며 器械를 備ᄒᆞ고 日耳曼 名士 西烏杜를 擧ᄒᆞ야 島主를 興ᄒᆞ야 罪를 問ᄒᆞ니 勢가 甚히 洶湧ᄒᆞ야 其 全島民이 다 叛ᄒᆞᆫᄂᆞ지라 法人이 援助ᄒᆞ야 島民에 力으로 耕羅亞의 軍을 大破ᄒᆞ고 是役은 吾師를 興ᄒᆞ야 法人이 甚功이 아니 一千七百四十年에 法人이 耕羅亞의 築ᄒᆞᆫ 바 砲臺와 營壘를 占居ᄒᆞ고써 久據ᄒᆞᆯ意가 顯有ᄒᆞᆫ지라 島民이다 服지 안ᄒᆞ야 島에 進ᄒᆞ야 耕羅人이 此에 恩을 感ᄒᆞ지여 다ᄒᆞ고 이에 法律을 創設ᄒᆞ야 衆에게 示ᄒᆞ야 民을 安케ᄒᆞ니 면 웃지 此 곳 島主가 될지니

史篇 坡拿

코 內地山嶺의 民을 聳動ᄒᆞ야 蜂쳐럼 擁ᄒᆞ야 出ᄒᆞ니 婦女도 ᄯᅩ흔 戈를 執ᄒᆞ고셔 로 助ᄒᆞ 시일즉이 山間에셔 法兵을 遭ᄒᆞ야 數次血戰ᄒᆞ야 勝과 負가 셔로 有ᄒᆞ니 法人이 근심ᄒᆞ더니 一千七百五十五年에 島人이 다시 配握連을 擧ᄒᆞ야 統師를 삼음은 그 근본이 行兵을 잘ᄒᆞ야 前에 緋羅亞를 逐할 時에 奇功을 奏著홈으로써 遂혼 일너 惜홈ᄃᆞ이의 統師된 後에 擧止가 儼然히 島主로셔 自居ᄒᆞ다가 法人에게 逃훈빗되야 英國으로 逃ᄒᆞ 거눌 一千七百六十四年에 公爵買薄甫를 遣ᄒᆞ야 緋羅亞가 勵民이 降애 歸할 意가 無할뿐 아니라 精호 兵 六 大隊를 率ᄒᆞ고 是 島에 占居 ᄒᆞ니라 一千七百六十九年에 至ᄒᆞ야 耕羅亞가 法人에게 初據ᄒᆞ든데 島民이 自主 國됨을 翼 人이 在ᄒᆞᆷ을 見ᄒᆞ되 만일 兵을 擧ᄒᆞ야 討ᄒᆞ면 法人이 반ᄃᆞ시 相助ᄒᆞ리라 ᄒᆞ 고도되여 全島도셔 法人에게 售與ᄒᆞ니라 法人이 이 島에 據혼 後로 率ᄒᆞ ᄒᆞ야 오히려 服지 안ᄂᆞᆫ 者多ᄒᆞ더니 後에 力이 能히 抗ᄒᆞ지 못할줄 知ᄒᆞ고드되여 絶ᄒᆞ 고 膓ᄒᆞ야 版圖에 隸ᄒᆞ기를 願ᄒᆞ고 異志를 萌티 안타라 法人이 此島에 據할 時ᄂᆞᆫ 一千七百六十九年 八月 一十五日이 坡崙이 科西嘉及 旭城에셔 비로소 生ᄒᆞ니 時ᄂᆞᆫ 一千七百六十九年 八月 一十五日이 라ᄒᆞ니 此로 由ᄒᆞ되 其 婚을 娶할 時에 書혼 바 婚싸은 一千七百六十八年 二月 初五日에 生이 者가 云ᄒᆞ되 旭禮가 말 見ᄒᆞ야 此 島에 據ᄒᆞ기 前이 오 ᄯᅩ 瑞士國 著名 考訂家 名意加 라 ᄒᆞ야 一書를 特著ᄒᆞ야 名曰 拿坡崙이 法人아닌걸써 證明훈지라 ᄒᆞ 고 ᄯᅩ 米加者가 云ᄒᆞ되 法軍 中에셔 一切 總冊을 閱ᄒᆞ야 覽ᄒᆞ니 拿坡崙에 生日이 洗禮冊과 生이라 ᄒᆞ야

同호고 其婚冊에는 其婦애 年이 長훈 故로 또훈 其年을 增이라 호니 그러면 拿坡崙이 法
人據島훈 後에 生이 면 此島가 法에 屬홈이 的確히 疑가 無호도다

　第二節　宗族父母

十二周 初에 拿坡崙의 先世가 耕羅亞에 居라가 十五周 末에 비로소 亞及旭에 遷호야 島
中의 紳士가 되고 其同族은 武司克尼에 分호야 居호니 有名훈 南谷六者는 일즉 이 說部
書를 著호야 一寡婦의 事를 紀호고 有名훈 崙尼亞者는 十八周 初의 意大利에 撘而孕와 撘
白林에 在호야 大書院 掌敎가 되니 時에 名을 均知호더라 初에 一書를 著호야 一千五百二
十七年에 羅馬都城이 失守훈 事를 紀호고 有名훈 崙尼亞者는 初의 意大利에 撘而孕와 撘
白林에 兩黨이 利權을 爭奪호야 互相 攻擊호더니 拿坡崙의 先世가 撘白林으로 더부러
黨이 되얏다가 擯而孕에게 武司克尼로 逐出홈을 被호야드듸여 勃羅那와 脫理徵香 等
處에 散호야 居호니라 後에 拿坡崙라 後에 米陽宗族에 尊榮홈으로써 人
白林에 誇耀호더니 밋 脫理徵查에 有司가 先世의 遺事 逃호를 見호고 聞호야 이에 다시 말을
안커노 人間호딕 輒日吾에 尊顯은 祖宗의 餘蔭을 賴홈이 아니라 여러 번 戰勝홈을 經호야
에게 得호훈홈이라 業을 肆호더라 拿坡崙의 父名은 查爾司니 姿容이 美호고 口辯을 잘호며 闖煞大
書院에셔 刑法애 學을 習호야 시러금 文憑이 有훈지라 年이 十九에 臘摩立
尼를 娶호야 室을 삼으니 其先世에 名이 또훈 金冊에 登호야 查爾司門第는 相埒
호나 집이 근본 寒素훈 故로 婦를 娶훈 後에 貧호미 더욱 甚호니 周旋호야 亞及旭 律師가

拿坡崙史

되니 其聰明과 才辯이여러 律師우에 超出혼지라 配握連이 統師되얏슬ᄉᆡ에 當ᄒᆞ야 內
로 耕羅亞를 抗ᄒᆞ고 外로 法國을 拒ᄒᆞ니 正히 島中에 事가 多할 秋라 査爾司가 일즉 佐理
軍務가 되야 出ᄒᆞ면 戈를 秉ᄒᆞ고 入ᄒᆞ면 筆을 執ᄒᆞ야 事를 紀ᄒᆞ니 時에 其妻
가 長子 約瑟를 生ᄒᆞ後 坐ᄒᆞ야 馬를 隨ᄒᆞ야 山을 蹦ᄒᆞ며 水를 越ᄒᆞ야 同히 風霜을 受ᄒᆞ더니 부러 至極ᄒᆞᆫ 버
지됨으로ᄡᅥ 또 戎馬를生ᄒᆞ後 戎馬의 胎를 懷ᄒᆞ여 떠나 夫가 配握連으로더부러 至極ᄒᆞᆫ
連이 傍梯 拿服에서 敗ᄒᆞ야 法人에게 逐혼빅되야 英國에 至ᄒᆞᆷ으로 比로 分散ᄒᆞᆫ지라
後에 體學 家가 拿坡崙에 詿을 據혼걸 據ᄒᆞᆫ즉 日 余가 만일 兵을 引ᄒᆞ고 出ᄒᆞ야 戰ᄒᆞ며 每
日 馬를 體ᄒᆞ야 六十英里를 行처아니 혼하 體가 適지 못ᄒᆞ야 疾病이 生ᄒᆞ골
其性이 馳驟를 好ᄒᆞᆷ은 다 못 母胎에 基因이라 ᄒᆞ더라 참니 體가 만일 別ᄒᆞᆯ 일
後에 體悔ᄒᆞ여 日 配握連은 豪傑의 士라 余가 隨ᄒᆞ야 英애 至ᄒᆞ얏스면 拿坡崙이 반다시 英國에 文學과 武備를 習
즉에 隨ᄒᆞ야 日 配握連은 豪傑의 士라 余가 隨ᄒᆞ야 英애 至ᄒᆞ얏스면 拿坡崙이 반다시 英國에 文學과 武備를 習
時에 隨ᄒᆞ야 英애 至ᄒᆞ얏스면 拿坡崙이 반다시 英國에 文學과 武備를 習
ᄒᆞ고 身이 英軍에 入ᄒᆞᄂᆞᆫ디 較ᄒᆞ면 興起에 力이 容易ᄒᆞ련만은 可惜ᄒᆞ다 이 機會를 失ᄒᆞᆷ
니ᄒᆞ야 巴黎를 憑藉ᄒᆞᄂᆞ니 配握連이 英에 奔혼後를 當ᄒᆞ야 査爾司 法公館에 買薄甫에게 賞을 見ᄒᆞᆯ뿐
더러 待接ᄒᆞ기를 甚厚ᄒᆞᆫ지라 拿坡崙에 姓은 或 補納派脫이라 ᄒᆞ고 或 薄納派脫이라 ᄒᆞ야 兩人이
交를 訂혼지 二月이된지라 拿坡崙에 姓은 或 補納派脫이라 ᄒᆞ고 或 薄納派脫이라 ᄒᆞ야 兩人이
云ᄒᆞᄂᆞᆫ고로 亞及旭洗禮冊을 考ᄒᆞ면 此二音을 確實이 註ᄒᆞ얏스나 오즉 其父와 其族人

拿坡崙史

은다 薄納派脫이라 ᄒᆞ고 소坡崙은 補納派脫이라 ᄒᆞ니 자못 其姓氏를 父族과 別히 ᄒᆞ고 자ᄒᆞ야 스스로ᄡᅥ 法人이라 ᄒᆞᄂᆞᆫ 故로 後에 法皇이 되야셔 諭旨와 盟約에다 改호 바 姓을 書ᄒᆞ고 다시 其本姓은 用치 아니 ᄒᆞ더라 一千七百七十年에 買薄甫가 査爾司를 擧ᄒᆞ야 薄納派脫에 族長을 삼어셔 議院中에 厠身ᄒᆞ얏더니 未幾에 選ᄒᆞ야 島中에 謀士를 삼고 坐亞及縣尉ᄅᆞᆯ 삼다 一千七百七十七年에 法皇魯意第十六이 位에 在ᄒᆞᆯ 時에 査爾司와 科 西嘉職員이 同日에 被侶ᄒᆞ고 御書를 頒賜ᄒᆞ며 其長子 約瑟은 奧敎書院에 肄業ᄒᆞ고 次子 拿 坡崙은 白利恩武備學堂에 肄業ᄒᆞ고 長女 梅利恒은 聖魯意王家女學堂에 肄業케 ᄒᆞ니 故로 寵眷을 得ᄒᆞ고 長子와 女가 각각 遊學所에 有ᄒᆞ더라 由是로 修廨를 不費ᄒᆞ고 子와 女가 각각 遊學所에 有ᄒᆞ더라

第三節 幼穉之事

一千七百七十八年에 拿坡崙이 年이 九歲니 비록 年이 幼ᄒᆞ나 비로소 科西嘉에 離ᄒᆞ야 白利恩武備學堂에 入ᄒᆞ야 業을 肄ᄒᆞ니 雖 幼時라도 表見ᄒᆞᄂᆞᆫ 바이 無ᄒᆞ나 性을 秉홈이 剛毅ᄒᆞ고 機警이 迅疾ᄒᆞ야 聰顔이 倫에 絶ᄒᆞᆫ지라 塾에 在ᄒᆞᆫ지 六年에 法國語言과 文 字를 熟ᄒᆞ게 習ᄒᆞ고 筭術을 精히 通ᄒᆞ며 歷史讀ᄒᆞ기를 喜ᄒᆞ되 오즉 臘丁文은 甚히 考求 치 아니ᄒᆞ고 게 步履를 同ᄒᆞᄂᆞᆫ 理ᄅᆞᆯ 됨이로부러 莫逆이 되ᄒᆞ되 步履恩이 일ᅀᅮᆨ이 言ᄒᆞ 되 其塾에 在ᄒᆞᆯ 時에 容貌와 擧止가 足히 意大利의 種類를 顯爲ᄒᆞᆯ지로다 目光은 閃閃ᄒᆞ 야 電과 如ᄒᆞ고 瞻視에 威가 有ᄒᆞ며 言을 發ᄒᆞ미 爽直ᄒᆞ야 一次에 遂定ᄒᆞ고 家雖 貧寒이

拿坡崙史

나일즉이人後에居ᄒᆞ기를甘치아니ᄒᆞ나國學中에서其異邦賓ㅅ의子라ᄒᆞ야民양娼
辱ᄒᆞ면拿坡崙이반다시怒目으로써向ᄒᆞ는지라일즉이步理恩에게謂ᄒᆞ야曰我ㅣ
法人으로더부러居ᄒᆞᆷ이時로安처못ᄒᆞᆷ을覺ᄒᆞ노니黯然히此에久居ᄒᆞ면반다시奇禍
가有ᄒᆞ리라ᄒᆞ니其兀岸ᄒᆞ야群치아니ᄒᆞ는慨을任에可히見ᄒᆞᆯ너라

第四節 領軍隊

一千七百八十三年에法王이大臣克雷利斯등派ᄒᆞ야武備學堂의諸生을考試ᄒᆞᆯ새拿
坡崙이筭術과國史을深通ᄒᆞ고身이强ᄒᆞ며力이壯ᄒᆞ고視와號令을重히ᄒᆞᆷ으로ᄡᅥ可
히軍隊의任을管帶ᄒᆞᆷ만ᄒᆞ다ᄒᆞ야是年十月에巴黎大武備學堂에升入ᄒᆞ야業
을肆ᄒᆞ미韜略을講求ᄒᆞᆷ에육籍ᄒᆞᆷ을求ᄒᆞ니師長이다器쳐럼重히너겨이르되異日
風雲을遭ᄒᆞᆯ際에는반다시天下에크게爲가有ᄒᆞ리라ᄒᆞ더니其後에著名ᄒᆞᆫ兵學家ᄂᆞᆫ
不來斯門下에셔考ᄒᆞᆷ이上等에列ᄒᆞ야드듸여舉가有ᄒᆞ리라ᄒᆞ니其後에著名ᄒᆞᆫ兵學家朣
龍口濱의乞倫斯城에駐守ᄒᆞ고法國大營에附入ᄒᆞ니時에其父査爾司가腹蠱疾로ᄡᅥ
夢梯彼利亞에셔卒ᄒᆞ니年이겨우三十이오妹九라子와女八人을遺ᄒᆞ니長子ᄂᆞᆫ約瑟
이요次ᄂᆞᆫ卽拿坡崙이요次ᄂᆞᆫ羅勳이요次ᄂᆞᆫ加利搭이라拿坡崙의母가所天을失ᄒᆞᆷ으로ᄡᅥ生平에항상倫德으
요次女ᄂᆞᆫ亞那西搭이요次ᄂᆞᆫ羅以요次ᄂᆞᆫ葉落密이요長女ᄂᆞᆫ梅利恒이
貧ᄒᆞᆷ아洙ᄒᆞᆷ과如ᄒᆞ나홀노門戶을能히支持ᄒᆞ고諸孤를撫育ᄒᆞᆯ새生平에항상倫德으
로ᄡᅥ人을訓ᄒᆞ되人이마당히天停工에糧을儲備ᄒᆞ야諸ᄒᆞ닷謂ᄒᆞ야비록그子에貴ᄒᆞᆷ이法皇

이되고 歐州에 牛을 撫有ᄒᆞ나 自奉을 儉約히 ᄒᆞ야 仍히 그 常度를 改치 아니 ᄒᆞ더라 拿坡崙이 法軍에 入ᄒᆞᆷ으로부터 二三年 中에 軍政을 勤習ᄒᆞ고 將軍 泰謀 等으로 더부러 交ᄒᆞ이셔로 契가 洽ᄒᆞ야 一千七百八十八年에 乙倫司로 ᄒᆞ야 軍隊를 理安斯에 移ᄒᆞᆯ 시 軍行ᄒᆞᆯ 際에 當ᄒᆞ야 暇를 請ᄒᆞ야 巴黎에 至ᄒᆞ니 城中 百姓이다 그 君이 暴虐ᄒᆞ야 道가 無ᄒᆞᆷ으로써 그 約束을 受치 아니 ᄒᆞ야 장차 大變액 情形이 有ᄒᆞᆷ을 見ᄒᆞ고 因ᄒᆞ야 國政에 慘酷ᄒᆞᆷ을 知ᄒᆞ고 痛恨ᄒᆞᆷ을 不勝ᄒᆞ야 이의 助民에 書를 作ᄒᆞ야 巨患을 釀成ᄒᆞ니라

第五節 力學

昔에 法儒 盧梭가 일쪽 時를 按ᄒᆞ야 題를 出ᄒᆞ야 士를 課케 ᄒᆞᆯ 시 두어 가지 成한 걸 노 酬提ᄒᆞ야 其 前列을 獎ᄒᆞ고 古籍ᄒᆞ야 써 人才를 鼓舞ᄒᆞ니 是에 至ᄒᆞ야 理安斯 書院에서도 ᄯᅩ 一題를 出ᄒᆞ되 무슨 法이 可히 世人으로 ᄒᆞ야 곰 樂을 獲ᄒᆞᆯ고 問ᄒᆞ니 拿坡崙이 ᄯᅩ 한 試에 與ᄒᆞ야 其 文이 主試에 賞ᄒᆞᆷ이 되여 拔ᄒᆞ야 第一에 置ᄒᆞ고 獎ᄒᆞ는 金牌를 得ᄒᆞ니라 일쪽 歐洲 各國에 史를 著ᄒᆞ고 ᄯᅩ ᄒᆞ이 初에 稿훈 걸 노 써 法人 來納에게 就正 ᄒᆞ니 其 人이 일쪽 科四嘉에 商務를 考ᄒᆞ는 諸書를 著ᄒᆞ고 拿坡崙을 맘끠 ᄒᆞ야 談論이 甚히 洽ᄒᆞ고 日에 其 書를 作ᄒᆞ야 民心을 聳動ᄒᆞ고 迫ᄒᆞ야 其 卒業을 勸勉ᄒᆞ니 一千七百八十九年에 拿坡崙이 ᄒᆞ야 죽이 書를 作ᄒᆞ야 써 科四嘉의 故事를 逑ᄒᆞ야 다시 卒業을 來納ᄒᆞ이게 貽ᄒᆞ고 일쪽이 스스로 말ᄒᆞ되 이 書에 崇亞 及 旭에 報ᄒᆞ야 母에게 省ᄒᆞ니 卒業치 못ᄒᆞ고 일쪽 ᄒᆞ라 ᄒᆞ니 然ᄒᆞ나 其 後에 마참니 卒業치 못ᄒᆞ고 이 書에 繼著ᄒᆞ야 宗훈 旨는

拿坡崙史

民으로自由케ᄒᆞ고조ᄒᆞᄂᆞᆫ뒤外治안이ᄒᆞ야書院에課文으로더부러命意가相同ᄒᆞ니時忌ᄒᆞᆯ가恐ᄒᆞ야是稿를滅ᄒᆞ야ᄒᆞ야곰流傳치안코조ᄒᆞ더니그後에意大利人이有ᄒᆞ야判印ᄒᆞᄂᆞᆫ世에行ᄒᆞ더니拿坡崙의姪魯意ᄉ拿坡崙이禁ᄒᆞ야止ᄒᆞ미되니라一千七百九十年에法王이英國으로逃往ᄒᆞᆫᄃᆡ配握連을命ᄒᆞ야米國에回ᄒᆞ야ᄒᆞ야科西嘉ᄉ總督을삼으니其民望을素孚ᄒᆞᆷ으로셔佛ᄒᆞ야配握連이年老ᄒᆞᆯ時에서러금此職ᄭᅢ讓흘이深히榮幸ᄒᆞᆷ이된지라드ᄃᆡ여法王ᄭᅴ入ᄒᆞ야謁ᄒᆞ고員건ᄃᆡ見ᄒᆞᆯ바英애善政ᄒᆞ야行ᄒᆞ고科西嘉에推及케ᄒᆞᆫ소셔法王이允許ᄒᆞ시다科西嘉總督이配握連이장ᄎᆞ至ᄒᆞᆷ을聞ᄒᆞ고人員數名을派ᄒᆞ야巴黎에至ᄒᆞ야迎ᄒᆞ며其列에난혼지라配握連이임의任에履ᄒᆞ고그才와이有ᄒᆞ야拿坡崙을引ᄒᆞ고入ᄒᆞ야見ᄒᆞ거늘配握連이故人에子인줄알고도ᄒᆞ그와能이깃켰보다殊ᄒᆞᆷ을見ᄒᆞ고深히器저럼接호기를家人과如히ᄒᆞ여傍觀ᄒᆞᄂᆞᆫ者여러분이罰ᄒᆞ되配握連어位가停重ᄒᆞ야날쟉간나라는年四月에拿坡崙이待ᄒᆞ니자못其才를表章ᄒᆞ야곰世에大用ᄒᆞ고ᄒᆞᄂᆞᆯ일나라是年四月에拿坡崙이理安斯磁營中에回ᄒᆞ야兵旁中에開居ᄒᆞ야事가無ᄒᆞ면ᄒᆞ샹寧術로써其弟羅以를教ᄒᆞ고도ᄒᆞᆫ盧校와福祿特爾兩人에著ᄒᆞᆫ바書를喜讀ᄒᆞ야謂ᄒᆞ되天賦民權에自由ᄒᆞ야國民議會애派人ᄒᆞ야議員이되니具ᄂᆞᆫ誠篤ᄒᆞᆮᄒᆞ야人이다信ᄒᆞ나中에奸詐

拿坡崙史

를藏호야愛國에心이實無호니拿坡崙이一書를特著호야其惡을痛詆호고費을出호야刊호야써共和黨의人을悅케호니라一千七百九十一年四月에乞倫斯城에回駐호고刊호야바書로써國會에宣示호니衆이다悅호는지라礮營中에哨弁某가有호야哲哥賓黨에入去호니其黨이初起홀時에勢力이甚이盛호더니拿坡崙이또흔가만이더부러交通호니時에法王에護衛兵官某가事를因호야來因河로左遷홈에拿坡崙이드듸여其缺을補호고그곳王黨에改從호야一千七百九十二年三月에礮數尊을用호야攻擊을時를잘趣홈이라그런故로갓치遷이이갓치速호고君命을奉치못호야곳軍營에離호야巴黎에至호야能히顯치못호지라七月에巴黎民黨이拖來호야哩王宮에攻入호거놀拿坡崙이京에在호야其事를目擊호니民黨이다시王宮을攻호야王의護衛兵士를擊敗호나王이懦弱을恨호야謂호되만일礮數尊을用호야攻擊을助호면可히此亂民을戮홀터이나權이属지못호니홀수읍다호더라八月에水師提督屈魯脫을助호야地中海의薩諦尼亞等島를掃蕩호라호니國會에셔命호야獄에幽호고이에急히學堂에至호야其姊梅利恒를尋見호고書를癈호야民生徒의다逃避홈을聞호고事에게致호야途費給홈을請호니許호거날곳其姊을挈호고科西嘉로回去할식道가

巴黎를經홀時에正히民黨이다革命에反對ᄒᆞ는人을殺홈을値ᄒᆞ니屍骸가野에偏ᄒᆞ고流血이衢에盈ᄒᆞ니目으로참아睹치못홀너라兩人이冒險ᄒᆞ고行홀시스스로認ᄒᆞ되共和黨이만일그일즉王黨에附홈을知ᄒᆞ면반다시亂勢가稍定홈을待ᄒᆞ야바야흐로敢히行홀啓ᄒᆞ믹이되此時에물은모인ᄒᆞ고다시片刻을停치안코他途를繞치안이ᄒᆞ니마참닉干戈가擾攘ᄒᆞ中으로從ᄒᆞ야避히故에片刻을停치안코他途를繞치안이ᄒᆞ니마참닉干戈가擾攘ᄒᆞ中으로從ᄒᆞ야避히里로回ᄒᆞ니쏘호偉타ᄒᆞ더라

第六節　薩諦尼亞科西嘉之役

一千七百九十三年正月에屈魯極脫이大隊水師를率ᄒᆞ고薩諦尼亞京城를進攻ᄒᆞ니拿坡崙이득별히兵艦으로써薄泥法西亞로由ᄒᆞ야道를繞ᄒᆞ야買達利씨小島에至ᄒᆞ야進攻ᄒᆞ야克ᄒᆞ고쏘左近一小島를奪獲ᄒᆞ야大勝ᄒᆞ야大島를進攻ᄒᆞ다가克치못ᄒᆞ야礮兵을損失홈이甚多ᄒᆞ나다科西嘉人으로初次陣에臨ᄒᆞ믹砲壘開홈이다法곡씨如치못홈故로大敵을一週ᄒᆞ야挫敗를遭ᄒᆞ니此는第一次利를失홈이라屈魯極脫이薩京을力攻ᄒᆞ니薩君이埠에登ᄒᆞ야固守ᄒᆞ고巨礮를施放ᄒᆞ니法兵船艘를擊沈ᄒᆞ야一艘는燬ᄒᆞ고餘皆逃歸ᄒᆞ고薩崙이쏘兵을引ᄒᆞ야還ᄒᆞ다是月에拿坡崙이科西嘉總督配握運이間ᄒᆞ고甚히憤홀뿐더러島民이翕然히從ᄒᆞ國民이籠擅ᄒᆞ機로써國會를討ᄒᆞ니島民이翕然히從ᄒᆞ는지라法王이斷頭恩을回念ᄒᆞ고仇를復ᄒᆞ고자ᄒᆞ야國會를討홀서英人에게相助홈는法王이籠擅ᄒᆞ恩을回念ᄒᆞ고仇를復ᄒᆞ고자ᄒᆞ야꼿師를興ᄒᆞ야法을攻홀서英人에게相助홈

拿坡崙史 11

을求ᄒᆞ니英人이許ᄒᆞᄂᆞᆫ지라逐를被ᄒᆞᆫ法人이法兵戍守ᄒᆞᄂᆞᆫ白斯忒矮城에逃至ᄒᆞ야
同心禦賊ᄒᆞᆯᄉᆡ拿坡崙이科西嘉에不附ᄒᆞ고配權連으로더부러絕交ᄒᆞ니家中이掠을
被ᄒᆞ야一空ᄒᆞᆫ지라裴を敗ᄒᆞ고逃出ᄒᆞ야白斯忒矮城議員拉森密乙과科西嘉委員煞
立西體로더부러土龍에셔兵을起ᄒᆞ야同討配權連ᄒᆞᆯᄉᆡ兵船兩艘를率ᄒᆞ고科西嘉의
亞及旭岸에至ᄒᆞ야配權連에게民과밋交鋒치못ᄒᆞ야忽然이奮勇ᄒᆞᆫ船人一
隊가有ᄒᆞ야衝殺下山ᄒᆞ야繼橫馳驟를可히當치못ᄒᆞ야拿坡崙이船을遁回
ᄒᆞ니此는第二次失利도다白斯忒矮城을破ᄒᆞ니其銳를可히當치못ᄒᆞ야拿坡崙이開而肥城을攻
ᄒᆞ고全家가亂을適ᄒᆞ야法買饔里城에至ᄒᆞ니其母가三女와幼子로戍守ᄒᆞᆫ間而肥城을攻
에難ᄒᆞ더니國民會가貧ᄒᆞ야에川粮을給ᄒᆞ야日을度ᄒᆞᆯᄉᆡ約邀은人
기難ᄒᆞ더니國民會가貧ᄒᆞᆫ이에川粮을給ᄒᆞ야日을度ᄒᆞᆯᄉᆡ約邀은人
애備書ᄒᆞ고羅勸은森禮克雪門軍需局執事로在ᄒᆞ야蹤跡이無ᄒᆞ더라拿坡崙
스스로巴黎에至ᄒᆞ야機를相ᄒᆞ야事를圖ᄒᆞᆯᄉᆡ名曰白開矮煞潑이라大旨ᄂᆞᆫ法國에擾
書를善ᄒᆞ야黨情形을詳論ᄒᆞ니名曰白開矮煞潑이라大旨ᄂᆞᆫ法國에擾
亂ᄒᆞ이已極ᄒᆞ고人心이散渙ᄒᆞᆷ을謂ᄒᆞᆷ이니맛당히豪傑이有ᄒᆞ야時를乘ᄒᆞ고起ᄒᆞ야
聯合爲一ᄒᆞ면始能返亂爲治ᄒᆞ야乃以此書로哲可賓黨中에散播ᄒᆞ니是時에爵位
와權勢가此黨에均在ᄒᆞᆷ으로拿坡崙이자못其援引을得ᄒᆞ니라

第七節 攻土龍受傷

哲哥賓領袖羅伯斯比爾가 恐嚇政治로써 法國을 管理홀 時를 當호야 拿坡崙을 命호야 砲臺를 率호고 統師考塔을 隨호야 土龍城을 攻호니 時에 土龍砲臺製造局 等이 님의 王黨이 英과 밋 西班牙에 交興호으로 聯軍이 駐守홈으로 拿坡崙이 攻호야 克리 못호고 여러 번 英軍에 敗호빅되니 본릭 考塔이 無호나 其和民黨에 附호연고로써 擢호야 大將을 삼으니 拿坡崙이 開砲호야 藥彈만 費盡호야 依然히 施放치 못호니 國會가 懲召호야 國砲호고 議員 開司伯林을 遣호야 監 호라호니 開司伯林이 拿坡崙에 才略이 非凡홈을 知호고 深히 契合이 되얏더니 後에 考 塔을 繼호야 統師가 된者는 乃 賽服醫生 名은 杜潑脫이라 無能홈이 考塔으로 더부러 호니 人이 皆 笑호더라 未幾에 득별이 兵을 知호는度猶迷亞로 易호야 統師를 삼으니 行 塔을 添호니 開司伯林이 方이 有호지라 득별이 拿坡崙을 派호야 砲隊全營을 統帶호고 三万을 添호야 土龍城에 進逼호니 聯軍에 添호바 兵이 合홈애 一万一千에 不滿호고 西 班牙兵은 疲弱호고 餘兵은 雖强이나 主將이 調遣을 잘못호니 考塔과 杜潑脫로더부러 無異호지라 歷호야 拿坡崙이 進兵호야 맛춤 巴黎國會에셔 議員揩拿潑脫을 繪호바 陣을 久歷호야 調度가 方이 有호지라 득별이 맛춤 巴黎國會에셔 議員揩拿潑脫을 繪호바 無異호지라 拿坡崙이 度獪迷亞가 用호고 자호거 놀 考호야 曰 城을 攻혼즉 曠日 持久 攻城地圖를 顧호야 度獪迷亞가 用호고 자호거 놀 考호야 曰 城을 攻혼즉 曠日 持久 홀뿐 더러 能히 勝홈을 期必치 못호니 만일 砲臺를 拉爾脣山上에 築호야 落口에 聯軍 의 停泊호 船을 鏧退호고 其歸路를 截호면 城中兵이 駐足호기 難호리이와 갓치 호즉 土龍이 我에 有홈이 될게 여 놀 얏갑다 兩月前에 英人이 님의 三砲臺를 築호니 異常이 鞏

拿坡崙史

固호야人이稱호기를小호고勃考脫이라호고惟砲臺가皆臨海面호야專히防海흠을 爲호야設호니土龍에舊有호혼砲臺로더부러式이同호지라노後面高峻혼地에據호 야一臺를再築호면可히其背를附호야擊호리라호고於是에地勢를相度호야形勢가 毛而薄司克벳高原에暗築코니英砲臺로더부러相近호다가不利호야六百人을失호니英 最爲扼要혼지라十一月에聯軍으로더부러交戰호다가不利호야六百人을失호니곳 將屋赫賴가大隊를來攻호거늘山岩으로由호야砲를開호야蟲擊홈시正히 彈雨가橫飛홀際에拿坡崙이英兵에居高臨호야잠간其鋒을避호니此地눈可히英砲臺의山 峽을潛通혼지라樹林이蒙호야空地에匿호야拿坡崙이英兵에近行홈을見호고임의聯軍인줄 노倘認호야籠邊에將至홀際에令을發호다가忽然히拿坡崙에兵이突放排搶홈을被호 야其臂를擊傷호야獲혼지라四散奔逃혼지라度瑚迷亞가皇이船中에躬自鳴皱호야 將軍을會合호야猛戰홀際에追호야拿坡崙이도훈搶傷을受호고痛絶호야量年少兵官 逸호니맛당이追호야殺傷이無혼지라倉皇이도훈搶傷을受호고痛絶호야量年少兵官 이有호야挾호고圈를突호야出호니部下將士가또훈身에重傷을負호아니호니읍서 서醫院이昇至호야療治혼者二三千人이라土龍이임의破호미法兵이任意로紀律이 漫無호고또훈無賴遊民이넛셔軍營에混入호야機을乘호야搶掠호니軍吏도호禁止 못호는지라巴黎로부터議院派員이其城을來守호고禁止을出示호야비로소安殺터

拿坡崙史 14

못ᄒᆞ게ᄒᆞ니度掘迷蕩을旋派ᄒᆞ야拍拉文次海濱을査勘ᄒᆞᆯᄉᆡ亂民을適遇ᄒᆞ야거의殺 흘빈되야다가因ᄒᆞ야곳逃敗ᄒᆞ니라

第八節 初攻意大利

一千七百九十四年二月에丹頓黨이(即鑒池派共和黨之一)哲哥賓黨으로더부러權을握ᄒᆞᆯ際에拿 坡崙을擇ᄒᆞ야副將을삼아셔杜莫皮亞將軍을隨ᄒᆞ야意大利를攻ᄒᆞᆯᄉᆡ兵을尼西에駐 ᄒᆞ다初에杜莫皮亞가愛爾魄士山外의國을伐ᄒᆞ야ᄡᅥ兵威를耀ᄒᆞ기를思ᄒᆞ더니至是 에膽略이素豪ᄒᆞᆫ拿將軍으로더부러雄師를同領ᄒᆞ니指揮ᄒᆞᆷ이意와如ᄒᆞ고다시 拿坡崙에臂助ᄒᆞᆷ을得ᄒᆞ야戰事에裨益이大有ᄒᆞ니未幾에意大利의賽尼其亞와屋克 掛利亞二城과밋愛爾魄士山巓이다法兵에奪ᄒᆞᆫ빈되니라墨西拿의旗를執ᄒᆞ고先登 ᄒᆞ니衆兵이繼ᄒᆞ야山嶺을踰下ᄒᆞ야據守ᄒᆞᆫ省의屋迷亞에直至ᄒᆞ니此地에薩蒂 尼亞와意大利와奧地利의聯兵이有ᄒᆞ야徑進키못ᄒᆞ고撒印의 後로潛由ᄒᆞ야耕羅亞에假道ᄒᆞ야攻ᄒᆞ니法人이敢히邦이되엿다ᄒᆞ야 尼亞와意大利가繼ᄒᆞ야山嶺을踰ᄒᆞ야撒印省이自命ᄒᆞ야中立의國이되엿다ᄒᆞ야 假道ᄅᆞᆯ與티안커늘拿坡崙이使人으로謂ᄒᆞ야曰今新律에ᄂᆞᆫ凡小弱이라도謂ᄒᆞᆫ바 立이無ᄒᆞ고戰을不助ᄒᆞᄂᆞᆫ者는곳이敵人이니만일中立코자ᄒᆞᆯ진딘반ᄃᆞ시道를 大ᄒᆞ여야이에可ᄒᆞ고그러치안이면반ᄃᆞ시應당穅粮을供給ᄒᆞ야東 道에生가될지라므릇我의來ᄒᆞᆷ은장ᄎᆞ國民의自由權을伸ᄒᆞᆷ이니삼가有意ᄒᆞ야 ᄒᆞ야罪을天下에得티말나時에耕羅亞와撒印境內의다民主에黨人이有ᄒᆞ니拿坡崙

이 敎主로호여 금 重賂를 挾호야 더부러 交通호민 一時에 風을 聞호고 響처로 應호야 愛爾魄士山麓으로부터 脫愛勃河濱에 至토록 人民이다 私會를 立호야써 迎師흠을 備호니 於是에 旌旆所經에 阻格흠이 罔有호고 願티 안는 바者는 오즉 鄕僻에 愚忠훈 人일너라

第九節 羅伯斯比爾傾覆 拿坡崙이 被執

拿坡崙이 土龍을 攻할계 羅伯斯比爾의 弟 奧格斯丁으로더부러 급피셔로 契을 結호니 其權勢가 握에 在호야 異日에 政府의 薦흠이 반다시 度瑜迷亞로 較홍면 有力흠이 됨으로 쓰미라 그런고로 土龍城이 破훈 後에 悉聽將士호야 人民을 搜殺호되 阻止티 아니홈은 므릇 奧格斯丁이 議員이 되야 쓸셔에 拿坡崙으로더부러서 意大利軍中에서 遇호지라 奧格斯丁에게 好롤 結코즈홈이라 그런故로 其母와 及 其昆弟가 다 급피諒호는 니 舊雨을 重聯호미 더욱 歡好홈 반다시 其力을 도라다시 其兄에게 薦호되 是 人는 智와 勇이 兼備훈지라 將노重用호면 반다시 其力을 得호리라 羅斯比爾가 일즉 竭司武과 靠霜을 遣호야 重用호다가 果치못호고 初에 羅斯比爾가 命호야 巴黎提督을 삼고즈호다가 難이 作호니라 羅斯比爾가 命호야 巴黎提督을 삼고즈호다가 難이 作호니라 羅斯比爾가 會에 入케호더니 後에 兩人이 兩人을 遣호야 四方으로 出호야 財를 散호야 人를 勾호야 會에 入케호더니 後에 兩人이 心에 携貳를 懷호야 貲財를 妄用호고 能히 衆을 聚치못호거놀 拿坡崙으로호여 금 按흘시 奧格斯丁이 싸 命호야 耕羅亞에 軍情을 偵探호라호니 拿坡崙이 가마니 其城民으로 더부러셔 通호야 消息을 遍傳호니 羅伯斯比爾에 旣而요 羅伯斯比爾에 形

拿坡崙史

이漸漸凶暴호기눌國會가捕호야올나其黨數十人를斷頭機로써死에處호니哲歌賓黨이解散호지라於是에國會가權力를恢復호야新議員을立호고愛而皮姝와哲歌西姝와辣潑脫三人을派호야杜莫皮亞軍中에至호야營務를察視홀새拿坡崙이耕羅亞로從호야營에回호다가三人에게執호빅되야其身畔를搜호야一紙를得호니即報호빅偵探호事라이에其罪를數호야責曰汝에行事가可疑홈이一罪오拿坡伯斯比爾에二罪오耕羅亞에私至홈이三罪라호야드듸여其職을褫호고巴黎公安會署로送호야잡차死罪로써定호시三人과及杜莫皮亞가님의搜獲호紙에字號簽이되拿坡崙우絶斷코驚懼터안코三人中에煞立西體눈金坡崙으로더부러同里라書를旣上이언因作호야호야곰議院에轉呈호니略謂호듸이이哲哥賓黨을從호난젹실이暴을除음因作호야太平에局을保全호고즈호미오他意를有홈이아니로라書를旣上이獄中에自在호야意大北半境地圖를細讀호고愛爾魂士山으로撤回호야米敵情을探호바敵情은民主國에利益이大有호다호야尼西에示諭經를詳察호야幷無호고坐探혼바回호야公安會의命을辭侯라호니是에至호야乃大小道호야釋호야仍回호고坐探혼바回호야公安會의命을辭侯라호니是에至호야乃大小道實호미罪狀이幷無호고坐探혼바回호야公安會의命을辭侯라호니是에至호야乃大小道坡崙이能히統領所를辭호고因호야坐探혼바回호야公安會의命을辭侯라호니是에至호야乃大小道處못홈이心甚快快호야드되여其母를省호니時에約瑟이買審비富商쭖利耶의女를娶호야室을삼다約瑟妻의妹名은楷麗니貝가甚

美호고 또約瑟家에 常至호거늘拿坡崙이 相得호야娶코져호야嚴謂曰吾에 運命이 空際에 流星과 似호야 至今은 비록 隱晦호나 반다시 光明홀 日이 有호리니 汝가 웃지 나틀 我에게 委티 아니호고 楷麗티 안코 後에 瑞典王勁納度脫에 嫁호다가 되다 初에 羅勳이 森禮克雪捫軍需局에 在호야 其地가 買賣로더부러 相近홈으로 買賣로의 哲哥가 賓會長이 되야 곳 公安會 權勢을 握홈이 일즉 公安會에 搬移홈을 阻호더니 羅伯斯比爾가 旣傾홈이 곳公安會가 羅獄에 다가 被호여다 王黨에 素屬홈으로 釋홈을 得호니라 拿坡崙이 巴黎에 復至호야 事을 圖홀시 統兵大臣屋勒雷에게 謁호고 其擇用을 甚히 疎히 니屋勒雷가 拿坡崙이 羅伯斯比爾에 餘黨으로써 作年少라 王黨에 遇호기를 甚히 疎히 호더 니 旣而오 命호야 拉間德營을 管帶호라 호니 是地에 人民이 王黨에 素屬홈으로 지극히 何悖호야 正히 亂을 作호랴호거늘 拿坡崙이 力辭호야 赴티 아니호니 其機을 知 홈을 服호는지라 是로 由호야 武員冊籍에 名을 除호고 幷히 俸糈을 裁革호야 바로 小楊腹 居호니 饔殮이 給지 못호더니 幸히 步理恩과 煞立西姝가 其飲食을 供호야 能히 소楊腹 을 免호지라 항상 力을 食호는 輩난 慕호야 이에 能히 스스로 其生을 養호야 日 吾가 巴黎에 閑 中에 馬車을 推호는 者에 樂만갓지 못호다 호고 因호야 土耳其京에 至호야 嚴兵訓鍊호 기을 思호고 書로써 步理恩에게 屬호야 政府의 轉達호니 省리 안코 旋遞호야 塔澄非克 戶部쨔中에 至호야 輿圖을 測繪호니라

第十節 保守議院

拿坡崙史

一千七百九十五年에 國民會行政이 溫和에 漸近하더니 九月 二十三日에 新憲法을 制定하고 上下 兩議院을 設하야 五人으로써 監督케 하되 議員을 三分에 二는 其舊員을 仍置하고 其一은 新員을 另選할새 民間에 産業이 有한 者를 公擧派充하니 各地方 新政이 悉改하야 從良하야 人民이 藉以稍安호되 貴族黨 等의 其法를 不便타 하야 革命을 潛謀로써 國會를 欲傾하야 曰 議院 新員이 限三分에 一도 得지 못하니 맛당히 舊員은 一律로 逐黜호되 議院으로 하야곰 金流血이 巴黎에 偏케하고 一班 新名氏人를 另易하야 但 士에 權을 重行하여야 乃可라 하고 이에 議院에 敵이 될만한 者로되 부러 一會를 共設하야 衆를 聚혹이 四五萬에 至한지라 國이 壯勇相助할 者를 招하야 約期擧事할새 十月 四日에 議員이 施來哩宮에 集하야 巴黎 總兵 迷拿를 遣하야 官軍 五千과 及 團鍊義兵을 率하고 亂民을 駐散하라하니 兵隊를 遽止하야 民家門首에 槍尖이 露함을 見하고 아울나 吶喊의 可懼한 聲이 들이는지라 迷拿가 費呢에 行至하야 其職을 視하안터니 少頃에 潰散하는지라 迷拿가 議院이 怒하야 其職을 視하안코 合宜히 將軍을 另簡하니 曰 白勒斯 l 라 統兵前往하라 하니 白勒斯 가 일즉 이 黑夜에 羅伯斯比爾을 旅店에서 擒함으로 勇名이 頗有하나 然하나 行陣에 素歷지 못하야 能히 必勝를 操티 못할가 恐하더니 人이 有하야 拿坡崙을 擧하야 써 將을 삼고곳 하더니 是時에 拿坡崙이 議院에 適在한지라 議員 楷拿 脫과 戒里 恩이다 其才를 知하고 劒日可라하니 이에 拿坡崙을 召하야 前에 至한민 其能否를 詢하고 白勒斯를 協助하야 亂을 平하라

호니拿坡崙이躊躇호지良久에始允호니이에副將黑勒忒를命호야薩白隆營에往호 야軍器를取回호야써敵에資을免케호라호니至時에多人이果有호야往拟코즈호다 가幸히黑勒忒이二分鍾時에先至호야取回호더라是夜에拿坡崙이兵를派 호야拖來哩宮을護호고軍器를執호고兵五千과 義兵一万五千을自率호야匍匐彈礫 을要路에安置호고槍彈八百을議院에送호야써緩急을備호라호니議員이膽壯호다 호더라明晨에各路乱民이齊起호야쟝찾議院를直撲홀서웃지所招壯勇이畏葸호야 不前홀을홀을意호리요日中에延至호야森羅區禮拜堂를始據호고柵를立호야自衛호 과杜霍克斯等이다謀略이無호고도軍中에器械가少호니壯勇이雖多나指揮를不聽 호는지라拿坡崙이按兵不動호니乱民이進退의策을商議호야退兵息戰홈을請호되 旗를執호고四五百人을率호고四点鐘에突里根이先鋒을命호야白 目을障호고進호야其虛實窺見홈을防홈일너라初에議院이拿坡崙에勇과猛礮에 助가兼호홈을恃호고可히無慮타謂호더니及來者의言을聞호고乱民이結黨이甚衆 홍을始知호고先令民黨으로退民然後에義兵을再撤코즈호는者도有호고突里根으로더부 러面議호즈호는者도호고并相驚懼호야其所請을欲允호나議院이他策이無호고오즉더부러決戰호야勝치못호면死而己 라호야繼器亞가謂호되議院이他策이無호고오즉더부러決戰호야勝치못호면死而己 惟繼器亞가謂호되議院이他策이無호고오즉더부러決戰호야勝치못호면死而己 라호야衆人이紛議호야四点鍾半에至호민忽聞槍聲이齊發호며槍子가院中에飛入

호니임에開戰홈을知호고곳各各軍器를執호고出호니是時에亂民이議院에兵이其
帽를搖호야써示意홈을見호고更히隱語로써挑호야호야곰助己케호니衆兵은伴爲
不聞호고勇을奮호야槍을開호고轟擊호니亂民이槍으로써抵禦호야彼此相持홀際
에拿坡崙이空中破호고來호야兵을麾호야匍匐彈砲로써擊호야死者│算이無호되
冒死의民이仍有호야房屋이礮彈을遮蔽호야차못호는處로從호야衝突호고나와
셔此礮를欲奪호니이갓티數次다가力이竭호야退호니其禮拜堂을據守홀民二百
餘人이坐호야擊鬪홈이되되苟散走호논디라禮拜堂를遂復호고更히數百人이起호
야共和戱館을擁塞호거놀一砲로散호다拿坡崙이自言此戰이自四點半鍾으로起호
야至六點鍾에已畢호니旣敗에民이오히려營을築호야選議員호되五年으로써改變홀식
으로써各自逃生호니亂黨이遂散호다國會가이에擧選議員호는章程을改變홀시
元老會와밋五百人會를設호고其監督五百人을곳兩會中選擧호되五年으로써代호니一任
을삼논다호고이에五人을選定호니監督日白雷司曰李樸曰羅勃而利土日西以司니魯遜
勃王宮으로써監督治事의所를삼고監兵을設호야衛호니西以司와羅勃이가議院으로
더부러不合호야監督의任을力辭호거놀드듸여揩拿脱과白斯里迷하가議院으로
脱이임의監督이됨이國犯의赦宥홈을出示호덕國革命의地를易名호야日太利라호고
演說과밋著書로써法國이他國으로더부러失和리아니홈을表明호고오죽奧屬의荷
蘭으로써法에永隷코조호고坐地를德意志와意太利에關호야써版圖에擴코조호더

第十一節 與約瑟芬成婚

一千七百九十六年에拿坡崙이巴黎에仍在호야職을供홀서國에壯勇을整頓호며監督署와밋議院에衛兵을設호고武弁을愼選호며軍士을嚴束호야京城喧雜의區로호야곰安謐에得臻케호고與人徃還에意을用홈이深沈호야言을妄發티안이호니所入官祿이較豐호지라監督公署에常至호야白雷司로더부러交호이最密호더니五監督中에白雷司로써長을삼으니時에民主國에名이存호나實은亡호지라五監督主가되니人의그魯遜勃王宮에居홈으로써稱호기를魯遜勃五王이라호더라白雷司가奢侈을喜호고俠樂을貪홈이第十四로더부러性情이相同호야宮室이至極히華美호고拿坡崙에居홈바室이亦甚宏麗호야貴客과밋貴族夫人中最相契者曰約瑟芬이라故子爵捕赫納司의婦가되야니羅伯斯比爾時에捕赫納司가斷頭機에處死홈을遭호의婦가白雷司로더부러閨友이된지라容貌가甚히美호야白雷司로더부러巴黎에名이著호더니拿坡崙이처음으로白雷司署中에셔遇홈이兩相愛慕홈이有호야訂婚의意가되여明言리아니호니約瑟芬이其友賴開道에게私告호야곰主婚코즈호나彼年少郞에게嫁코즈호나彼無所有호고老朽라笑謂曰汝眞如此케狂홈가彼年少郞에게嫁코즈호나動호눈바되지안이호눈지라拿坡崙이其衣一鈒뿐이니라約瑟芬이嫁志가已決호야

言을 微聞ᄒᆞ고 誌ᄒᆞ야 不忘ᄒᆞ더니 是年三月에 遂與約瑟芬으로 巴黎에서 成婚ᄒᆞᆯ쉬 白雷司와 禔里思이 證婚이 되야 敎士을 用티안코 貴官을 請ᄒᆞ니 또 由ᄒᆞ야 創例가 되니라 或이 云約瑟芬이 拿坡崙보다 六歲가 長ᄒᆞ다ᄒᆞ고 或이 云四歲가 長ᄒᆞ다ᄒᆞ더라 其前 捕赫納司에게 嫁ᄒᆞ야 子女各一人을 養ᄒᆞ니 子名은 亞勒白哈奈라 後에 意太利總督이 되고 女名은 藿脫痕司라 곳 拿坡崙에 弟羅以에게 嫁ᄒᆞ야 室이 되니 性이 溫柔ᄒᆞ야 羅以가 極愛ᄒᆞᄂᆞᆫ디라 後八年에 拿坡崙이 法皇이 되미 約瑟芬이 賴開道로 부러 昆을 加ᄒᆞ니 約瑟芬에 章服이 輝煌ᄒᆞ고 寶冠이 燦爛ᄒᆞᆫ디라 拿坡崙이 賴開道를 特招ᄒᆞ야 至ᄒᆞ이ᄒᆞ라 今에도 오히려 一衣一釵만 有ᄒᆞ나 賴가 慙ᄒᆞ야 謝ᄒᆞ고 能히 答지 못ᄒᆞ더라

第十二節 爲征伐意大利統領

成婚後十二日에 곳監督에 命을 奉ᄒᆞ고 愛爾魂士山外에 至ᄒᆞ야 意大利에 征伐ᄒᆞᄂᆞᆫ 軍을 接統ᄒᆞ니 時年이 二十七歲에 足지못ᄒᆞ지라 身短ᄒᆞ되 壯ᄒᆞ고 能히 勞苦를 耐ᄒᆞ며 面은 其母와 似ᄒᆞ고 目光은 閃爍ᄒᆞ야 尋物ᄒᆞ기 가易ᄒᆞ고 擧止가 有威ᄒᆞ니 是ᄂᆞᆫ 天生將才너라 時에 法兵이 愛爾魂士山에 駐ᄒᆞ미 甚多ᄒᆞ되 이믜 三年이 踰ᄒᆞ고 足홈의 能히 立ᄒᆞᆫ디라 拿坡崙二十餘戰所에 至ᄒᆞ야 兵士를 損失ᄒᆞᆷ이 五萬兵에 衣食과 訓練을 보미 다 法과 如티 못ᄒᆞᆷ이 되져 監督에 軍餉이 統領이 較前ᄒᆞ면 剋扣ᄒᆞᆷ이 更多ᄒᆞ야 火藥外에ᄂᆞᆫ 一切衣服等物이 缺少라 아니ᄒᆞᆷ이 給發ᄒᆞᆷ이

無흠디라 因호야 監督에게 致書曰 意大利는 富饒흔 國이라 苟能 戰勝호면 軍中 糧餉이 皆足取給이어눌 웃지 反다시 剋扣케 호는고 흔디 統師 瑪門脫이 謝事홀식에 拿坡崙이 礮隊를 素領호야 일즉 馬步兵을 管帶티 못홈으로써 營中에 善將兵호는 者를 選擧호야 助호니 拿坡崙이 意大利에 興圖를 熟讀호야 某處가 可히써 進兵호고 可히써 設伏홀걸 知호고 幷能廣遣偵探호야 敵情을 知호는 故로 消息이 靈通호며 奇謀가 送出호고 도 一人을 遣호야 撒印과 朗白特各省에 至호야 法國自由에 道를 講論호니 意人이 聞호고 竊念컨디 拿坡崙은 本我國所產이라 今欲創立自由호니 我國人이 亦當其樂亨利호야 他日에 麻을 蒙호며 福을 獲호고 쟝찻 此 科西嘉人을 伏흔다호더라

第十三節 忙脫諾脫之戰

奧가 撒印等의 聯軍으로 더부러 五萬이라 號稱호니 拿坡崙이 觀호고 七萬五千이 有호 야 奧 老將 步魯의 統흔 바되야 亞彎尼斯山上에 駐흠을 知호고 法兵이 山下로 從호야 仰 攻호자 맛地勢을 得호지라 其地에 路數處가 有호야 可히 山頂을 通호거눌 步魯 눈 敵이 何處로 從호야 進兵홀 줄을 不知호는 故로 山口에 均宜히 防을 設호시드여一 極長의 陣을 排호야 奧統領은 河口에 駐호고 撒印의 將은 西에 駐호니 相距가 三十 英里라 拿坡崙이 其軍을 衝斷코쟈호야 左翼을 進호야 撒印을 先攻호디 屋呢稻山路로 由호야 兵을 進호고 右翼을 衝斷호야 武里城을 攻호디 海灘으로 由호야 兵을 進호니 쟝찻耕 羅亞와 朗白特을 恐嚇호야써 牽動케호고 中軍은 自率호고 山下에 駐호니 其立營處에

拿坡崙史

山路二가 有ᄒᆞ야 一名은 忙脫諾脫이니 可히 薄迷大山谷을 通ᄒᆞ고 一名은 愛而退亞이니 可히 薄迷大山谷을 通ᄒᆞ니 愛而退亞山路ᄂᆞᆫ 最低ᄒᆞ야 僅히 海面에서 一千四百尺이 高ᄒᆞ거ᄂᆞᆯ 因ᄒᆞ야 轍轟을 忙脫諾脫에 告成ᄒᆞᆯᄉᆡ 四月初에 步兵가 其左翼佛克紗維起를 命ᄒᆞ야 兵을 率ᄒᆞ고 服而忒里에 至ᄒᆞ야 法兵營을 衝散ᄒᆞ니 損傷이 甚衆ᄒᆞ고 會에 日이 暮ᄒᆞ야 戰을 罷ᄒᆞ니 敗兵이 始得ᄒᆞ야 步兵쟝졍法軍을 衝斷ᄒᆞ니 命ᄒᆞ야 忙脫諾脫에 砲壘을 始攻ᄒᆞ더 初九日을 限ᄒᆞ고 兵을 進ᄒᆞ야 亞近託을 衝斷ᄒᆞ니 拿坡崙으로더부러 同一ᄒᆞ計謀ㅣ나 亞近託이 一日을 遲至ᄒᆞᆫ다라 法叅將蘭拍이 精兵 一千五百人을 已集ᄒᆞ야 砲臺保守ᄒᆞ더니 亞近託이 連攻三次의 蘭拍이 奮力抵禦ᄒᆞ야 交戰多時에 路ᄂᆞᆯ 暗從ᄒᆞᆫ 兵이 前에 粉㔟이 亞近託이 動티 안이ᄒᆞ고 第格의 退至ᄒᆞᆷ無人看 守에 路ᄂᆞᆯ 暗從ᄒᆞᆫ 兵을 引ᄒᆞ고 써 其後를 襲ᄒᆞ니 仍히 堅守ᄒᆞ야 亞近託이 大敗ᄒᆞ야 逼ᄒᆞ고 第格의 退至ᄒᆞᆷ無人看 步兵에게 職을 이뒤다라 拿坡崙이드듸여 薄迷大山谷에 進逼ᄒᆞ고 與와 撤爾軍이 서로 接디 못ᄒᆞᆫ 處에 營을 立ᄒᆞ다라 부러 急히 敗兵을 收ᄒᆞ야 兩軍을 聯合 ᄒᆞ야 爲一ᄒᆞ다 速ᄒᆞ야 十三四兩日에 二次를 猛攻ᄒᆞ야 여 軍을 衝斷ᄒᆞ야 通티 못ᄒᆞ게 ᄒᆞ니 與將潑魯維拉이 力竭援絕ᄒᆞ야 二千으로써 降ᄒᆞ고 十 五日에 佛克紗維起가 面脫里에 由伏ᄒᆞ다가 戰勝ᄒᆞ고 出ᄒᆞ야 弟格 에 至ᄒᆞ야 佛克紗維起가 面脫里에 由伏ᄒᆞ다가 突出ᄒᆞ야 擊ᄒᆞ고 弟格 拉赫潑이 急히 巡視ᄒᆞ다가 法兵을 忽見ᄒᆞ고 兵으로써 敎ᄒᆞ고 拿坡崙이 ᄯᅩ호 軍을 領ᄒᆞ고 至ᄒᆞ니 佛克紗維起가 力이

能히 敵디 못 ㅎ야 兵을 退ㅎ야 普江에 屯駐ㅎ야 써 密倫을 保ㅎ고 揩里에 率ㅎ 바 撤印에
은 步魯가 能히 兼顧티 못 ㅎ야 其自退흠을 任ㅎ니 拿坡崙이 知ㅎ고 곳 兵을 率ㅎ고 狂追
ㅎ니 揩里가 亞響尼斯山 偏僻 호 處로 遁走라가 又 爲 所逐 ㅎ야 이에 氣拉司固城에 入ㅎ
니 時에 揩里 軍中의 受敎 혼 人은 太半이나 散去ㅎ고 其未散 혼 者는 拿坡崙에게 兵이 多 ㅎ
고 또 勇흠을 見 ㅎ 고 敢히 더부러 敵디 못 ㅎ 논디라 곳 步魯로 ㅎ 야 금 相助 ㅎ 라 또 卽 取 勝
기難 혼 故로 다 戰티 안코 조 초 ㅎ 논 디라 金 兵을 帶 ㅎ 고 揩里納城에 退至 ㅎ 야 二十五日에 拿坡崙이 巡捕 ㅎ
莊武으로 ㅎ 야 금 兵 數 十人을 조초 ㅎ 야 敵 ㅎ 야 甚 夥 ㅎ 고 氣拉司固城에 至 ㅎ 야 窺視 ㅎ 니 礮 臺 守 兵이 二千이
有 ㅎ 고 軍 械와 粮餉을 藏儲 흠이 甚 夥 ㅎ 야 頗 足 自守라 이에 守 兵이 法人을 一見 ㅎ 고 勢窮力竭 ㅎ 고 財用이 己
鹹武로써 讓ㅎ 고 械餉을 並 將 ㅎ 야 相贈 ㅎ 야 買 茫脫이 喜 흠이 望外에 出 ㅎ 다이다 是
處 議院 軍營中 人이 法人에게 暗通 혼 者가 己 有 ㅎ 니 라 撤印이 歸 ㅎ 야
盡 ㅎ 니 薩 諦 尼 亞 王이 反 다시 克尼細代와 脫他捨兩礮臺 鎭 鑰으로 써 我에게 歸 ㅎ 야
아이의 可라 ㅎ 니 拿 坡 崙이 日 反 다시 克 尼 細 代와 脫 他 捨 兩 礮 臺 鎭 鑰으로 써 我에게 歸 ㅎ 야
爾 魄 十 山의 地를 將 ㅎ 야 一 切로 法에 與 ㅎ 고 各 礮 臺 와 寒 服 尼 西 兩 城과 다못 附近에 愛
올請 ㅎ 거 늘 拿 坡 崙이 是 로 因 ㅎ 야 忿 盃 ㅎ 야 不 久에 遂 卒 ㅎ 니 라
룰 삼 거 날 薩 王이 是 로 因 ㅎ 야 忿 盃 ㅎ 야 不 久에 遂 卒 ㅎ 니 라

第十四節 勞弟之戰

撤印息戰後에 拿坡崙이 步魯를 普江에 迅追 ㅎ 야 福 奈 皮 亞에 敗 ㅎ 고 又 追 ㅎ 니 步 魯 가

이에愛達阿에退至ᄒᆞ야後衛軍을命ᄒᆞ야礮臺로써勞弟橋를陌守ᄒᆞ야追兵을阻住ᄒᆞ고大隊로ᄒᆞ야곰써從容이退ᄒᆞᆯ시橋上에猛礮를施放ᄒᆞ야法兵을轟毁ᄒᆞᆷ이甚衆ᄒᆞ되法兵이烈火濃烟中에專恃猛撲ᄒᆞ고前者ᄂᆞᆫ死ᄒᆞ되後者ᄂᆞᆫ繼ᄒᆞ야蜂처로擁進ᄒᆞ야되여此橋를奪獲ᄒᆞ고拿坡崙이自言호되生平의勞第一役에비로소雄名을當世에立ᄒᆞ기를思ᄒᆞ엿다ᄒᆞ더라五月十五日에法兵이乘勝ᄒᆞ야密倫에至ᄒᆞ니此城은當戰에入ᄒᆞᄂᆞᆫ이最多ᄒᆞ니各處에蒡民이護集ᄒᆞ야義民會를立ᄒᆞ고狂悖의書로써新聞紙에拿坡崙의威德을盛稱ᄒᆞᆷ이天神과갓다ᄒᆞ야民心을煽動ᄒᆞ거늘拿坡崙은反不喜此ᄒᆞ고자못藐視ᄒᆞ되오죽帳下將士ᄂᆞᆫ私與相結ᄒᆞᄂᆞᆫ지라意大利民主黨人이常言호되만일意大利全國으로ᄒᆞ야同時革命ᄒᆞ가되면無窮利益을受ᄒᆞ리ᄂᆞᆫ未戰ᄒᆞ기전에意大利政治가바록盡善티못ᄒᆞ나各省地方官에人民을管理ᄒᆞᆷ이合宜의已極ᄒᆞ거늘民主主義의舊章보다勝ᄒᆞᆷ을엇지知ᄒᆞ리요密倫人이會圖新ᄒᆞ야셔天然雄富의國으로奧王曼理亞의藩屬이되ᄂᆞᆫ時를當ᄒᆞ야舍舊圖新ᄒᆞ야文化進ᄒᆞ고武而克尼가歐洲에安樂의國이되야셔政治法律이維新已久ᄒᆞ고那玻利司가비록致化退後나然ᄒᆞ나揩里第三이王이되야슬ᄯᅢ를當ᄒᆞ야其大臣威尼西披紗이改政을改變ᄒᆞ야氣像이曩昔과大異ᄒᆞ니意大利人民이果能安居樂業ᄒᆞ야承平의望이旋有ᄒᆞ거늘엇지ᄶᅥ一唱百利ᄒᆞ야急히同時에革命ᄒᆞ고ᄒᆞᄂᆞᆫ고畢竟革命혼以後에ᄂᆞᆫ利益이何에在ᄒᆞᆯ고사ᄅᆞᆷ으로ᄒᆞ야금解티못ᄒᆞᆯ者로다巴黎가靴政

에人이國用이 匱乏함으로써 決意코各國으로더부러 開戰하야 其金賞을 掠하야써 軍費를 贍케하고 國用을 助하하ᄒᆞ고 此는 魯遙勃五王이 拿坡崙과 밋 要意人이 暗囑하야 法兵官과 밋 議院委員이 入城하야 搜括함을 甚苦케하니 이에 法兵과 意人이 從하야 肆行 搶掠호되 禁止함이읍고 오직 朗白時人이 法兵을 接待함이 有禮함을 因하야 拿坡崙이 其兵에 安取함을 禁止함되 循分의 罰款이 甚多하야 임의 償軍費에 弗郎二十兆를 索하고 다시 委員으로하야 各族의 産業을 抄出하야 悉數充公하고 典鋪의 貴重한 物은 幷取하야써 政府用에 充하고 後에 他處의 至하야도 亦然하니 因爲常例하야 雖善擧한 公欵이라도 쏘한 網羅함을 遺하이 無케하되 五監督이 오히려 軍費外에 니임 로 監督署의 五十兆弗郎을 納하ᄂᆞᆫ 陸續히 酬應하고 賞言開戰以來로부터 蹂躪함을 遭치아니하니 或이謂호되 日이 斗만 薩諦尼亞國庫의 聚하고 武備를 擴張하면 쏘足히 敵을 禦할거이어 엿다하나 此財로써 各國이 兵威를 懾하야 오즉 獻金納幣하야써 兆를 索할뿐이나 然로七失地함을 不免할지니 當時에 各國이 兵威를 懾하야 오즉 獻金納幣하야써 保를求할뿐 知하나 然로七失地함을 不免할지니 當時에 公爵의 佛郎二十兆를 獻한 畵圖二十紙와 馬提諸公爵의 佛郎六兆와 軍粮馬車值銀二兆를 獻한 畵圖十五紙와 如히 法人이 其地를 仍取하야써 歸하리니 然한즉 獻金納幣가 쏘한 무어셰 有益하리오

第十五節 配維亞復反

法兵이期白特에進홈으로四境이繹騷ᄒ야民이能堪티못ᄒ는디라配維亞의勃那古村이首先謀反ᄒ야配維亞를激動ᄒ니五月二十三日에配維亞城中三萬人이同時反ᄒ야守城ᄒ는法兵을營中에閉ᄒ야出티못ᄒ게ᄒ고途에서法人을過ᄒ면ᄯ곳殺ᄒ고其未殺ᄒ者는地方官을由ᄒ야冒險救出ᄒ는지라法將海根이將至統領所ᄒ야亂民을適遇ᄒ야殘害를遭라가地方官에援救를由ᄒ야得生ᄒ니라拿坡崙이時에勞第의在ᄒ야步魯를追逐ᄒ다가亂耗를忽聞ᄒ고密倫에急回ᄒ야使主敎維司康體로配維亞에至ᄒ야勸民息戰ᄒ고使力呢司古村을攻ᄒ고其房屋을焚ᄒ며手執軍器者를殺ᄒ고衆人을召集ᄒ고婉轉開導ᄒ야謂ᄒ되汝等烏合에衆이웃지百戰雄師를敵ᄒ리요事不如此라도愚魯혼民이其言을不聽ᄒ고反謂主敎ᄒ고蜂起驅逐ᄒ야叛亂이如故ᄒ더니未幾에拿坡崙이挾衆ᄒ야亦入哲哥賓黨ᄒ라ᄒ고馬兵이蜂처로擁入ᄒ야縱橫ᄒ야掃蕩ᄒ니勢如怒濤ᄒ야紛亂의鄕民운半이나他城閣으로從ᄒ야逃出ᄒ고城中에人은家에拿坡崙이驅民ᄒ야令ᄒ되軍器들呈繳ᄒ면其死罪를兗ᄒ리라ᄒ고又論ᄒ되城內의大學堂과博士房室外에는法兵에應任ᄒ야搜掠케ᄒ니

二十四點에亂民이紛紛히棄械乞降ᄒᆞ야莫敢抗拒ᄒᆞ고倡亂의三四人은卽時被獲ᄒᆞ야常衆處死ᄒᆞ고其附和者ᄂᆞᆫ鋒鏑中의半死ᄒᆞ니亂勢가遂定ᄒᆞ니라拿坡崙이是處의民이旣降復叛ᄒᆞᆷ으로ᄡᅥ守兵을保護ᄒᆞᄂᆞᆫ計는不得重罰로ᄡᅥ科ᄒᆞ야ᄉᆞ懲ᄒᆞ리라ᄒᆞ고兵을民間에繼ᄒᆞ야肆意荼毒케ᄒᆞ고ᄯᅩ城鎭居民이能히亂萌을阻遏티못ᄒᆞᆷ으로ᄡᅥ其產業을毁ᄒᆞ며極重의稅를幷徵ᄒᆞ야苦케ᄒᆞ다初에拿坡崙이密倫에至ᄒᆞᆯ時에五監督이命ᄒᆞ되勒令人民으로鉅欵을速繳ᄒᆞ야軍費에充ᄒᆞ고運糧ᄒᆞᄂᆞᆫ河畔의民도戰時苦를受티아니ᄒᆞᆷ을許타말나ᄒᆞ니ᄭᅡ을不聽ᄒᆞ고倫을保護ᄒᆞ야軍士를約束ᄒᆞ야擾害를勿加ᄒᆞ더니彼의節制를本爲ᄒᆞ리요他日彼가맛참我軍事를指揮ᄒᆞ거ᄂᆞᆯ拿坡崙이謝ᄒᆞ야曰監督은吾君이아니요國政을代理ᄒᆞᄂᆞᆫ人에不過ᄒᆞ지라意大利에事ᄂᆞᆫ我가自爲ᄒᆞ거이여ᄂᆞ웃지彼의節制를受ᄒᆞ리요他日彼가來ᄒᆞ지라이에開議ᄒᆞᆯ際의當ᄒᆞ야ᄂᆞᆫᄒᆞ니監督이息ᄒᆞ되其跋扈ᄒᆞᆷ制ᄒᆞᆯ術이無ᄒᆞ지라이에委員을ᄭᅴᄂᆞᆫ絕코商議티아니ᄒᆞ고監督의派遣ᄒᆞ바員을議ᄒᆞ고卽奧로晉時息戰의約을訂ᄒᆞ고ᄉᆞ拿坡崙이獨自裁決ᄒᆞ야其權을稍奪ᄒᆞᆷ을思ᄒᆞ고ᄉᆞ魎士山外의軍으로ᄡᅥ分一爲二ᄒᆞ야拿坡崙으로ᄒᆞ야금一軍을率ᄒᆞ야意大利에駐ᄒᆞ고克勒押ᄲᅳᆫ另遣ᄒᆞ야一軍을統率ᄒᆞ고卽自特에駐ᄒᆞ야ᄉᆞ牢制케ᄒᆞ니拿坡崙이聞ᄒᆞ고大怒曰如此ᄒᆞ면橫勢가渙散ᄒᆞ야戰勝의利를將失ᄒᆞ리고이에書로ᄡᅥ監督에게抵ᄒᆞ야曰此次一戰의勝은다我兵에奮勇ᄒᆞᆷ由ᄒᆞᆫ所致라만

史崙坡拿

일兵權을將ᄒᆞ야分析ᄒᆞ면兵卽不能同心ᄒᆞ리니安能攻城略地ᄒᆞ야憲法을敵國에推行ᄒᆞ리요方今大勢가未定ᄒᆞᆷ에正히軍權으로ᄡᅥ一人에게付託ᄒᆞ야始可從容布置여ᄂᆞᆯ使人掣肘ᄒᆞ면事必敗壞요克勒捫은閱歷이甚深ᄒᆞ고軍事에練習ᄒᆞ야我의深佩ᄒᆞᄂᆞᆫ비나然ᄒᆞ나兩名將으로ᄡᅥ一方에處ᄒᆞ야或意見의參差ᄒᆞᆷ가有ᄒᆞᆷ이만갓지못ᄒᆞ다ᄒᆞ더監督이無如何라이에克勒捫으로ᄒᆞ야곰兵을愛爾魄士山下에駐ᄒᆞ야防守師를삼다仝將步魯가勞苦를失ᄒᆞ야勢力이單弱ᄒᆞ야能히拒敵디못ᄒᆞᄂᆞ지라二万四千人만僅存ᄒᆞ고도撤印에助를失ᄒᆞ야屯聚ᄒᆞ야固守에勢가有에至ᄒᆞ니二万四千人만僅存ᄒᆞ고도撤印에助를失ᄒᆞ야屯聚ᄒᆞ야固守에勢가有所部를自率ᄒᆞ고泰魯而由谷에退至ᄒᆞ니此時에剛白特全境과孟區亞ᄅᆞᆯᄉᆡ라拿坡崙이雄師를統率ᄒᆞ고密倫을占居ᄒᆞ니法人의所有가고孟廷에藏臺도이의法人에所封되야駐ᄒᆞ야宮室이華麗ᄒᆞ고意大利貴官이周圍擁護ᄒᆞ야儼然히王者와似ᄒᆞ다시一等人이有ᄒᆞ야日與統領으로內應의策을商略ᄒᆞ法으로ᄒᆞ야不得志ᄒᆞ야서駿駿히睡手可得ᄒᆞ야意大利貴官이周奧兵에後를躡ᄒᆞ야消息을偵探라가或引路라佯爲ᄒᆞ고其方向을誤ᄒᆞ야ᄡᅥ困케ᄒᆞ니此皆革命黨에人이效力ᄒᆞᆷ을願ᄒᆞ고酬ᄂᆞᆫ受티안ᄂᆞᆫ者라다시一等人이有ᄒᆞ야謝ᄒᆞ에起見ᄅᆞᆯ專爲ᄒᆞ야來供ᄒᆞᆷ을奔走이ᄒᆞ고甚至여貴家의婦女까지도法人을爲ᄒᆞ야軍信ᄅᆞᆯ暗通ᄒᆞ니呼라可히異ᄒᆞ도다此時에得ᄒᆞᆫ바意大利의財가비록上으로政府에供ᄒᆞ

고 下로 軍需에 給호되 餘裕가 尙有혼 故로 用호는 바 意人을 곳 意財로써 與호고 自國에 財는 一分도 費티 안터라

第十六節 矮古而之戰

德將浮姆薩이 奧兵六万을 率호고 來호야 因河로 從호야 愛區河에 至호야 攻홀시 兩隊로 分호야 一隊는 階達湖東에 駐호야 浮姆薩이 自將호고 一隊는 湖西에 駐호야 苦司塔維起가 將호다 拿坡崙이 孟區亞礙靈을 封혼 後에 警報를 聞호고 全軍四万四千人을 率호고 苦司塔維起를 禦호야 擊破호고 急히 返師호야 浮姆薩를 攻홀시 八月初에 血戰二次에 大破호야 其礙兵數千을 斬호고 追至泰魯而호야 九月初에 又破奧兵一隊호고 屈靈他城에 進擄호니 浮姆薩이 城東으로 從호야 攻호거놀 拿坡崙이 後부터 擊호니 浮姆薩이 意大利의 白煞亞砲壹를 奪호고 其城에 退至호야 奧將愛而維齊가 大兵을 率호고 來救홈을 聞호고 곳 兵을 移호야 孟區亞砲臺를 奪호고 愛而維齊의 統兵三万人과 達尾杜維祉에게 戰敗호야 驅逐을 受호더라 初에 拿坡崙이 愛而維齊의 進守호다 十月初에 愛爾魄士山에 白雲이 人이 道를 分호야 馳호믈이 各기 相屬지 못호거놀 十一月初에 愛而維齊가 統兵二万러 離호야 佛羅諾에 戰홀시 勢均力敵호야 서로 驅逐호야 서 戰敗티 못호고 彼에 可懼혼 戰敗호 兵을 收集호야 日에 佛羅諾에셔 退호야 部將으로 率훈바 達尾杜維祉에 라 愛而維齊의 退호야 部將으로 率훈바 달尾杜維祉에 戰敗호 兵을 收集호야 前高跋의 地에 駐호되 達尾杜維祉에 蹤跡은 見티 못호니 後에 그 魯徵㐌에 在홈을 知호고 師을 駐홀졔 十日에 法將服步殿가 師

를 率ᄒᆞ고 佛倫楷에 至ᄒᆞ야 意大利에 進兵ᄒᆞᄂᆞᆫ 路를 填塞코ᄌᆞ ᄒᆞ다가 돌히여 達尾杜維 社에 逐ᄒᆞ빌되야 極挾ᄒᆞᆫ 山路의ᄉᆞ ᄒᆞ니 達尾杜維社가 兵을 守ᄒᆞ고 另히 兵을 率ᄒᆞ고 相近ᄒᆞᆫ 佛羅諾의 愛區에 至ᄒᆞ니라 是時에 拿坡崙은 三面으로ᄡᅥ 山路를 守ᄒᆞ고 另히 兵 愛面齊ᄂᆞᆫ 其前에 在ᄒᆞ고 浮娛薩은 在其後ᄒᆞ야 危險이 己 甚ᄒᆞ지라 十二日에 拿坡崙이 愛面維齊를 高原에 仰攻ᄒᆞᆯᄉᆡ 衆兵이 攀援ᄒᆞ고 上ᄒᆞ나 死 者ᄂᆞᆫ 算이 無ᄒᆞ고 敵軍은 堅守ᄒᆞ야 動치 안ᄂᆞᆫ지라 拿坡崙이 能히 敵지 못ᄒᆞᆯ줄을 知ᄒᆞ고 佛 羅諾에 退去ᄒᆞ야 監督에게 告急ᄒᆞ되 旣將과 精兵을 損折ᄒᆞᆷ이 己 多ᄒᆞ고 暗中에 監督이 信ᄒᆞᆫ등 得ᄒᆞ고 謂ᄒᆞ야 시니 만일 敵兵이 勢窮力竭ᄒᆞ야 반다시 攻ᄒᆞ면 生에 望이 無ᄒᆞᆫᄂᆞᆯ 快타 重圍에 困ᄒᆞ야 人靜ᄒᆞ야 時를 乘ᄒᆞ야 隊를 抄ᄒᆞ야 來攻ᄒᆞᆫᄃᆡ 不意에 橋畔에 佛羅諾와 礙臺數座가 有ᄒᆞ야 稱ᄒᆞ더라 十三夜에 拿坡崙이 奮ᄒᆞ야 河水一道上에 石橋가 有ᄒᆞ야 各矮面을 跨ᄒᆞᆫ지라 維齊營壘의 後에 抄至ᄒᆞ거ᄂᆞᆯ 襲ᄒᆞ기를 思ᄒᆞ더니 不意에 橋畔에 佛羅諾와 礙臺數座가 有ᄒᆞ야 此橋를 衝過ᄒᆞ야 中堅을 衝人ᄒᆞ고 進林彈丸이 冒險ᄒᆞ고 進ᄒᆞ야 嚴密히 防守ᄒᆞ얏거ᄂᆞᆯ 法兵이 不得已ᄒᆞ야 橋畔小路에 逃歸ᄒᆞ니 淺澤에 避至ᄒᆞ 三進三却ᄒᆞ니 死者ㅣ 甚衆이라 兵 後隊를 掃開ᄒᆞ고 奧兵이 下橋追逐ᄒᆞ야 決兵의 後隊兵이 潮와 如히 湧進ᄒᆞ야 敵兵을 陷ᄒᆞ야 水에 胸腹이 沒ᄒᆞ야 幾爲所擒이러니 法의 後隊兵이 潮와 如히 湧進ᄒᆞ야 敵兵을 擊開ᄒᆞ고 拿坡崙을 救去ᄒᆞ니 愛面維齊가 다시 兵을 率ᄒᆞ고 高處로 從下ᄒᆞ야 奮力ᄒᆞ야

追ㅎ거늘法兵이極力抵禦ㅎ고且戰且却ㅎ야拿坡崙이비로소危險을得脫ㅎ지라이에書로써監督楷脫에게報ㅎ야云호되生平에經歷ㅎ되如此히危險ㅎ음이업는로다敵兵은多ㅎ고坐勇ㅎ며我軍은所存이無幾로되脫身ㅎ야歸ㅎ음이竟得홈이또한幸이라ㅎ더衆人이聞ㅎ고되年少膽勇ㅎ將軍이라稱ㅎ더라十五日에法將楷克司가兵三千을率ㅎ고愛耳蓬河를渡ㅎ야矮古ㅣ처음이攻ㅎ시장촛橋上의奧兵을撲ㅎ라더니是夜에奧將이添兵相助ㅎ을웃지知ㅎ야 스리오村外로逢出ㅎ다明日에拿坡崙이矮古而橋를再攻ㅎ야所失ㅎ將士의屍體를奪回코자ㅎ다가未能ㅎ고十七日에愛耳遂河上에橋를造ㅎ고部將捌瑪羅로ㅎ야곰師를率ㅎ고河를渡ㅎ야矮古而個面을攻ㅎ개ㅎ고自率別隊ㅎ야水澤兩路로山ㅎ야次攻ㅎ다가此橋를奪獲ㅎ고矮古而退ㅎ니捌瑪羅는獨與奧軍으로猛戰ㅎ야守橋兵을大破ㅎ고極猛ㅎ砲火를選ㅎ야矮古而村에直衝ㅎ니愛而維齊而白煞拿의退兵이ㅎ다是役에法兵의損傷이四千이오被俘에數도四千餘人이라愛羅諾이어當ㅎ야達尾杜維社가始由山上衝下ㅎ야愛區河에至ㅎ야將攻佛而維齊의退兵을乘勝擊退ㅎ다時에奧公爵長楷爾司가法兵으로더부러意志에셔戰ㅎ시分兵ㅎ야大利를兼顧ㅎ으로써來因河一路를空虛케ㅎ얏더니一千七百九十七年正月에法將甫氣가其礙蒾를奪ㅎ고四月에法將譲尊이부러乘勝ㅎ야德에來因河畔에셔擊破ㅎ고이에別將으로더부러中路를進攻ㅎ다가奧王

拿坡崙史

이拿坡崙으로더부러議和홈을聞ㅎ고드듸여兵을罷ㅎ다上年冬에拿坡崙이奧將으로더부러各各援兵을添홀시奧將은五日內에兵五萬을添홀이니特別히浮姆薩를孟區亞에救홈이아니라愛區河畔의法兵을盡駈홀지요奧將일니엿지는年正月에法兵으로더부러黎扶里에戰ㅎ야敗績홀줄知ㅎ얏스리요奧將이潑魯維拉를見ㅎ고慰勞曰汝으로써降ㅎ고浮姆薩도다는拿坡崙이浮姆薩를見ㅎ고後로敵軍中에膽勇ㅎ야敢戰ㅎ니汝分內에應爲의事를已盡한지라汝가白煞拏에敗혼지라今에年이荒ㅎ에行兵한지五日에孟區亞城을退守ㅎ니비록累戰ㅎ야不利ㅎ나然이나氣極勇猛ㅎ고도能히礮臺를堅守ㅎ야六月에久에至ㅎ니天이不佑ㅎ이오汝의罪가아닌ㅎ노라時에法兵고兵이疲ㅎ으로써來降ㅎ니이는天이不佑ㅎ이오汝의罪가아닌ㅎ노라時에法兵이孟區亞城에入ㅎ야賠軍費를索ㅎ니羅馬敎皇의力으로能히纖티못ㅎ거늘이에그屬地를勞侵ㅎ니礮聲所至에疲弱守兵이紛紛이驚散ㅎ논지라拿坡崙이一極猛에納城과其海口를進占ㅎ니敎皇이懼ㅎ야息兵議和홈을請ㅎ거눌拿坡崙이約을定ㅎ고迅速홈을見ㅎ고驚曰此所謂飛將軍이아니냐ㅎ더라拿坡崙이敎皇의友라自行軍이此所謂飛將軍이아니냐ㅎ더라拿坡崙이敎皇의友라自稱ㅎ고保護ㅎ야더브러敵지아니ㅎ나然ㅎ나敎皇이事事히聽從ㅎ며納海口를索取ㅎ고ㅈㅎ니敎皇이不允ㅎ고三十兆力佛로써軍費를倍償ㅎ고另히雕刻繪畵의物과羅馬書籍으로써法에與ㅎ되法人이ㅈ聖得克瑟宮에大金鑽寶石과其他貴重혼物과

奇異훈墨杜納古像을取호야巴黎로輦回호다拿坡崙의遠祖가일즉武司克尼城에居호얏스니至是에入城遊覽호다가大禮拜堂과洗禮所가閱麗絶倫홈을見호고戯曰此 눈大玻璃로써罩罩호얏다호고遜密泥鎭에至호야其族人을訪호니族人이聞호고自稱호 相延接호야顏色을一見홈으로써榮끗슴더니年老훈敎士가有호야族長이라自稱호고爭 고拿坡崙에게謂호야日昔에族中에敎士라호닏者有호야臨沒時에敎皇이聖師의號 로써封호얏스니今에我도援호야써例를삼고조노니君은爲호야求홀지어다拿坡 崙이許諾호더라

第十七節 里烏朋和約

奧皇이公爵長楷爾司를命호야兵을率호고意大利邊境에至호니此兵이다訓練치못 호고坐步魯와浮姆薩과愛而維齊와遠尾杜維祉의戰敗에兵으로써雜호고議院이다 시從中掣肘호야楷爾司에任意調度홈을容치못케호니法將勒納度脫이이에來因 河로부터脫호야意大利에至호야拿坡崙으로더부러聯호야一氣가되다三 月에恒楷爾司로더부러脫立孟士에서戰호야大破호니楷爾司가維也納에退至호야奧 京과恒如利의來救홈을深望호고곳勝을得호면戰勝에望이必有라호더라此時에法人 로호야곰旁에서攻을助호야奧兵을誘호야奧屬地에至홈애奧民으 로호야곰旁에後로從호야奧兵을助호야곳勝을得호면必有라호더라此時에法人 이尾尼司共和國에地를侵호다가正히尾尼司其後를襲호고奧將雷鄧이坐兵을率 호고泰魯而山谷으로부터愛區河에至호야來攻훈가懼호야拿坡崙이이에仇鄧堡에

拿坡崙史　36

退호야 급히 敵兵이 相逼홈으로써 憂호더니 軍士다 戰爭에 苦를 忽念호고 急히 兵을 息호고 民을 安코즈호야 이에 書로써 楷爾司에 抵호야 和를 請호니 楷爾司가 答지안코 곳 奧京을 直攻코즈호되 此處는 奧京에 距가 八日程이라 이에 譲魯甫氣로 호야 金兵을 率호고 先行호야 突尼勃山에 至호니 朗白特과 尾尼司人이 兵으로써 來載호야 前程을 阻止호니 進코즈호되 不可홀지라 比時에 他兵에 相助홈이 既無호야 勢甚孤弱호야 和홈을 願호니 奧政府가 法兵이 將至홈을 聞호고 大懼호야 輪歇에 多少는 不論호고 仇鄧堡에 至호 야 楷爾司를 立命호야 和를 議호야 戰을 停호고 이에 備而搭과 馬弗塔을 遣호야 統領所을 러 楷靈西에 遷호고 부터 和兵士에 滋擾홈을 嚴禁호고 此方百姓을 務保호야 苦을 不受케 里烏朋에 旋至호야 勃魯克에 營호야 奧로 부터 和約을 開議호고 始호 靈西에 楷靈西에 民이다 奧에 忠호야 民主自由에 黨의 入홈이 無호者를 因홈이오 且性質 이 剛傲호야 凌辱을 不受호는 故로 拿坡崙이 一意로 大度를 示호더라 奧雖 與法으로 戰을 議호얏스나 然호나 再戰호야 出호기를 政府의 意로 自호지 아니호고 密倫屬地를 恢復코즈호니 以써 大利에 事를 干預코즈아니호고 法에 事를 恢復코즈아니호야 其相蘇格威之비 록 맛其弟楷爾司는 오히려 凌辱을 不受호는 故로 拿坡崙이 一意로 大度를 示호 다맛其弟楷爾司는 오히려 再戰호야 出호기를 政府의 意로 自호지 아니호고 奧에 駐호즉 普魯士가 中立 에 意가 存호야 장찻 奧에 敵을 乘호야 外를 圖홈을 見홈이요 奧에 駐호즉 普魯士가 使臣 이 日즉 二月時에 可疑에 擧動이 有호야 拿坡崙을 意大利에 私會호야 行跡이 詭秘에 端

倪가莫測호故로더부러聯兵助意호야써法을禦홈을願치안눈지라那坡利斯女王이
法兵이意大利에在호야向境內로홈恐을受호야革命黨의私人호눈人이漸有
홈으로써因호야其駐奧使臣侯爵格羅에게告호야奧后에게轉陳호니奧后가드듸여
相臣으로더부러안코他國에人을用호니議和大臣이다憾意가有호더라法議院監督이拿坡崙에
게命처안코他國에人을用호야議和를命호야議和大臣이다憾意가有호더라法議院監督이拿坡崙에
이興로더부러議和홈을聞호고그專權을處히호야克賴克將軍을另遣호야輔호니拿
坡崙이그權을分호야彼此無忤호야人出호며克賴克이其隱을窺見호고事를薩諸
홈민相讓호야다四月十五日에格羅가奧廷으로從호야맂鳥朋에至호
尼亞王으로더부러和를議호야다四月十五日에格羅가奧廷으로從호야乃曰我가駐奧호
눈使臣이他로奧廷의目光이尖利호야人을知호고因호야洵호더乃曰我가駐奧호
使臣那皮利斯侯爵이로라拿坡崙이노注射호지艮久에乃曰我가駐奧호
利斯로더부러利局을卓定호야事가並無호거눌수에乃曰我가駐奧호
대汝ㅣ來홈은웃짐인고웃지奧廷에議和에臣이無호가維也納貴族中老臣이盡滅호
가호니格羅가言을聞호고淚를落호며暗호야答지못호니此눈年老侯爵의木訥홈이
아니라이에拿坡崙의威에儒홈일너라其人으로호야브러辯論홈에當호야항샹一語로
써發難홈애사룸으로호야곰可히隊를置홈이無케호니後에格羅가일즉사룸에게語
호야曰我ㅣ此少年을制홀術이實無호도다그左右에人을觀호니符呪으로禁厭홈을

被흠과 似호야 그 威赫을 受호야 怖호는 者도 有호고 其 擧動이 勝홀빗되나 懼호는 者도 有호야 다 俯首下心호야 服지아니치 못홀 勢가 有홀지라 會議홀 時를 當호야 맛참닉 兩 意 大利에 人으로써 歐洲兩大國에 和約을 定홀식 其事가 甚秘호지라 議定後에 追호야 비록 克賴克을 召호야 來觀호라 호니 克賴克이 途中에 在호야 此和約을 逆料호고 반다 시 一千七百九十七年 四月 十八日에 簽字홀리라 호더니 果然이러라

第十八節 拿坡崙이 辭職

簽約호 明日에 拿坡崙이 監督에게 兩告호야 云 軍中事勢가 危急호지라 奧君臣이 이믜 維也納京城에 離호야 잠 楷爾司로 호야 곰 添兵호야 我의 前을 攻호고 恒加利는 我의 後를 襲호고 雷鄧은 泰魯의 兵을 率호야 멸너 聲援호니 此布置호기를 嚴密히 營際를 當 호야 我 預料호야더부러 議和흠이 關係가 大혹이여 克賴克으로 營에 來호야 助를 襲호니 十日에 未至흠을 詎俟호리요 故를 노奧使로더부러 議和홈이 有호면 議和에 事가 獨斷홈이 不妨호고 만일 我가 專擅애心 吾가 全軍에 權을 管理홈이 有호나 我雖 自問호야도 他가 無호고 맛참 物議를 未免홀가 恐혼이라 故로 批准을 早解호라 處置善後宜事를 幷將호야 爲宜호니 詳悉指示호고 給我回京 을 將호야 身이 意大利에 離홈이 云云 호되 書를 送賜호라 此書를 接閱호고 만일 그 助호디 만일 仍令手握兵權호면 將來에 跋扈호야더욱 可히 制티 못홀가 恐호고 만일 에 暇를 再求호야 休息을 藉得홈을 五監督이 綱 辭

職回京홈을允호면遺호바軍隊를誰가能히接統호리오法兵所向에無敵호야써意大利에盡處에窶至홈은다拿坡崙의謀略이有홈을恃홈이라此大將失호면得호바意大利北半部에地가又將復叛호리라호더라里烏朋和約을議訂홀時에當호야拿坡崙이甫氣가奧將克雷를來因河畔에셔戰破호고讃鶯호고兵交티말나호니兩人이바야흐로戰勝호際에當호야阻和局이已定홈으로써諭호고兵交티말나호니兩人이바야흐로戰勝호際에當호야阻撓홈을忽被홈이心滋不悅호고監督이도호拿坡崙이嫉妬에有心호고且擅令停戰호야目에政府가無홈을疑호야더욱忌호나然호나敢히其非를顯黜리못호더라未幾에는不憚에意를微露호나然호나仍令防守則白特호야弗羅里河畔과尾尼司에屯駐호니和約을批準호고其擅自定議홈은絶不責호되他將이德國進攻을阻止호야尾尼司에事를辦理케호니事에崙이이에楷靈西로부터退兵호야

第十九節　奪尾尼司耕羅亞

尾尼司介가奧意兩國中에居호야法人에戎馬必由의地가되니久後에반다시滅亡홈을自分호더라昔에拿坡崙이誓言戰時에中立호國이無호되尾尼司가이에스스로命호야中立에國이되여셔로助티아니홀거이요쏘法兵이太半이나그境內에在호고佛羅諾과勃揶廏와勃勒喜等리如호地는法人이或術로써誘호며或勢로써脅호야써호곰그服從호後에말고져호야尾尼司政府로호야곰兵粮을供給케호고軍器와火藥을幷用호지이미一年에斂賦를悉索호야東道에主가되니戰敗에苦와反較호면

尤甚혼지라 說者ㅣ謂호되 尾尼司가 만일 中立을 안코 陸師를 練호야써 奧를 助호고 戰艦을 造호야써 英을 聯호야 더부러 對壘호얏스면 勝敗에 數를 知티 못홀지라 拿坡崙이 攻意에 結局이 웃지 順遂호리요호더라 法兵이 바야흐로 尾尼司에 至호니 其屬地가 오히려 叛亂티 아니혼지라 拿坡崙이 意를 決호고 其貴族執政에 權을 勝호고 곳 其自由를 勸호지라 오 是에 民主 兵이 尾尼司人으로 더부러 一會를 結成호야 勃勒喜와 勃爾廓의 民이 首先 革命호논지라 拿坡崙이 尾尼司使臣에게 告曰我 新政府가 汝國 交誼를 未忘호는 故로 汝國을 保護호야 流血에 慘을 免케호고자 호노니 設令 汝民이 法國에 偏向호는 意가 奧國에 偏向호는 意보다 多홈을 汝政府가 知티 못호얏노니 我ㅣ此를 深히 使臣더러 告코저 호노라 其亂을 平호기 能티 못호냐 答호야 曰 能히 平호기 可호나 是時 尾尼司鄕間에 民이 우若 말나호되 民黨에 熱心호야 彼가 日즉 助我호야 大益이 有혼지라 我思컨딕 民主黨에 反傷티 못홀지라 그러나 使臣曰 君이 能助我호야 勃勒喜와 勃爾廓의 亂을 平호기 可호니라 是時 尾尼司 舊黨이 力을 保호야 入城호는 오즉 拿坡崙이 日汝가 此를 試觀호라 하며 兵이 有호야 其 亂을 平호기 不能호냐 使臣曰 然호니 我는 從코자 호고 君은 從코즈 호더니 安順호야 叛亂을 妄思호는 者ㅣ 無호니 有司가 其城을 哲哥 賓黨이 入호야 亂民에 寶君을 딴라호야 民은 法國에 投코자 願호거놀 各地方諸一城民이 다 安順호야 有司가 其城을 守케호얏노라 하니 有지어로 만루 民團數千이 有호야써 戰守를 願호거놀 軍中에 雜호야 가차마 此時에 反호노라 호더니에 分駐호야 써 亂民에 侵掠을 防호고 瑪菲와 伊墨利와 佛雷柴와 侖里秦西 伯爵을 公擧有司가 되여 尾尼司 總督으로 더부러入흠을 不容호더니 鄕民이 되어 軍中에 雜호야

拿坡崙史

호야 團長을 삼고 또 守兵을 添募호야써 捍衛홀시 오죽 營壘數處는 이믜 法兵에 據훈배 된지라 所招兵丁은 城門를 護衛호는 用에 充호고 極險호 時러라 法兵이 內地에 深入호야 土人으로더부러 雜居홈민 兩相猜忌호나 中道에 還返호랴 호되 每有爭鬪호니 有司ㅣ 窮治코즈호나 郷開釁隙이라 法兵에 名을 殺戮호니 法將勃倫特이 堪忍티못호야 이에 衆을 率호고 法營에 關人호야 郷人의게謂호야曰 만일 城中이 亂을 作호면 곳 礙 드듸여 礙로써 佛羅諸城를 間호고 그 總督이 日 郷人에 擧動이 城中으로더 開호야 金城으로 곰 藥爛케호라호니 總督이 이에 戍兵을 佛羅諸城에 添호부려 干涉홈이 無호니 我는 오즉 貴國으로더부러 聯和호기를 願호 노라 此時에 奧約이 己定호니 後顧호 憂가 無홀지라 拿城崙이 이에 軍器로써 鄕民에게 給與호 호고 書로써 尾尼司王에게 抵호야曰 其心를 狂蕩히홈을 責호니 此는 其 詞를 張大호야 敵人를 挾 야 戰鬢를 妄開호야 吾兵數百人을 致殺게홈을 貴호고 또 回호야 法人殺害호 뜻를 制호는 눈故로 智를삼고 도 散호 民團을 逼호야 防民을 召回호부러 開戰호리라 尾尼 交出홀고 被執호 法兵을 放還호라 그러나아니호면 곳도 員을 派호야 兵을 强 부러 王涉호야 被執호 法兵을 放還호라 노라 此時에 奧約이 己定호니 後顧호 憂가 無홀지라 拿城崙이 이에 戍兵을 佛羅諸城에 添호 司王이 此書를 未得호여셔이믜 煞羅의 法兵을 請호고 命을 受홀시 得書 後에 法兵을 釋散호고 도員을 派호야 兵을 拿坡 崙統領所에 至호야 忽問佛羅諸城開礙호야 王宮과民房 數處를 擊損호고 百姓數名을 盡斃 호니 百姓이 大怒호야 警鍾를 亂擊호니 勃勒호人이 聲을 聞호고 至호야 城을 攻호는 法

兵을 殺退ᄒᆞ고 城中에 擁入ᄒᆞ야 途中에셔 法人을 遇ᄒᆞ면 곳 殺ᄒᆞ니 是處 總督이 力을 竭ᄒᆞ야 彈壓ᄒᆞ되 百姓이 從티 안는지라 然ᄒᆞ나 官軍이 能히 法에 醫院을 仍護ᄒᆞ고 四散ᄒᆞ 法人을 援救ᄒᆞ야 王宮으로 領主ᄒᆞ야 暫避ᄒᆞ고 다시 여 白旗ᄅᆞᆯ 城樓에 揷ᄒᆞ야 ᄡᅥ 法에 降 ᄒᆞ니 法副將步帕兒가 武巡捕 兩人을 率ᄒᆞ고 다 가 亂民에게 害ᄅᆞᆯ 거와 彼擊ᄒᆞᆯ 번 ᄒᆞ야ᄃᆞ니 幸히 官軍에 救護ᄒᆞᆷ으로 비로소 無恙ᄒᆞᆷ을 得ᄒᆞ나 라 人이 步帕兒에게 問ᄒᆞ되 웃지ᄒᆞ야 無故히 礮을 開ᄒᆞᆫ 고 答曰 勃倫特이 尾尼司에 兵이 法國을 다ᄉᆞ리라 ᄒᆞ더라 步帕兒ᄂᆞᆫ 意 大利 巡 兵으로더부러 互相 爭鬪ᄒᆞᆷ을 見ᄒᆞᆫ 故로 礮로써 擊ᄒᆞ여ᄃᆞ니 勃倫特에게 呈ᄒᆞ니 勃 나 仍與尾尼司로 讐怨을 解釋ᄒᆞ고 和約을 訂立ᄒᆞ고 簽字ᄒᆞᆫ 後에 勃倫特이 虛驚ᄒᆞᆯ 雖受 倫特이 謂호ᄃᆡ 모름지기 三點鍾內에 尾尼司亂民으로 ᄒᆞ야곰 軍器ᄅᆞᆯ 繳出ᄒᆞ여야 能히 和約을 批準ᄒᆞ리라 ᄒᆞ니 百姓이 益怒ᄒᆞ야 攻破法營ᄒᆞᆯ 決意ᄒᆞ고 本城官長 點鍾에 또城을 向ᄒᆞ야 礮ᄅᆞᆯ 開ᄒᆞ니 尾尼司官長이 其寬限ᄒᆞᆷ을 懇乞ᄒᆞ거늘 勃倫特이 不允ᄒᆞ고 越三 을 威嚇ᄒᆞᆫ 際에 當ᄒᆞ야 그만일 兵을 出ᄒᆞ야 助力ᄒᆞ지 아니ᄒᆞ면 곳 奸賊으로 ᄡᅥ 相待ᄒᆞ리라 ᄒᆞ니 此進 退兩難ᄒᆞᆯ 際에 當ᄒᆞ야 總督樊尼里와 其僚屬이 法으로 더부러 敵이 되지 못ᄒᆞᆫ 다 尾尼司人이 城垣上에 大礮 齊에 退至ᄒᆞ야 그 能히 百姓을 約束코ᄌᆞᄒᆞ되 罪로 自却ᄒᆞ다 ᄒᆞ야 忽然이 息戰에 旗ᄅᆞᆯ 樹ᄒᆞ거늘 佛西 ᄅᆞᆯ 安設ᄒᆞ고 法軍을 緊對ᄒᆞ야 施放코ᄌᆞᄒᆞ더니 法營에셔 齊至ᄒᆞ야 出코ᄌᆞᄒᆞ니 法兵이 곳 街衢礮彈을 城中人이 이의 戰을 停ᄒᆞ야 城間에 齊至ᄒᆞ야 佛西齊總督邑里査가 事勢 危急ᄒᆞᆷ을 見ᄒᆞ 放ᄒᆞ야 擊ᄒᆞ니 尾尼司人에 死者無筭ᄒᆞᆫ지라

고屬員을 立命ㅎ야 佛羅諾을 回救ㅎ야 曰 百姓으로 失望티 말게 ㅎ라 ㅎ니 衆이 다 允ㅎ눈지라 곳 佛羅諸에 回至ㅎ야 停戰事를 重議홀시 勃倫特에 索호바 條欵이너머 苛刻ㅎ야 尾尼司人이 能히 遵從티 못ㅎ고 佛西齊로 由ㅎ야 擊ㅎ니 邑里査가 司闕 鐵苦將軍으로 더부러 軍을 引ㅎ고 佛西齊로 由ㅎ야 退出ㅎ니라이에 官民이 一意로 法 으로 더부러 戰을 開홀시 法兵 三大隊가 來攻ㅎ며 佛羅城을 燒ㅎ다 聲稱ㅎ고 殺戮을 大 肆ㅎ거눌 司闕鐵苦가 法兵에 占훈 바 營壘을 察視ㅎ고 曰 敵勢가 甚 猛ㅎ니 吾의 能히 禦 拒홀지라 法人에게 執훈비 된고 翹佛 査總督이 尾尼司王에게 告急ㅎ나 然이나 仍稱言ㅎ고 餘 웃지다 法將ㅎ지 五日에 비로소 各兵을 罷ㅎ다 尾尼司에셔 派훈바 議和大臣 三人이 和를 求ㅎ며 其 守城ㅎ 兵을 逼ㅎ야 一律로 敗降케 ㅎ고 伊墨利와 佛雷柴와 佛里泰 三圖 兵이 略ㅎ며 其 民間産業은 毁치 아니 ㅎ나 發審局者 法軍中에 長을 拘ㅎ고 發審局에 交ㅎ야 訊ㅎ고 槍斃의 刑에 處ㅎ니 朝廷에 專히 他國叛人을 審問ㅎ기 爲ㅎ고 故로 政府에 命도 不由ㅎ며 도 法律도 不 川ㅎ고 오즉 己意로써 死罪을 斷ㅎ니 其 來告ㅎ눈者는 大利哲哥賓黨이 自由 에 人이라 自稱ㅎ고 或 法에 獻勤ㅎ며 或 私仇을 藉ㅎ고 勿論 何人ㅎ고 陷害코즈 ㅎ야 貴族과 舊黨이라 ㅎ면 死罪로써 定ㅎ더니 敎士 名克捐金이란 者가 잇셔셔도 ㅎ意人 에 誣告을 由 ㅎ야 死홀제 臨刑時에 忠君愛國에 道로써 衆을 對ㅎ야 宣講ㅎ니 衆이 爲

拿坡崙史

 야 感泣(감읍)ㅎ는지라 法將領(법장령)이 意人(의인)에 詭議無義(궤의무의)ㅎ믈 知(지)티 못ㅎ미 아니나 然(연)ㅎ나 그 己(기)에 有益(유익)ㅎ믈 으로써 진짓 知(지)티 못ㅎ난 테ㅎ야 써 그 黨(당)에 入(입)ㅎ는 心(심)을 堅(견)케 ㅎ고 步帕兒(보파아) 常日(상일)므 랏 尾尼司(미니사) 舊政府(구정부)로더부러 交(교)ㅎ믄 다 法人(법인)에 敵(적)이니 其立國(기립국)ㅎ면 可(가)이 不可(불가)라 ㅎ되 百姓(백성)이 遡躍(소약)欲動(욕동)타 안는 年(년)이라 老朽(노후)ㅎ미 甚(심)ㅎ니 新法(신법)을 變行(변행)티 안이 ㅎ리 이음써 亟(극)히 써 變革(변혁)ㅎ믈 일삼더라 拿坡崙(나파륜)이 佛羅諾(불라낙)에 過(과)ㅎ바 事(사)를 未知(미지)ㅎ고 이믜 一千四百餘(일천사백여) 押將軍(압장군)을 命(명)ㅎ야 尾尼司(미니사)의 澱具亞(전구아)에 進據(진거)ㅎ야 官兵(관병)에 器械(기계)를 奪去(탈거)ㅎ고 總督(총독) 以下各官(이하각관) 을 拘(구)ㅎ야 密倫(밀륜)에 係(계)ㅎ고 山中居民(산중거민)을 逼令(핍령)ㅎ야 一切私會(일체사회)를 散去(산거)ㅎ라 違令者(위령자) 有(유)ㅎ면 곳 其村(기촌)을 焚(분)ㅎ리라 ㅎ고 城中工部局(성중공부국)을 設立(설립)ㅎ야 精兵(정병)으로써 護衛(호위)ㅎ고 랏尾尼司(미니사)에 貴 族(귀족)이 議院(의원)의 關係(관계)훈人(인)은 悉數(실수)ㅎ야 就獲(취획)ㅎ고 百姓(백성)으로 民主(민주)를 改從(개종)ㅎ야 自由(자유)에 權(권)을 完全(완전)케 ㅎ라 ㅎ고 數日後(수일후)에 爽太牢(상태뢰)에 與國(여국)에 屬(속)ㅎ난 時(시)에 拿坡崙(나파륜)이 烏朋和約(오붕화약)을 就訂(취정)ㅎ고 意大利(의대리)에 回主(회주)ㅎ니 尾尼司王(미니사왕)이 議員杜納他(의원두납타)와 司弒尼里(사시니리)도 ㅎ야 曲來見(곡래견)ㅎ야 和約(화약)을 商訂(상정)ㅎ고 國事(국사)를 如何(여하)히 整理(정리)ㅎ야 法國(법국)에 心(심)을 遂(수)케 ㅎ고 他人(타인)의 侵伐(침벌)ㅎ믈 免(면)ㅎ믈 가 竝問(병문)ㅎ되 拿坡崙(나파륜)이 曰(왈) 汝人(여인)이라 今(금)에 맛당히 一律(일률)로 釋放(석방)ㅎ거던 당당히 由檀(유단)에 入(입)코조 ㅎ는 法國(법국)에 暗助(암조)ㅎ는 人(인)이라 ㅎ야 바 勃勒(발륵) 勒臺(늑대) 等處(등처)에 作亂(작란)의 民(민)과 밋 我 家雄師(가웅사)를 親率(친솔)ㅎ고 牢獄(뇌옥)을 攻破(공파)ㅎ거요 만일 百姓(백성)이 民主黨(민주당)을 其自由(기자유)를 聽(청)ㅎ야 힘써 壓制(압제)치 말고 佛羅諾政府(불라낙정부)가 勃脫革里耶(발탈혁리야)로 ㅎ야 곰 告示(고시)를 印行(인행) ㅎ야 進令民間(진령민간)으로 軍器(군기)를 携帶(휴대)ㅎ야 써 我軍士(아군사)를 致害(치해)ㅎ미 甚多(심다)ㅎ니 今(금)에 議和(의화)코조 홀

46

진디 먼저 法兵 殺害호 人을 將호야 治罪호 고 其次는 民間에 軍器를 繳出호고 또 英國使 臣을 送回호라 만일 從치 아니호면 事將決裂이요 我有兵八方과 砲艦二十艘호니 與汝 決戰이라 호니 장찻 尾尼司에 新阿鐵辣(阿鐵辣은 古時將軍 幸制服尾尼司者)이 되리라 하가 公爵長楷爾司와 汝로더부러 會盟코즈호얏더니 汝政府가 開釁홍에 意호야 吾에 歸路홍을 截호고 力辭不 赴호줄을 누가 知호얏스리요 今에 我가 盟約을 再立코즈 안 노라니 汝政府가 屠弱홍이 已極호야 能히 大洲屬地를 保守리 못홍줄 知커늘 何必히 他國에 侵伐홍을 阻禦호리 요 호디 議院이 勃脫革里耶에 即行告示호 事를 認지 못호고 其諱를 力辯호되 拿坡崙이 不聽호고 五月 朔日에 다시 尾尼司로더부러 戰을 宣호고 軍을 海濱에 駐호야 水師가 有호야 擁護호 를 分호야 進攻호다 尾尼司城은 三面에 水가 環호고 大小 兵船과 砲臺가 有호야 水陸兩路 호 拜內에 곳 齊集救援호리라 호나 足히 資호야 隨守홀뿐이니요 다시 英國久戰호 法國이 수 호야 孤軍이 深入홍은 別隊法兵에 相助 고 外에는 大洋이 藏호야 不顧 있고 法國이 暗通호야 廢然히 返티아니호 리요마는 尾尼司議院中에 奸臣數人이 有호야 退兵에 策을 商議호 도 無호고 尾尼司로호야 其身家만 保홍기만 思호는도다 拿坡崙이 私與國王으로 호야 宮中에 在호야 貴族數輩가 有호야 祖宗에 舊業을 議院으로 호야 曲悶知티 못호개호나 오히려 不忘호야 戰을 開코 호니 拿坡崙이 徵令國王으로 舊政府를 撤去호 고 新政府를 另立호라 호니 諸臣의 儒弱호 者는 允코즈 호니 大臣 披沙盧이 我國이 必亡

45　　史崙坡拿

홈을 見터아니ᄒᆞ랴 거던 舊制를 輕改티 말나 革命혼 後에ᄂᆞᆫ 歐洲大國이 相助홈이 無ᄒᆞ거이요 ᄯᅩ혼 久存ᄭᅵ 難ᄒᆞ리니 我國이 相承혼 千數百年이라 能히 內亂을 自平ᄒᆞ고 ᄯᅩ 外强들 禦ᄒᆞ면 웃지 大洲上에 吾國이 一位를 占ᄒᆞ지 못ᄒᆞ리요 ᄒᆞ니 急히 法에 降코ᄌᆞᄒᆞᄂᆞᆫ 人을 黨徒를 廣播ᄒᆞ야 다 天民을 激發ᄒᆞ야 死로 ᄡᅥ 守홈을 願ᄒᆞ나 政府諸人이 能히 禁止티 못ᄒᆞ고 革命黨人에 所爲를 悉聽ᄒᆞ야 司革服 聲勢가 洶湧ᄒᆞ되 政府諸員이 議設ᄒᆞ야 이에 法兵을 渡ᄒᆞ야 叛民을 擊ᄒᆞ게 ᄒᆞ니 可戰에 兵을 突墨希ᄒᆞ며 兵船統帶가 맛ᄎᆞᆷ 是夜에 製造局과 船政局 上人이 有ᄒᆞ시니 尼에 移ᄒᆞ니 비록 製造局과 船政局上人이 有ᄒᆞ시니 ᄡᅥ 政府를 護ᄒᆞ나 兵船統帶가 맛ᄎᆞᆷ 是夜에 船板을 暗放ᄒᆞ야 其城에 ᄒᆞ니 決ᄒᆞ니 攀附ᄒᆞ고 來ᄒᆞ되 阻隔홈이 毫無지라 其城에 法人이 製造와 船政局을 合케 ᄒᆞ시 因ᄒᆞ야 工部局을 暨設ᄒᆞ고 民間에 令ᄒᆞ야 員을 擧ᄒᆞ야 罟理ᄒᆞ야 ᄡᅥ 拿坡崙의 意을 合케 ᄒᆞ시 因ᄒᆞ야 工部局을 城中財産을 出售ᄒᆞ고 其各種書籍과 奇巧에 物은 巴黎로 運回ᄒᆞ고 森馬克王宮前 兵에 壓境홀 時을 乘ᄒᆞ야 貴族中人을 戴辱ᄒᆞ며 共和國舊旗를 燒燬ᄒᆞ고 森馬克王宮前 陳地에 齊集ᄒᆞ야 大樹를 圍繞ᄒᆞ고 跳躍歡呼ᄒᆞ면셔 ᄡᅥ 吾願이 已遂ᄒᆞ얏ᄉᆞ니 此 樹를 自由에 樹라 稱ᄒᆞ고 其國이의 拿坡崙으로 되 吾줄은 不知ᄒᆞ니 此ᄂᆞᆫ 一千七百九十七年五月事러라 拿坡崙이 旣ᄃᆞ 尾尼司로 與ᄒᆞ고 곳書를 致ᄒᆞ야 監督에게 告曰 歐人이 好望角海道에 査出혼 後로 ᄃᆞ 尾尼司에 商業이 遂衰ᄒᆞ고 其民이 愚懦ᄒᆞ야 能히 自由티 못ᄒᆞᄂᆞᆫ 故로 其兵艦을 取ᄒᆞ고 其財産을 殷ᄒᆞ며 其海口를

據호고 其土地와 人民으로써 奧에게 售與호얏다호니 監督이듯고 心滋不悅호야 謂호디 如此히 處置호면 반다시 歐洲共和國에 疑호는비되리라호더라 然호나 此時에 拿坡崙의 權勢가 方張호야 辦理홈이 合지못호나 人이 敢히 非를 議호리 無호고 그 佛羅諾의 條欵를 要索홈이 더욱 苛刻호야 一은 賠軍費十二萬西根이요二는 五萬西根으로써 攻城홀 將士에게 分給호고 三은 凡質庫의 物價五十五 在호者는 悉數蹄公호며 其餘는 原主에게 給還호고 四는 軍營醫院所失物을 數에 照호야 全賠호고 五는 城中車馬를 法兵에 任호야 取用케호고 六은 軍士에게 冠履와 衣服을 供給홈이오 七은 禮拜堂金銀器物를 一律繳出호고 八은 武員을 派호야 叛首五十八人罪狀을 審問호며 萬一 罪犯中에 寶를 訊호後에 南美洲에 基愛納에 發配호고 其家産은 一幷沒官호고 十은 佛羅諸全省軍器를 一幷徵出호되 此論貴族이 有호거든 即時 槍으로써 擊死호고 九는 佛羅諸全省軍器를 一幷徵出호되 此論룰 阻호는者 有호면 土龍에 拘入호야 苦工六年에 充當호고 十은 博物院古玩圖畵는 佛私를 不論호고 悉數充公호고 十一은 此論을 拘掛羅에게 歸호야 施行호라호니 拘掛羅는 佛羅諸에 情形을 察勘호야 城中財物을 法兵이 槍掠淨盡호고 一片沙漠을 幾成호고 鄕村도 도호임에 焚燬一空호고 人烟이 寂無호다 尾尼司滅亡호 一月後에 耕羅亞가 相繼호야 이에 見호바로써 拿坡崙에게 告호야 此巨欵을 賠호유읍을 知호고 야 滅亡호이라 初에 法軍이 撤印과 卽白特을 進攻홀時에 道를 其地에 假호고 其糗糧

拿坡崙史

供給홈을資ㅎ야곰海口에礮臺를築ㅎ고水師保護를爲ㅎ야得홀바意大利에金銀貴重의物을此에均一히出售ㅎ고또力佛五兆를借ㅎ니耕羅亞가事事允從ㅎ야일즉이命을逆지안이ㅎ는지라英水師提督賑利孫이其無耻홈을恨ㅎ야近岸의法兵船一艘를獲住ㅎ야써鴻憤ㅎ니法人이大譁ㅎ야其戰時中立의條規干犯홈을責ㅎ고곳耕羅亞를命ㅎ야英奧兩國使臣을逐去ㅎ라ㅎ되耕羅亞議院이亦允ㅎ니可謂奉令維勤이라不意에其民間이議院執政의人이貴族과民員이各各牛이되야名은共和政府라ㅎ나軍事에自由처못홈으로因ㅎ야民主會를私設ㅎ고革命黨이라自稱ㅎ니意大利와他處人이均來ㅎ야附合ㅎ거놀其中에那皮耕斯人佛彧里尼가哥賓黨에셔가쟈著名言으로써法使臣佛帕而가其入을記ㅎ야謀叛을暗驅ㅎ고이에게己釋罪ㅎ되犯을句結ㅎ야三色綠條를各街衢에馳至ㅎ야呼曰拿坡崙萬壽百姓도亦萬壽ㅎ니衆이다應ㅎ야城門을堵住ㅎ고人의出入을阻ㅎ니船戸工人等이有ㅎ아義民이라自稱ㅎ고大呼嬋理耶萬壽ㅎ고未幾에革命黨을派ㅎ야製造局을占住ㅎ고軍器를無數히奪ㅎ야셔起與ㅎ야敵을爲ㅎ야未幾에革命黨을派ㅎ야法使臣退ㅎ고各戸에燈을懸ㅎ고相慶ㅎ니革命黨이다回ㅎ면셔城中居民이亂黨이旣敗홈으로써各戸에燈을懸ㅎ고相慶ㅎ니法兵ㅎ는지라믗夜에耕羅亞總督과貴族이舊黨을礲使ㅎ야來姓과革命黨이見ㅎ고謂호되此次에死傷흔者ㅣ多ㅎ니亂勢가雖己粗定이나오즉다攻홈을由ㅎ야라ㅎ더라佛帕而가拿坡崙에게復告曰亂勢가雖己粗定이나오즉드

史崙坡拿

르니 工部局이 共和國에 政策을 仍用ᄒᆞ고 貴族이 執政ᄒᆞᆫ다 ᄒᆞ니 拿坡崙이 듯고 大怒ᄒᆞ
야 巡捕雷弗와 雷脫로 ᄒᆞ여곰 一威嚇에 費를 齎ᄒᆞ야 耕羅亞總督에게 獨送ᄒᆞᆫ바 法
人을 釋放ᄒᆞ고 國法을 并改ᄒᆞ라 만일 二十四點鍾內에 自由黨에 攻擊ᄒᆞᆫ 人을 監禁치 안
코 民間으로 ᄒᆞ여곰 軍器를 繳出티 아니 ᄒᆞ면 곳 雄師로써 壓境ᄒᆞ리라 ᄒᆞ니 總督이 大懼
ᄒᆞ야 從ᄒᆞᆫ지라 法議院監督이 員을 派ᄒᆞ야 拿坡崙軍中에 至ᄒᆞ야 耕羅亞에 和約ᄒᆞᆯ 議
ᄒᆞ엿ᄉᆞ니 一은 憲法을 改變ᄒᆞ고 二ᄂᆞᆫ 軍費ᄅᆞᆯ 佛兆에 貽ᄒᆞᆷ이라 ᄒᆞ니 拿坡崙이 써 되 公이 아니라 ᄒᆞ고 訓ᄒᆞ되 君權의
반다시 그 貴族이요 아니 ᄅᆞᆷ間ᄒᆞ야 憲法을 顧치 아니 ᄒᆞ고 意大利民主黨人에 自由思想이다 偏私ᄒᆞ에 出
ᄒᆞ지라 勢ᄅᆞᆯ 恃ᄒᆞ고 橫行ᄒᆞ니 羅伯斯比爾가 巴黎을 威嚇ᄒᆞᆷ에 較ᄒᆞ야 더욱 其 國을 實로 亂民으로더부러 無異ᄒᆞᆫ지라 但히 其 人이 賢不肖間ᄒᆞ고
國外에는 何等 人이던지 不論ᄒᆞ고 다 議事에 權이 有ᄒᆞ니 耕羅亞民主黨人에 可謂 호되 某人은 可히
ᄒᆞ야 議院內에 貴族을 除去ᄒᆞᆷ도 ᄒᆞ니 拿坡崙이 써되 公이 아니라 ᄒᆞ고 能히 其 議員을 삼고 某人은 可히
法을 顧티 못ᄒᆞ고 持示ᄒᆞᆷ을 因ᄒᆞ야 衆이다 從ᄒᆞᆫ지라 無何에 耕羅亞 舊黨이 ᄉᆞ嬾理耶ᄅᆞᆯ 呼ᄒᆞ
며 作亂ᄒᆞ거ᄂᆞᆯ 法將 杜宮脫이 兵으로써 壓服ᄒᆞᆯᄉᆡ 或은 審局에 交發ᄒᆞ야 死에 處ᄒᆞ고 或
은 土龍에 帶回ᄒᆞ야 監禁ᄒᆞ고 拿坡崙이 또 商痕將軍을 命ᄒᆞ야 內亂을 平靖ᄒᆞᆫ다 聲稱ᄒᆞ
고 其 砲臺 三座ᄅᆞᆯ 占取ᄒᆞ야 써 鎭守ᄒᆞ다

第二十節 監督增憂

拿坡崙史

以上諸事는다拿坡崙이獨斷獨行ᄒᆞ야政府에商치아니ᄒᆞ고곳政府의命이有ᄒᆞ야도 ᄯᅩᄒᆞ聽從치아니ᄒᆞ며五監督이憂ᄒᆞ야相謂曰웃지政府諸人이다老邁ᄒᆞ야無能ᄒᆞᆫ가 憲法이이미改變ᄒᆞᆷ인가웃지藐視ᄒᆞ기를甚히ᄒᆞᄂᆞᆫ고法將勃納度脫이拿坡崙으로더 부러意大利에셔別ᄒᆞ고일즉人에게謂ᄒᆞ야曰此少年將軍을觀ᄒᆞ매事事를專制ᄒᆞ야 號를發ᄒᆞ고令을施ᄒᆞᄆᆡ衆이從치안ᄂᆞ이無ᄒᆞ니其氣像과威嚴이儼然히君主와似ᄒᆞ 니恐컨딕民主의憲法이久存치못ᄒᆞᆯ가ᄒᆞ노라時에政府諸人이오히려夢中에在ᄒᆞ야 以後에權勢가拿坡崙掌握에歸ᄒᆞ야特別이其命을聽치아니치못ᄒᆞᆯ줄을知치못ᄒᆞ ᄂᆞ더라

第二十一節　忙脫勃羅朝廷

是時에拿坡崙이相近ᄒᆞᆫ密倫의忙脫勃羅에居ᄒᆞ야其屋이예격營壘가되야셔高蹺山 嶺ᄒᆞ고前臨朝白特河ᄒᆞ니河中에舟楫이交通ᄒᆞ고兩岸에ᄂᆞᆫ民房이질비ᄒᆞ고其間에 ᄂᆞᆫ園亭이行ᄒᆞ야其風景이밀倫城中에較ᄒᆞ며勝ᄒᆞ더니拿坡崙의居ᄒᆞᆷ으로부터더욱 氣像이一新ᄒᆞᆷ을覺ᄒᆞ너라約瑟芬이항상巴黎貴族夫人과意大利大臣眷屬과密倫總 督婦女로더부러互相往來ᄒᆞ야或誰를設ᄒᆞ고樂會를奏ᄒᆞ며或會에赴ᄒᆞ야跳舞ᄒᆞ미 ᄒᆞ일이殆無ᄒᆞᆷ을緣ᄒᆞ야拿坡崙이다시此地로셔行軍統營所를삼으니므랏國政을議論 ᄒᆞ고和約을簽立ᄒᆞᆷ이皆在ᄒᆞᆫ故로우ᄒᆞ로奧王과德親王과薩諦尼亞王과撒印公爵長 과瑞士國王과耕羅亞와尾尼司總督이며아리로各國大小臣工으로부터輪蹄輻輳ᄒᆞ

拿坡崙史

야 奔走이 偕來ᄒᆞ니 意大利人이 드듸여 忙脫勃羅朝廷이라 稱ᄒᆞ더라

第二十二節　與奧議和

未幾에 拿坡崙이 忙脫勃羅로부터 尾尼司의 潑煞里拿에 遷居ᄒᆞ니 相距가 數里에 鳥定이라 與로더부러 和ᄅᆞᆯ 議ᄒᆞᆯᄉᆡ 法監督은 克賴克으로ᄒᆞ야 곰 議和大臣을 삼고 奧皇은 馬弗脫로ᄒᆞ야 곰 議和大臣을 삼어셔 兩國이 各各 機謀를 用ᄒᆞᆯᄉᆡ 或術로ᄡᅥ 誇ᄒᆞ며 或威로 ᄡᅥ 脅ᄒᆞ야 相持ᄒᆞ야 下리지 못ᄒᆞᆫ지라 奧皇이 兵强財富ᄒᆞᆷ을 自恃ᄒᆞ고 法으로더부러 戰ᄒᆞ기를 願ᄒᆞ며 受爵의 和約訂立ᄒᆞᆷ을 甘치 아니ᄒᆞ고 巴黎政府가 同室操戈ᄒᆞ야 不日에 장ᄎᆞ 內亂이 有ᄒᆞᆷ을 聞ᄒᆞᆫ故로 和議ᄅᆞᆯ 久도록 決ᄒᆞ지 못ᄒᆞᆫ지라 時에 巴黎王家黨이 多人을 聚集ᄒᆞ야 王位를 復코ᄌᆞᄒᆞᆯᄉᆡ 議員 壁區羅ᄂᆞᆫ 立憲政軆를 삼고 鮑旁王族을 復還코ᄌᆞᄒᆞ야 鼓意 第十八을 立ᄒᆞ야 君을 삼고 專制政軆를 改ᄒᆞ야 立憲政軆를 삼으니 王家黨으로부터 命意가 稍殊ᄒᆞ지라 드듸여 議員 壁區羅ᄂᆞᆫ 立憲政軆를 삼고 書가 尾尼司에 逃往ᄒᆞ야 法人弗力羅克伯爵에 得ᄒᆞᆫ빈 되여 ᄡᅥ 拿坡崙에게 呈ᄒᆞ야 ᄡᅥ 其書로 監督에게 呈ᄒᆞᆫ바 者ᄂᆞᆫ 오 즉 英과 奧 二國이러니 今에 奧가 法으로더부러 和ᄅᆞᆯ 議ᄒᆞ니 英이 ᄯᅩᄒᆞᆫ 此時를 當ᄒᆞ야 普魯士와 西班牙와 俄羅斯가 均히 法으로ᄡᅥ 睦ᄒᆞ고 지 못ᄒᆞᆫ바ᄂᆞᆫ 此意로 告ᄒᆞᄂᆞ지라 英과 奧 二國이러니 今에 奧가 法으로더부러 和ᄅᆞᆯ 議ᄒᆞ니 英이 ᄯᅩᄒᆞᆫ 舊好를 修ᄒᆞ야 ᄡᅥ 太平의 局을 保홈을 願ᄒᆞ야 七月 八日에 議和大臣 瑪姆司白雷男爵으로 ᄒᆞ야 곰 議定ᄒᆞ되 法이 英에 荀許ᄒᆞ야 好望角 錫蘭과 西印度의 脫里尼特島를 保守케 ᄒᆞ면 英은 前에 法境에 在ᄒᆞᆷ제 取ᄒᆞᆫ바 殖民地를 一律노 交還ᄒᆞ고 另히 法의 聯邦 西班牙

拿坡崙史

와 荷蘭으로더부러 好를 修호다 호니 此는 英軍이 항상 海上에셔 戰勝호 故로 所索이 極히 合理호지라 十五日에 法監督이 使人으로 答曰 我政府가 和約을 簽立홀 時에 貴國이 前에 西班牙荷蘭境內에 在호졔 取호 殖民地를 一倂 交出홈을 望코 不然호면 許치 아니호리라 호니 拿坡崙이 民士를 間호야 演說호되 英人이 從치 안커늘 法人이 乘公處斷의 人이 될 지라 호고 他日에 巴黎의 荷回호면 맛당히 王黨을 壓制호야 憲法을 保守호고 議院이 尾 거니와 其各國에 權을 擅執홈의 各各 猜忌를 隱懷호더니 時에 議院中黨類가 不一 尼司와 耕羅亞에 幷를 任意處置 호엿다 評論홈을 怒호야 中心에 服타아니호고 議院이 호야 眞民王黨이잇셔 憲法을 確守호야 執權훈人外에 그權을 安用호논者는 王黨에 屬호야 밧 그로는 民黨에 託호고 오즉 薄拉斯와 羅勃而와 李樸三人이 民黨에 屬호야 拿脫과 白斯里迷가 王黨에 屬호고 오즉 薄拉斯와 羅勃而와 李樸三人이 民黨에 屬호야 그行호는바 政을 衆이 三合政이라 稱호며 王黨이 五百人에 會長警區羅로써 領袖를 삼 고 三合政이 舊制를 違 棄홈으로 써 九月三日에 兵으로써 議院을 抛호야 禍亂이 生홀가 懼호야 계호고 王族을 舊政을 重復코 조호더니 一種中立黨人이 有호야 禍亂이 生홀가 懼호야 警區羅를 勸호야 一日을 綬호야 準備홀 事를 擧호라 호야 允호거늘 薄拉斯가 其事를 微聞호고 擁瑞羅를 預命호야 甲兵을 征服호시 九月四日에 警區羅가 兵을 帶호고 議院에 先츄호야 指拿脫白斯里迷兩人으로써 拖來呷宮을 圍호시 擁瑞羅가 兵을 帶호고 議院에 先츄호야 指拿脫白斯里迷兩人으

과 五百人院議員 四五十人과 元老會 十二人을 執ᄒᆞ야 獄에 下ᄒᆞ고 蠻區羅가 坐ᄒᆞᆫ 獲에 就ᄒᆞ니 곳 拏坡崙의 書가 尾尼司로부터 遞到ᄒᆞ야 諸人에 罪狀을 論흠으로써 略爲詰問ᄒᆞ고 곳 此數十人과 新聞報에 主筆을 將ᄒᆞ야 南美洲의 基愛約으로 發配ᄒᆞ고 其中 楷拏脫은 逸去ᄒᆞᆫ지라 拗瑚羅가 되믜 已意로써 墨領 紐과 皆島 兩人으로 監督의 缺을 補ᄒᆞ고 法國 全境 四十九部民間ᄒᆞᄂᆞᆫ 擧官을 廢ᄒᆞ니 權을 奪ᄒᆞ야 報舘을 滅去ᄒᆞ다 拏坡崙이 근본 報舘이 그 行事를 議흠을 不喜ᄒᆞ더니 此擧를 聞ᄒᆞ고 坯ᄒᆞᆫ 快타ᄒᆞ라 拉薄斯가 크게 賴克을 召回ᄒᆞ고 與로부러 事로써 拏坡崙에게 專屬ᄒᆞ다 初에 法이 英이오 議가 久도록 就티 못ᄒᆞ더니 至是에 監督이 前議을 徴持ᄒᆞ야 還就티 못ᄒᆞ거ᄂᆞᆯ 瑪勒脫과 利拖諾을 召回ᄒᆞ야 和물議ᄒᆞᆯ서 瑪勒脫과 利拖諾 兩人를 命ᄒᆞ야 議利大臣을 삼으니 羅伯斯比爾과 舊黨 兩粗國의 人으로써 代ᄒᆞ니라 英便臣에게 悔辱에 有意ᄒᆞ여 言으로 慰ᄒᆞ야 護照를 給與ᄒᆞ야 此權을 取來ᄒᆞ라 ᄒᆞ니 此ᄂᆞᆫ 兩人이 里面에 在ᄒᆞ야 英으로더부러 和라 有ᄒᆞ나 能히 我에게 聯邦 殖民地를 還케 ᄒᆞᄂᆞᆫ 答티 權이 無ᄒᆞ 노라ᄒᆞ니 狰問曰 汝가 全權이 없슨 亦 有 이 明日에 곳 護照를 給與ᄒᆞ야 出境케 ᄒᆞ야 二十四點을 限ᄒᆞ고 드듸여 英으로 더부러 和를 失흠이라 奧國이 前派 흔 馬弗脫이 和約을 求議흠이 至흔에 다시 考勃澤爾伯爵으로 ᄒᆞ야 곰 助ᄒᆞ니 拏坡崙이 그재를 說코자 ᄒᆞ야 初見時에 더부러 오리도록 말삼ᄒᆞᆯ서 故問 曰 貴國으로ᄒᆞ야 곰 荷蘭과 錙倫山 屬地를 失去ᄒᆞ야 스니 汝가 장찻 何術로써 恢復ᄒᆞ랴

는 나󠁦我ㅣ 約을 悔ᄒᆞ야 尾尼司로써 奧에 與티 안코ᄌᆞᄒᆞ노니 피ᄒᆞ나 아니ᄒᆞ나 伯爵이 能히 答지 못ᄒᆞ더라

第二十三節 拿坡崙再辭職

監督이 九月에 事를 因ᄒᆞ야 拗瑠羅를 命ᄒᆞ야 來因河畔에 軍을 統率ᄒᆞ야 써 寵異를 示ᄒᆞ니 拗瑠羅가 兵威를 奧國에 耀코ᄌᆞᄒᆞ야 書로써 奧皇을 恐嚇ᄒᆞ야 曰吾ㄴ 장찻 維也納都城을 親歷ᄒᆞ리라ᄒᆞ니 拿坡崙이 듯고 監督이 此人을 重用ᄒᆞ야 已로더 敵을 삼음을 知ᄒᆞ고 비록 其人이 遠略은 絕無ᄒᆞ나 雄猛이 可懼ᄒᆞ지라 마음에 甚히 憂ᄒᆞ더니 巡捕雷弗雷脫이 또 監督이 其擅權ᄒᆞᆷ으로써 猜忌ᄒᆞ야 巴黎로 由ᄒᆞ야 作書相告ᄒᆞ니 拿坡崙이 더욱 不悅ᄒᆞ야 이에 書로써 政府에 抵ᄒᆞ야 辭職을 堅請ᄒᆞ야 曰我ㅣ 强場에 轉戰ᄒᆞ야 勞瘁ᄒᆞᆷ이 已甚ᄒᆞ니 急히 還京休息ᄒᆞ야 써 怨謗을 避코ᄌᆞᄒᆞ노라 此巨任을 肩에 擔ᄒᆞᆷ이 비록 稍相擅專ᄒᆞ얏스나 然ᄒᆞ나 國事에 有益ᄒᆞ이되 誰가 肯ᄒᆞ야 汝를 爲ᄒᆞ야 力을 盡ᄒᆞ리오 心에 愧ᄒᆞᆫ 此와 갓티 功을 嫉ᄒᆞ고 能을 害ᄒᆞ면 後人이 能히 我를 諒ᄒᆞ면 我의 賜를 受ᄒᆞᆷ이 多ᄒᆞ리라ᄒᆞ니 監督이 書를 得ᄒᆞ고 自由로ᄒᆞ니 顯然히 目에 政府가 無ᄒᆞ고 李樸과 薄拉斯曰彼에 戰을 宣ᄒᆞ고 和를 議ᄒᆞᆷ이 다 監督에 纎還ᄒᆞ고 또 撒印과 羅馬로ᄒᆞ야 곰 革命이라ᄒᆞ니 其後로 得ᄒᆞᆫ 바 地로써 專制君에게 繳還ᄒᆞ고 또 撤印과 羅馬ㅣ 古時共和國을 滅ᄒᆞᆫ 써 意가 何에 居ᄒᆞᆫ 줄을 知티 못ᄒᆞ야 王黨에 偏向ᄒᆞᆫ 듯ᄒᆞ나 以後에 무슨 變이 有ᄒᆞᆯ 줄을 審티

拿坡崙史

못홀지라 만일 王位에 踐코즈홀진디 可制에 法이 有ᄒᆞ나 墨領紐와 皆島ㅣ 彼에 權勢가 方張ᄒᆞ야 人이 多히 歸向ᄒᆞ고 함을 며 意大利의 兵을 撫有ᄒᆞ고 坯利昂과 巴黎와 他處에 頸揚의 人이 有ᄒᆞ야 大ᄒᆞ면 可히 我에 位를 撤ᄒᆞ고 我에 國을 傾ᄒᆞᆯ지니 다른 計策은 업고 오즉 靜으로써 待ᄒᆞ고 馭ᄒᆞ여야 可ᄒᆞ니 라 ᄒᆞ야 薄拉斯가 書記生 白託威로 ᄒᆞ야곰 潑煞里 拿에 至ᄒᆞ야 拿坡崙에 意를 詗ᄒᆞ고 다시 辭ᄒᆞ여 ᄒᆞ야곰 拿坡崙에 意가 絕無ᄒᆞ야 心力을 勸ᄒᆞ고 더부러 露 感激ᄒᆞ야 씀을 備陳ᄒᆞ고 猜嫌에 意를 爲ᄒᆞ야 宣力ᄒᆞᆷ을 勸ᄒᆞ고 더부러 職리 말나 ᄒᆞ니 此로부터 拿坡崙이 써 三合政에 心을 怨恨ᄒᆞ야 心內에 暗藏ᄒᆞ야 絕不宜 露ᄒᆞ얏더니 後에 時會가 旣至ᄒᆞᆷ에 이에 크게 發洩ᄒᆞ니 扨辦羅가 비록 拿坡崙이 愛來巴島에 謫ᄒᆞᆷ을 見ᄒᆞ고 바야흐 일을 ᄒᆞ나 그러나 맛참니 攻德을 阻止ᄒᆞ야 戰勝에 榮利를 致失ᄒᆞᆷ을 不忘 로 報復의 心이 快타 ᄒᆞ더라

第二十四節 監督欲使意大利革命

十月에 白託威이 潑然里 拿에 至ᄒᆞ니 拿坡崙이 비로소 더부러 相見ᄒᆞ고 意가 甚히 落寞 ᄒᆞ더니 數日後에 接待ᄒᆞ기를 欵洽히 ᄒᆞ니 白託威이 監督의 命을 傳ᄒᆞ고 問ᄒᆞ되 반다 시 意大利로 ᄒᆞ야곰 革命ᄒᆞ난이라 拿坡崙이 問曰 我ㅣ 監督의 意를 知치 못ᄒᆞ게라 장 찻 意 大利全國으로 ᄒᆞ야곰 言ᄒᆞᆫ냐 白託威이 밋쳐 答지 못ᄒᆞ야셔 拿坡崙이 其 首를 搖ᄒᆞ야 日 汝ㅣ 速去ᄒᆞ야 乃公에 事를 洇치 말지어다 語畢에 仍與奧便로 利를 議홀시 勃納度 脫ᄒᆞ야

拿坡崙史

이 巴黎로부터 統領所에 來ㅎ야 拿坡崙으로더부러서로 見ㅎ니 拿坡崙이 問曰 奧國條約을 如何히 定議ㅎ고 答曰 汝에 意見디로 미可ㅎ니라 汝가 罪를 監督에게 獲ㅎ고 歡을 揚코져羅에게 見ㅎ나만일 王家黨이 獲ㅎ고 失ㅎ고 疑를 民主黨에게 見ㅎ나만일 王家黨이 面도ㅎ야 찾아 汝를 控ㅎ는 엿스니 我는 願컨디 汝가 進實로 傾覆ㅎ면人이 汝를 肯助ㅎ는者 | 無ㅎ니라 拿坡崙이 曰 監督에 意가 若何오 答曰 彼가 尾尼司를 奧ㅣ에 交還코져 아니ㅎ고 또히려 尋釁再戰코져 ㅎ니 師를 再興ㅎ리니 監督이 能히 我에 軍餉을 나라 拿坡崙이 曰 此와 如ㅎ진디 我 | 特히 말나 兵을 用코져 ㅎ노라 今에 大半이 다 承平ㅎ홈을 나 再見兵革홈을 願치 안난이 汝 | 가임에 强히 德에 藩屬으로 ㅎ야 曰 民主國에 兵을 使코져 아니ㅎ나니彼가 兵力에 疲弊홈을 知 認ㅎ노여 愼ㅎ야 此 | 佛軍의 險홈을 再冒치 말고 已然에 地를 將ㅎ야 堅固케 保守ㅎ면 危險ㅎ기 易ㅎ 助ㅎ랴 答曰 汝 | 人에 助餉을 特치 안난이 汝 | 師를 再興ㅎ리니 監督이 能히 我에 軍餉을 을 望ㅎ고 但히 民主國政府가 汝에게 權흠을 疑ㅎ눈야라 拿坡崙이 言을 聞ㅎ고 가 能히 長久ㅎ랴 專制에 君이 아니ㅎ고 政府가 汝에게 權흠을 疑ㅎ눈야라 拿坡崙이 言을 聞ㅎ고 處치 못ㅎ고 紛紛히 定ㅎ눈야라 政府가 汝에게 處에 地位를 呼ㅎ면 認實로 專制에 君이 아니ㅎ고 反다시 儒服개難ㅎ고 所處에 地位를 呼ㅎ면 너전실로 戰勝與否는 無論ㅎ고 君이 此에 反다시 儒服개難ㅎ고 所處에 地位를 呼ㅎ면 悟ㅎ야 大呼曰 我 | 決意코 奧로더부러 議를 定ㅎ리라 ㅎ더라

第二十五節 康波福米奧和約

十月十日에 拿坡崙이 書를 監督에게 致ㅎ야 和奧에 故를 陳明ㅎ고 謂ㅎ디 方今에 英國

으로더부러和를失ㅎ엿스니만일奧로더부러戰ㅎ면兵卒이多치못ㅎ야勢가兼顧키難ㅎ니오죽利ㅎ然後에는비로소可히一意로英을敵ㅎ지라만일能히戰을勝ㅎ면我가兩半球에光耀가增ㅎ것이오곳더부러戰치안코兵威로써彼를脅ㅎ야和를求ㅎ면我人은膽勇有實노利益이大有ㅎ지라奧人은器識이孺小ㅎ니만일服지못ㅎ지안코英人은膽勇有爲ㅎ고計深謀遠ㅎ고王位를相承ㅎ야民主를最惡ㅎ니法이맛참니能히安靜치못ㅎ리라ㅎ고王位를相承ㅎ야民使臣考勒澤爾로더부러條約을詳議ㅎ시或이瓮盤이有홈을見ㅎ고甚히貴重이녀기나云ㅎ되是는俄皇에賜홈빗라ㅎ거늘忽問曰奧가孟區亞를占居코ㅈㅎ나答曰然ㅎ다拿坡崙이遽然히厲聲曰果然그러ㄹ진云ㅎ고戰을宣ㅎ리니汝는試觀ㅎ라ㅎ야汝國을攻破홈을此盤과如히ㅎ리라ㅎ고ㅈ瓮盤으로써地에擲ㅎ니聲을應ㅎ야碎ㅎ눈지라其書記生步理恩이此事를不知ㅎ고謂호더拿坡崙의擧止가粗芬홈이此에至ㅎ눈고ㅎ더라十三日黎明에愛爾魄士山頂에雪을見ㅎ고步理恩이써告ㅎ거늘拿坡崙이窓을推ㅎ고望ㅎ다가欣然히會ㅎ이有ㅎ야曰웃ㅎ야十月雪이飛ㅎ눈고자못天我를命ㅎ야奧를息ㅎ게ㅎ이로다ㅎ고因ㅎ야晝로써監督에게告ㅎ야日山路에雪이有ㅎ니吾能히二十五日內에兵을進ㅎ야奧를攻리아니홈은軍士가雪中에壓覆홀가恐홈이라ㅎ고이에谷兵隊에傳令ㅎ야營에回ㅎ고點檢畢에步理恩이

拿坡崙史

曰吾비로소兵八万이有ᄒᆞ나然ᄒᆞ나其中에可히用ᄒᆞᆯ者ᄂᆞᆫ겨우六万이러니수에死傷과 被擄와斥遣을歷經ᄒᆞ얘겨우二万人이餘ᄒᆞ니웃지能히維也納의兵을敵ᄒᆞ리요만일 來因河의兵을借助ᄒᆞ면一月이라야始達ᄒᆞᆯ것이오此兩體拜內에道路에오히려積雪 이有ᄒᆞ야能히行走ᄒᆞ리못ᄒᆞ리니我決意코兵을收ᄒᆞ고和를言ᄒᆞ리라ᄒᆞ고十七日夜에 奧使臣으로더부러康波福米與和約이라ᄒᆞ고約中大綱은奧王이荷蘭과梅恩司와剛白 로此約을名ᄒᆞ야康波福米奧和約이라ᄒᆞ고約中大綱은奧王이荷蘭과梅恩司와剛白 特과來因河左岸의地와尾尼司所屬愛勃尼亞省과鴨鷗銀拏島로ᄡᅥ法에與ᄒᆞ기를願ᄒᆞ 고法人은尾尼司全境과尾尼司屬地로愛區河에至ᄒᆞ기ᄭᅡ지奧에還ᄒᆞ기를願ᄒᆞᆷ을載 ᄒᆞ니라奧皇이密倫과孟區大利屬地를分出ᄒᆞ야西撒兒實共和國을삼아愛區와愛達兩 河以內에尾尼司屬地로ᄡᅥ與ᄒᆞ고坨德에白凡利亞와勃助斯高와馬提諸과墨然과克 嘞拉과敎皇의勃羅那와弗拉賴와拉維納等地로뭇向ᄒᆞ고大利民主黨은君主에仍率ᄒᆞ니 和國管理에歸ᄒᆞ고其弐司克尼와撒皮利斯各城은君主에仍率ᄒᆞ야임이 數城이雖不改變이나其民이다法人에게歸ᄒᆞᆫ者를迎ᄒᆞᄂᆞᆫ듯ᄒᆞ더니一千七百九十九年에至ᄒᆞ야 途徑으로預闢ᄒᆞ야倂ᄒᆞ기되니法人이簽約後에法將西羅里耶가尾尼司城中에物을擴盡ᄒᆞ고 果然法人에簽約後에法將西羅里耶가尾尼司城中에物을擴盡ᄒᆞ고 空城으로ᄡᅥ奧國에交還ᄒᆞᆫ後에法軍이離ᄒᆞ니奧人이卽至ᄒᆞ야森馬克宮前에自由 大樹를斬除ᄒᆞ니一千四百年에共和國이告終ᄒᆞ니其民主黨人이所欲을遂치

못ᄒᆞ야 怨言을 均히 出ᄒᆞ야 曰 吾黨이 空然이 法人을 助ᄒᆞ얏도다 誰가 其少許의 利益을 得ᄒᆞ者고 ᄒᆞᆫ대 拿坡崙이 聞ᄒᆞ고 曰 法이 이 本대 人을 爲ᄒᆞ야 命을 舍ᄒᆞᆷ이 아니라 己의 利益을 失ᄒᆞᆷ이 아니냐 ᄒᆞ되 意人이 有ᄒᆞ야 拆ᄒᆞ야 曰 汝가 일 즉이 我에게 自由를 許ᄒᆞ고 웃지 忽然이 言을 食ᄒᆞᄂᆞ뇨 答曰 汝가 自由코ᄌᆞ 홀진대 汝가 스스로 戰을 爭ᄒᆞᆷ이 可ᄒᆞ니라 是로 由ᄒᆞ야 其欺騙을 責ᄒᆞᄂᆞᆫ 者날마다 紛紛이 起ᄒᆞ다가 拿坡崙에게 斥黜되야셔 退ᄒᆞ야 人에게 謂ᄒᆞ야 曰 彼黨所爲의 事가 國에 無 益ᄒᆞ고 갓 設會聚衆ᄒᆞ야 極長의 空論으로써 能事를 삼으니 웃지 可히 其自由를 約束 ᄒ리요 ᄯᅩᆫᄒᆞ야 곰 敎化에 濡染ᄒᆞ면 ᄯᅩ 變키 易ᄒᆞᆯ 故로 皇統轄에 仍歸ᄒᆞ야 써 無 리고 西撒兒賨의 兵에 至ᄒᆞ야ᄂᆞᆫ 더욱 堪用키 못ᄒᆞᆯ지라 訓練을 大加티 아니ᄒᆞ면 可티 못 ᄒᆞ고 ᄒᆞ니 此言이 비록 意人의 怒를 觸ᄒᆞᆷ이나 然이나 實은 確論일너라

第二十六節 退論戰事

戰事에 就ᄒᆞ야 觀컨대 意大利一役은 拿坡崙에 가쟝 生色의 事가 되ᄂᆞᆫ지라 其運策의 奇 妙와 行兵의 神速ᄒᆞᆷ이 他人에 可히 及ᄒᆞᆯ 빅 아니라 後世用兵ᄒᆞᄂᆞᆫ 者민양 稱道ᄒᆞᆯ 거시오 奧師의 敗ᄒᆞᆷ에 至ᄒᆞ야ᄂᆞᆫ 人이 그ᄡᅥ 그러ᄒᆞᆯ 바를 測지 못ᄒᆞ거이니 其將師가 老成ᄒᆞ고 兵數가 法國보다 多ᄒᆞ며 士氣 甚히 勇猛ᄒᆞ되 每戰에 必敗ᄒᆞ고 甚至 全軍이 覆沒ᄒᆞ니 其故ᄂᆞᆫ 웃질인고 자못 奧兵은 陣法이 太舊ᄒᆞ고 法兵은 徑捷ᄒᆞ며 奧兵은 遲鈍ᄒᆞ고 法 兵은 新式으로써 參ᄒᆞ며 奧兵은 中立에 國을 犯치 못ᄒᆞ야 行運ᄒᆞᆷ에 반다시 繞ᄒᆞ야 避ᄒ

拿坡崙史 60

고 法兵은 곳게 衝過ㅎ야 忌憚ㅎ는빗이 無ㅎ고 더욱써 拿坡崙이 應機ㅎ야 迅速ㅎ고 調遣홈이 万이 有홈으로 由ㅎ야 每戰에 輒勝홈인가 然이나 奧兵이 德境에 在ㅎ야 法으로 더부러 交戰홈에 極히 得手ㅎ얏더니 홀노 拿坡崙이 意大利에 過홈에 至ㅎ야는 맛참니 節節히 退敗ㅎ고 盟을 受ㅎ야드듸여 一戰에 成功ㅎ야 唾手ㅎ고 意大利大半 에 地를 得ㅎ니 人이 因ㅎ야 奧軍이 或 二心을 有ㅎ는가 疑ㅎ는 其將步魯와 浮姆薩이 中 正에 宅心ㅎ고 愛而維齊는 奧皇에 推服되야 後에 重任으로 써 授ㅎ고 年老홈이 崇 衛으로써 賜ㅎ얏스나 끼히 疑心이 無ㅎ者 人쥴 웃지 知ㅎ리오마는 홀노 拿坡崙을 慕謀홈 인즉 其品行과 心術이 如何홈을 知치 못ㅎ고 謀軍佐에게 私謂日事가 誠有ㅎ니 然ㅎ는 能히 에 行路를 載ㅎ얏거놀 拿坡崙이 人이 初에 德國新聞紙에 일즉 傳聞에 詞라足히 其大將에 心은 欲動티 못ㅎ고 偶然히 恭謀軍佐만 試홈이라 ㅎ니 此乃所用 恭謀 等이다來 인즉 心을 能히 消息이 靈通티 아니ㅎ고 偵探을 廣遣홈인즉 其事가 確有홈인지 그擴홀게 아니로되 오즉 其金費를 惜ㅎ는 見홈이라此에 到치 못ㅎ고 故로 奧國의 忠 라 그런故로 더부러 交ㅎ야나 革命黨에 入ㅎ야는 見홈이 此에 到치 못ㅎ고 故로 奧國의 忠 因河로 더부러 力을 盡치아니ㅎ고 奧에 敗홈이 此로 以홈인다 ㅎ心이 無ㅎ고 戰時에 또흔

第二十七節 法人이 取意大利公銀

拿坡崙이 愛而維齊로더부러 交戰치아니홀띡에 일즉 議會를 馬提諾에 設ㅎ고 公會를 密倫에 設ㅎ야 써 軍政에 最要ㅎ者를 籌商ㅎ고 意兵을 招集ㅎ야 써 法을 助ㅎ다 巴黎에

遣호바辦事의員이間을乘호야公家에財物을奪取호니拿坡崙이監督에게控호야曰吾密倫이回홀졔곳刼奪에事가有홈을聞호고急히若輩를提호야審問호니이에數人이有호야承認호는지라곳刑을施호다兩月前에衆이吾가密倫에公爵이되고즈호나謂호더급吾가意大利에王이되고즈호다謂호야諸諛가繁興호니勢甚危險호나然호시러급吾가何惡事가我政府에控告리아니치못홀것이요更可恨者는平時에勢을特호고橫行顧忌홈이無호고軍輪에公欸을冒取호며醫院에器物을變售호다가吾가竟察호고拿獲홈에迫호야彼가甚호고吾一日暇가倚有호면맛당이詳細히硏訊호니其人의卑鄙無耻홈이누가뎌十五人을另選호야代호야曰吾當每人에게姓名을列호고後黜退홈을謂호고十五人을另

第二十八節　拿坡崙大志

拿坡崙이意大利에將離홀時에意大利가비록害를被호얏스나然호나오히려貴族이自由믈思호야意의全境을合호야一政府를삼고拿坡崙을泰호야總統삼기를欺호다라密倫公爵의夫人이有호야貌가約綵芬에比較호면더욱美호니拿坡崙이愛호야時로相從호더니一日게分爵의夫人이戱謝曰將軍아吾昨夢에汝가意大利主이되얏다호니拿坡崙이喜悅호야其耳에附호고語曰吾夢에此象이常有호나但吾本意大利人이라맛당이먼져法王이되고後에意主이되리라

拿坡崙史

호되 夫人이 變色曰 我는 民主國人이오 汝亦民主國에 人이라 웃지 此言을 出호는고 拿坡崙이 失檢홈을 自知호고 急히 其詞를 改호야 曰 吾亦永遠히 民主를 奉호노라 호고 因호야 痴態에 態를 僞作호고 其頰을 笑附호면셔 意歌를 高唱호다가 去호니라

第二十九節 拉斯脫之會

十一月十七日에 拿坡崙이 密倫으로 由호야 拉斯脫에 至호다 初康波福米奧約內에 일즉 各國使臣으로더부러 是處에 會호야 德意志에 關涉호 事를 共議호다 聲明호더니 是에 至호야 監督이 命호야 議約大臣을 삼거늘 拿坡崙이 意大利를 分守호 고 軍營에 自離호야 會所에 至홀시 道가 瑞士에 經홀 時에 民主兵으로 호야곰 其都城과 밋 貴族의 郡邑을 掠호야 中立을 삼나 會議 時에 衆人에 意見이 紛岐호야 議가 久토록 決치 못호고 散호니라

第三十節 拿坡崙回巴黎監督設公宴

十二月 五日에 拿坡崙이 拉斯脫로 由호야 巴黎에 回호니 其所居에 地를 有司가 名을 易호야 勝을 得 호다 호야 써 其功을 表호니 人에 其雄名을 慕호는 者遠近이 偕來호야 다투워 丰采를 一瞻코즈호니 人에 見忌홈을 防호야 客을 見터 아니호고 微夜間에 微服으로 市에 入호야 人에 議論을 聽홀시 오즉 稱譽에 聲이 耳에 絶터아니호고 民心을 關호 에 두루워 丰采를 知호야써 悅服홈을 知호야써 快호다 호더라 監督이 拿坡崙에 凱旋홈을 聞호고 因호야 宴을 魯遙勃王宮에 設호야써 享홀시 宮中에 自由平等에 圖畵를 編懸호니 拿坡崙

拿坡崙史　63

이 監督에게 康波福米奧의 和約을 呈하고 因하야 演設하야 曰法人이 各國으로더부러 戰爭함은 歐洲帝國의 主義를 去하고 十八周世祿敎士에 執政에 弊를 刪去하고 合宜한 新憲法을 另立하야 帝國民으로더부러 政治를 共治함이니 수에 簽約에 日로부터 起하야 法이 衆民主國을 合하야 一大國이되나 其屬地가 天然界限에 極한지라 眞實노此로 從하야 憲法을 裁定하야 歐洲各國으로하야곰 自由共成하면 百姓이 太平을 永享하리라하되 監督薄拉斯가 拿坡崙으로하야곰 一世를 氣呑하야 抱負가 非常함을 見하고 營遙勃의 位가 後에 장찻 保全치못함을 自覺하고 因하야 極長에 演說로써 答하니 詞氣를 委婉히 하야 其才略에 雙이 無함을 譽하되 古時希臘과 羅馬英雄에 上에 在하다하고 最後에 그 三色旗를 京塔頂에 樹하야써 威名을 顯케하라 勸하니 拿坡崙이 勉强하야 允하거늘 監督이 命하야 大軍을 統率하고서 英을 伐하라하니 其意는 拿坡崙이 京에 在하면 반다시 安하지못할지라 그런故로 古시곰 英을 伐함은 其船이 海頸에 至하면 百戰百勝의 英水師에게 困혼빅되기를 冀함이니 자못他人에 力을 借하야써 除코ㅈ함일너라

第三十一節　察勘海岸

一千七百九十八年二月十日에 拿坡崙이 本國海岸을 察勘할시 沿海諸城과 倫伏乞島를 周歷하야 偵探을 各口에 徧設하고 一禮拜後에 還하야 意中에 英을 伐코ㅈ아니하야 步理恩에게 謂하야 曰事가 가장 危險하도다 吾險을 冒코ㅈ안노라 或은 東方을 征伐하야 면오히려 一戰에 勝할거이여늘 薄拉斯가 間하야 謂하되 비록 英은 伐타아니하나 眞實

拿坡崙史

노埃及을 征ᄒᆞ니 ᄯᅩ 京城을 暫離라 ᄒᆞ야 心에 그윽히 喜ᄒᆞ리라 ᄒᆞᆫ데 或이 謂호ᄃᆡ 拿坡崙이 初意ᄂᆞᆫ 埃及을 征티 안코 오즉 資格으로ᄡᅥ 監督되기를 冀ᄒᆞ야 일즉 監督을 初見ᄒᆞᆯᄯᅢ 求ᄒᆞ야 더니 其年이 四十이 되지 못ᄒᆞᆷ으로ᄡᅥ 定例에 合지 못ᄒᆞ다ᄒᆞ고 許타 안ᄂᆞᆫ 故로 望을 失ᄒᆞᆫ後에 意ᄅᆞᆯ 決코 東方을 征코ᄌᆞ ᄒᆞᄂᆞ다 管日 今에 奧國이 佛强ᄒᆞ야 반다시 復叛ᄒᆞ 허하잘케 無ᄒᆞ야 服從ᄒᆞ기 甘心ᄒᆞᆫ다 逆料ᄒᆞ니 웃지 東方을 征ᄒᆞ랴 ᄒᆞ리오 兵統ᄒᆞ고 前徃ᄒᆞᆷᄋᆞᆯ ᄒᆡ日에 戰ᄒᆞᆯ 再決코ᄌᆞ ᄒᆞ면 兵權이 握ᄒᆞ리니 仍ᄒᆞ야 國에 回ᄒᆞ야 兵統을 傾覆ᄒᆞ고 步理恩이 問 야 他日에 뜻이 이로되 오즉 時가 至ᄒᆞ지 아니 ᄒᆞ야 久居ᄒᆞᆷ을 厭ᄒᆞ야 答曰 然ᄒᆞ다 吾의 誓避ᄒᆞᆷ이 祗宜ᄒᆞ니 진실노 東方王國 알이요 時에 參ᄒᆞ야 我의 功을 忘ᄒᆞ고 拿坡崙이 怒ᄒᆞ야 可爲가 有ᄒᆞ리라 ᄒᆞ고 試探ᄒᆞ 日 汝果然 決定을 遠離ᄒᆞ나냐 拿坡崙이 怒ᄒᆞ야 答曰 吾가 반다시 我일 즉 監督을 自 니 彼等이라 이 될거이로되 오즉 道에 足히 吾에 志를 伸ᄒᆞ리라 ᄒᆞᆫ다 야 能히 其 政治를 改變ᄒᆞ면 ᄯᅩ ᄒᆞ 立ᄒᆞ야 王이 되리로되 至ᄒᆞ야

第三十二節 監督銜帶東方艦隊

四月에 監督이 拿坡崙을 命ᄒᆞ야 兵을 練ᄒᆞ고 艦을 治ᄒᆞ야 東方統領을 征伐ᄒᆞ라ᄒᆞ니 장찻 出征을ᄉᆡ 忽然이 維也納에 偶然ᄒᆞᆫ 事에 阻ᄒᆞᆯᄉᆡ 되니 奧에 駐ᄒᆞᆫ 臣 勃納度脫이 奧를 待ᄒᆞᆷ이 甚히 不利케ᄒᆞᆷ을 緣ᄒᆞ야 法人이 法旗를 使署의 門에 樹 ᄒᆞ니 維也納이 悅타 아니 ᄒᆞ야 命ᄒᆞ야 法旗ᄅᆞᆯ 使署의 門에 樹 이旗ᄂᆞᆫ 곳 民主革命의 標識일너라 維也納人이 本이 法人이 瑞士와 羅馬를 侵掠ᄒᆞᆷ 이 耻가 無ᄒᆞᆷ을 恨ᄒᆞ고 ᄯᅩ 和約이 大定티 못ᄒᆞ니 至是에 더욱 怒ᄒᆞ야 衆을 聚ᄒᆞ야 其旗ᄅᆞᆯ

拿坡崙史

扯去ᄒᆞ고使舘을攻毁ᄒᆞ니勃納度脫이逃歸ᄒᆞ기늘監督이곳拿坡崙을命ᄒᆞ야埃及에師를移征ᄒᆞ고ᄡᅥ奧를伐ᄒᆞ라ᄒᆞ니此變이有ᄒᆞᆯᄉᆡ預料ᄒᆞ고곳考勒澤爾를函納ᄒᆞ야拉斯脫에重會ᄒᆞ야康波福米奧의了約을補議ᄒᆞ고드듸여其事ᄂᆞᆫ寢ᄒᆞ야다시奧를伐티아니ᄒᆞ니監督이因ᄒᆞ야拿坡崙으로더부러失和ᄒᆞ야곰去ᄒᆞ야이두번職을辭ᄒᆞ니羅勃而가곳筆로授ᄒᆞ야請컨듸將軍은簽字ᄒᆞ라ᄒᆞᆫ듸拿坡崙이事에決裂ᄒᆞᆷ을見ᄒᆞ고其筆을奪去ᄒᆞ니薄拉斯가拿坡崙의衣를牽ᄒᆞ야ᄒᆞ는英船을猝遇ᄒᆞ야力이能히敵지못ᄒᆞ야깁피ᄡᅥ憂ᄒᆞ고平時에夢兆를最信ᄒᆞ日速히東方에徃ᄒᆞ야埃及此에勸勉를聽ᄒᆞ라ᄒᆞᆫ듸拿坡崙이允ᄒᆞ야다시憂戚을增ᄒᆞ더니五月四日에拿坡崙이備征케ᄒᆞ고軍中에令ᄒᆞ야부러別ᄒᆞ日만일亞歷山大利亞ᄂᆞᆫ英船을猝遇ᄒᆞ야力이能히敵지못ᄒᆞ야깁피ᄡᅥ憂ᄒᆞ고平時에夢兆를最信ᄒᆞ

第三十三節　水程之險

五月十九夜에拿坡崙이大小兵船을統率ᄒᆞ고地中海를渡ᄒᆞ야六月九日에毛而脫島를攻ᄒᆞ야取ᄒᆞ니此島ᄂᆞᆫ耶路撒冷의巴圖魯에勇士에管理가되야셔法의民主를認리

拿坡崙史

못ᄒ고便道로攻ᄒ니英兵船이尾追ᄒ야至흠이時와日을可貴케녀길가恐ᄒ야島主
를追令ᄒ야投降ᄒ니島主虎姆潑氣가年老ᄒ고坐弱ᄒ야拉弗來武礙臺를扼守티못
ᄒ고써十一日에來降ᄒ거늘法軍이意大利攻克ᄒ던例를照ᄒ야勒令ᄒ야軍資를繳
納ᄒ고야울나禮拜堂金銀을掠取ᄒ야써行홈을留ᄒ야守ᄒ고十九日에
兵船을自率ᄒ고埃及을向ᄒ야進發ᄒ더니開茅亞島를行經ᄒ다가英兵船으로더부
러肩을摩ᄒ고過홀서幸히大霧가迷漫ᄒ야見빗되지아니ᄒ야厄을得免ᄒ나然ᄒ
나또ᄒ險ᄒ더라二十九日에天이睛거늘亞歷山大利亞城을望見ᄒ더니拿坡崙이急히人
이有ᄒ야來告ᄒ되海濱에英兵船十三艘가停泊ᄒ앗다ᄒ거늘兵士를命ᄒ야죠곰잇다가一船이壞
乘ᄒ고岸에登ᄒ야避홈이近에行ᄒ라고行ᄒ더니ᄒ니氣運에依舊
을敢ᄒ야來홈을望見ᄒ노다事가成에垂ᄒ다가終敗케되니
이여是에竟至ᄒ야嘆日此行이木야冒險에屬ᄒ야運命만全特ᄒ고用ᄒ야智巧는
히舟를返ᄒ야開行ᄒ니後世에史를作ᄒ는者半다시闌芬ᄒ
無ᄒ야만일鼎利孫의乘홈비되면阻홈이無ᄒ야相近ᄒ야水에溺ᄒ야死ᄒ는者無數ᄒ
議ᄒ가홈일너라明日에暢行ᄒ되亞歷山大利亞城에三里地方
에岸의登ᄒ야鼎利孫이猝至ᄒ야면衆兵이忙急慌亂ᄒ거늘拿坡崙이城垣에張示ᄒ야日
가恐ᄒ더니亞歷山大利亞城이小ᄒ야破ᄒ기易ᄒ거늘土耳其로더부러左邦이되야스니我에來홈은他意가有홈이아니라汝等을救ᄒ
法이土耳其로더부러左邦이되야스니我에來홈은他意가有홈이아니라汝等을救ᄒ

拿坡崙史

야 埃及騎兵에게 暴을 脫離케 홈이요 且 我兵이 上帝를 敬重ᄒᆞ고 穆罕默德에 考雷員經을 信奉ᄒᆞ야 이의 天主敎에 羅馬는 太敎의 毛而 脫島와 갓터 傾覆ᄒᆞ야 스니 足히 回敎를 專重히 녀기는 證據를 삼을지라 故로 法人이 同敎에 昆弟됨을 視ᄒᆞ야 式好無尤홀지어다 ᄒᆞ고 ᄯᅩ 兵士에게 謂ᄒᆞ야 曰 埃及騎兵長位司가 英商保護ᄒᆞᆷ을 甚히 ᄒᆞ니 我將찻英을 伐ᄒᆞ야애 반ᄃᆞ시 면져 除ᄒᆞ리라 ᄒᆞ고 又曰 汝等이 城에 入ᄒᆞ거든 삼가 回敎를 맛당히 太말고 其民人待ᄒᆞ기를 意大利人으로 더부러 一例와 갓터 ᄒᆞ라 ᄒᆞ더 이에 ᄭᅩᆺ 兵官 數人이 有ᄒᆞ야 回敎에 僞入ᄒᆞ야써 會堂으로 더부러 連絡ᄒᆞ다

第三十四節 金字塔之戰

七月 七日에 法軍이 亞歷山 大利亞로부터 隊를 拔ᄒᆞ야 行ᄒᆞ야 沙漠을 經ᄒᆞ야셔 開羅에 至ᄒᆞ니 衆兵이 沙土를 跋涉ᄒᆞ야 勞ᄒᆞ되 怨리아니ᄒᆞ고 足으로써 地를 踢ᄒᆞ고 其目을 拭ᄒᆞ야 相謂曰 將軍이 我에게 尼羅河畔에 地를 許홈이더니 此地나ᄒᆞ고 二十一日에 金字塔 古蹟을 望見ᄒᆞ고 衆兵이 駭異ᄒᆞ더니 다시 馬拉特이 大隊 騎兵을 領率ᄒᆞ고 愛勃勃에 駐호믈 見ᄒᆞ고 衆이 더욱 膽怯ᄒᆞ니 拿坡崙이 勉ᄒᆞ야 曰 軍士는 그 余言을 聽ᄒᆞ라 此塔中에 三十周年에 神明이 有ᄒᆞ야 汝等을 鑒察ᄒᆞᄂᆞ니 그 各各 勉旃ᄒᆞ라 ᄒᆞ더 軍士가 聞ᄒᆞ고 奮勇ᄒᆞ야 敵을 迎ᄒᆞ니 埃及騎兵 五千과 밋 無數ᄒᆞᆫ 擊槍步兵과 ᄯᅩ 阿拉伯助戰에 兵이 다 法軍에 敗ᄒᆞᆫ비되니 二日後에 法軍이 前行ᄒᆞ되 阻홈이 無ᄒᆞ지라 克開羅城을 攻홀시

土耳其와 阿拉伯에 各隊長을 召集ᄒᆞ고 通辯으로ᄒᆞ야곰 東方에 言語로써 撫慰호딕 威力을 用ᄒᆞ야 니ᄒᆞᆷ으로써 許ᄒᆞ고 選賢有司을 삼아 人民을 管理케ᄒᆞ고 敎士를 優待ᄒᆞ며 恒常 그 信經을 誦ᄒᆞ야써 回敎를 尊崇ᄒᆞᄂᆞᆫ 意를 示ᄒᆞ다 初에 英提督鼎利孫이 水師를 率ᄒᆞ고 地中海를 游弋ᄒᆞ되 法에 戰船을 보지못ᄒᆞ야 埃及에 事가 有홈을 不知ᄒᆞ더니 밋 初次 警報를 聞ᄒᆞ고 法兵이 克毛而脫島를 攻ᄒᆞᆷ을 知ᄒᆞ고 兵艦을 ᄀᆞ느리고 至ᄒᆞ즉 法兵 踪跡이 無ᄒᆞ지라 島人ᄃᆞ려 問ᄒᆞᆫ딕 法船이 何往을 不知ᄒᆞ거늘 가만이 已意로써 猜度ᄒᆞ고 尼羅河와 亞歷山大利亞를 尋至ᄒᆞ되 所見이 仍無ᄒᆞ고 도말민음아 消息을 探聽홀슈읍ᄂᆞᆫ지라 이에 다시 向北 駛行ᄒᆞ야 揩勒末尼島에 至ᄒᆞ야 開第亞島로 繞出ᄒᆞ야 四面으로 探尋ᄒᆞ야 法船을브터 相遇ᄒᆞᆯ번ᄒᆞ엿다가 仍失ᄒᆞ고 往返 搜尋ᄒᆞ야 晝夜 不息ᄒᆞ니 馴至 大利의 細細利島에 至ᄒᆞ니의 海程 六百 英里를 行ᄒᆞᆫ지라 埃及 海岸에 再向ᄒᆞ야 搜尋 完固케 修理ᄒᆞ고 粮糧을 儲足ᄒᆞ고 法軍이 東方에 心在ᄒᆞᆷ을 逆料ᄒᆞ거늘 仍ᄒᆞ야 海岸에 駛近ᄒᆞ야 搜尋ᄒᆞᆯᄉᆡ 부러 戰ᄒᆞ야 ᄆᆞᆺ 其片甲도 返티 못ᄒᆞ게 ᄒᆞ리라ᄒᆞ더니 六月 二十八日에 科隆 海灣에 進ᄒᆞ야 確을 始得ᄒᆞ니 謂ᄒᆞ되 數體拜前에 法船이 開第亞島를 行經ᄒᆞ엿다 ᄒᆞ거ᄂᆞᆯ 이에 風帆을 飽搜ᄒᆞ고 鼎利孫이 曰 此次 戰에 殲ᄒᆞ고 鼎利孫이 曰 此次戰에 吾ㅣ 勝ᄒᆞᆷ을 屑아니ᄒᆞ야다 ᄒᆞ야써 儆을 示ᄒᆞ더라 拿一

坡崙이 水師에 敗績홈을 聞ᄒᆞ고 甚憂ᄒᆞ야 曰 水師를 비록 喪ᄒᆞ얏스나 陸軍이 尙存ᄒᆞ고 城中 粮食이 盡티 아니ᄒᆞ야 오히려 견듸여 支守ᄒᆞᆯ 만ᄒᆞ니 監督에 發兵 相救ᄒᆞ믈 待ᄒᆞᆫ 소셔 拿坡崙이 叱ᄒᆞ야 曰 彼가 我를 駈ᄒᆞ야 此에 至ᄒᆞ야 스니 明明히 我를 死地에 寘홈이라 오히려 守홈을 甘ᄒᆞᆯ 者신고 步ᄒᆞ야 곳 軍士가 歸ᄒᆞᆯ 을 思ᄒᆞ라 아니ᄒᆞᄂᆞᆫ 이 無ᄒ 고 그 相救홈을 望ᄒᆞ나 슈에 軍士가 歸ᄒᆞ야 스니 明明히 我를 니 誰가 此에 困守홈을 甘ᄒᆞᆯ 者신고 步ᄒᆞ야 命을 聽ᄒᆞ되 監督에 擬告ᄒ되 拿坡崙이 보 고 曰 此 太質甚이로다 是와 如ᄒᆞ고 卽 水師 提督 白路哀가 無罪홈이 되ᄂᆞᆫ지라 汝若 輩가 間 人은 不知커늘 웃지 直言으로써 相告ᄒᆞ나냐 汝 맛당이 此次에 敗홈으로써 罪를 提督 에게 歸ᄒᆞ라 니가 일즉 命ᄒᆞ되 此 海岸을 離ᄒᆞ야 考甫島에 泊舟ᄒᆞ야 쎄써 英艦을 避ᄒᆞ라 ᄒ 디 吾言을 不聽ᄒᆞᆫ 故로 難에 及ᄒᆞ야 彼身이 已死ᄒᆞ니 誰가 佐證이 될고 ᄒᆞ야 스 其實은 拿坡崙이 水師를 藉ᄒᆞ야 擁護ᄒᆞ고 쎼써 聲威를 壯케ᄒᆞ고 즈음이라 故로 ᄒᆞ야 곰 相近 埃及 의 海港에 駐泊ᄒᆞ야 드듸여 繭利孫의 兒홈빈 되게 홈 일너라

第三十五節 開羅復叛

法兵船이 旣毁ᄒᆞ 法人에 埃及 內拂에 在ᄒᆞᆫ 者 勢甚孤危ᄒᆞ니 埃及 兵民과 阿拉伯과 土 耳其人이 다 부러 敵이 되되 法人이 진실로 兵隊를 離ᄒᆞ야 行走ᄒᆞ면 반다시 害홈이 되 리라 土耳其王이 詔를 埃及에 降ᄒᆞ야 謂호되 法人이 無故이 相侵ᄒᆞ니 迅速히 境外에 駈 出ᄒᆞ라 ᄒᆞ고 이에 敎堂에 回ᄒᆞ야 戰旗를 偏樹ᄒᆞ고 衆人이 이날마다 上帝 前에 兵威助 ᄒᆞ믈 禱ᄒᆞ더라 八月 二十八日에 開羅 全城이 俱叛ᄒᆞ거늘 法人이 礮를 燃ᄒᆞ야 敎堂을 轟

開ᄒᆞ고回敎人五千을擊殺ᄒᆞ니亂勢가遂定ᄒᆞᄂᆞᆫ지라越二日에俘獲에人ᄋᆞ로쎠礟臺에擊ᄒᆞ고每夜에十餘人을戮ᄒᆞ야其尸를尼羅河에投ᄒᆞ니阿拉伯族이有ᄒᆞ야兵一隊를咒獲ᄒᆞ야硏泥를만드니拿坡崙이大怒ᄒᆞ야巡捕客魯西를遣ᄒᆞ야兵을率ᄒᆞ고此族人을圍住ᄒᆞ고其草舍를毁ᄒᆞ고其男을盡殺ᄒᆞ야其首를革囊孺를擄ᄒᆞ야該羅에驅回ᄒᆞ고中途에至ᄒᆞ야盛死ᄒᆞᄂᆞᆫ지라未幾에羣驢가革囊을載ᄒᆞ고至ᄒᆞ야衆에게當ᄒᆞ야囊을解ᄒᆞ고人頭를無數히出擲ᄒᆞ에阿拉伯이衆皆昨舌ᄒᆞᄂᆞᆫ지라然이나不得不此毒手를施ᄒᆞ야ᄡᅥ餘黨을儆ᄒᆞᄂᆞ라ᄒᆞ더라土耳其를管領ᄒᆞᄂᆞᆫ酋長을考雷經中에이의預言ᄒᆞ얏스니汝等이我를拒흠이곳이穆罕默德을敬ᄒᆞ야我에對ᄒᆞ야殘酷흠이미양此와如흠일너라汝等이我가다知ᄒᆞ노니愼ᄒᆞ야禍心을包藏리말나ᄒᆞ고蘇彛士에築ᄒᆞ야ᄡᅥ英人을防ᄒᆞ고印度로부터紅海를越ᄒᆞ야開羅를來救흘시法兵이紅海潮退흘時를乘ᄒᆞ야沙灘을涉ᄒᆞ야興築에徃ᄒᆞ얏다가事를竣ᄒᆞ고回ᄒᆞ되均一히潮를遇리아니ᄒᆞ니衆이다幸을稱ᄒᆞ더라

第三十六節 征叙利亞

先是에亞克總督其柴가土王의諭를奉ᄒᆞ고埃及邊境에愛而愛力希礟臺를擄守흘시其柴가오리自由코ᄌᆞᄒᆞ야王命을順이안커늘拿坡崙이誘ᄒᆞ야法을助코ᄌᆞᄒᆞ야일즉

書를 其柴와 亞迷尼總督愛犁에게 致ᄒᆞ야 그黨에 入홈을 勸ᄒᆞ니 다 從티아니ᄒᆞ고 其柴ᄂᆞᆫ 拿坡崙의 使者를 殺ᄒᆞ거ᄂᆞᆯ 拿坡崙이 震怒ᄒᆞ야 一千七百九十九年二月十一日에 兵 一萬一千을 率ᄒᆞ고 地中海灘을 沿ᄒᆞ야 沙漠에로부터 叙利亞에 至ᄒᆞ야 十四日에 愛 而愛力希礟臺를 進攻ᄒᆞ야 明日에 克ᄒᆞ고 二十五日에 비로소 破ᄒᆞ고 街衢守兵이오 約發城을 圍ᄒᆞ니 城內守兵이 甚히 衆ᄒᆞ지라 越三日에 비로소 破ᄒᆞ고 街衢守兵이오 려力을 奮ᄒᆞ야 敵ᄒᆞ거ᄂᆞᆯ 拿坡崙이 麗兵ᄒᆞ야 猛戰ᄒᆞ야 過牛이나 殺去ᄒᆞ니 其餘守兵 이 半이나 愛爾白呢人이라 極大方宅中에 數千人이다 呼曰 萬一我를 殺리아니ᄒᆞ며 鄕人을 妄殺 거ᄂᆞᆯ 拿坡崙이 巡捕ᄒᆞ니 巡捕가 許ᄒᆞ거ᄂᆞᆯ 兵丁을 約束ᄒᆞ야 軍器를 執ᄒᆞ고 縛을 受ᄒᆞᆫ 鄕人을 妄殺 리말나ᄒᆞ다 愛爾白呢人이 巡捕營門에 至ᄒᆞ야 兵器를 藥ᄒᆞ고 抑컨딕 軍帳에 步出ᄒᆞᆫ 지 곳 投降ᄒᆞ리라ᄒᆞ니 巡捕가 營中에 數千人이 留養을 가히 抑컨딕 船艦이 면 牛이나 愛爾白呢人이 至ᄒᆞ야 兵을 見ᄒᆞ고 膽怯ᄒᆞ야 一理恩과 한가지 軍器를 藥ᄒᆞ고 법 降衆이 累累ᄒᆞ야 魚져로 貫ᄒᆞᆫ 지라 憂戚에 心이 頓生ᄒᆞ야 一理恩에 步出 ᄒᆞ야 此多人을 收ᄒᆞ야 웃뎌 케 位置ᄒᆞ고 長찻겨 粮이 有ᄒᆞ야 留養을 가히 抑컨딕 船艦이 有ᄒᆞ야 埃及으로 送回ᄒᆞᆯ가 或法國으로 載歸ᄒᆞ며 因ᄒᆞ야 我를 拒ᄒᆞᄂᆞᆫ 人ᄭᆞ지 許를 食 面ᄒᆞ야 和附ᄒᆞᄂᆞᆫ 鄕人은 妄殺티말나ᄒᆞ엿고 此械를 執ᄒᆞ고 每日餠乾饅首許를 食 命ᄒᆞ야 和附ᄒᆞᄂᆞᆫ 鄕人은 妄殺티말나ᄒᆞ엿고 此械를 執ᄒᆞ고 每日餠乾饅首許를 食 赦ᄒᆞ고 諸將을 召集ᄒᆞ야 處置에 法을 會議ᄒᆞ시 衆皆無策이러니 忽然히 各營이 傳報ᄒᆞ 되

拿坡崙史

兵士가다怨言이有ᄒᆞ야謂ᄒᆞ되軍中에粮食이缺少ᄒᆞ니彼降衆을맛당이例에照ᄒᆞ야死에處ᄒᆞ거시어ᄂᆞᆯ이에殺티아니ᄒᆞ고도리여我의粮을分ᄒᆞ야ᄡᅥ食ᄒᆞ니大爲不平타ᄒᆞ야滂將軍에所報가더욱可駭ᄒᆞ야兵士가此를因ᄒᆞ야의變叛ᄒᆞᄂᆞᆫ勢가有ᄒᆞᆯ듯ᄒᆞ다ᄒᆞ거ᄂᆞᆯ明日에諸將을再集ᄒᆞ야會議ᄒᆞᆯᄉᆡ拿坡崙이衆에게詢ᄒᆞ야曰만일陸路로由ᄒᆞ야埃及에回ᄒᆞ라면반다시軍伴을撥ᄒᆞ야送ᄒᆞᆯ터이니吾軍이孤弱홈을免티못ᄒᆞᆯ거이요且道가沙漠을經ᄒᆞ니粮이어듸셔出ᄒᆞ며만일水路로由ᄒᆞ야行ᄒᆞ라면船을可히얻을수읍고만일釋放ᄒᆞ면恐컨듸亞克을往助ᄒᆞ거나或他處에來擾ᄒᆞᆯ거이요만일軍器를除去ᄒᆞ고我軍隊를隨ᄒᆞ야同行ᄒᆞ면粮食에有無ᄂᆞᆫ아직勿論ᄒᆞ고ᄯᅩ恐컨듸敵人을暗助ᄒᆞ거나或戰時에他變이頓生ᄒᆞ리니能히憂가읍지아니타ᄒᆞ고三日을延ᄒᆞ도록議가決티못ᄒᆞ니軍中에怨讟이繁興ᄒᆞ야軍心을安케ᄒᆞ고或刀로ᄡᅥ軍中에降衆을槍斃ᄒᆞᆯ刑으로ᄡᅥ出示ᄒᆞ고越日에拿坡崙이不得已ᄒᆞ야日軍器를除去ᄒᆞ고城外沙山에至ᄒᆞ야無數小隊를分ᄒᆞ야沙地에排立ᄒᆞ고或槍으로ᄡᅥ擊ᄒᆞ며或刀로ᄡᅥ刺ᄒᆞ다後에步理恩人에게語ᄒᆞ야曰當時에俘囚一小隊가有ᄒᆞ야水中巖石後槍彈不及ᄒᆞᆯ隊로더부러相拒ᄒᆞ얻더니彼가水에鬼쳐다逸ᄒᆞ야곰來케ᄒᆞ고에匿ᄒᆞ야다가決ᄒᆞ니兵이槍을棄ᄒᆞ고埃及의勸和口號로ᄡᅥ誘ᄒᆞ야ᄯᅩ沒ᄒᆞᆯ지라今에그回喜ᄉᆡ를俟ᄒᆞ더니水際를猛向ᄒᆞ야槍을開홈애至ᄒᆞ야思ᄒᆞ면慘酷ᄒᆞᆫ形狀이오히려目前애在거ᄂᆞᆯ此事를會議홀ᄉᆡ에當ᄒᆞ야吾亦列

拿坡崙史　73

에在호지라비록可否는말호지아니호야스나此이危地에處호고軍中이糧少홈으로써變을激호니事實이可히危호故로吾能히勸止치못호얏다호더라

第三十七節　爲英將斯密困於亞克

三月十八日에拿坡崙이約發로부터亞克을圍攻홀시 호야 곧近城處에壕塹을開掘호야써礦을避호고兵士에게謂호야曰彼無川에礮臺를日를指호야可히克호리라호더니兵士도또한約홈을易破홈으로써亞克을또호이갓티호리라度호야輕敵에意가頗有호더니亞克總督其柴가年老호나勇호고防守홈이甚密호며英將斯密이助홈을엇지知호리요다시參將某가難을避호야英에至호야英將과으로써更히부러同學호니後에王黨에屬홈을饒有호지라拿坡崙이人을遣호야埃及으로부러協同守禦호니謀略이深知못호되亞克城上에置호니法人兵船二艘로助홈을엇지知호더시도호이兵士와城垣缺處로써兵船二艘로써敵礮을擊혼뒤야死傷이甚히多호더니城이無何에또兵士와城垣缺處로써敵礮에擊호야克지못호고副將一人을損傷호고事라城中守兵이法兵稍懈홈으로써擊호니法兵이稍却호는지라四月四日에英人이法兵이城外에地道를開掘홈을知호고火藥을實호야써炸호고因호야곧城內에對掘호야中道에相遇홈에法兵이다逸호는지라此月中에礦臺를屢攻

史筈坡拿 74

하다가 英人에 逐혼빈되고 時에 土耳其兵이 有ᄒᆞ야 拿撒勒으로 由ᄒᆞ야 亞克을 來救ᄒᆞ고 다시 撒馬利耶兵이 有ᄒᆞ야 또호 法軍을 常擾ᄒᆞ니 法將克勒伯이 兵一小隊를 帶ᄒᆞ고 阿拉伯大隊馬兵을 遇ᄒᆞ야 能히 敵지 못홀줄 知ᄒᆞ고 方陣을 結ᄒᆞ야 自守ᄒᆞ더니 未幾에 拿坡崙이 兵을 率ᄒᆞ고 往援ᄒᆞᆯᄉᆡ 謨勒脫ᄒᆞᆯ 遣ᄒᆞ야 馬兵으로ᄡᅥ 攻ᄒᆞ니 阿拉伯이 大敗ᄒᆞ야 輜重을 盡喪ᄒᆞ다 此拿坡崙이 亞克에 暫離ᄒᆞᆫ 時를 當ᄒᆞ야 其後를 攻ᄒᆞ니 英人이 城外에 壕溝를 築ᄒᆞ고 兵을 列ᄒᆞ야 守ᄒᆞ니 自是로 法人이 進攻ᄒᆞ되 其城垣에 갓가이 못ᄒᆞ니 幸히 約發로부터 十八磅重大礮數尊이 到ᄒᆞ니 法軍威가 稍振ᄒᆞ더라

第三十八節　退兵之害

五月七日에 土耳其人이 羅特島로부터 水師로ᄡᅥ 亞克을 來救ᄒᆞ거ᄂᆞᆯ 拿坡崙이 知ᄒᆞ고 其兵船이 未至ᄒᆞᆷ을 乘ᄒᆞ야 力을 奮ᄒᆞ야 再攻ᄒᆞᆯᄉᆡ 參將步耶가 死ᄒᆞ나 然이나 이믜 能히 足을 近城의 地에 駐ᄒᆞᆫ지라 次日에 參將來尼斯가 또 兵을 率ᄒᆞ고 城牆缺處로 從ᄒᆞ야 進ᄒᆞ다가 다시 城內濠塹에 阻ᄒᆞ야 飛越치 못ᄒᆞ니 亞克人이 風을 乘ᄒᆞ야 火를 縱ᄒᆞ거ᄂᆞᆯ 法人이 退ᄒᆞ니 來尼斯는 身에 大槍을 受ᄒᆞ고 參將鮑將軍은 死ᄒᆞ지라 二日을 閱ᄒᆞ야 法兵이 또 冒險ᄒᆞ고 攻撲ᄒᆞᆯᄉᆡ 第二次에 滂ᄒᆞ고 天暑가 氣穢ᄒᆞ고 死屍가 溝에 滿ᄒᆞ고 天暑가 氣穢ᄒᆞ야 疫을 染ᄒᆞ야 死ᄒᆞᄂᆞᆫ 者 甚衆ᄒᆞ고 開發利ᄒᆞ지 못ᄒᆞᆯᄉᆡ 土耳其에 兵船이 將至ᄒᆞ고 埃及騎兵이 時時로 法ᄒᆞᆷ을 知ᄒᆞ고 急히 令ᄒᆞ야 兵을 退ᄒᆞᆯᄉᆡ

拿坡崙史

兵으로더부러鵴齗홈을聞ᄒᆞ고平定에馳回홈을函思ᄒᆞ야드듸여五月二十一日에軍을領ᄒᆞ고亞克城에離ᄒᆞ야서病兵을命ᄒᆞ야先行ᄒᆞ고將佐를自率ᄒᆞ야後를殿ᄒᆞ고礟은重ᄒᆞ야能히携帶티못홀지라其眼을塞ᄒᆞ야써海에沈ᄒᆞ니途間에서其兵士에게謂ᄒᆞ야曰吾敍利亞를自攻ᄒᆞ야써來홈으로時僅三月에該撒과約發兩城을奪獲ᄒᆞ야得ᄒᆞᆫ바軍械와旗幟가無數ᄒᆞ고쏘亞克을指日可破로되但爲此區區吾徒費ᄒᆞ야一然ᄒᆞ나此事는終身에恨이되리라ᄒᆞ더라後에希利納島에在ᄒᆞ야曰에만일能히破ᄒᆞ야스면可히敍利亞와亞迷尼等으로더부러聯ᄒᆞ야一氣가될거이요此時에土耳其各省人民이革命홈을已思ᄒᆞ야一人에助를專俟ᄒᆞ니만일吾兵만有ᄒᆞ야스면尤拂留體河에橫行ᄒᆞ야可히天下의大局을改變ᄒᆞ고帝國을東方에立ᄒᆞ얏슬거이어놀惜홈이能히此城을攻克지못홈이여吾立ᄒᆞ야事勢가쏘大異홀거이라ᄒᆞ더라日追悔ᄒᆞ는言일너라伊時에兵을回ᄒᆞ야約經호서各村을焚燒ᄒᆞ야坡崙이後日追悔ᄒᆞᆯ無케ᄒᆞ니火炎이橫飛ᄒᆞ야沙漠에直至ᄒᆞ니從行에兵이偶然이ᄒᆞ야곰儲蓄이無ᄒᆞ야飢苦홈을測量티못홀지라昔時에或路를失ᄒᆞ면ᄒᆞᆨ其와阿拉伯과撒馬利耶等人이其左右를伺ᄒᆞ다가間을乘ᄒᆞ야殺害ᄒᆞ고沙漠中에在ᄒᆞ야食을得홀所가無ᄒᆞ니徒是空言이요身이百戰을經ᄒᆞᆫ坡崙이偶然히獨尼羅河畔의土地로써分給ᄒᆞᆫ다ᄒᆞ던語를回念컨ᄃᆡ徒是空言이요時에拿坡崙이偶然히獨功은有ᄒᆞ되賞은無ᄒᆞ니이럼으로兵士가다怨言이有ᄒᆞ더니時에拿坡崙이偶然히獨

行ᄒᆞ다가忽然히部下小隊가羣起ᄒᆞ야詈ᄒᆞ고ᄯᅩ擊코ᄌᆞᄒᆞᄂᆞᆫ勢를作ᄒᆞ거ᄂᆞᆯ拿坡崙이笑謂曰同伴아汝가我를嚇코ᄌᆞᄒᆞ면人이太少ᄒᆞ고我를刺코ᄌᆞᄒᆞ면人이太多라ᄒᆞ니羣兵이곳縱ᄒᆞ고去ᄒᆞᄂᆞᆫ지라是로부터拿坡崙이敢히獨行티못ᄒᆞ더라

第三十九節 回埃及

約發에離ᄒᆞᆫ後에道가該撒을經ᄒᆞᆯᄉᆡ其礮臺를燬ᄒᆞ고其城만留ᄒᆞ고愛而愛力希에至ᄒᆞ야所掠에牛羊으로써兵에게給ᄒᆞ야糧을삼고克甯哀에至ᄒᆞ야兵을留ᄒᆞ야守ᄒᆞ고沙漠荒野中에過ᄒᆞᆯᄉᆡ阿拉伯에一族이有ᄒᆞ야專혀刼奪로써事를삼어서其居를焚ᄒᆞ고其牲畜을取ᄒᆞ니是役에前後戰死ᄒᆞᆫ者約五百人이오傷을受ᄒᆞᆫ者一千八百人이오疫에死ᄒᆞᆫ者七百人이라六月十四日에開羅城에進ᄒᆞ야서拿坡崙이士卒보다先ᄒᆞ야威儀가整肅케ᄒᆞ니兵民이城에出ᄒᆞ야相迎ᄒᆞᆯᄉᆡ道를夾ᄒᆞ고勸呼ᄒᆞ니지극히顯赫ᄒᆞᆫ지라이에書를五監督에게致ᄒᆞ야詭云亞克要隘이이믜我據가되얏스나오즉敵이ᄯᅩ壘를築ᄒᆞ야自固ᄒᆞ니만일進攻코ᄌᆞᄒᆞ야반다시其層疊ᄒᆞᆫ營壘를破ᄒᆞ라면恐컨ᄃᆡ將士가多傷ᄒᆞᆯ거이오ᄯᅩ時가燠暑를當ᄒᆞ야城中에疫氣가流行ᄒᆞ니傳染ᄒᆞ기易ᄒᆞᆫ故로兵을退ᄒᆞ야避ᄒᆞ얏다ᄒᆞ고ᄯᅩ吾가埃及에回ᄒᆞᆷ이二에故가有ᄒᆞ니一은일즉兵士에게四月에必回ᄒᆞᆷ을許ᄒᆞ얏고一은埃及에騎兵이謀叛ᄒᆞ니急히馳回ᄒᆞ야懲治ᄒᆞᆷ이맛당타ᄒᆞ얏스며ᄯᅩ書中에戰功에虛를敍述ᄒᆞ야鋪張ᄒᆞᆷ이特甚ᄒᆞ니書記生이질겨下筆티아니ᄒᆞ거ᄂᆞᆯ拿坡崙이其迂ᄒᆞᆷ을笑ᄒᆞ야曰唉라汝軍報에體裁ᄒᆞᆯ줄을知티못ᄒᆞᄂᆞᆫ故로

응답이 갓도다 그러터아니ᄒ면 웃지 能히 人을 動케ᄒ리오ᄒ다다 埃及城中에 百姓이
報仇ᄒ랴使가天니라 自稱ᄒ야 詭術로 云ᄒ되 己의 出身이 考雷經文에 在ᄒ니 다ᄒ고 阿拉伯人을
招集ᄒ야 法兵을 攻殺ᄒᆞᆫ데 衆이 甚ᄒ더니 未幾에 法將에게 執亨ᄒ민 되야 其黨을 다 誅夷ᄒ
니라 拿坡崙이 埃及에 在ᄒ야 休息ᄒᆞᆫ 재月餘에 一藝術院을 設ᄒ고 隨營博士로 ᄒ야 곰
埃及四方에 徧歷ᄒ야 名區古蹟을 搜尋ᄒ고 風俗과 土産을 訪問ᄒ야 도와 畵工으로 ᄒ
ᄒ야 곰圖ᄒ고 날마다 一報紙를 出來ᄒ야 人에게 傳示ᄒ야 ᄡᅥ 滑開의 助를 삼고 院中에
一會를 公立ᄒ야 拿坡崙이 스스로 會長이 되고 會中에 兩博士가 有ᄒ야 一은 埃及의 政治整
頓기를 思ᄒ고 火藥과 軍械의 各廠을 擬造코져 規模를 己에 엿더니 압도다 久토록 勞動ᄒ고 夜間에는 반
去ᄒ처도 안코 맛참 니施ᄒᆞᆫ 法軍으로 ᄒ야 곰 尼羅河박에 久駐ᄒ니 반나시 英史를 讀
造ᄒ이 大有ᄒ리라 ᄒ더라 拿坡崙이 軍中에 在ᄒ야 도 危坐 靜聽ᄒ야 ᄡᅥ勞動을 調養ᄒ니 步
가서 步리를 公으로 ᄒ야도 書를 讀ᄒ고 夜間에는 반
理恩이人에게 語ᄒ야 曰 君이 尋常 訓書史를 讀ᄒ면 彼가 灵魂 去ᄒ다가 만일 英史를 讀
라 ᄒ야克邸佛而의事에 至ᄒ면 彼가 반다시 傾聽ᄒ야 倦을 忘ᄒ고 通宵토록 寐치 안터

第四十節　愛薄克之戰

是時에 法兵이 亞歷山 大利亞에셔 土니 其兵艦이 愛薄克士股로 出ᄒ야 岸에 登홈을 見
ᄒ니 兵이 約一萬數千人이라 愛薄克礮臺을 奪取ᄒ고 坐礮壹九六座를 造ᄒ되 士股에

拿坡崙史

橫亙하야써其營을保守하거늘拿坡崙이埃及騎兵과叙利亞와土耳其兵으로더부러聯合지아니한故로急히精兵萬人을率하고攻할서其將謨勒脫에게謂하야曰此戰은歐淵大國에關係가되나니삼가輕視티말나하고이에兵을三隊로分하야써一隊는其後를攻하고兩隊는其左右를攻하야蟲擊하고力을盡하야써法兵을禦하니法兵이稍却하야敢히逼近티못하더니土兵이礮를開하야大隊土兵이濠溝에衝出하야法人의到處에首級을爭割하야賞을邀하거날謨勒脫이兵을引하야擊하고其歸路를截하니拿坡崙이旁에在하야戰을觀하다가此機會를乘하야麾兵하야礮臺를進撲하니衆軍이繼至하니土兵을四面으로合圍하니土兵이驚惶하야數千人이紛紛이海濱을齊向하야奔逃하다가水中에傾跌하야其兵船이岸에離함이甚遠하야能히救티못한지라謨勒脫이土將麥思太發을獲住하니拿坡崙이見하고慰하야曰吾君이스스로我를善戰하니汝敗함은汝에罪가아니라音將麥思太王에게譽하리라하다가是時에土兵이礮臺를守할者오히려數千人이有한지라汝越數日에楡楊함을待러안노라한더라라하야降을乞하거늘법치안기前의항상言하되土人에降치안는者를盡滅한다하더니至하야맞참니其言을踐하니開羅人이驚하야써神타하다라

第四十一節 自埃及回巴黎使克勃伯接統其軍

拿坡崙이 該羅에 在ᄒᆞ야 巴黎友人에 私書와 坐英將이 新聞紙寄與홈을 接ᄒᆞ니 皆云意
大利가 復叛ᄒᆞ야 法兵이 能히 堅守치 못ᄒᆞ야 全境을 皆失ᄒᆞ고 五監督이 室을 同ᄒᆞ야 戈
羅勳이 五百人을 操ᄒᆞ고 自相爭奪ᄒᆞ며 王家黨이 政府를 脅ᄒᆞ야 我國民會를 散코ᄌᆞᄒᆞ니 其兄弟約瑟과
監督을 反對코ᄌᆞᄒᆞ야 中에 皆在ᄒᆞ야 羅勳은 監督西이 司로 더부러 相洽ᄒᆞᆫ지라 西以 司가 四
와 如히 홈을 盼ᄒᆞᆫ다ᄒᆞ니 拿坡崙이 急히 營을 離코ᄌᆞᄒᆞ야 克勒伯으로 暗히 國의 回ᄒᆞ이 克郎佛而에 事
統ᄒᆞ고 自己ᄂᆞᆫ 巴黎로 回ᄒᆞᆯ시 言을 揚ᄒᆞ되 埃及境을 知ᄒᆞ고 急히 將行홈을 知ᄒᆞ고 克勒伯의 回ᄒᆞᄌᆞᄒᆞ다ᄒᆞ고 菩西耶
고 호를 노ᄀᆞ勒伯을 命ᄒᆞ야 路塞塔에셔 待ᄒᆞ라ᄒᆞ고 八月中에 亞歷山大利亞에셔 待ᄒᆞ라고
中海口로 從出ᄒᆞ야 二十二日에 亞歷山大利亞에 至ᄒᆞ야 菩西耶 等을 招ᄒᆞ야 舟에 登ᄒᆞ
고 明日에 海面에 英船이 絶無커늘 阿非利加洲海岸으로 徑沿ᄒᆞ야 西로 向ᄒᆞ야 行ᄒᆞᆯᄉᆡ
克勒伯이 路塞塔의 在ᄒᆞ야 拿坡崙을 坐待ᄒᆞ되 日이 久토록 至ᄒᆞ이 나 흠ᄒᆞ야 깁피 惟異히
녀기더니 그 書를 忽接ᄒᆞ야 日意大利失守에 耗ᄒᆞᆫ을 承ᄒᆞᆫ 故로 急히 國의 回ᄒᆞᄌᆞᄒᆞ노니 汝此城을 堅
軍은 君으로 ᄒᆞ야 곰 接統케ᄒᆞ노라 不久에 곳 사람으로 ᄒᆞ야 곰 相助ᄒᆞ리니 埃及에
守ᄒᆞ야 써 議和를 得ᄒᆞ라 만일 九月內에 政府가 사ᄅᆞᆷ을 보니 지 안코 或 兵이 疫疾이 有ᄒᆞ
거든 汝ᄂᆞᆫ 土王으로 더부러 議和ᄒᆞ라 ᄒᆞ고 坐汝가 此埃及을 得홈이 不易홈을 深知ᄒᆞ
니 삼가 大好 土地로 써 他人의 手에 入케 말고 坐汝가 我의 埃及內治整頓ᄒᆞᆫᄌᆞᆯ을 知ᄒᆞ니

拿坡崙 史

兵을 調戒ᄒᆞ야 回敎人으로더부러 輯睦케ᄒᆞ고 汝ᄯᅩ 城中 族長의 名譽이 有ᄒᆞᆫ者로 더부러 互相 往來ᄒᆞ야ᄡᅥ 交誼ᄅᆞᆯ 聯호되 만일 機會가 有ᄒᆞ기든 能히 埃及 騎兵과 阿拉伯 等에 五六百人으로ᄡᅥ 我國에 質ᄒᆞ라 一二年後에 곳 可히 我의 敎化ᄅᆞᆯ 服ᄒᆞ리라 或 梨園 一部ᄅᆞᆯ 派ᄒᆞ야 埃及에 至ᄒᆞ야 演劇에 其風俗과 性情을 改變케ᄒᆞ고 可히 兵威에 不足ᄒᆞ 기ᄅᆞᆯ 助ᄒᆞ고 吾비록 倉猝이 國에 回ᄒᆞ나 然ᄒᆞ나 吾의 魂夢이 오히려 埃及에 戀戀ᄒᆞ노라 吾에 兵士가 ᄭᅡ目에 吾가 指揮ᄒᆞ기ᄅᆞᆯ 子와 如히 ᄒᆞ얏ᄂᆞᆫ 今에서 汝에 게 託ᄒᆞ노니 그 善視ᄒᆞ지어다 克勒伯이 此費ᄅᆞᆯ 接閱ᄒᆞ고 비로소 더부러 逸去ᄒᆞᆷ을 知ᄒᆞ야 비록 命ᄒᆞ야 法軍을 接統ᄒᆞ라 ᄒᆞ얏ᄉᆞ나 甚히 不悅ᄒᆞ야 이에 拿 坡崙이 私自 脫逃에 奸詐로ᄡᅥ 書ᄅᆞᆯ 隨ᄒᆞ야 監督에게 告ᄒᆞ야 此費가 英巡船에 得 ᄒᆞᆫ비 되야 일즉 達러 못ᄒᆞ야ᄉᆞ나 그러나 못ᄒᆞ니 恨홈다ᄒᆞ니 水師 一萬에 回溯ᄒᆞ야 보니 拿坡 崙에게 磔ᄒᆡ야 일즉 書ᄅᆞᆯ 設使 十一月 十日 以前에 監督이 見ᄒᆞᆷ이 되얏던 拿坡 崙이 果然 法으로더부러 同時에 居ᄒᆞᆷ으로ᄡᅥ 곳 能히 保守ᄒᆞ지 못ᄒᆞᆯ줄 知ᄒᆞ더니 其 後에 埃及이 오히 僅存ᄒᆞᆫ者 二萬餘人이라 ᄒᆞᆯ時 發岸에 兵 三萬과 ᄯᅩ 水師 一萬에 回溯ᄒᆞ야 보니 拿坡 月이 되지 못ᄒᆞ야 陣亡 病歿ᄒᆞᆫ者 一萬 五千人에 竟至ᄒᆞ지라 克勒伯이 비록 膽勇이 有ᄒᆞ 나 然ᄒᆞ야 客軍으로ᄡᅥ 絶地에 居ᄒᆞᆷ이 곳 能히 保守ᄒᆞ지 못ᄒᆞᆯ줄 知ᄒᆞ더니 其後에 埃及 騎 兵이 果然 法으로더부러 絶地에 置ᄒᆞᆷ을 恨ᄒᆞ야 云호되 死ᄒᆞ거던 祖에 作亂ᄒᆞ거ᄂᆞᆯ 克勒伯이 憂鬱ᄒᆞ야 卒ᄒᆞ니 臨歿時에 監督에게 告變ᄒᆞ야 더 니 도 拿坡崙에 得ᄒᆞᆫ비 되야 本國으로 携回ᄒᆞ야ᄉᆞ니 이에 英人이 비로소 法兵이 拿坡崙 去

史 崙 坡 拿

後로부터太半이나變叛홈을알知ᄒᆞ더라初에高勒伯이逆料ᄒᆞ되拿坡崙이冒險ᄒᆞ고地中海를渡ᄒᆞ니반ᄃᆞ시英船에게獲홈을見ᄒᆞ리라ᄒᆞ고拿坡崙이도흐ᄅᆞ스로憂ᄒᆞ더니不意에無恙홈을竟得ᄒᆞ니라海波顚播ᄒᆞᆯ時에當ᄒᆞ야譏勒脫이眩眩곰을甚苦케녀겨曰吾此風波를견딕여受타못ᄒᆞ다가謂ᄒᆞ되吾恍惚ᄒᆞᆫ中에航常一船이追兵이無ᄒᆞ니이에博士로더부러閒談ᄒᆞ다가謂ᄒᆞ되吾의先路를導ᄒᆞᆷ은事가偶然에屬ᄒᆞ고上帝의力은아니라ᄒᆞ눈고是夜에風이靜ᄒᆞ야波리안코金星이大이웃ᄒᆞ神力이아니타ᄒᆞ더라明日에阿非利加의鐵奈미에行至ᄒᆞ니北을向ᄒᆞ行明커눌眾이다異타ᄒᆞ니博士曰不然ᄒᆞ다世界를創造ᄒᆞᆷ셔薩諦尼亞와科西嘉兩島의西으로續ᄒᆞ야九月三十日에亞及旭故鄉에過ᄒᆞ가三日을留連ᄒᆞ니親友問候ᄒᆞᄂᆞᆫ者道에絶리안터라十月初二日에登程ᄒᆞ야初八日에法에行야日巴黎에徑至ᄒᆞ야海灘에將近ᄒᆞ야英船一隊를忽見ᄒᆞ고諸將이西嘉로奔國코즈ᄒᆞ거눌拿坡崙이어ᄂᆞ며海口로登岸홈을費里其海口로由야是處民人이拿坡崙의爲人을敬重히여겨其登岸홈을禁티아니ᄒᆞ고도船中에疫疾을査間치아니ᄒᆞ고船面에擁塞ᄒᆞᄂᆞᆫ多人이ᄂᆞᆫ서로謂ᄒᆞ야곰船中에疫人이有ᄒᆞᆯ지언뎡國中에奧人을驅逐ᄒᆞ리라ᄒᆞ니時에得勝에奧兵이願치안노니今에拿坡崙이歸國홈애可히奧人을

有ᄒᆞ야 尼西城을 越ᄒᆞ야 法에 東南境을 來攻ᄒᆞ는 故로 衆人이 云ᄒᆞ얼너라 拿坡崙이 費里其로 從ᄒᆞ야 巴黎城에 至ᄒᆞ니 意氣가 飛揚ᄒᆞ야 凱旋ᄒᆞ으로 더부러 無異ᄒᆞᆫ지라 드르니 路中에셔 다 金字塔의 得勝ᄒᆞᆫ 事를 談ᄒᆞ야 同聲贊美ᄒᆞ야 歌謠를 編成ᄒᆞᆫ 者有ᄒᆞ거늘 因ᄒᆞ야 默念컨딕 前에 埃及으로 由ᄒᆞ야 寄回ᄒᆞᆫ 軍報가 效驗이 大有ᄒᆞᆫ지라 이에 더욱 愛薄克의 捷을 引ᄒᆞ야 其詞를 粧點ᄒᆞ고 小書를 印成ᄒᆞ야 國中에 偏發ᄒᆞ니 衆人이 彼此 傳觀ᄒᆞ야 더욱 喜悅을 加ᄒᆞ는지라 此를 因ᄒᆞ야 百姓이다 拿坡崙에게 服ᄒᆞ고 監督을 輕히 녁겨 拿坡崙이 歸同ᄒᆞ니 吾軍可成이라 ᄒᆞ더라 다ᄒᆞ거늘 拿坡崙이 듯고 民心이 有勇ᄒᆞᆫ 將軍을 得ᄒᆞ야 監督을 遂去ᄒᆞ고 其憲法을 改코즈ᄒᆞ

第四十二節 巴黎革命 拿坡崙轉機

十六日에 得勝街住宅에 進ᄒᆞ야 同堂에 諸人으로 더부러 變革에 事를 商議ᄒᆞᆫ 然後여 魯遙勒이 五監督에게 進見ᄒᆞ야 曰我聯邦이 强盛ᄒᆞ고 法兵이 疲弱ᄒᆞᆷ을 知ᄒᆞ는 故로 敢來相助로다ᄒᆞ니 監督이 信ᄒᆞᆫᄂᆞᆫ지라 監督中 西以司가 拿坡崙으로 더부러 同黨인 고로 勃納度脫이 兵部의 任을 新撤ᄒᆞ니 勃納度脫이 拿坡崙이 回國ᄒᆞᆷ을 聞ᄒᆞ고 곳 監督에게 軍營에 擅離ᄒᆞᆫ 罪를 請ᄒᆞ니 薄拉斯가 力이 無ᄒᆞᆷ으로 謝ᄒᆞ고 監督杜固斯도 西以司의 黨에 入ᄒᆞ니 其餘各領袖大臣은 國中에 大變이 將有ᄒᆞᆷ을 見ᄒᆞ고 咸來歸附ᄒᆞ니 謨勒脫과 來尼斯와 西援體尼와 諧意와 白諾維而 各將軍이며 밋 參將等이다 指揮를 聽ᄒᆞ디 懼ᄒᆞ는 바者는 오즉 勃納度脫 一人이라 彼嘗言ᄒᆞ디 我變動이 再有코즈아니ᄒᆞ

나파륜사 83

노니 今에 墨西拿가 俄兵을 瑞士에셔 新砂ᄒᆞ고 步露痕이 荷蘭에 英兵을 駈逐ᄒᆞ니 是ᄂᆞᆫ 法에 軍勢가 機에 轉ᄒᆞ거놀 吾ᄂᆞᆫ 若等이 變革을 再欲코ᄌᆞᄒᆞᆷ이 何爲인지 知티 못ᄒᆞᆫ다 ᄒᆞ더라 約瑟의 嬪가 勃納度脫의 夫人으로 더부러 女兄弟가 될지라 此를 因ᄒᆞ야 그 黨에 入코ᄌᆞᄒᆞ야 一日 淸晨에 約瑟이 勃納度脫를 領ᄒᆞ고 得勝街에 華屋의 至ᄒᆞ니 拿坡崙과 밋 諸將이 俱在ᄒᆞᆫ지라 言ᄒᆞ야 曰 汝甲을 披ᄒᆞ고 我와 拖來哩宮에 會ᄒᆞᄌᆞᄒᆞᄂᆞᆫ 者ㅣ니라 拿坡崙이 噫라 汝ㅣ 知人ᄒᆞᆷ이 汝ㅣ 我의 明에 投ᄒᆞᄂᆞ냐 勃納度脫이 堅辭ᄒᆞ고 從치 아니 ᄒᆞ야 曰 我ᄂᆞᆫ 知호노라 汝ㅣ 思를 誤ᄒᆞ얏도다 彼等의 行이 其言에 過ᄒᆞ니 者ㅣㄴ 즉 人ᄒᆞᆷ이 遙ᄒᆞ지어다 彼等의 叛黨에 不入ᄒᆞ거이요 此를 因ᄒᆞ야 老多命의 法律을 廢除치 아니ᄒᆞ나 汝라 我ㅣ 此에 在ᄒᆞ야 少待ᄒᆞ라 我ㅣ 元老院의 論을 徃取ᄒᆞ야 來ᄒᆞ리라 ᄒᆞᆫ 딕 忽然히 一人이 有ᄒᆞ야 曰 將軍이 汝ᄂᆞᆫ 可히 殺홀人이라 汝ㅣ 彼에 留치 말지어다 拿坡崙이 曰 我ㅣ 彼로 더부러 敵지 아니 ᄒᆞ리라 ᄒᆞᆫ 딕 拿坡崙이 勃納度脫이 曰 汝ㅣ 我를 敵지 아니 ᄒᆞᆯ진딕 一誓를 試設ᄒᆞ라 拿坡崙이 允許ᄒᆞ니 勃納度脫이 曰 設使 監督이 我를 命ᄒᆞ야 諸護軍을 統率ᄒᆞ면 我ㅣ 반 다시 法律을 廢코ᄌᆞᄒᆞᄂᆞᆫ 人을 敵ᄒᆞ리라 ᄒᆞᆫ 딕 拿坡崙이 曰 信若是로다 我ㅣ 可히 汝에게 無罪ᄒᆞᆷ을 告ᄒᆞ리라 我本利已의 心이 無ᄒᆞ고 담온 國民을 水火에 救코ᄌᆞᄒᆞᆷ이니 汝ㅣ 以後에 맛당이 我의 言을 信ᄒᆞᆯ지어다 我ㅣ 장ᄎᆞ 買麥遙에 至ᄒᆞ야 少息ᄒᆞ리니 汝ㅣ 倘來어

拿坡崙史

다 我―汝를迎ᄒ리라勃納度脫이將行에拿坡崙다려謂ᄒ야曰汝―專制의人이되고
ᄌᄒ니恐컨딘天下의危險ᄒᆯ事가此에過ᄒᆷ이업다ᄒ더라初에꺠拘捎羅가拿坡崙의命
을奉ᄒ야뭇으로ᄡᅥ拖來哩宮을圍ᄒ고爾監督은易去다至是에拿坡崙이埃及으로
부터返ᄒ야首先逢迎ᄒ니西以司가薄拉斯에게恩이有ᄒ니ᄡᅥᄒ야拿坡崙이반다시그
新律頒行ᄒᆷ을助ᄒᆯ거이요薄拉斯가拿坡崙에게恩이有ᄒ니事가急ᄒᆯ時에곳塔列蘭의屢次相勸ᄒᄂᆫ
言을聽ᄒ고또ᄒᆫ心을葉ᄒ고從ᄒ니事가急ᄒᆯ時에곳墨領과戈黑兩監督은事機를識ᄀ러ᄉ못
ᄒ고더라杜岡斯가拿坡崙의黨에두되ᄋ즉其定律을守코즈ᄒ니웃지刑部警察等官이라
라ᄒ야勢가孤ᄒ고딘高位에在ᄒ야오히려其定律을守코즈ᄒ니웃지刑部警察等官이다
貳心이有ᄒ야西以司와拿坡崙의意見이暗合ᄒᆷ을知ᄒ고리요元老院長克納武과小華
會員은도ᄒ拿坡崙의見으로ᄡᅥ然ᄒ다ᄒ야되오즉五百人院이죽死守로ᄡᅥ誓ᄒ야질겨
服從치아니ᄒ나然ᄒ나五百人에ᄒ야셔그權力이足히ᄡᅥ그兄을輔助
ᄒᆯ만ᄒ지라克納武이得勝街에親至ᄒ야示諭를宣讀ᄒ니拿坡崙이劍을仗ᄒ고騎을
策ᄒ야곳元老院에至ᄒ야謝曰吾此言을ᄒ고誓畢에맛당이民主國民으로ᄒ야곰眞實노
自由勤喜이니詩컨딘此言으로ᄡᅥ拖來哩宮에復至ᄒ야軍隊를巡視ᄒᆯ
시己歸호監督ᄆ눈友曰託兒가有ᄒ야面責ᄒ거늘拿坡崙이怒曰我의巴黎에離리아니ᄒ
야ᄉᆞᆯᄯᅢ에法國이옷ᄯᅢ제强盛ᄒ야ᄉᆞ며此에至ᄒ며我에遺ᄒᆫ바十萬雄師가今에安在ᄒ며存者幾人고訓
ᄒ야셔수에貧困ᄒ여此에至ᄒ며我에遺ᄒᆫ바十萬雄師가今에安在ᄒ며存者幾人고訓

度가 이갓치 方이 無ᄒᆞ니 웃지 能히 其位에 居할고 恐컨디 三年後면 民主國이 漸滅홈에 漸歸할가 ᄒᆞ노라 我他人에게 權이 我의上에 在ᄒᆞ니ᄒᆞ고 오즉 民主國民으로 ᄒᆞ야곰 能히 自由코ᄌᆞᄒᆞ니 是日 五百人院議員이셔러 부러 誓를 立ᄒᆞ야 拿坡崙을 共敵ᄒᆞ다ᄒᆞ니 西以司가 聞ᄒᆞ고 明日에 流血의 禍가 有ᄒᆞ리 五百人院議員中에 煞ᄒᆞ야 西體뎌 가에 服지 안년者을 執ᄒᆞ라ᄒᆞ니 拿坡崙이 不許ᄒᆞ더라 衆人이 驚參半ᄒᆞ야 醬ᄒᆞ야 死守코ᄌᆞ有ᄒᆞ야 事勢가 危急홈으로 그 同院에 告ᄒᆞ니 明日은 곳 一千七百九十九年ᄒᆞ는者도 有ᄒᆞ고 來ᄒᆞ야 依附홈을 願ᄒᆞ는者도 有혼지라 兩處에 分居ᄒᆞ니 元老院이면 十一月十四日이라 兩議院이 聖克勞胡宮에 齊集ᄒᆞ야 北乃轉機에 時라 모름지기 져議를 開호되 民主에 屬ᄒᆞ야 그大半人 苦西耶와 步理恩二人이 從ᄒᆞ지라 定律에 照ᄒᆞ야 監督을 另衆으로 써 薄拉斯等에 缺을 補ᄒᆞ라ᄒᆞ니 拿坡崙이 兵隊를 親率 ᄒᆞ고 甲을 被ᄒᆞ고 鈞을 佩ᄒᆞ고 階를 歷ᄒᆞ야 進ᄒᆞ니 此乃 拿坡崙이 兵隊를 親率 ᄒᆞ는지라 一會員이 問曰 汝가 이에 번녀 拿坡崙에 面色이 陽變ᄒᆞ야 靑ᄒᆞ얏다가 紅ᄒᆞ면서 呼ᄒᆞ야 日定律을 廢ᄒᆞ졔이 바事를 宣講코ᄌᆞᄒᆞ는 바事를 知ᄒᆞ지 못ᄒᆞ는냐 我가 斷有 民主國을 立ᄒᆞ고 威嚇政治에 危險을 除코ᄌᆞᄒᆞ되 薄拉斯와 黑領이 革命에 事를 反對ᄒᆞᄂᆞ니라ᄒᆞ고 請컨딘 將軍은 言ᄒᆞ라 拿坡崙이 文言ᄒᆞ되 薄拉斯와 黑領이 革命에 事를 反對ᄒᆞᄂᆞ니라ᄒᆞ니 五百人院이 장ᄎᆞ 斷頭機로 葬刑ᄒᆞ고 威嚇政治에 奪權을 復還ᄒᆞ려ᄒᆞ니

拿坡崙史

衆人이 그 誣控홈을 怒호야 寃聲이 鼎沸호니 拿坡崙의 言호는 바더욱 倫次가 無호야 一時는 會員으로더부러 語호더니 도금 잇다가 더 吾將 五百人 院을 窒究호야 만일 他國의 賄를 受호야 我로 호야곰 京에 離케 혼者 有호면 吾반다시 敵호리라호고 此 말로써 吾兵士에게 明告호야 其力을 藉호야써 我를 助케호리라 호니 衆人이 甚히 忿이녀기거놀 拿坡崙이 其意를 默會호고 곳 席에 離호야 門 애 出호니 門을 守호는者 敢히 禁阻티못호는지라 拿坡崙이 馬를 乘호고 五百人 院會員聚集處에 至호니 時에 會員이 바야흐로 雷嘖름勳이 正히 薄拉斯의 辭識書를 讀호거놀 書를 監督에게 致호야

拿坡崙의 誕告홀 事를 伸明코 호거놀 會長羅勳이 薄拉斯가 맛쳐 蒼지 못호야 拿坡崙이 忽然히 其室에 進호는 門外에 候호라 호니 衆人이 大譁호야 兵隊가 近前홈도 是 直히 僞와 其餘監督에 進退如何를 諭호더 薄拉斯가 謂호더 此乃暴虐의 新克郞佛이라호고 其中에 識者 有호야 拿坡崙을 勸호야 速히 行호라

許리아니호고 軍罪로 定호리라 호거늘 拿坡崙이 오히려 言코 호되 聲이 衆人에 掩이도호 聞티 못호지라 人이 推호야 拿坡崙이 곰 出호야 勢을 乘호야 退出호니 其間에 步兵이 前에 趨호야 圍護호고 去홀서 其間에 步兵에 衣를 爭奪호다가 院中人에 撕破홈

史 崙 坡 拿

이된者有 하 니 合院이 譏諜하야 聲이 潮湧 함과 如 하 니 軍起雙座 하 야 다 시 列를 成 치 못
하는지라 羅勳이 喝하야 곧 肅靜이 하 라 하 나 衆이 聽 치 안 코 더 욱 大呼 日 大呼 日 맞 당 이 拿
坡崙으로 써 軍에 充 하 다 하 고 筒의 投 하 는 法을 行 코 자 하 는 나 衆이 곳 答 지 안 는 지 라 羅勳이
을 見 하 고 厲聲 은 吾의 同胞를 殺 코 자 하 는 냐 衆이 곳 答 지 안 는 지 라 羅勳이
곧 起 立 離座 하 야 會長 에 衣를 解 하 고 職을 辭 하 고 出 하 니 拿 坡 崙이 馬를 軍中 에
他에 하 야 軍士 를 集 하 고 告 하 야 日 頭者 에 大 半 議院 에 入 하 니 彼 가 英人의 賄를 暗 受 한 年 고 가 옷
지 아 니 하 고 罪를 違 하 노 라 하 고 衆兵이 齊 히 羅勳이 足 으 로 馬 蹤 을 踏 하 고 抜 剣
院에 論을 違 하 노 라 하 고 衆兵이 齊 群 하 야 拿 坡 崙 將 軍을 驅逐 하 야 進 리 안 커 늘 民主法律을 確守 한 논 人
起 立 하 야 言 曰 但 일 拿 坡 崙이 法國으로 補納派脱 萬歲를 呼 하 다 가
猛刺 하 리 라 하 야 院 中 에 이 聞 하 야 人群이 無하고 自由 케 아 니 하 면 곳 此 鈕 으로 써 그 心을
을 救 코 자 하 노 라 衆兵이 羅勳이 足 으 로 步兵이 槍으로 써 擬하야 그 心을
其意를 讓勒奪 에 게 暗 示 하 야 곧 衆을 率 하 고 五百人 이 院 에 至 하 야 會場의 名으로 써 各會
員 을 撤去 하 니 數 人 이 有 하 야 奔避 중 이 稍遲 거 늘 步 兵이 槍으로 써 그
羅 하 야 逸 하 니 院 中에 이 人 群 이 無 하 고 留遺 한 衣服 만 僅 存 하 고 五百人이 會 院 이 是 로
由 하 야 드 디 여 散 하 다 是 夜 에 元老院人이 聖 克 勞 胡 宮 에 仍 在 거 늘 羅勳이 會員 三十餘
人으로 더부러 大計를 密定 하 고 議院 監督 과 밋 不法에 議員 二十餘人을 廢 하 야 永永民

事에干預홈을準티안코西以司와杜固斯와拿坡崙을擧ᄒᆞ야大統領을삼아써政權을
暫操ᄒᆞ다明日에元老院이新章을共擬홈애도此意로더부러相同ᄒᆞ자라拿坡崙이
其左右로더부러誓ᄒᆞ야自由平等民主國에總統이되니議院中에셔坐ᄒᆞ議員五十
人을公擧ᄒᆞ야西以司의新定ᄒᆞᆫ法律을專行ᄒᆞ다

第四十三節 拿坡崙頒行定律自爲大統領

西以司가王號ᄂᆞᆫ人에嫌ᄒᆞᄂᆞᆫ바ㅣ년고로避ᄒᆞ야拿坡崙이라ᄒᆞ고其左右兩統領은
一으로政治에權을操ᄒᆞ고一은戰伐에權을操ᄒᆞ더니拿坡崙이詰ᄒᆞ야曰設令一統領은戰
을主ᄒᆞ야兵을添ᄒᆞ며餉을增코져ᄒᆞ고一統領은利를主ᄒᆞ야더부러供給지아니ᄒᆞ면
大統領된者맛당이웃지ᄒᆞ리라ᄒᆞ더라越三日에三統領이會議ᄒᆞᆯᄉᆡ拿坡崙이首座에自居ᄒᆞ니杜固
斯와西以司가相顧愕然ᄒᆞ거ᄂᆞᆯ拿坡崙이袖에利霸를出ᄒᆞ야衆에게示ᄒᆞ야曰大統領의定ᄒᆞᆫ新律을
碎ᄒᆞ야一字를遺티안코軍政과內外各部에事를總覽ᄒᆞ며下統領으로쥬輔ᄒᆞ고上議院會
ᄒᆞᄂᆞᆫ權이有ᄒᆞ야年限은定티안코拿坡崙이自出ᄒᆞ야永受케ᄒᆞ고兩統領으로쥬輔ᄒᆞ고上議院會
員八十人을設ᄒᆞ야保民院議員一百人은民間이公擧ᄒᆞ되上議院에決ᄒᆞ고大統領
一式期年에更換ᄒᆞ고保民院會員三百人은五分에一式도更換ᄒᆞ되上議院會員은
大統領이選擧ᄒᆞ고下議院議員은民間이公擧ᄒᆞ되下議院이投筒ᄒᆞ야셔是非를定
이律法을行코져ᄒᆞᆯ진ᄃᆡ면져保民院이會議辦駁ᄒᆞ고下議院이投筒ᄒᆞ야셔是非를定

拿坡崙史

흔연後에上議院에呈ᄒᆞ야覆核ᄒᆞ고大統領이簽字ᄒᆞᆷ을由ᄒᆞ야施行ᄒᆞ라ᄒᆞ다十二月二十四日에此律을國中에頒行ᄒᆞ니名曰第八年定律이라杜固斯와西以司가相繼ᄒᆞ야職을辭ᄒᆞ고上議院에退入커늘拿坡崙이스스로大統領이되고開自西亞와利白盧를舉ᄒᆞ야副統領을삼어셔拖來哩宮에遷居ᄒᆞ니擧動이自專ᄒᆞ더러抗衡ᄒᆞᆯ者ㅣ無ᄒᆞ지라國事가이믜定ᄒᆞᆷ애書를英王에게致ᄒᆞ야和利를求ᄒᆞ되英王이許지ᄒᆞ거ᄂᆞᆯ拿坡崙이倫敦에覆書를得ᄒᆞ고心애暗懷ᄒᆞ야聞ᄒᆞ되可히意大利에力을專注ᄒᆞ야法人을仇져를恨ᄒᆞ고질겨遽和地를恢復ᄒᆞ게다ᄒᆞ고佯言ᄒᆞ되英人이固執成見ᄒᆞ야法人을仇져를恨ᄒᆞ고질겨遽和지안는다ᄒᆞ야ᄡᅥ百姓의怒를激ᄒᆞ더라

第四十四節 以意大利兵事로自任

拿坡崙이埃及에出征ᄒᆞᆷ으로부터意大利에得ᄒᆞᆫ바地를다失ᄒᆞ고與將墨勒斯가尼西와海濱에地를奪回ᄒᆞ고장챳法에邊境을侵掠ᄒᆞᆯ새奧兵이別有ᄒᆞ야孟區亞와泰魯而河와愛遼河와卽白特諸地를攝守ᄒᆞ니法將墨西拿가耕羅亞에在ᄒᆞ야奧兵과英水師에게困ᄒᆞ빈되니拿坡崙이憂ᄒᆞ야來因河에兵事로ᄡᅥ譲魯에게委ᄒᆞ고意大利에兵事로ᄡᅥ自任ᄒᆞ고老弱疲徹ᄒᆞᆫ兵數千을菩根地啓行ᄒᆞᆷ에先集ᄒᆞ야耕羅亞와尼西을仍攻ᄒᆞ야法界에將入커ᄂᆞᆯ奧人이知티못ᄒᆞ고精兵數營을瑞士에計尼物河濱에暗聚ᄒᆞ니奧人이知티못ᄒᆞ고計尼物河에至ᄒᆞ야兵三萬人과礮四十尊을統ᄒᆞ고大勝白那山을踰ᄒᆞ야셔左墨毛賽을命ᄒᆞ야兵一萬五千을率ᄒᆞ야愛爾魄士山을踰ᄂᆞᆯ二千八百年五月十三日에拿坡崙이計尼物

ᄒᆞ고 右翼脫虜는 兵 五千을 率ᄒᆞ야 西泥山을 蹯ᄒᆞ고 後營惜 白羅는 兵 五千을 率ᄒᆞ야 小勝 白那山을 蹯ᄒᆞ야 四路를 分ᄒᆞ야 意大利를 進攻ᄒᆞᆯᄉᆡ 大勝 白那山은 石壁이 巉嚴ᄒᆞ야 雪深 踝沒ᄒᆞ고 山徑이 險仄ᄒᆞ니 重礮를 能히 運行티 못ᄒᆞᆯ지라 空樹를 裁ᄒᆞ야 其中에 藏ᄒᆞ고 或人을 雇ᄒᆞ야 行ᄒᆞᆯᄉᆡ 礮車가 一律로 折散ᄒᆞ얏ᄂᆞᆫ지라 藥彈을 箱篋에 儲ᄒᆞ고 或驢로써 馱ᄒᆞ고 或人을 雇ᄒᆞ야 負ᄒᆞ되 其行李의 輕ᄒᆞᆫ 者는 兵士가 自携ᄒᆞ다 十六日에 先鋒 來 尼斯가 大勝 白那嶺으로부터 撤郎山谷에 至ᄒᆞᆯᄉᆡ 十七日에 奧兵 一隊를 過ᄒᆞ야 天으로부터 降ᄒᆞ얏다 ᄒᆞ더라 此 兩山路가 潤ᄒᆞᆫ지라 兩面 石壁 中에 圓賴河 一道가 橫ᄒᆞ야 눌 先鋒이 礮臺 回喜ᄒᆞᆯᄉᆡ 五十英碼가 勝리못ᄒᆞ야 退ᄒᆞ니 兩面 石壁 中에 礮臺 一座가 有ᄒᆞ야 正히 極狹의 撤郎山路를 對ᄒᆞ니 此路가 거너 다시 膠ᄒᆞ다가 勝리못ᄒᆞ야 退ᄒᆞ니 拿坡崙이 命ᄒᆞ야 礮所對의 方을 避ᄒᆞ야 愛爾魂 士 를 迅攻ᄒᆞ다 軍 中에 礮가 無ᄒᆞ야 行ᄒᆞᆯ 可히 極輕ᄒᆞᆫ 四磅의 礮와 馬步等兵을 行케ᄒᆞ고 工程隊 一千 五百人을 命ᄒᆞ야 路를 愛爾魂 士 高原으로 從ᄒᆞ야 可히 極輕ᄒᆞᆫ 四磅의 礮와 馬步等兵을 行케ᄒᆞ고 礮臺를 開ᄒᆞ야 火光中에 法兵이 相 軍 中에 礮가 無ᄒᆞ야 進攻티못ᄒᆞ고 奧의 礮檜을 抄越ᄒᆞᆯᄉᆡ 奧兵이 聲을 聞ᄒᆞ고 礮臺를 開ᄒᆞ야 火光中에 法兵이 相 에 築ᄒᆞ야 可히 極輕의 進攻티못ᄒᆞ고 이에 工程隊를 發ᄒᆞ야 息지아니ᄒᆞ니 彈이 雨와 如히 下ᄒᆞ나 法兵이 敢히 進ᄒᆞ 礮를 載ᄒᆞ고 奧의 礮臺를 發ᄒᆞ야 息지아니ᄒᆞ니 彈이 雨와 如히 下ᄒᆞ나 法兵이 敢히 進ᄒᆞ 近 喜을 見ᄒᆞ고 더욱 礮를 發ᄒᆞ야 息지아니ᄒᆞ니 彈이 雨와 如히 下ᄒᆞ나 法兵이 敢히 進ᄒᆞ 못ᄒᆞ고 이에 柴草로 山澗에 鋪ᄒᆞ니 履ᄒᆞ되 聲이 無ᄒᆞᆯ지라 礮車와 輜重으로 山路에 運過ᄒᆞᆯᄉᆡ 拿坡崙이 兵을 率ᄒᆞ고 前行ᄒᆞ야 沿道에 奧兵을 駈退ᄒᆞ고 鐵須 乃河에 直達ᄒᆞ

야 揩白羅와 毛賽과 脫虜諸將으로더부러 會同ᄒᆞ야 偕行ᄒᆞ다 六月二日에 密倫城에 進
ᄒᆞ니 奧兵이 散히 阻ᄒᆞ는 者無ᄒᆞᆫ지라 墨西拿가 耕羅亞를 困케ᄒᆞ야 城中을 圍ᄒᆞ고 드듸여
盡ᄒᆞ고 奧援이 絶ᄒᆞ야 餓兵이 皮履와 皮袋를 食ᄒᆞ되 力이 能히 守치 못ᄒᆞ고드듸여
城으로써 奧將屋脫에게 交ᄒᆞ니 英水師統領이 師를 開ᄒᆞ야 退ᄒᆞ는지라 初에 奧統領墨
勒斯가 其將沙乞로더부러 法에 邊境을 侵犯ᄒᆞ더니 是에 至ᄒᆞ야 拿坡崙이 山으로부터
下ᄒᆞ야 猝然獲ᄒᆞᆫ다 ᄒᆞ거늘 急히 其國에 報ᄒᆞ고 散卒을 收ᄒᆞ야 阿力山地利亞
애 回駐ᄒᆞ니 拿坡崙이 密偵을 廣覓ᄒᆞ더니 探某가 有ᄒᆞ야 復至ᄒᆞ거늘 拿坡崙에
게 間日汝가 人에 獲을 빗되지 아니ᄒᆞ얏느냐 答曰我執業음이 自有ᄒᆞ니 此事를 顧리
안터니 今에 奧統領이 我로ᄒᆞ야곰 前來키로 君을 爲ᄒᆞ야 力을 效ᄒᆞᆫ다 ᄒᆞ니 此人이 奧統
領에게 千金을 得ᄒᆞ고 法軍에 陰事를 刺探ᄒᆞ더니 이에 도리여 其主를 買ᄒᆞ야 人이
게 獻勤ᄒᆞ니 참 小人에 尤ᄒᆞᆫ 者라 ᄒᆞ더라

第四十五節　護古倫之戰

拿坡崙이 墨勒斯로더브러 戰을 決코ᄌᆞᄒᆞ야 普江으로부터 四信賽에 至ᄒᆞ야 奧의 先鋒
을 逐退ᄒᆞ고 護倫古平地를 據守ᄒᆞ다 十四日에 墨勒斯 全軍이 阿力山地利亞에 離ᄒᆞ야
兵을 三隊로 分ᄒᆞ야 來攻ᄒᆞᆯ서 辰으로부터 午에 至ᄐᆞ록 酣戰ᄒᆞ야 護倫古村에 直逼ᄒᆞ야
法人을 逐去ᄒᆞ고 守ᄒᆞ니 法軍前隊가 紛散ᄒᆞ는지라 來尼斯가 第二隊兵으로써 方陣을
結ᄒᆞ야 自守ᄒᆞ거늘 奧左翼兵이 西里羅로 繞出ᄒᆞ니 法前隊兵이 奇利挪에 退至ᄒᆞᆫ지라 合

營이 驚呼曰事ㅣ 急ᄒᆞ니 能히 圍ᄒᆞᆯ 突ᄒᆞ고 出ᄒᆞᆯ 者ㅣ 有ᄂᆞ든 速히 計策을 圖ᄒᆞ라 ᄒᆞ니 拿坡崙이 隨員으로더부러 騎ᄅᆞᆯ 乘ᄒᆞ고 軍中에 至ᄒᆞ야 兵士ᄅᆞᆯ 獎勵ᄒᆞ야 써 尼司方陣後의 避ᄒᆞᆯᄉᆡ 마참 第賽將軍이 馬步一隊로써 來援ᄒᆞ는지라 時에 第賽가 마ᄎᆞᆷ 부러 至ᄒᆞ야 其出戰홈을 促ᄒᆞ되 第賽이 稍待ᄒᆞᆷ을 請ᄒᆞ는지라 拿坡崙이 曰 汝速戰ᄒᆞ야 ᄒᆡᆼ면 我ㅣ 쟝ᄎᆞᆺ 愛爾魂士ㅣ 山을 踰ᄒᆞ야 歸ᄒᆞ리라 ᄒᆞ더니 奧統領이 馬ᄅᆞᆯ 乘ᄒᆞ고 戰을 督ᄒᆞ야 軍中에 馳騁ᄒᆞ야 其馬ᄅᆞᆯ 二易ᄒᆞ되 疲乏홈이 임에 甚ᄒᆞ야 써 法兵에게 退敗홈이 되야셔 다시 再進치 못ᄒᆞ고 이에 阿力山地利亞에 回ᄒᆞ야 暫息ᄒᆞᆯᄉᆡ 軍事이 其將瑞區에게 託ᄒᆞ야 그 奇利挪에 一步라도 越치 말느 ᄫᆞ囑ᄒᆞ니 瑞區가 所屬을 不遵ᄒᆞ고 戰을 督ᄒᆞ야 軍을 來ᄒᆞ거늘 拿坡崙舊探이 曰 前路에 勇悍혼 法兵一隊 가 有ᄒᆞ니 早速히 準備ᄒᆞ라 ᄒᆞ니 瑞區가 怒ᄒᆞ야 馬隊ᄅᆞᆯ 派ᄒᆞ야 步兵을 自率ᄒᆞ고 前行ᄒᆞ다가 第賽馬隊ᄅᆞᆯ 過ᄒᆞᆯ 즉 已 ᄒᆞᆫ지라 法將 克勒挒이 被甲ᄒᆞᆫ 馬兵으로 ᄡᅥ 其兵 獲ᄒᆞ되 되얏스ᄂᆞ 廖下步兵이 復來ᄒᆞ야 奧兵이 이에 退ᄒᆞ는지라 後에 高勒挒이 稍却ᄒᆞ거ᄂᆞᆯ 其 藏火가 旣盡ᄒᆞ얏스ᄂᆞ 復攻ᄒᆞ야 猛撲ᄒᆞ다가 奧兵廠에 阻ᄒᆞᆫ이 가 橫截ᄒᆞ야 奧에 左右翼이 能 가 亂ᄒᆞ야 敗ᄅᆞᆯ 轉ᄒᆞ야 勝흠이 되되 히 中軍을 回救ᄒᆞ얏스면 ᄯᅩ 敗에 俟ᄒᆞᆷ이오 ᄋᆞ니 ᄒᆞᆯ거이오 奧에 第三隊兵이 復ᄒᆞ야 ᄒᆞ고 兩翼이 ᄯᅩᄒᆞᆫ 相率ᄒᆞ고 退ᄒᆞ야 드듸여 全軍이 俱敗ᄒᆞᆯ줄을 意ᄒᆞ얏스리오 奧軍은 河

의 左岸에 駐하고 法軍은 河의 右岸에 駐하니 兩軍死傷이 相當하고 第賽가 傷을 受하고 卒하거늘 多에 墨勒斯가 兵士를 檢點하니 八九千人이 尙有하고 또 別隊援兵이 有하야 踵至하니 聲勢가 復壯하야 尙堪一戰이라이에 拿坡崙이 墨勒斯에게 謂하야 曰敵이 임에 러 聯絡하야 吾가 奧軍에 主하야 和를 議하니 其人이 墨勒斯에게 謂하야 曰敵이 임에 吾에 糧食이 將盡흠을 知하고 意를 決하야 大擧來하면 吾兵이 抵敵키 萬難하니 兵을 息하고 和를 言함은 이에 만갓자 못헐거이오 만일 더부러 再戰하면 恐컨디 前의 浮姆匯이 되리라하흔더 墨勒斯가 聞하고 進退의 主가 無헐지라 十六日에 드듸여 法으로 더부러 暫息의 戰約을 議하야 撒甸과 耕羅亞와 白朗特等地를 交出하고 法은 孟區亞와 明瑞區等埸로써 償하다

第四十六節 傾覆意大利

拿坡崙이 議倫西로부터 密倫에 回하니 人이 그 凱를 奏하고 도라음을 開하고 誠에 出하야 相迎하시 其英武을 稱하고 또 其來에 西撒兒賓共利國에 樂을 得還흠을 喜하니 拿坡崙이 裵를 虛히하야 延接하고 더부러 敎育諸事를 談話시 飭令하야 配維亞大學校를 重開하고 敎習을 延勝하야 人才를 造就하고 또 城中에 事務를 創議하야 法의 使臣으로써 會崙에 敎習을 延勝하야 人才를 造就하고 또 城中에 事務를 創議하야 法의 使臣으로써 會야하고 密倫에 權을 操하야 人으로더부러 和衷하야 共濟케하므로써 會長을 삼어서 一切政治에 權을 操하야 密倫에 人이 오로더부러 曾히 密倫의 學識과 名望과 財産이 有혼者와 밋敎主等이 拿坡崙左右에 在호디 오즉意大利失望한自由의 人이 拿坡崙의 詔흠을 督受하얏다하고 貴族의 暴君이라 指目하는지

라然 한 나 洒 觀 홀 時 는 敢 히 貴 問 치 못 한 고 天 鄕 이 라 僞 稱 한 더 니 拿 坡 崙 이 妕 혼 貌 視 한 다 라 誤 古 倫 의 戰 敗 할 時 에 當 한 야 法 商 이 巴 黎 에 急 回 傳 報 한 니 民 主 黨 이 듯 고 拂 袂 한 고 起 한 야 죽 사 衆 을 聚 한 야 再 遺 한 얏 다 한 고 장 찻 上 議 院 을 追 한 야 其 位 를 撤 退 한 고 誤 쯤 는 來 因 로 한 야 곰 顯 浦 흘 을 再 遣 한 얏 다 한 고 장 찻 上 議 院 을 追 한 야 其 位 를 撤 退 한 고 誤 쯤 는 來 因 納 度 脫 과 楷 羅 脫 로 써 大 統 領 을 삼 으 니 時 에 勃 納 度 脫 은 한 고 誤 쯤 와 勃 한 야 在 한 야 其 事 를 知 한 고 密 助 한 다 가 初 에 拿 坡 崙 이 意 大 利 에 在 한 야 勃 納 度 脫 을 命 河 에 在 한 야 其 事 를 知 한 고 密 助 한 다 가 初 에 拿 坡 崙 이 意 大 利 에 在 한 야 勃 納 度 脫 을 命 한 야 賴 罔 德 을 征 한 라 한 고 일 즉 이 謂 한 야 日 我 復 冒 險 出 戰 한 니 此 는 六 月 二 十 日 事 오 明 日 거 던 汝 速 히 汝 를 引 한 고 法 商 에 回 한 야 써 民 心 을 安 危 노 오 즉 汝 를 賴 한 야 敢 히 兵 을 引 한 고 法 商 에 回 한 야 써 民 心 을 安 危 노 오 즉 汝 를 賴 한 야 汝 는 誌 를 지 어 다 ㅎ 을 法 商 의 誤 傳 한 故 로 此 擧 가 有 한 니 眞 實 노 蹊 跌 함 이 有 喜 너 拿 坡 崙 의 捷 報 가 至 한 고 마 음 에 도 한 沽 沽 히 喜 한 야 일 력 能 히 斷 한 야 汝 가 轉 勝 이 되 니 他 人 이 其 功 을 盛 稱 한 고 마 음 에 도 沽 沽 히 喜 한 야 일 력 能 히 斷 한 야 敢 히 誇 한 되 홀 곁 것 니 法 兵 이 敗 한 니 我 가 아 니 더 라 拿 坡 崙 이 書 를 拿 坡 崙 에 게 致 한 야 此 로 써 自 誇 한 되 홀 곁 것 니 法 兵 이 敗 한 니 我 가 아 니 더 라 拿 坡 崙 이 을 獲 지 못 한 리 라 한 야 거 늘 拿 坡 崙 이 憾 한 야 終 身 其 職 을 還 치 아 니 더 라 拿 坡 崙 이 倫 에 在 한 야 數 日 에 及 巴 黎 에 返 한 야 兵 事 로 써 墨 西 拿 에 게 付 한 고 暫 時 政 府 를 意 大 利 에 設 한 야 與 諸 和 를 待 한 라 한 고 巴 黎 에 行 한 야 步 理 思 이 에 謂 한 야 日 吾 再 戰 에 數 次 勝 한 야 스 니 맛 당 히 後 世 에 名 을 傳 할 지 라 한 거 늘 步 理 思 이 日 將 軍 이 今 日 에 能 히 永 遠 토 록 名 을 留 한 야 도 다 拿 坡 崙 이 日 否 라 吾 用 兵 二 年 에 勝 한

拿坡崙史

바즈온즉開羅와巴黎와密倫싼이라設令奄忽已終ᄒᆞ면不過二十世紀史冊上에半頁
專蹟만載ᄒᆞ리라ᄒᆞ더니步理恩이日史冊에記ᄒᆞᆫ바亞歷山大와該撒에戰功도坐ᄒᆞ數頁
을占得ᄒᆞᆯ지니라拿坡崙이因ᄒᆞ야此數頁史冊을爲ᄒᆞ야累를世界荒凉에貽ᄒᆞ니
웃지得ᄒᆞᆷ을失을償ᄒᆞ랴ᄒᆞ더라談鲁가來ᄒᆞ야勝仗을疊獲ᄒᆞ고過爾姉에進逼ᄒ
ᄂᆞ니墨力區가奧로더부러議和ᄒᆞᆷ을聞ᄒᆞ고이에珖波福師ᄒᆞ야奧軍機使望由靈
이巴黎애至ᄒᆞ야塔烈爾으로더부러和約大綱에簽字ᄒᆞᆯ서康波福奧原約에悉照ᄒ
더奧가바야흐로英과聯和ᄒᆞᆷ으로써法과不相下ᄒᆞ더이便처못ᄒᆞ더니
拿坡崙이開ᄒᆞ고謂호ᄃᆡ이此時를乘ᄒᆞ야追令英廷으로海口의禁ᄒᆞᆯ弛ᄒᆞ고法人
의地中海에軍粮과器械를運送ᄒᆞ야으ᄃᆡ其意는毛而脫島로써장
찻英에降흠을녀라法兵이埃及에在ᄒᆞᆫ者는內外交攻ᄒᆞ야勢
殲滅故로粮械를載軍ᄒᆞ야往救흠을備흠에注意ᄒᆞ이라然ᄒᆞ나一反다서敵兵이戰敗
求和야可히此와如히要索ᄒᆞᆯ거이여ᄂᆞᆯ令英法이日令에交鋒치아니ᄒᆞ야서웃지
範애就응기를肯ᄒᆞ라오塰由ᄒᆞᆫ바約도奧皇이ᄯᅩᄒᆞ允準치아니ᄒᆞᆯ거이니마리
奧로더부러戰ᄒᆞ야써勝負를次ᄒᆞ리라拿坡崙이埃及에在ᄒᆞᆯ時에俄將森服盧
甫가法兵을瑞士에敗退ᄒᆞ고正히法을困코ᄌᆞ하더니俄皇保羅가忽然이心疾을得ᄒᆞ
야英으로써毛而脫島를許치안코곳英使臣을逐ᄒᆞ야國에回ᄒᆞ고丹麥과瑞典
과普魯士로더부러聯和ᄒᆞ야北海同盟을結ᄒᆞ야써英을敵ᄒᆞ니拿坡崙이知ᄒᆞ고甚喜

한더라

第四十七節 巴黎王家黨用期獄機謀害拿坡崙

時에 羅勵이 內部大臣이 되야서 書를 著호야 拿坡崙이 맛당이 永爲經領홀줄노 申明호 니 民主黨과 誓哥賓黨이 見호고 大怒호니 巡捕가 急히 拿坡崙호 勸호야 此書를 印호야 他變을 致召처 말느 호되 聽치 아니호니 此를 因호야 巴黎人이 拿坡崙을 害코즈 호는者 | 少치 아니호야 買麥邇別墅에 一圖호야 陷케 호랴는 行刺호랴는 者도 有호야 되 다 成치 못호고 最後에 라는 者도 有호고 地獄機를 造호야써 放槍홈에 過호기로 有호야 西拉氣가 戲園에 至홈을 伺호야 殺호즈 호되 黑賴而가 有홈이아 니라 호기 貧困 無聊홈으로써 此를 籍호야 利를 寬호는 故로 그 짓지부터 同謀호 니라 黑賴而가 私告호야 薰勵을 索호나 拿坡崙이 知호야 許호고 國人이다시써 里 伯倫과 達姆尾而와 大愛乃와 黑賴而로 더부러 同謀 步理恩에게 告호야 傳諭호되 十月朔에 戲園에 至호야 劇을 觀홀만호고
西拉氣가 左右에 蕉 埋恩이 左右에 壯士四人을 招호야 協同擧事호라 호니 黑賴而가 알에 西
知호는지라 西拉氣와 大愛乃가 果然 黑賴而를 邀호야 戱園에다가서
告호는지라 西拉氣와 巡捕가 約호고 至日에 拿坡崙이 壯勇一隊를 率호고
戲園에 至호야 包廂前에 坐호고 書記步理恩과 巡捕度洛克이 從호지라 約半点鍾에 步
理恩이 戶外에 出호야 視호니 忽然이 門外에 喧聲이 大作호는지라 黑賴而가 압에 西拉

氣와大愛乃를獲住。줄知ᄒᆞ고西拉氣身畔에利劍一柄을搜出ᄒᆞ야宮中에帶回ᄒᆞ야鞫ᄒᆞᆯ서黑賴血로써左證을삼으니犯이供認ᄒᆞᆷ을諱치안눈지라那와코伯倫과達姆阿ᄅᆞᆯ三人을幷獲ᄒᆞ야獄에均繫ᄒᆞ다ᄒᆞ是時에巴黎王族이一鮑勞會ᄅᆞᆯ設ᄒᆞ고英에在ᄒᆞ야托懷伯爵과佽애在ᄒᆞᆫ魯意第十八로더부러交通ᄒᆞ야拿坡崙을去ᄒᆞ고王位復ᄒᆞ기를謀ᄒᆞ얏더王黨의屬ᄒᆞᆫ巴黎人과賴岡德人이有ᄒᆞ야拿坡崙이革命에罪魁됨을恨ᄒᆞ야사사로이書를英國으로逃徃ᄒᆞ며楷度特而에게致ᄒᆞ야써拿坡崙殺ᄒᆞ고王位를復ᄒᆞ긋ᄒᆞ거늘拿楷度特而드듸여聖利及特爾水師兵官 匹考爾等으로더부러桶을式ᄒᆞ야께ᄒᆞ고其害ᄒᆞ되여聖利及特이地獄機의利害를素知ᄒᆞ는지라英으로부터國에返ᄒᆞ야다시一具를造ᄒᆞ니더욱精良ᄒᆞ고其器를徹體로써桶을式ᄒᆞ야火로써燃ᄒᆞ면桶니傲ᄒᆞ야謀害홀ᄉᆡᆨ號를暗用ᄒᆞ고火藥과葡萄彈을其中에儲ᄒᆞ고極長의自來火線을另裝ᄒᆞ야ᄆᆞ掩ᄒᆞ고 人으로ᄒᆞ야금覺지못ᄒᆞ게ᄒᆞᆫ야ᄒᆞ사其製成後에馬車에置ᄒᆞ고物로써掩ᄒᆞ야ᄆᆞ는拖來呼宮으로부터戲園에至ᄒᆞᄂᆞᆫ必經ᄒᆞᆫ所라十二곳車ᄅᆞᆯ尼檔의旁에停ᄒᆞ니是處는月二十四夜에拿坡崙이馬車에乘坐ᄒᆞ고ᄯᅩ徃ᄒᆞ야劇ᄒᆞᆯ觀ᄒᆞ엿더라軍夫ᄅᆞᆯ急命ᄒᆞ고聞ᄒᆞ니車後에有物炸裂ᄒᆞ야聲이霹靂과如ᄒᆞ니敢히回顧처못ᄒᆞ야疾馳ᄒᆞ야戱園에이르러車後를檢視ᄒᆞ니임에損傷을受ᄒᆞᆫ지라마음에恠異ᄒᆞ이有ᄒᆞᄒᆞᆯ을知ᄒᆞ나鎭靜ᄒᆞ야곳宮中에返ᄒᆞ니左右僚屬이宮庭에均集ᄒᆞ야守候커늘此事를議究ᄒᆞᆯ서사람으로ᄒᆞ야곰炸裂의處를査視ᄒᆞ니房屋과坍

拿坡崙史

이 不少히 崩ᄒᆞ고 二十餘人이 轟斃ᄒᆞ고 五十餘人이 傷ᄒᆞᆫ지라 拿坡崙이 憂가 色에 形ᄒᆞ야 謂ᄒᆞ되 此必哲哥賓黨의 所爲로다 貴族과 敎士가 在內ᄒᆞᆫ 者無ᄒᆞ고 數月來로 人의 吾를 害코즈ᄒᆞᄂᆞᆫ 者少치아니ᄒᆞ니 응당 電과 如히 迅速ᄒᆞ지라 此等 首倡의 人을 掃蕩ᄒᆞ엿스니 死罪로써 定ᄒᆞ야 其根源을 絕ᄒᆞ니 餘黨이 自散ᄒᆞᆫ 지라 吾입에 數次受驚ᄒᆞ야스니 命이 天에 在ᄒᆞ지 아니ᄒᆞ야슬쓰면 반다시 彼에 害ᄒᆞᆫ 되야 此事ᄂᆞᆫ 응당 武員으로 ᄒᆞ야 곡 査究ᄒᆞ야 可히 無辜ᄒᆞᆫ 이를 妄戮ᄒᆞ야 國에 聲名을 損ᄒᆞᆷ이 無케 ᄒᆞ지라 時에 此機를 創造ᄒᆞᆫ 이 별셔 死에 處ᄒᆞ고 오즉 西拉쓰 等을 武員으로 ᄒᆞ야 곰 究辨 치아니 ᄒᆞ야 物議를 致滋ᄒᆞᆫ 故로 今에 此言이 有ᄒᆞ더라 嗣後로ᄂᆞᆫ 拿坡崙의 恐怖의 心이 時로 夢寐에 形ᄒᆞ 야 一日은 飮을 罷ᄒᆞ고 倦臥ᄒᆞ야ᄯᅥ니 約瑟芬이 侍ᄒᆞ더라 其囈言을 忽聞ᄒᆞ니 曰 馬車에 火 發ᄒᆞ야 다ᄒᆞ거ᄂᆞᆯ 約瑟芬이 其醒ᄒᆞᆯ 時를 俟ᄒᆞ야 勸ᄒᆞ야 外에 出ᄒᆞ야 悶을 遣ᄒᆞ라 ᄒᆞ니 拿 坡崙이 曰 吾方夢에 馬車에 火發ᄒᆞ야 甚히 危險ᄒᆞ고 힘이 大ᄒᆞ야 軍을 推함이 速ᄒᆞᆫ 故로 와 菩西耶의 名을 呼ᄒᆞ야 曰 吾驚死ᄒᆞ엿다 ᄒᆞ거ᄂᆞᆯ 約瑟芬이 大驚ᄒᆞ야 復睡ᄒᆞ라가 ᄯᅩ 來尼斯 에 及ᄒᆞ지 아니 ᄒᆞ노라 만일 一步만 稍遲ᄒᆞ 엿 던 곳 灰燼을 成ᄒᆞᆯ 번이 다ᄒᆞ더라 難에 甫氣가 謀逆의 黨을 査悉ᄒᆞ니 무릇 一百三十餘人이나라 審問 치 안코 南美洲의 基 愛納에 放ᄒᆞ다 其主名을 得지 못 ᄒᆞ야더니 一千八百一年 正月二十日에 至ᄒᆞ야 此事 를 始悉ᄒᆞ니 이에 聖利 及 脫이 賴岡德人으로 더부러 主謀ᄒᆞ야 證據가 確鑿 ᄒᆞ고 哲哥賓

拿坡崙史

黨은 所關이 無호지라 拿坡崙에게 告호야 곳 斷頭機로써 死에 處호느 然호느 拿坡崙이 哲哥賓黨을 仍恨홈이 王黨에 較호면 더욱 甚호야 其英相譬特의 賄를 暗受홈으로써 謀害홈에 屬호더라

第四十八節 羅納維爾利約

法奧兩使臣이 和約을 羅納維爾에서 會議홀시 久토록 決치 못호니 拿坡崙이 厭호야 謨魯를 命호야 德으로부터 班師호야 黑克杜臘而로부러 意大利의 在혼 奧兵을 共伐호야 大破호고 長驅호야 維也納에 至호니 奧公爵長楷爾司가 大懼호야 法으로 더브러 時和約을 訂홀시 二十五日에 議定호니 곳 此約을 名호야 羅納維爾和約이라 호고 二月 九日에 簽字호니라 此約이 已定에 歐洲가 干戈를 暫息호고 承平의 望을 慰호니 巴黎人이 또호 聞호고 相慶호야 다 功을 謨魯가 轉敗爲勝홈에 歸호거놀 拿坡崙이 聞호고 忌호야 日戰策은 다 吾의 奉令호야 行홈에 不過호거놀 彼는 功이 有호리 오 此時에 英이 法으로 더브러 不睦호야 北海聯盟諸國을 侵홀시 三月에 大隊戰艦을 波羅的海에 遣호야 拍克와 蕭利孫兩水師提督이 將호고 四月二日에 丹麥水師를 戰敗호고 其太子를 逼호야 聯盟을 廢去호고 또 瑞典王을 逼호더라 拍克이 利黎人浦에 俄艦을 將攻이라가 俄皇이 臣下에게 弑호 빈됨을 聞호고 이에 兵을 引호고 還호다 六月에 俄太子亞歷山大가 位을 嗣홈이 英船이 入港禁令을 除호고 被俘의 英人을 釋호야 英으로더부러 舊好를 重修호니 拿坡崙이 聞호고 所望을 頓失호야 가만니 報舘으

로 ᄒᆞ야 곡 俄皇에 被獄홈은 이에 其太子가 英으로더부러 同謀ᄒᆞ야다 揚言ᄒᆞ고 ᄯᅩ 英이 中立에 國을 伐ᄒᆞ야 戰時條規에 犯홈을 責ᄒᆞ니 俄法을 激怒ᄒᆞ야 ᄡᅥ 英을 敵ᄒᆞ기를 冀홈 일너라

第四十九節　英取埃及

夫가 埃及에 法兵을 屢勝ᄒᆞ니 克勒伯은 已死ᄒᆞ고 迷羅가 其軍을 代統ᄒᆞ얏더니 英人에게 困ᄒᆞ되고 埃及 騎兵이 ᄯᅩ 印度로부터 蘇彝士를 越ᄒᆞ야 來攻ᄒᆞ니 力이 能히 禦치 못ᄒᆞᆯ지라 이에 英將으로더부러 議ᄒᆞ야 曰 만일 我에게 膝ᄒᆞ여 兵으로ᄡᅥ 國에 歸홈을 許ᄒᆞᆯ진디 곳 埃及으로ᄡᅥ 相讓ᄒᆞ리라 ᄒᆞ니 英將이 許ᄒᆞ거놀 드디여 兵一萬三千人으로ᄡᅥ 巴黎에 載回ᄒᆞ고 毛而脫島을 戍守ᄒᆞ던 法兵은 ᄯᅩ 英에 降ᄒᆞ니 島가 드디여 英所有가 되다 一千八百二年 十二月에 毛而脫守將度 데 鄱德이 巴黎에 至ᄒᆞ야 步理恩에게 告曰 年前에 吾가 書을 大統領에게 致ᄒᆞ야 其踐位의 榮을 賀ᄒᆞ고 守兵이 俱足ᄒᆞ야얏ᄂᆞᆫ ᄃᆡ 並告ᄒᆞ야 速히 增兵協守을 請ᄒᆞ얏더니 官報에 登ᄒᆞ야 비롤소 이 意을 見ᄒᆞ고 大統領의 執政홈을 聞ᄒᆞ고 勇氣가 頓增ᄒᆞ야 겸ᄒᆞ야 毛而脫兵이 適興ᄒᆞᆷ을 聞ᄒᆞ고 我을 責ᄒᆞ니 實로써 告치 아니ᄒᆞ얏ᄂᆞ니 웃지 冤치 아니ᄒᆞ오 ᄒᆞ더 步理恩이 其言을 拿坡崙에게 述ᄒᆞ니 法兵의 德 崙이 笑曰 彼ᄂᆞᆫ 戀人이라 其言을 信치 말나 ᄒᆞ고 羅紹維爾에 和約이 已定홈으로ᄡᅥ 意志와 瑞士와 意大利에 在ᄒᆞᆫ 者 共히 十五萬人이라 다 召回ᄒᆞ셔 兵數가 過多ᄒᆞᆷ으로ᄡᅥ

大半은白龍海灣에駐ᄒᆞ야뻐英을防ᄒᆞ야自固ᄒᆞ되大小戰船은다鐵練으로ᄡᅥ海岸에 繫ᄒᆞ고다시礮臺를築ᄒᆞ야攻ᄒᆞ니鼎利孫이來攻ᄒᆞ야克지못ᄒᆞ고拿坡崙이처음으로 統領이되얏슬ᄯᅢ에凡王黨議員이外에被謫혼者와밋他國에逃往혼者를陸續召回ᄒᆞ 더오즉哲哥賓黨은僞ᄒᆡ禁錮ᄒᆞ얏더니一千八百一年四月에至ᄒᆞ야에大赦ᄒᆞ고無 論王黨哲哥賓黨ᄒᆞ고다放還ᄒᆞ되오즉現在政府로더부러誓ᄒᆞ立違犯지 아니ᄒᆞ야야回國ᄒᆞ을始湊ᄒᆞ다ᄒᆞ나然ᄒᆞ나歸國ᄒᆞᄂᆞᆫ지라其先後歸國혼者ᄂᆞᆫ拿坡 崙이恩을加ᄒᆞ야原産을給還ᄒᆞ나然ᄒᆞ나頡倒錯亂ᄒᆞ야所申産으로ᄡᅥ乙에게給ᄒᆞ고 或兄産으로ᄡᅥ弟에게與ᄒᆞ其嘉怒를視ᄒᆞ야ᄡᅥ名寡를삼으니아도를駿ᄒᆞ리誰何 ᄒᆞ리읍더라

第五十節 聯合敎皇

拿坡崙이羅馬天主敎로더부러合ᄒᆞ야一코ᄌᆞᄒᆞᆷ은ᄡᅥᄒᆞ되是와如히ᄒᆞ면可히敎皇을 籠絡ᄒᆞ야其他國에聯盟을散ᄒᆞ고도可히本國敎士로ᄒᆞ야곰王黨으로더부러句結ᄒᆞ 야思을作지하나ᄒᆞ리라ᄒᆞ야因宣言曰百姓아ᄒᆞ라도敎가읍지못ᄒᆞ거이오敎權 은國家를必操ᄒᆞᄂᆞᆫ지라今세에主敎ᄒᆡ흠이라吾此蔽를除去ᄒᆞ고甲ᄒᆞ야主帝國人으로此新律을繼ᄒᆞ나쟝 ᄎᆞᆺ法人을誘ᄒᆞ야耶蘇敎에盡入케홍이라ᄒᆞ고 崇泰코ᄌᆞᄒᆞ야主敎五十人을仟擧ᄒᆞ야羅馬敎皇에節制의歸ᄒᆞ고主敎가다시大主敎를

拿坡崙史

自擧ᄒᆞ야 新條은 國家로 籌給케 ᄒᆞ되 오즉 國家에 誓忠홈으로 ᄒᆞ여야 傳敎홈을 始許ᄒᆞ거이오 否則 境外로 駈出ᄒᆞ라 ᄒᆞ니 敎皇이 其崇敬崇홈을 感ᄒᆞ야 이에 敎堂産業을 賣賣홈을 許ᄒᆞ고 ᄯᅩ 上帝ᄭᅴ視禱ᄒᆞ야 民主을 佑助ᄒᆞ니 其實은 拿坡崙이 반다시 天主敎을 尊崇홈이 아니라 但히 天主敎을 信ᄒᆞᄂᆞᆫ者는 多ᄒᆞ고 耶蘇을 信ᄒᆞᄂᆞᆫ 者ᄂᆞᆫ 少홈으로 ᄡᅥ 홈이라 故로 民心을 順從ᄒᆞ야 其固有에 舊敎을 保ᄒᆞ고 他敎로 더부러 相爭홈을 免케 ᄒᆞ며 그임에
他敎을 從ᄒᆞᄂᆞᆫ者ᄂᆞᆫ ᄯᅩᄒᆞᆫ 聽ᄒᆞ야 約束지 아니ᄒᆞ니 是와 如히 ᄒᆞ니 敎皇은 碧霞師 第七이라 書記
閣賓惟耳로 ᄒᆞ야 곰 敎長 斯撒奈로 더부러 巴黎에 至ᄒᆞ니 拿坡崙이 外部大臣에게 商ᄒᆞ여 코 其兄 約瑟과 書記 步理恩에게 屬ᄒᆞ야 더부러 會議홀ᄉᆡ 敎務에 熟諳ᄒᆞᆫ 善西耶로 ᄡᅥ 佐ᄒᆞ니 約瑟이 敎士에 終身토록 娶치 안ᄂᆞᆫ 例ᄅᆞᆯ 去코ᄌᆞᄒᆞ거ᄂᆞᆯ 閣賓惟耳가 不可라 ᄒᆞ야
日此乃 羅馬 定例라 雖 敎皇主라도 ᄯᅩᄒᆞᆫ 猝改치 못ᄒᆞᄂᆞ거ᄂᆞᆯ 已娶홈 者ᄂᆞᆫ 聽홈이 可ᄒᆞ되 羅馬 라 一千八百一年 九月에 會議事가 畢ᄒᆞᆷᄋᆡ 敎皇이 拿坡崙에 自擧 主敎홈을 準ᄒᆞ이 可ᄒᆞ다 ᄒᆞ더 定律을 必遵ᄒᆞ야 各省 牧師를 由ᄒᆞ야 主敎를 增入호ᄃᆡ 反다시 地方官에 久準홈을 經ᄒᆞ 여야 可ᄒᆞ라 ᄒᆞ거ᄂᆞᆯ 拿坡崙이 ᄯᅩ 敎士를 分派호ᄃᆡ 逆謀를 聽聞ᄒᆞ면 곳 告變ᄒᆞ야 地方官에 佐ᄒᆞ야 皆允ᄒᆞ더라 明年에 拿坡崙이 傳敎 條約 및 耶蘇公會 개管令 치ᄆᆞᆯᄭᅦ ᄒᆞ나 敎皇이 皆允ᄒᆞ더라 明年에 拿坡崙이 傳敎 條約 및 耶蘇公會 章程을 印成ᄒᆞ고 敎士俸金을 重定ᄒᆞᆯᄉᆡ 主敎長 十人에ᄂᆞᆫ 每年에 各英金 六百磅이오 主 敎 五十八에ᄂᆞᆫ 各 四百磅이오 各省 牧師 八千人에ᄂᆞᆫ 大者ᄂᆞᆫ 六十磅이오 小者ᄂᆞᆫ 四十八

拿坡崙史　103

磅이러라 八月十五日은 耶蘇昇天節이라 拿坡崙이 此約을 頒行코즈ᄒ야 百官을 禮拜堂에 召集ᄒ고 彌撒禮를 行ᄒᆯ시 庭臣이 或은 耶蘇를 信ᄒ는 者도 有ᄒ고 天主를 信ᄒ는 者도 有ᄒ거ᄂᆞᆯ 장ᄎᆞᆺ此擧로써 壓服ᄒ더라 翌臣이 禮拜堂에 高築 築臺ᄒ믈 見ᄒ고 곳將氷에 王位의 踐ᄒᆞᆯ 先聲인줄을 知ᄒ야 다 往ᄒᆞ믈 願치 아니ᄒ고 至日에 羣僚가 拖來ᄒ며宮에 趨謁ᄒ고 兵部大臣이 各人을 留ᄒ야 早餐ᄒ거ᄂᆞᆯ 拿坡崙이 其不備ᄒᆞᆷ을 乘ᄒ야 衆人을 命ᄒ야 同住ᄒ조즈ᄒ니 巡捕拉潑과 將軍來尼斯와 變羅等은 中途에셔 逸去ᄒᆞ는지라 拿坡崙이 鮑旁王軍을 自乘ᄒ고 儀衛가 前에 遵ᄒ야 禮拜堂에 至ᄒ야 主敎長愛格司을 選ᄒ야 新約을 頒ᄒ니 敎士가 百官을 自率ᄒ고 彌撒禮를 行ᄒ더라 國禮가 成ᄒᆷ에 明日에 拿坡崙이 人에게 問ᄒ야 日昨日 行禮가 如何오 答曰 禮無欠闕이로되 오즉 昔日禮를 行ᄒᆯ時에 이 敎를 滅코즈ᄒ야 無數 生靈을 傷殘ᄒ고 今에 復코즈ᄒ야 上帝에게 仍告曰 羅馬敎가 流傳ᄒᆫ지 已久ᄒ니 非笑ᄒ야 士等이 날마다 左右에 在ᄒ야 新主敎에게 勸ᄒ고 色變ᄒᆞ노지라 ᄆᆡ양非笑로는 愧赧케 ᄒ나 然ᄒ나 拿坡崙이 듯고 告曰 羅馬敎가 流傳ᄒᆫ지 已久ᄒ니 吾는 望컨딘 此約이 能히 人에 信奉ᄒ는 心을 堅케 ᄒ리라 ᄒ고 巫敎를 信치 안는 博士에게 謂ᄒ야 日汝가 昨頒ᄒᆫ 約이어니 무ᄉᆞ을 謂ᄒᆷ인지 知ᄒ는ᄂᆞ 此乃種敎의 法이니 牛痘를 人身에 種ᄒᆞᆷ과 如ᄒᆫ이라 博士笑曰 吾五十年後에 法國에 天花가 自出ᄒ야 牛痘가 永無ᄒᆯ줄을 知ᄒ노라 ᄒ니 是로 由ᄒ야 拿坡崙이 禮拜堂에 至ᄒ야 彌撒禮를 行치 아니 ᄒ고 大臣으로

호야 곡 代호이라 坐부호 勞碌苦홀에 移在호야 敎士로 호야곰 一時를 先至호야 草草이 事를 訖호고 民人에 非笑를 避호며 禮拜日이 至호면 拖來哩窩에 在호고 巡捕前氣를 命호야 敎務를 管領호더 各省有司에 傳諭호야 政府에 忠心과 아니홈을 詳察호고 敢히 命時의 他邦으로 逃避훈 敎士는 國에 囚홈을 準許호라 호니 若輩는 政府도 더부러 뿔를 立호야 羅馬新約을 受치 말코 外邦에 甘在호야 敎習法文으로써 日을 度호거나 或 同敎를 依호야 生涯를 삼으니 그 國에 回호는 者不過四分에 一일너라 巴黎人이써호되 新約 우 敎民을 刻待호야 罪를 得호얏다 호고 一書를 印出호야 國內에 偏示호야드 여 福尼亞 等이 森匹力 司院에 聚호고 敵約의 事를 實議홀서 拿坡崙이 甫氣 로 호야곰 其書를 焚燬호고 福尼亞等을 拘獲호야 瘋人院에 繋호고 未幾에 도 巴黎主敎 所 轄境內에서 敵約된 敎士 五十八을 獲住호야 廟獄과 밋 維賽尼斯獄에 繋호니 其餘敎 士는 新約에 歸附호더 拿坡崙이 助天行事호야 民에게 福을 造호다 호고 同聲讚美호 여 感德의 詩를 編호야씨 謝호더라

第五—一節 與英議和

英法이 兵戈를 厭호고 修好를 久思호더 英相響特이 在位호야 謂호더 法先求和라 야 더부러 約들結홀것이오 만일 뿔時息호얏다가 國體가 虧損호면 和를 議치안는 이 만갓 지 못호다 호야 和議가 久토록 成치 못호더니 수에 譽特이 任滿告退홈이 繼호는 者는 克 司勃雷와 好호거를 寫호야 一千八百一年 八月에 法의 駐호 英使 臣으로 더부러 鴉眠에

셔 和約을 會議호식 法에 殖民地荷蘭과 西班牙를 允還호고 오즉 錫蘭과 忒里尼兩島는 英에 仍屬호야 十月一日에 彼此 戰을 息호고 詳細條約을 共議호야 六月이 閲호 後에야 비로소 簽字호다 初에 拿坡崙이 羅勳을 命호야 西班牙使臣을 삼으니 羅勳이 其全權大臣으로 부러 厲得特京에서 議和홀식 西班牙는 魯伊西阿那와 紐奧林 司尼兩地로써 法에 允還호고 法은 西班牙가 葡萄牙 攻홈을 允호야 式司克尼와 其公爵派末의 子로써 助攻호니 派末이 拍忙과 匹信賽도써 法으로 부러 決意코 葡로 부러 戰을 開호야 屋力과 文楷等地를 攻호다가 英船이 其海口에 進호더니 其時에 西班牙廷臣이 軍費無홈을 苦케너 거이에 葡도 더부러 戰을 息호고 英船이 其海口에 進호더 時에 西班牙延臣이 軍費無홈을 苦케너 거이에 葡도 더부러 和를 議티 못호지 라 拿坡崙이 大怒호야 葡萄牙를 征호고 곳 西班牙로 오히려 和를 議티 못호지 니 兩國이 知호고 大懼호야 西班牙가 羅勳에게 敎를 請호야 비로소 禍를 免호고 드듸여 佛郞二十兆로써 拿坡崙에게 獻호기를 待호야 不暇이 無혼지라 故로 이 新得호 他國에 地로써 急히 整治호고 寶石과 金鑽으로써 羅勳에게 謝호다 時에 拿坡崙 둣랏다가 未幾에 다시 葡萄牙로 더부러 和約을 定호니 葡萄牙가 南美洲에 基愛納으로써 法人에게 讓與호다 初에 監督이 叛호야 美國金錢十兆를 是에 至호야 統領政府가 擔承償還코 다시 俄羅斯와 土耳其로 부러 議和호다

第五十二節　征擊度明哥島

鴉眠和約이 已定에 拿坡崙이 戰艦을 大集호니 兵이 約二萬餘人이라 西印度의 聖度明

哥島를出征홀식利亮과勒克으로써統師를삼다是役에拿坡崙이특별이殖民計를爲
흥이아니라또各國이戰을停호야衆兵이事가無호고國中에留호면他變이生홀가恐
호는故로民主黨에偏向혼兵과政府에順치안는將弁을擇호야곰法國에써遠離호
니자맛深意가有호야臨行時에衆兵에게謂호되可히大島財産을得호야곰舞
호리라호더라뽈度明哥란者는黑種에人이라黑白雜種으로더부러居호니歐美兩
洲로부터販買호는黑人을禁止호야奴를삼으니黑人이드듸여自立호야民主國이되
고또호야土賽을推戴호야長을삼으니土賽에性이戰을好호야勇호고衆이多호나然
호나能히新律을自創티못호고憲法改定을호듯호야効호는지라一千七百九十九年에拿
坡崙이大統領이되야셔大權을手握호고補納派脫이라自稱호거놀拿坡崙이듯고怒曰彼政府
호고海地大統領聖度明哥島에補納派脫이라시傾覆호야黑奴를廢去호야곰戰勝에榮을
가劇場과一似호니웃지持久호리요니반다시傾覆호야黑奴를廢去호야곰戰勝에榮을
獲지못호게호리라호고또言호되法人革命黨의思想이黑沭猴로彼沭猴로호야見호바黑가
苦홰吾눈빗無호고또白人이누구던지能호西印度에往호야田地를耕種호족黑
호되吾則此가가장無理호다호노라웃짐인고西印度에往호야田地를耕種홀人이無호다호눈時
奴가許호야禁리아니만일赦호則得호바殖民地를耕種홀人이無호다호눈時
에屈膺極脫者가有호야禁奴의議를力主호논지타拿坡崙이此호야日만일汝가埃及
호야黑人과阿拉伯人에自由의說을復倡호면吾쟝焚汝를船檣에縱호리니그리

호야 또 가 黑人을 回護호야 聖度明哥의 白人을 待홈이 匈暴케호나 나 웃지 吾等白人이 黑人을 反照호리 理가 有홀쥴知호얏스리 웃지 自由의 權으로써 無敎化에 人을 與호랴 克利와 立克이 岸에 登호니 黑人이 羣起호야 逐호거 法兵이 勇銳홈이 無前호야 勢를 可히 當티 못호눈지라 其礮臺를 先占호고 拂雷開城을 復據호니 此城은 黑將客里拖非에 其城을 守호다가 遽然이 法人이 坯 逼호빌되야 客里拖非가이에 其城을 燒燼호고 土壘이 來로써 助호다 土壘三千을 挈호얏더니 未幾에 法이 坯 抛回西林司城과 호고 黃熱症에 多患호야 沿海地가 法掌握에 盡歸호고 坯島에 內地를 攻 緊要훈 海口礮臺를 進據호니 一時에 接호다 前日勇脫와 갓지 못호야 交戰數次에 勝 홈이 黑大統領으로 더부러 伏兵으로써 來호야 從而 時疫에 沾染 가 大有훈지라 黑大統領은 憂호야 身體가 軟弱호야 法兵이 入島호야 從來로 此朝食을 滅홀概 貢이 五有호리라 大統領은 主로써 客호야 坯誘호야 勢를 待호고 此朝食을 滅홀概 반間計를 用호야 克利와 立克을 密諭호되 만일 攻戰티 못호면 和를 議호리라 是와 如히 호면 兵을 用티아니호야 小惠로 한다시 我國에 歸向케 한거든 土壘이 然其計에 墮호야 軍前에 納降호거늘 縛호야 國으로 歸호니 黑人이 念甚호야 其殺 里에 拖非가 다시 兵으로써 來攻호난지라 法兵이 染病身弱호야 能히 抵禦티 못호고 死혼비 되야셔 積屍가 成堆호고 黑人에 房屋이 法兵에 焚盡홈이 되야 滿目荒凉호야 舊

拿坡崙史　103

를 復기 永難혼지라 黑奴政府가 玆로 從ᄒᆞ야 振치 못ᄒᆞ니 法人이 진실노 仇를 執ᄒᆞ랴면 곳 執ᄒᆞᆯ거이로되 殘忍相役ᄒᆞᆷ이 義안일뿐더러 法兵의 僅存혼者三百餘人이요 ᄯᅩ 克利와 ᄯᅩ 克이 疫에 染ᄒᆞ야 死ᄒᆞ니 羅欽蒲가 其軍을 接統ᄒᆞ거ᄂᆞᆯ 客里拖非 더부러 圍ᄒᆞ고 弗倫克海角을 攻ᄒᆞ니 法兵이 危急ᄒᆞᆫ際를當ᄒᆞ야 援兵一萬五千人이有 ᄒᆞ야 至ᄒᆞ니 聲勢가 頓壯혼지라 羅欽蒲가드듸여 弗倫克圍攻의 師를 擊退ᄒᆞ고 ᄯᅩ克利立 克에게 失흔바 地를 恢復ᄒᆞ고 島에 南省의 深入ᄒᆞ니 新主의 兵이 ᄯᅩ 黃熱證에 染ᄒᆞ야 行 步기 甚難혼지라 客里拖非로더부러 猛戰數次에 利치못ᄒᆞᆷ으로 弗倫克에 退至ᄒᆞ니 兵 士가 和를 失ᄒᆞ야 날로 漸漸稀少ᄒᆞ니 能히 城을 守치 못ᄒᆞᆯ지라 此時에 法이 ᄯᅩ 英으로 더부러 疫死ᄒᆞ야 장찻 戰을 開ᄒᆞ야셔 兵船을 多遣ᄒᆞ야 島에 至ᄒᆞ니 戰에 時日이 旣 克에 疫援이 絶ᄒᆞᆷ을 知ᄒᆞ고드듸여 黑笛色黎里로 더부러 和를 議ᄒᆞ고 弗倫 ᄂᆞᆯ 羅欽蒲가 救援이 絶ᄒᆞᆷ을 知ᄒᆞ고드듸여 城을 繳還ᄒᆞ고 中途에셔 英船에 遮截혼빈되아 久ᄒᆞ고 兵을失ᄒᆞᆷ이 最多ᄒᆞ니 一千八百三年十二月에 餘兵과島에 在혼 白人으로 ᄡᅥ 歸 回ᄒᆞ다가 中途에셔 英船에 遮截혼비되아 羅欽蒲를 執ᄒᆞ야 巴黎에歸 已死亡ᄒᆞᆫ後患이 永無ᄒᆞ더라 一千八百二年八月에 士賽이 被執ᄒᆞ야 巴黎에 至ᄒᆞᆷ 軍士가 五萬餘人이로 拿坡崙이 絶不憐惜ᄒᆞᆷ을 出征에 軍이 싸운데 民主黨人이라今 에 出征에 軍이 싸운데 民主黨人이라 士賽이 書를 上 ᄒᆞ야 拿坡崙이 闕獄에 置ᄒᆞ라 ᄒᆞ거ᄂᆞᆯ 拿坡崙이 不聞에 置ᄒᆞ고 別노 由拉田士極高 ᄒᆞ야 哀求ᄒᆞ되 其一死를 貸ᄒᆞ라 ᄒᆞ거ᄂᆞᆯ 拿坡崙이 不聞에 置ᄒᆞ고 別노 由拉田士極高

拿坡崙史

且冷獄에繫ᄒᆞ니事甚秘密ᄒᆞ야人이知ᄒᆞ는者無ᄒᆞ고其獄에草로써床을삼고飮食을
少許式與ᄒᆞ며底半年에至ᄒᆞ면곳極冷에風이有ᄒᆞ야白郞山頂積雪上으로부터吹來
ᄒᆞ는故로氣候가異常히凓冽ᄒᆞ니何時에死ᄒᆞᆫ줄을知치못ᄒᆞ야或一千八
百五年冬月이라云ᄒᆞ나然ᄒᆞ나奏報들見치못ᄒᆞ얏더니初에監督이在位時에土賽가
ᄒᆞ야死ᄒᆞ얏다ᄒᆞ더라後에法新王이踐位홀ᄉᆡ에至ᄒᆞ야비로소釋ᄒᆞᆫ즉
써巴黎學校에附人ᄒᆞ야讀書ᄒᆞ더니被執ᄒᆞᆫ後에一家屬이死ᄒᆞ도한同時就逮ᄒᆞ며일즉黑
土賽이黑奴에獻ᄒᆞ야戰勝攻取ᄒᆞᆷ에衆이推服ᄒᆞ야島主를삼으니此ᄂᆞᆫ黑
種에人傑일너니拿坡崙에게幽囚되야死ᄒᆞ니惜ᄒᆞᆫ哉라後에拿坡崙이墜度明
ᄒᆞ야先後瘦死ᄒᆞ고一子만僅存ᄒᆞ더니後에余가비록伐ᄒᆞ나此을失ᄒᆞ얏고다만
哥島를征ᄒᆞᆷ이失計홈을自認ᄒᆞ고其左右에人마다埃理에明ᄒᆞ者ᄂᆞᆫ謂ᄒᆞ되平生에埃及
과叙利亞를征ᄒᆞ며西班牙도侵掠ᄒᆞ고最後에俄을伐ᄒᆞ얏ᄂᆞ니此가著ᄒᆞᆫ者로소
十五年中에兵을用ᄒᆞᆷ이是와如히冒昧ᄒᆞ니史冊中에웃지能히貶詞가無ᄒᆞ리오

第九十三節 拿坡崙이自稱西撒兒寶共和國總統

羅納維爾條約內에曾言法과與兩國이荷과瑞士와西撒兒寶과耕羅亞를共保ᄒᆞ야
共和國을삼어서自由行政을許ᄒᆞ되오즉合宜로써決斷ᄒᆞ라ᄒᆞ니바록此約이有ᄒᆞ나
拿坡崙이반다시四國이其政을改從코ᄌᆞᄒᆞ야곰法의屬國이되게ᄒᆞ고短意大利
라

拿坡崙史

民主黨人을 深恨ᄒᆞ야ᄒᆞ곰 其地에 將軍과 總督을 鎭守ᄒᆞ고 嚴密 搜拏ᄒᆞ며 坐談勒脫로 ᄒᆞ야 곰 勿老倫次와 脫靈兩城에 傳諭ᄒᆞ야 ᄆᆞᆺ 君主의 개 得罪 豆 意大利人에 해 武司克尼에 避匿한 者ᄂᆞᆫ 一律로 本籍에 驅回ᄒᆞ되 其中에 那坡利斯에 羅馬人이 多흠으로써 三年前에 勸ᄒᆞ야 君主를 違背ᄒᆞ고 自由로 許ᄒᆞᆫ 故로 家產을 抛棄ᄒᆞ고 此애 來ᄒᆞ얏더니 今에 君主에 境內로다 驅回ᄒᆞ야 其君에 顯異ᄒᆞ야 好奇의 罪로써 治ᄒᆞ야 監禁ᄒᆞ야 死케 ᄒᆞ니 其謀가 도ᄒᆞ 甚 狡ᄒᆞ더라 四共和國中에 意大利國이 더욱 懦弱ᄒᆞ야 名은 自由라 ᄒᆞ나 法人에 束縛흠을 仍受ᄒᆞ니 法委員이 隨意 収稅ᄒᆞ야 意大利國人을 剝削ᄒᆞ야 餘地를 不留 ᄒᆞ니 閭閻이 怨恨ᄒᆞ야 亂者 四起ᄒᆞ니 執政에 人이 利昂에셔 會議ᄒᆞ고 拿坡崙이 許에 개 稟請ᄒᆞ야 西撒兒 共和國 政治를 專制ᄒᆞ야 써 國內 安定흠을 翼ᄒᆞ거늘 拿坡崙이 許에 開ᄒᆞ고 드듸여 愛爾魄士山外에 版圖를 再闢코ᄌᆞᄒᆞ야 薩蹄尼亞王에게 讓與ᄒᆞ니 法人이 地를 得ᄒᆞ 이 多흠으로써 愛爾魄士山大가 鴉眠和約 內에 撤印ᄒᆞ니 此時에 英議和大臣이 巴黎에 適住 ᄒᆞ니 其法人에 西撒兒 共和國總統이라 自稱ᄒᆞ니 此時에 英議和大臣이 巴黎에 適住 絶 不 阻撓 ᄒᆞ고 俄皇亞歷山大가 鴉眠和約 內에 撤印ᄒᆞ 으로 써 其地를 稍 削 ᄒᆞ야 薩蹄尼亞 에 讓與 ᄒᆞ니 法人이 不入 케 ᄒᆞ고 坐法에 屬 지 안 코 ᄌᆞᄒᆞ야 俄皇이 父의 遺命을 違ᄒᆞ야 法人으로더부러 英에 倂吞ᄒᆞ다 一時에 法兵이 荷蘭에 在ᄒᆞ야 亂을 作ᄒᆞ되 一千七百 九年 十一月에 事를 問ᄒᆞ거ᄂᆞᆯ 拿坡이 英이 極히 荷蘭 自由를 保護흠을 英이 極히 荷蘭 自由를 保護흠을 ᄒᆞ니 塔烈蘭으로 ᄒᆞ야 곰 答ᄒᆞ야 曰 荷蘭에 力이 鴉眠定約ᄒᆞᆫ 數月 後에 大振ᄒᆞ얏다 ᄒᆞ고

拿坡崙史　111

拿坡崙이 行兵에 路룰 范蘭에 造ᄒᆞ야 意大利에 達ᄒᆞ야 愛爾魂士山路에 險홈을 避코ᄌᆞᄒᆞ야 內將軍을 遣ᄒᆞ야 新兵을 急領ᄒᆞ고 其臣을 強逼ᄒᆞ야 允許ᄒᆞ니 其自由의 權을 盡削ᄒᆞ고 드ᄃᆡ여 范蘭과 基尼罰과 倍色而로써 法에 悉倂ᄒᆞ다 拿坡崙이 曰 歐洲가 法人이 瑞士에 事ᄒᆞ믈 速了홈을 望ᄒᆞ더니 今에 瑞士와 荷蘭과 意大利가 法의 宇下에 隷홈을 共認ᄒᆞ다 ᄒᆞ고 坯瑞士使臣으로더부러 言ᄒᆞ되 此를 英에 悉히 足히 鴉眼에 約을 違背ᄒᆞ고 一證이 되ᄂᆞᆫ지라 然ᄒᆞ나 此三國이 己有ᄒᆞ고 坯 奧가 承認리못屬地로 德意志와 西班牙의 心에 擴充홈이 己有ᄒᆞ고 坯奧가 오히려 其所欲을 饗치아니ᄒᆞ니 法船이 英海에 至ᄒᆞ야 貿易홈을 不準ᄒᆞ고 屬地에 船을 坯禁ᄒᆞ니 戰時로 盛홈을 忌ᄒᆞ야 異홈이 無ᄒᆞ더라 더부러 異홈이 無ᄒᆞ더라

第五十四節　公擧拿坡崙永爲大統領

一千八百二年五月에 保民會長이 大統領功德이 非常홈으로써 民生이 感戴라 ᄒᆞ야 尊崇ᄒᆞ고 바로 酬報ᄒᆞ기를 謀ᄒᆞ고 上議院은 大統領이 十年期滿호後에 再任十年ᄒᆞ기로써 議ᄒᆞ고 坯人이 有ᄒᆞ야 곰 大統領홈을 議ᄒᆞ신에 各議院으로 ᄒᆞ야곰 投筒을 設ᄒᆞ고 ᄌᆞᄒᆞ니 遲라 ᄒᆞ논 者半에 過ᄒᆞ지라 長 擧議를 定ᄒᆞᆯᄉᆡ 大統領의 意가 오히려 慊지못ᄒᆞ야 議院에 謝ᄒᆞ야 日 吾議員이 聯任의 請만 僅受ᄒᆞ기를 願치아니ᄒᆞ고 반다시 百姓이 投筒호 後에야 允準ᄒᆞ리라 ᄒᆞ거ᄂᆞᆯ 軍機諸臣이 따시 集議ᄒᆞ야 日 大統領이 國에 長城 不起ᄒᆞ니 羅特拉者가 有ᄒᆞ야 그 意를 微窺ᄒᆞ고 衆에게 揚言ᄒᆞ야

이니 法人이 安寧을 依賴ᄒᆞᄂᆞᆫ 者라 만일 十年 滿聯任ᄒᆞ면 政治와 國民이 未必果能久安
長治ᄒᆞ리니 반다시 永爲大統領然後에야 可ᄒᆞ리오 만일 ᄯᅩᆫ期倦憊ᄒᆞ면 其嗣位의 人
을 自擧홈을 聽홈이 無妨ᄒᆞ니 是와 如히 ᄒᆞ면 法國이 太平을 常亨ᄒᆞ리라 ᄒᆞ더니 一時에 其
說을 附和ᄒᆞᄂᆞᆫ 者甚衆ᄒᆞ고 抛却製斯가 尤助ᄒᆞ야ᄡᅥ되 大統領은 世界民運에 係혼비
니 可히 一日이라도 位에 在ᄒᆞ리아니 치못ᄒᆞ리라ᄒᆞ니 永爲大統領의 議를 軍機에 允ᄒᆞ되
오즉 嗣位의 人을 自擧ᄒᆞᄂᆞᆫ 議ᄂᆞᆫ 아즉 綏議를 從ᄒᆞ야 이에 空白冊만 編國城鎭에 頒ᄒᆞ
니 或 可ᄒᆞ다ᄒᆞ고 或 否라ᄒᆞᄂᆞᆫ 者도 ᄒᆞ야 곰 其上에 簽名ᄒᆞ라 ᄒᆞ니 一時에서 可
라 ᄒᆞᄂᆞᆫ 者ᄂᆞᆫ 三兆의 人이 多ᄒᆞ고 否라 ᄒᆞᄂᆞᆫ 者ᄂᆞᆫ 寥寥無幾혼지라 年 八月 四日에 上議
院이 論을 國中에 示ᄒᆞ야 拿坡崙이 永爲大統領을 表明ᄒᆞ니 議를 定혼 後에 大統領이
喜曰 吾今에 各國君王으로 더부러 平等 지라 彼ᄂᆞᆫ 畢生 爲王이요 吾ᄂᆞᆫ 畢生 大統領이
리니 名雖不同이나 實則 一이요 ᄯᅩ 부러 民會員을 日漸減少ᄒᆞ고 密間에 罪犯을 按察使로
지 我를 貌視ᄒᆞᄂᆞᆫ 者有ᄒᆞ랴이에 定律에 未善者有ᄒᆞ면 곳改ᄒᆞ야 行政에 權은 議院에
歸ᄒᆞ고 諮詢院에 權은 統領이 操ᄒᆞ니 保民會員이 目漸威少ᄒᆞ고 密間에 罪犯은 議院에
由ᄒᆞ야 定識치 아니ᄒᆞ고 嗣後에 遇有機會홈을 挺ᄒᆞ야 議院과 保民會를 亦廢ᄒᆞ리니 웃
專制의 政治를 成ᄒᆞ더라

第五十五節 訂新律

一千八百年에 拿坡崙이 平民會를 設ᄒᆞ고 擔白西亞로ᄡᅥ 會長을 삼아 通儒를 廣徵ᄒᆞ야

拿坡崙史

簡要호新律을選定호디맛당이法國에通行홀者를擇호야訂호야一部를민들나호니越明年에告成호지라곳그書로써各部臣에게發호야觀覽호되較辨홀者有호거든後에悉載호야軍機處에呈交호야收存케호라호고拿坡崙이其處에常至호야校閱辨正호디軍機가過目혼後에一千八百四年에頒行호니名曰國律이라호다其後에法皇이됨애다시改호되軍機가過目혼後에一千八百四年에頒行호고다시商律과法律이有호야다陸續刊發호되國律로더부러五律이라共無호지라이에一千八百四年에頒行호니名曰國律이라호고其史律則一千八百七年에頒行호고刑律則一千八百年에頒行호고다시商律과法律이有호야다陸續刊發호되國律로더부러五律이라共稱호니五律中에商律로써最善타호더라

第五十六節 定勳爵

歐洲舊例에凡臣民에功勳이有혼者는朝廷이榮爵으로써賜호되其功의高下를隨호야씨級에等差를分호니各國은特然호되法國은革命時에廢호얏더니拿坡崙이其舊를復코즈호되軍機中民主에黨혼者그貴族의漸을將啓홈으로써力阻호야曰羅馬에此例가無호니이다拿坡崙이曰昔時羅馬에民호고等級이皆有호야衣服으로써識別호고그國을爲호야力을宣호는者는特別이榮爵으로써賜호는故로人心이奮호고古今을歷溯컨디一國이라도爵位와品級이無혼者가有호냐도中立黨人에게謂호야日汝袴上에繫혼바十字絲絳로써玩具를삼지말나호야써人心

拿坡崙史 114

을 激動호는者는正이此玩具를藉홈이라되기好榮에心은사룸마다有호지라故로我가
其願과如히써相與코ᄌ호얏더니革命政府廢去人에喜好호눈바事로써別로히波舞
ᄒᆞ얏슬이無ᄒᆞ고자못民에歸向홈으로써可恃를삼을지라웃지法人에情이變動기
易ᄒᆞ야頃에民主에개方屬ᄒᆞ얏다가踰時에王家의又服홀즐知ᄒᆞ얏을이요故로此
激勵에其가반다시可히少리못홀지라이에勳爵을重定호되舊例와如히ᄒᆞ더라

第五十七節　與英失和

拿坡崙이歐洲屬地가幅幀이不廣홈으로써埃及과叙利亞武呢司城과開第亞各島를
併呑ᄒᆞ되오히려未足ᄒᆞ다ᄒᆞ야ᄯᅩ屬地를新世界에關코ᄌᆞᄒᆞ야西班牙의魯伊西愛那
를旋得ᄒᆞ얏더니其後에十兆金錢으로써美國에售ᄒᆞ고다시英撒毛面脫島에兵과밋
和約內에英이法에許還홀이即時交出ᄒᆞ라고ᄒᆞ니만히사룸으로ᄒᆞ야곰
英에愛爾蘭에至ᄒᆞ야海口形勢를測繪ᄒᆞ고空虛에地를察看ᄒᆞ며携貳에民을聯絡ᄒᆞ
야決意코英으로더부러再戰ᄒᆞ야써國勢를强케ᄒᆞ고ᄌᆞ홈은別故아니라我의權勢가
列强國을征服홈으로써이온者니진실노戰勝의榮이無ᄒᆞ면吾勢가必衰홀지라하
ᄂᆞᆯ며新政府ᄂᆞᆫ더욱사룸을用홈을酷好ᄒᆞ야無事ᄒᆞ면抑鬱ᄒᆞ거이요否則亡이머立
待ᄒᆞ니되其生平이數年前에其父가遺傳호胃癰의病을患ᄒᆞ야手로써其腹을捫
心神이歡暢ᄒᆞ다ᄒᆞ니病發時를當ᄒᆞ면항상隱匿ᄒᆞ야사람
ᄒᆞ야日吾반다시吾父와갓치此病에死ᄒᆞ겟도다病發時를當ᄒᆞ면항상隱匿ᄒᆞ야사람

拿坡崙史

으로더부러見타안코後에體가漸漸肥碩홈애此亦病徵이라ᄒᆞ야輒自恨曰吾읏지能히身이士卒을先ᄒᆞ야馳馬督戰ᄒᆞ리요ᄒᆞ더니意大利女人이有ᄒᆞ야그릇體大홈이此와如ᄒᆞ니可히賀홀만ᄒᆞ도다拿坡崙이怒ᄒᆞ야叱ᄒᆞ더라是時에英使臣尾脫服甫가法에至ᄒᆞ야拿坡崙으로더부러和約을商議ᄒᆞ서康波福米奧의故智를仍用ᄒᆞ야威勢로ᄡᅥ脅ᄒᆞ니웃지英이奥에比ᄒᆞᆯ게아니며尾脫服甫가또考勃澤爾와갓치懦弱지아니ᄒᆞᆯᄉᆡ英使에置喙홈을容리안코略謂호ᄃᆡ英이巴黎를據홈은願ᄒᆞ지언뎡英毛而脫島를據ᄒᆞᆷ은願티아니라ᄒᆞ고또怨호ᄃᆡ英新聞紙가法國을貶斥ᄒᆞᄂᆞᆫ詞가每多라ᄒᆞ더英使日我國新聞紙에言ᄒᆞᄂᆞᆫ바ᄂᆞᆫᄡᅥ貴國에報홀빈ᄂᆞ라拿坡崙이問英이何故로埃及에事를干預ᄒᆞᄂᆞᆫ고我에兵力으로ᄡᅥ土耳其를壓服홈이不難ᄒᆞ고且使土耳其로服從則埃及은從以歸法이고且强大의國도不難征服이어늘何況小國이리요ᄒᆞ고拿坡崙이威嚇의語로ᄡᅥ脅ᄒᆞ나能히尾脫服甫에鎭定의心을擾치못홀지라因ᄒᆞ야其語를改變ᄒᆞ야日眞實노英法兩國이倂力同心ᄒᆞ면何事를可히成티못ᄒᆞ리요試觀ᄒᆞ라法은陸師四十八萬이有ᄒᆞ고英은大枝水師가有ᄒᆞ야海上에他邦을稱雄ᄒᆞ니彼此合力이면且可混一全球라ᄒᆞᄃᆡ尾脫服甫徐言曰我國은大洲上에他邦을蠶食ᄒᆞ야藩屬을廣占코ᄌᆞ안코다만已有에地만保守홈이足ᄒᆞ다ᄒᆞ더라數日後ᄂᆞᆫ곳一千八百三年三月十三禮拜

拿坡崙史

日聚會의 期라 尾脫服甫가 拖來哩宮에 至ᄒᆞ니 法에 群臣과 巡捕等과 各國公使 咸集ᄒᆞ고 約瑟芬도 各貴官으로 더부러 夫人으로 此時에 國事를 議論ᄒᆞᆷ이 大非所宜라 ᄒᆞ야 尾脫服甫가 言이 無코ᄌᆞᄒᆞ더니 拿坡崙이 此會場에 入ᄒᆞ야 곳 尾脫服甫에게 問曰 近日 貴國에 書가 無ᄒᆞ냐 有ᄒᆞ냐 答曰 兩日前에 一書를 曾見ᄒᆞ얏노라 拿坡崙이 急問曰 日이거시 決意開戰ᄒᆞᆷ이 아니냐 答曰 我사ᄅᆞᆷ으로 더부러 戰爭ᄒᆞᆷ이 十五年이로라 尾脫服甫가 嗤ᄒᆞ야 日時가이믜 久ᄒᆞ니라 拿坡崙이 曰 今日에 事는 ᄯᅩ 我를 逼ᄒᆞ야 十五年을 再戰케 ᄒᆞᆷ이냐 答曰 英이 만일 出戰ᄒᆞ면 恐컨되 必然 처아니ᄒᆞ나 ᄒᆞ니 拿坡崙이 俄羅斯와 西班牙 使臣前에 步至ᄒᆞ야 告日 英이 要剱을 拔ᄒᆞ면 吾剱을 釋거이요 彼가 만일 約을 違ᄒᆞ고 行ᄒᆞ면 맞당 가먼져 剱을 祓ᄒᆞ면 吾반다시 後에 少停에 ᄯᅩ 尾脫服甫에게 語ᄒᆞ야 曰 汝가 戰을 備ᄒᆞ거이요 이黑紗로써 其面를 蒙ᄒᆞ리라 ᄒᆞ고 오즉 汝가 能히 法國은 滅할지언뎡 能히 法國을 威嚇은 못ᄒᆞ리라 答日 此意가 并無ᄒᆞ고 오즉 彼此 和約을 守ᄒᆞ거이요 太平에 福을 共享기만 望ᄒᆞ면 면 吾가 ᄯᅩ ᄒᆞ거슨 戰을 備ᄒᆞᆷ에 在ᄒᆞᆯ거시니 不守者가 有ᄒᆞ면 禍가 隨ᄒᆞᆯ가 ᄒᆞᆷ이라 拿坡崙이 曰 此와 如ᄒᆞ즉 某某이 和約을 守ᄒᆞ거이요 尾脫服甫默然이 答지 아니ᄒᆞ니 拿坡崙이 遂出코 約瑟芬이 開宴을 起ᄒᆞ니 同座 諸人이 이ᄯᅩ ᄒᆞ 驚散ᄒᆞ는지라 塔烈蘭이 다시 尾脫服甫로 더부러 英人에 害빙되지안 時日을 多延ᄒᆞ야 英海에 在 法船으로 ᄒᆞ야 곰 安穩이 國에 回ᄒᆞ야 코ᄌᆞᄒᆞ더 尾脫服甫가 其意를 微知ᄒᆞ고 곳 護照를 索ᄒᆞ야 五日內에 回國ᄒᆞ다 英人이 港

口에 出치 아니 ㅎ니 法船 二百餘艘을 阻截 ㅎ니 五月 二十二日에 拿坡崙이 傳諭 ㅎ야 無論 英國 何人 ㅎ고 法境에 在 ㅎ 者 一律로 羈留 ㅎ야 俘獲을 作 ㅎ니 이에 上으로 使臣과 下로 商旅 갓치 男女와 貴賤을 不問 ㅎ고 被留 ㅎ 者 約萬餘人이라 英國이 듯고 大怒 ㅎ야 곳 戰을 宣 ㅎ니 拿坡崙이 急히 練兵 二十萬을 備 ㅎ고 戰船을 白龍에 重放 ㅎ야 써 英을 伐 ㅎ 실 英이 大洲에 在 ㅎ야 聯邦이 無치 아니 ㅎ 을 旋知 ㅎ고 다시 意大利로 由 ㅎ 야 進兵 ㅎ 야 써 奧를 改 ㅎ 고 來因河로 由 ㅎ 야 進兵 ㅎ 야 써 德을 侵 ㅎ 야 能히 英을 助치 못 ㅎ 게 ㅎ 고 쏘 써 俄皇의 怒를 激 ㅎ 고 奧主의 激戰에 心을 啓 ㅎ 고 쏘 ㅎ 니 此 拿坡崙이 當日의 位에 加 ㅎ 고 德意志 諸小邦을 俳呑 ㅎ 야 隸 ㅎ 야 藩屬을 삼 고 ᄌ ㅎ 雄心일너라

第五十八節　法人이 謀叛

拿坡崙이 歐洲過半을 專制 ㅎ 야 巴黎四周에 謀叛의 人을 偏伏 ㅎ 니 其 故 各種 匿名 小書가 激動 ㅎ야 起 홈이라 議院이 知 ㅎ고 印書舘에 傳諭 ㅎ 야 印 ㅎ 巴書籍과 報章을 有 司에게 呈 ㅎ 야 日의 經 ㅎ 後에 發行 홈을 方許 ㅎ고 巡捕로 ㅎ 야 곰 暗中에 訪査 ㅎ 야 民間에 人을 提 ㅎ 야 巴黎獄이 滿 ㅎ 자 不時에 提出 ㅎ 야 訊問 ㅎ 고 或極邊에 地의 充發 ㅎ 거나 或 武員에게 交 ㅎ 야 日을 越 ㅎ 야 其罪狀을 新聞紙에 列 ㅎ 야 써 衆人에게 告 ㅎ 되 一千八百三年 十一月로 明年 四月에 至 토록 大統領에 諫 ㅎ 者 오즉 讀魯一人이니 그 戰을 威嚇 政治가 된다 稱 ㅎ 더라 是時에 大統領에 懼 ㅎ 者

善아ᄒᆞ고能히民心을得홈으로써장챳己에利티못홀가ᄒᆞ야항상其瑕隙을尋ᄒᆞ야除ᄒᆞ기를思ᄒᆞ더라一千八百五十三年十二月에法國에王黨이倫敦에聚ᄒᆞ야合力ᄒᆞ야大統領을傾覆ᄒᆞ고鮑旁王族을復코ᄌᆞᄒᆞ야囂利士와譽區羅와楷度特이며로主ᄒᆞ야其謀를삼아서阿託懷伯爵으로助ᄒᆞ니譽區羅ᄂᆞᆫ譏魯를囑ᄒᆞ야內應이되고楷度特而로ᄂᆞᆫ其謀를삼아이라항상法兵을戰勝홈을恃ᄒᆞ야壯士를聚ᄒᆞ야譏魯를囑ᄒᆞ야巴黎에攻入ᄒᆞ야白晝에拿坡崙을軍中에셔殺ᄒᆞ야謀害를暗加ᄒᆞ니刺客의所爲와如티안코ᄌᆞᄒᆞ야左右를率ᄒᆞ고英船을乘ᄒᆞ야巴黎에至ᄒᆞ니譽區羅가亦至ᄒᆞ야讒魯로더부러會議호계數次에譏魯의意ᄂᆞᆫ兵을擧ᄒᆞ야大統領을廢ᄒᆞ되鮑旁王位ᄅᆞᆯ復코ᄌᆞᄒᆞ아니ᄒᆞ고仍使法兵으로民主國을巡捕고ᄌᆞᄒᆞ고譽區羅ᄂᆞᆫ君主의舊를復코ᄌᆞᄒᆞ아兩人에所見이不同ᄒᆞ지라阿託懷伯爵이巡捕曰비兩人으로ᄒᆞ야곰巴黎에潛至ᄒᆞ야擧動을伺察ᄒᆞ고未幾에兩人이셔로聯絡日다拿坡崙이ᄒᆞᆷ록王黨이兵民을暗結ᄒᆞ야助를삼으나然ᄒᆞ나人各一心ᄒᆞ아셔로返報日비避察이極嚴ᄒᆞ야一動一靜을暗巡捕라ᄒᆞ더라時에拿坡崙이多人을密派ᄒᆞ야叛黨을偏査ᄒᆞ니名은暗巡捕가此暗巡捕가皆知ᄒᆞ다ᄒᆞ더라主謀가누군줄을不知ᄒᆞ야決意코幹練包를用ᄒᆞ야써訪查서茂稀蘭者가有ᄒᆞ야哲哥賓黨에入ᄒᆞ얏다가王黨에繼入ᄒᆞ야探ᄒᆞ야其後에他國에避居ᄒᆞ야訪査ᄒᆞ야在ᄒᆞ믈을已知ᄒᆞ人이라僞爲ᄒᆞ야消息을傳遞ᄒᆞ야謀叛에魁를訪査ᄒᆞ니茂稀가곳倫敦에至ᄒᆞ야鮑旁親王을見ᄒᆞ고同爲ᄒᆞ야哲哥賓黨에入ᄒᆞ얏다ᄒᆞ야其後에他國에避居ᄒᆞ야연고로써告ᄒᆞ고招來ᄒᆞ야항상兩黨을

黨關切의 語를 誘爲ᄒᆞ야 所事에 如何히 힘을 探問ᄒᆞ되 誰가 謀畵ᄒᆞ고 親王이 其詐를 不知ᄒᆞ고 曰 此事는 오즉 謨魯와 楷度特而와 譬區羅 三人을 恃ᄒᆞᆫ이라 蔑稀가 德國에 復至ᄒᆞ야 英使臣掘立克을 見ᄒᆞ니 掘立克이 重賄로써 贈ᄒᆞ고 ᄒᆞ야 곰 機를 乘ᄒᆞ야 巡捕을 謀害ᄒᆞ라 ᄒᆞ거ᄂᆞᆯ 蔑稀가 巴黎에 返ᄒᆞ야 巡捕에게 報知ᄒᆞ고 仍使掘立克으로 通書ᄒᆞ야 ᄒᆞ야 곰 疑慮러 안케ᄒᆞ다 此時에 巡捕가 警區羅等에 主謨를 疑知ᄒᆞ나 巴黎何所에 藏匿ᄒᆞᆫ 줄을 未知ᄒᆞ더니 開拉兒란 者가 有ᄒᆞ야 곧 靴ᄒᆞ고 訊問ᄒᆞᆫ 後에 장ᄎᆞᆺ 搶斃에 同罪로써 定ᄒᆞ니 其人이 認ᄒᆞ되 五月前에 일즉 警區羅와 楷度特而로 더부러 海口에 同進ᄒᆞ고 ᄒᆞ야 곰 隨同 尋覓ᄒᆞ되 供狀을 錄ᄒᆞ야 四城에 徧張ᄒᆞ야 謀黨을 大이 그 罪를 釋ᄒᆞ고 ᄒᆞ야 곰 隨同 尋覓ᄒᆞ되 供狀을 錄ᄒᆞ야 四城에 徧張ᄒᆞ야 謀黨을 大索흘서 開拉兒가 警區羅의 隱匿에 所를 微知ᄒᆞ고 巡捕多人을 引ᄒᆞ고 一密室에 至ᄒᆞ야 警區羅가 其中에 偃臥흠을 見ᄒᆞ고 猝然이 入ᄒᆞ니 警區羅가 및 첨手槍을 索取치 못ᄒᆞ야 드듸여 掩獲흠을 被ᄒᆞ니 楷度特而가 馬車를 偶乘ᄒᆞ고 出ᄒᆞ다가 中途에서 捕者에게 阻ᄒᆞ빋되니 楷度特而根을 持ᄒᆞ고 車에 下ᄒᆞ야 一人을 擊斃ᄒᆞ고 一人을 踢傷ᄒᆞ고 장ᄎᆞᆺ 脫逃ᄒᆞ더니 兩氏가 適有ᄒᆞ야 此에 過ᄒᆞ다가 憲兵으로더부러 圍獲ᄒᆞ고 이에 羽黨을 搜索ᄒᆞ야 四十餘人을 共擒ᄒᆞ야 다 獄에 下ᄒᆞ야 嚴緝ᄒᆞ되 其英賄를 受ᄒᆞ야 장ᄎᆞᆺ 內應이 됨으로써 憾ᄒᆞ야 더욱 令을 下ᄒᆞ야 拿坡崙을 未獲흠으로써 ᄒᆞᆷ일너라

第五十九節 捕王族族恩勤公爵

法의 王族魯意第十八은 俄의 瓦沙에 避居ᄒᆞ야 俄皇에 保護를 受ᄒᆞ고 그 弟 阿託懷伯爵과 姪 白利斯爵과 밋 親王은 英京 倫敦에 避居ᄒᆞ야 英皇에 保護를 受ᄒᆞ니 拿坡崙이 除코ᄌᆞ ᄒᆞ되 可乘에 隙이 無ᄒᆞ고 오즉 恩勤公爵이 某 國에 屬ᄒᆞ야 保護ᄒᆞᆯ 者가 無ᄒᆞ지라 人이 言ᄒᆞ되 阿脫痕鎭에 同居ᄒᆞ니 此地는 位膝中 立의 國에 屬ᄒᆞ야 來因河畔의 公爵의 膽略이 素蒙ᄒᆞ고 私自改裝ᄒᆞ고 法에 至ᄒᆞ야 瑩利士로 더부러 交通ᄒᆞ야 來因河를 夜 渡ᄒᆞ야 往捕ᄒᆞᆯᄉᆡ 다시 巡捕 殼拉殼으로 ᄒᆞ야곰 其後를 隨ᄒᆞ라ᄒᆞ니 殼拉殼이 坐 阿脫痕 鎭을 管理ᄒᆞᄂᆞᆫ 侯爵 瑺扐斯汀과 다맛 參將 屋茅能으로 ᄒᆞ야곰 其宅을 圍ᄒᆞ고 兵을 分ᄒᆞ야 一千八百四 를 截ᄒᆞ야사 寶逃ᄒᆞᆷ을 防ᄒᆞ다 數日前에 塔烈蘭이 사사로 逮捕의 專로 公爵에게 告ᄒᆞ 三月十三日에 馬步兵을 共率ᄒᆞ고 阿脫痕에 至ᄒᆞ야 萬國公法이 有ᄒᆞ니 決ᄒᆞ 니 公爵이 信치 안코 謂ᄒᆞ되 我가 中立의 國에 居ᄒᆞ니 夜 夢寐中에 人馬喧雜의 聲을 ᄅᆞ 急히 推枕ᄒᆞ고 起ᄒᆞ야 開窓ᄒᆞ고 視ᄒᆞ니 宅이 圍ᄒᆞᆷ을 已被ᄒᆞ고 能히 樓에 下치 못ᄒᆞ지 聞ᄒᆞ고 例를 違ᄒᆞ고 人을 拘치 못ᄒᆞ리라 ᄒᆞ더니 不意에 是 夜 코 能히 例를 違ᄒᆞ고 人을 拘치 못ᄒᆞ리라 ᄒᆞ더니 라 公爵이 衛士와 僕從을 命ᄒᆞ야 執ᄎᆞᆨ을 待ᄒᆞ니 法兵이 能히 擁上치 ᄒᆞ거ᄂᆞᆯ 公爵이 樓門을 堅守ᄒᆞ고 僕從이 彈藥을 裝ᄒᆞ야 向下 疊發ᄒᆞ니 法兵이 이 冒險ᄒᆞ고 上ᄒᆞ거ᄂᆞᆯ 梯를 挾ᄒᆞ다가 數人이 槍을 受ᄒᆞ고 斃ᄒᆞ거ᄂᆞᆯ 瑺扐斯汀

야 執槍先登ᄒᆞ니 衆兵이 繼ᄒᆞ야 樓上人을 一俳拘獲ᄒᆞ나 然ᄒᆞ나 누가 이 公爵인지 不識ᄒᆞ야 衆人에게 問ᄒᆞ니 衆人이 對치 안커ᄂᆞᆯ 다 捆縛出門ᄒᆞ야 阿脫痕에 擁至ᄒᆞ다 攻樓ᄒᆞᆯ 際에 當ᄒᆞ야 公主가 聲을 聞ᄒᆞ고 出視ᄒᆞ니 公爵이 跣足露體에 一褌만 僅繫ᄒᆞ고 衆兵에 끠여 호야 過ᄒᆞ니 駭極ᄒᆞ야 웃지 ᄒᆞᆯ 줄을 不知ᄒᆞ더라 法兵이 阿脫痕 數里를 離ᄒᆞ니 數人이다 나ᄂᆞᆫ 다시 來ᄒᆞ며 公爵의 名을 大呼ᄒᆞ더부러 同死ᄒᆞ기를 願ᄒᆞᆫ지라 公爵이 結束ᄒᆞ기를 畢ᄒᆞ고 法兵이 옷가를 釋ᄒᆞ야 家에 還ᄒᆞ야 衣服持來ᄒᆞᆯ을 求ᄒᆞ거ᄂᆞᆯ 許ᄒᆞ니 곳 도로 公爵인 줄 認ᄒᆞ고 公爵으로 ᄒᆞ야 곰 紛拏斯汀으로부러 車를 同乘ᄒᆞ고 河를 渡ᄒᆞ야 岸에 登ᄒᆞ니 곳 馬車가 有ᄒᆞ야 相迎ᄒᆞᄂᆞᆫ지라 公爵으로부러 同車코ᄌᆞᄒᆞᄂᆞᆫ지라 許ᄒᆞᄂᆞᆫᄃᆡ 斯屈斯保城에 行至ᄒᆞ니 公爵이 可치 안타ᄒᆞ고 其僕을 釋ᄒᆞ야 閉ᄒᆞ니 法兵이 公爵을 待ᄒᆞᆷ이 甚이 敬ᄒᆞ야 此 慘狀을 見코ᄌᆞ 死罪가 無ᄒᆞᆫ 로 소 公爵을 同行ᄒᆞ기를 求ᄒᆞ거ᄂᆞᆯ 憲兵이 可치 안타ᄒᆞ고 드ᄃᆡ여 練으로써 其頸을 係ᄒᆞ고 ᄒᆞ야 衆犯을 營壘에 不過ᄒᆞ다 ᄒᆞ더라 殴拉設이 十八夜에 始至ᄒᆞ되 帶ᄒᆞ야 가 巡捕熱俩 來가 忽警ᄒᆞ고 營壘에 至ᄒᆞ야 悶ᄒᆞ니 監禁ᄒᆞᆷ에 不過ᄒᆞ다 ᄒᆞ더라 是夜에 公爵을 拔ᄒᆞᆯ라 ᄒᆞ니 章程에 登ᄒᆞᆺᄒᆞᆫ지라 公爵이 其僕을 排ᄒᆞ고 入ᄒᆞ야 公爵을 催ᄒᆞ야 衣를 披ᄒᆞᆯ라 ᄒᆞ니 장 程에 登ᄒᆞᆺᄒᆞᆫ지라 公爵이 其僕馬車에 推入ᄒᆞ니 公爵이 死地에 將入ᄒᆞᆷ을 自知ᄒᆞ고 驚悚ᄒᆞ야 絶코ᄌᆞᄒᆞᆯᄉᆡ 其頸을 係ᄒᆞ고 馬車가 停止ᄒᆞ거ᄂᆞᆯ 佛雪泥磴臺에 安置ᄒᆞ다 拿坡崙이 公爵을 密捕ᄒᆞᆯᄉᆡ에 其事가 甚秘ᄒᆞ더오즉 約瑟芬이 知ᄒᆞ고 其毒手를 將施ᄒᆞᆯ가 恐ᄒᆞ야 軟語로 跪求ᄒᆞ더 其惡

璧을勿造하라勸하거늘拿坡崙이叱하야曰婦人이무어슬知하리오此事를預치말느彼王族이장찻써我를謀하거늘웃지懲戒치아니하랴公爵이礙臺에旣至함미困憊함이已甚혼지라곳武員七人이有하야公堂에提至하야審訊日汝가英을賄하고받은지라의邊境에聚하야內地에入하야度墨利士와彎區羅等으로더부러同謀作亂하야大統領을刺殺코즈호니公爵이其誣를力辯호되오즉幼時에巴黎에曾居하야法國末次의擾亂할時를迎하야쎄革命黨으로더부러敵이된줄을認호지라近雖英의粮을食하얏스나然이나祗藉하야日를度함이요其賄를受호고彎區羅等으로더부러同謀作亂함은안이로라하고供狀을錄하야報紙에登하다二十一日에衆兵이먼져營外濠溝에一小坎을定하고恨하고그供狀을錄하야報紙에登하다二十一日에衆兵이먼져營外濠溝에一小坎을掘하고公爵을營外에馳出하야公爵이神甫가來하야認罪하기를求코즈하거늘旁人이厲聲日汝가敎士아니어늘公爵이妄想을勿作하라하고衆兵이布로써其目을紮코즈하놀公爵이可치안타하고大呼曰我國을爲하고君을爲하다가死하니刑者가相距十步外에셔쳐槍을開하니其衣를自解하고公爵이前을袒하야猛撲하니胸에七彈을中하야刑者가側하야도또호名이有혼지라고槍口를向하야死하니公爵에倒斃하거늘곳그屍로써坎中에埋하니棺도無하고衣도無하는이그勇烈을悲하야爲하야一樹를其上에種하야써誌하더라拿坡崙이傾覆한後에一

千八百十六年에 至호야 法人이 爲호야 禮拜堂에 遷葬호고 石碑를 立호야써 欽慕홈을 抒호더라 赫靈이 公爵被害호 後數日에 人아 그 花園에 獨在호야 往來散步홈을 避호야 公爵의 名을 提호는 者有호면 彼必毛骨이 悚然 호리라호더니 以後에 養尼西別墅에 至호야 면반다시 御者를 命호야 營壘를 避호야 公爵 流血의 處눈 經行티 안코즈 호더라

第六十節 彎區羅之死

一千八百四年二月十七日에 彎區羅로써 廟獄에 係호고 刑威에 術로 誘호디 질겨 謀魯 로더부러 同謀홈을 供認티 안코 言을 揚호디 審問코즈 홀쌔에 拿坡崙이 三事를 揭告호니 一은 謀 魯의 網羅를 密布호고 二눈 巡捕의 圈套를 暗設호고 三은 拿坡崙이 王族이 雖在호나 書홈일너라 政府가 듯고 大懼호디 謀魯가 名望을 素貪호고 彎區羅가 獄中에 激호야 變어 生호리오 히려만이 愛戴홈으로써 恐컨된 此信이 一傳호면 軍心이 반다시 激호야 變어 法兵이오 호고 장찾 艶호야 口를 滅코즈 호더니 四月六日에 忽報호되 彎區羅가스스 로黑巾과 木棍으로 床에 셔 絞死호지라 刑部가 醫로호야 곰 驗호니 自盡에 證據가 分明 호고 護獄의 憲兵이 云호되 是夜에 그 咳逆의 聲을 드럿다 호고 禁卒이 亦云 獄門이 扁閉 甚固호고 鎖鑰이 我에게 在호야 人이 能히 入호 者無호다 호야 반다시 此證據를 表홈은 人이오로 호야곰 그 自盡홈을 信타안은 이가 無케홈이로되 오죽 此事가 恩勤 公爵의 被害 호 後에 適在호야곰 그 廟獄을 護圍호 者는 곳 公爵을 槍艶호 憲兵이니 그 憲兵이 里面에 所縛

拿坡崙史

이되고 里而는 本이 煞佛來에 屬ᄒᆞ야 此憲兵身畔에 各種鑰匙를 藏ᄒᆞ야 能히 牢門을 夜開ᄒᆞ고 要犯을 暗移ᄒᆞ되 他犯은 不知ᄒᆞᄂᆞᆫ故로 法國人이다 譬區羅의 死가人이謀害ᄒᆞᆷ이되고 次코 自盡치아니ᄒᆞᆯᄶᅮᆯ을知ᄒᆞ면 且其人이 拿坡崙의 死ᄒᆞ라 譬區羅를 痛恨ᄒᆞ니 엇지 須臾인덜 綏死ᄒᆞ야 胸中에 所欲言을 一吐코ᄌᆞ아코 隱忍ᄒᆞ야ᄡᅥ 死ᄒᆞ라야 譬區羅에 幼時를溯ᄒᆞ면 拿坡崙으로더부러 쳐白利恩武備學堂에서 肄業ᄒᆞᆯᄉᆡ 年이稍長ᄒᆞᆷ에 일즉 算術로ᄡᅥ 拿坡崙에게授ᄒᆞ니 友요 兼ᄒᆞᆫ 師가되얏더니 同日에 千總의 職을受ᄒᆞᆯᄉᆡ얏다가後에 荷蘭을 戰勝ᄒᆞᆫ功이有ᄒᆞ야 擢ᄒᆞ야 大將에 至ᄒᆞ니 이에 拿坡崙에 忌ᄒᆞᆷ이되야 死ᄒᆞ나 然ᄒᆞ나오즉 此人이 死ᄒᆞᆷ에 拿坡崙의 王位가 始固ᄒᆞ더라

第六十一節 臘愛脫之死

世人이 正히 譬區羅의 死ᄒᆞᆷ과 ᄯᅩ 英臘愛脫의 事가 有ᄒᆞᆷ을 驚異히녀기더라 臘愛脫이란者ᄂᆞᆫ 곳 前에 英船으로ᄡᅥ 譬區羅等을 載ᄒᆞ고 法에 至ᄒᆞᆫ者라 五月八日에 ᄯᅩ船으로ᄡᅥ 法에 海口의 至ᄒᆞ얏다가 潮退ᄒᆞᆯ時에 船이 石에 觸ᄒᆞ니 水手가 正히 力을用ᄒᆞ야 其船을 移開ᄒᆞ더니 法兵船十七艘가 忽有ᄒᆞ야 海口로부터 出ᄒᆞ니 英船은겨우 十八雙礮逡船이오 水手五十餘人과 童子二十四人에 不過ᄒᆞᆫ지라 法兵船이 大隊로 더부러 戰ᄒᆞᆯᄉᆡ 開ᄒᆞ더니 法兵船十四에 至ᄒᆞ야 船이 破壞ᄒᆞ고 死ᄒᆞᆫ者 二人이오 傷ᄒᆞᆫ者 十二人이오 臘愛脫이 ᄯᅩᄒᆞᆫ傷兩点 鍾에 至ᄒᆞ야 船이破壞ᄒᆞ니 其船이 前에 譬區羅를 載ᄒᆞᆫ船이라 拿坡崙에게 告ᄒᆞ고 ᄯᅩ言ᄒᆞ되 降旗를 揭치안커ᄂᆞᆯ 人이 船이 前에 譬區羅를 載ᄒᆞᆫ船이라 拿坡崙에게告ᄒᆞ고 ᄯᅩ言ᄒᆞ되 降旗를 揭치안커ᄂᆞᆯ 人이 亞克城을 守ᄒᆞᆯ時에 法兵을 損傷ᄒᆞᆷ이 不少

拿坡崙史 125

하니 응당 獲홈애 重刑으로써 처리호리라 호니 拿坡崙이 急히 海濱師船에 諭호야 呪獲호니 水手를 提集호고 訊問호디 譬區羅의 私載호 事를 承服지 안커늘 朦愛에게 問曰 僭度特而로 더부러 相通謀叛치 아니 호얏년냐 쫍曰 我는 英人이라 英將이 되야셔 英國에 事만 祇知커늘 웃지 法人의 事를 知호리요 딕 이 何時에 廟獄에 係호고써 호되 敵俘가 아니 요國犯인 라 호야 事甚隱秘 호니 何時에 死호를 知치 못호니 後에 官報中에 그 咽喉를 自刺 호야 死홈을 忽傳호되 맛 譬區羅의 死홈과 如타 호야 진짓 彌縫의 語를 作호야 人에 耳目을 掩호더라

第六十二節 拿坡崙稱帝

此時에 拿坡崙이 장찻 民主國을 改호야 帝國을 삼고 逆을 討호고 叛을 誅호니 空氣中에 殺氣가 布滿호야 그 國民에게 威嚇홈이 民主黨이 革命初와 無異호더라 上議院이 大計를 早定호야 王位에 登호기를 請호고 軍機大臣이 國政을 永執호야써 帝統을 承호라 勸호더이 投簡의 法을 行호즉 호니 軍機中에 先호야 빅가 恐호야 投簡호는 者는 우 七八이며 投簡호는 者 二十八이요 非타 호는 者 三人이며 上議院과 保民院과 議政院의 兵士에 至호야는 급히 投簡호야 大統領이 帝位에 踐登홈을 陳請호니 上議院은 是치 안타 호는 介지 안타 호는 人이 無호고 다 其 改變홈을 願助호니 此時를 當호야 拿坡崙이 各 政府 領袖大臣과 會議홀식 諸臣이다 自利에 起홈을 見호고 다 拿脫 호야 一人이 오 議政院은 任事의 期를 展長 호야 五年을 改호야 十年으로 호고 俸銀은 一萬五 要求호되 保民院은

127

千佛郎에一萬佛郎再增ᄒᆞ믈請ᄒᆞ고議政院도所請이亦如ᄒᆞ고上議院은爵位를世襲ᄒᆞ고法律上에完全禁制의權과밋他項利益을有ᄒᆞ고卽軍機大臣은干求ᄒᆞᄂᆞᆫ비無ᄒᆞᆫ지라其所求者ᄂᆞᆫ拿坡崙이다漫應ᄒᆞ되胸이有ᄒᆞ야장찻一已의權은力擴ᄒᆞ고他人의權은削ᄒᆞᆫ더라一千八百四年五月十八日에上議院이聖크勞胡宮에奉表ᄒᆞ야大統領을勸ᄒᆞ야合法地의帝가되야位를子孫에게傳ᄒᆞ되世世에傳ᄒᆞ야替品이無케ᄒᆞᆯ소셔ᄒᆞ야ᄂᆞᆯ大統領이受ᄒᆞ야이에法帝라稱ᄒᆞ고民主國을改ᄒᆞ야帝國이라ᄒᆞ고定律을稱ᄒᆞ야帝典이라ᄒᆞ고民國民에게詔諭ᄒᆞ야다곰聞知케ᄒᆞ니四方에來賀ᄒᆞᄂᆞᆫ者道에絡繹ᄒᆞ오즉武員中이民主黨에屬ᄒᆞ야職을辭ᄒᆞ고去ᄒᆞᄂᆞᆫ더라帝라稱ᄒᆞᆫ後로謀魯가또被獲ᄒᆞ니按察使十二員을另設ᄒᆞ야陪審人員도不用ᄒᆞ며坐陪審人員도不用ᄒᆞ고謀叛人가謀ᄒᆞᆯ을審問ᄒᆞ되民主에法律도不用ᄒᆞ고謀魯의罪로定ᄒᆞ니新帝가詔令ᄒᆞ야고쳐永遠히充軍ᄒᆞ고美洲에流ᄒᆞ고楷度特而와그同犯戯十八人은다死罪로써定ᄒᆞ니新帝가詔令ᄒᆞ야고쳐永遠히充軍ᄒᆞ고美洲에流ᄒᆞ고楷度特而와烈士되이愧처안타ᄒᆞ거ᄂᆞᆯ新帝曰此人이銅肝과鐵膽이라만일질거相從ᄒᆞ면맛당이重用ᄒᆞ리라ᄒᆞ더라

第六十三節　拿坡崙加冕

拿坡崙이旣稱帝에敎皇을請ᄒᆞ야冕을加ᄒᆞ라ᄒᆞ니敎皇은碧霞師第七이라天寒途遠ᄒᆞ고年老涉艱ᄒᆞᆷ으로써辭ᄒᆞ고主敎長으로더부러商議ᄒᆞ되勢가可히却지못ᄒᆞᆯ지라

이에 十一月 五日에 羅馬로부터 啓行하야 二十五日에 巴黎에 至하다 拿坡崙이 吉期를 選擇하야 加冕禮를 奴特爾達沒 禮拜堂에서 行할시 德意志親王과 意大利公爵과 西班 牙大臣과 法의 新舊貴族과 將軍兵官等이 皆至한지라 敎皇이 祭臺前에 詣하야 先向冠 冕祝福然後에 拿坡崙의 首에 加하니 拿坡崙이 다시 約瑟芬에게 加冕하고 封하야 后를 삼다 禮畢에 衆이 敎皇을 奉하야 帝位에 登하고 其頰을 接吻하며 口로 頌詞를 致하 니 一堂에 齊呼曰 皇帝萬壽皇后萬壽하더라 未幾에 愛爾魂士山外에 人이 意大利古王의 鐵冕으로써 拿坡崙에게 奉告하니 大利王되기를 請하거늘 一千八百五 年 五月에 拿坡崙이 密倫禮拜堂에서 加하고 曰 此乃 上帝의 所賜라 하니 覲觀하는者 有하 야 行禮하라 하고 拿坡崙이 額에 加冕하야 自此乃上帝의所賜라하니 觀觀하는者 有하 야 謂호되 天必禍라하더라 六月에 耕羅亞民主國으로써 版圖에 隸入하고 劉克民主國 을 改하야 君主國을 삼어서 其娣梅利恒을 與하다

第六十四節 歐洲聯軍伐法

拿坡崙이 密倫으로부터 返하야 다시 兵十萬을 白龍에 聚하야 장찻 英을 伐할시 此雄師 로써 全英을 壓服하고 疆宇를 恢廓키 不難이라 하야 英과 俄와 奧와 瑞가 聯盟을 共訂호되 오즉 普魯士는 來하야 더부러 敵이 되는지라 이에 英과 俄와 奧와 瑞가 聯盟을 共訂호되 오즉 普魯士는 中立에 意가 存하야 盟하야 預기을 願치 안는지라 四國이 水陸에 師를 聯하야 法을 伐할 새 奧國이 馬克에 統한 德意志의 師와 楷利에 統한 意大利의 師로써 俄兵에 會集함을 待

치안코法의 白凡利亞京城에 先據ᄒᆞ니 拿坡崙이 듯고 곳 杜物海腰로 從ᄒᆞ야 伐英에 師를 移ᄒᆞ야 奧를 伐ᄒᆞ기를 命ᄒᆞ고 將이 來ᄒᆞ야 長驅ᄒᆞ야 奧에 至ᄒᆞ니 奧將馬克이 白凡利亞에 愛而姆ᄒᆞ야 被圍ᄒᆞ야 二萬人으로ᄡᅥ 法에 降ᄒᆞ다 未幾에 俄皇이 統兵ᄒᆞ고 來ᄒᆞ야 奧로 더부러 會ᄒᆞ야 阿拉維亞에 駐ᄒᆞ니 兩軍이 約八萬人이라 拿坡崙이 그 兵士에게 謂ᄒᆞ야 曰 俄가 지극히 勇悍ᄒᆞ니 此戰이 國의 榮辱이 關係가 되니 各各 疆場에 努力ᄒᆞ라 俄와 法兩軍이 孰優孰劣ᄒᆞᆷ을 試驗ᄒᆞ리라 十一月十三日에 法兵이 奧京을 攻破ᄒᆞ고 其軍械와 衣粮을 獲ᄒᆞ는 곳 戰을 開티 안니ᄒᆞ면 粮食이 將盡ᄒᆞᆷ으로ᄡᅥ 一路를 衝開ᄒᆞ고 維也納에 至ᄒᆞ야 阿力維亞에 離ᄒᆞ야 白倫에 駐兵ᄒᆞ니 拿坡崙이 敢이 그 鋒을 遮攔치 안코 澳特司의 平地에 駐軍ᄒᆞ니 此地는 第一 絶妙 戰場이라 十二月朔에 聯軍統帥 克忒煞甫가 兵을 擧ᄒᆞ야 戰을 索ᄒᆞ고 長陣을 排列ᄒᆞ니 其中에 奧의 新軍이 多ᄒᆞ야 訓練을 經티 못ᄒᆞ얏거늘 法兵이 見ᄒᆞ고 大喜曰 明日에 彼를 破ᄒᆞ야 反닷ㅎ리라 是夜에 拿坡崙이 敢히 結營티 못ᄒᆞ는지라 短 句易記ᄒᆞ는 文을 編成ᄒᆞ야 그 各隊에 親히 巡視ᄒᆞ니 從者火를 執ᄒᆞ고 相隨ᄒᆞ는지라 兵士로ᄒᆞ야 곰 다 熟讀ᄒᆞ고 能히 物을 辦티 못ᄒᆞᆯ 時에는 曠野에서 宿ᄒᆞ다가 天未明에 勇戰ᄒᆞᆷ을 勉ᄒᆞ되 出ᄒᆞ니 濃霧가 迷滿ᄒᆞ야 旭日이 東昇ᄒᆞ고 濃霧가 盡散ᄒᆞᆫ 지라 因ᄒᆞ야 兵士에게 諭ᄒᆞ야 曰 事에 成敗가 此一戰에

拿坡崙史

在호니 汝等은 敵軍을 迅掃호디 日光에 陰霾를 掃홈과 如히 호라 호니 衆軍이 다 應諾호다 沙爾脫과 來尼司와 謨勒脫諸將은 聯軍을 長陣을 能히 猝破지못호다가 倂力호야 攻호시 前者는 伏호디 後者는 繼호야 連環迭進호야 비로소 長陣을 攻破호니 其缺을 補호 야 河水에 溺호야 死호는 者ㅣ 約數千人이라 克武煞甫가 다시 精兵으로써 其缺을 補 호거놀 法兵이 再接再 호니 聯軍이 力不能支호는지라 拿坡崙이 馬兵을 거느려 追호다가 俄에 克薩克兵아 長矛으로써 返剌홈이되야 止호고 明晨에 俄兵이 大隊 로써 來攻호거놀 沙爾脫이 銅礮彈을 交戰호다가 追 빗되야 所困이러니 拿坡崙이 馬兵을 率호고 來救홈서 俄의 方陣中에 向호야 放호니 俄師가 大敗호고 法兵도 또 호 前後의 死홀者ㅣ 五千人에 下호지라 明日에 奧王과 法蘭西士第二가 英俄의 聯盟을 散去호고 拿坡崙軍中에 詣호야 和를 求호시 奧兵은 木國으로 退回호니 二十六日에 法 奧兩君이 和約을 潑賴斯堡에서 簽호시 奧가 意大利와 尾尼司로써 法에 與호고 또 泰魯 而와 白凡利亞로써 軍費佛郎 一百兆를 賠償호다

第六十五節 封昆弟爲王

和局이 旣定에 意大利가 法에 全屬호고 其權을 德意志에 展홀시 白凡利亞를 가호야 王 國을 삼고 德意志 諸小邦을 合호야 來因河同盟國을 삼어셔 호야 곰 法에 隷호야 保護호 고 다시 奧에 節制를 受티아니호다 一千八白六年에 那坡利斯王을 駐호야 細細利로 逐 호고 其兄 約瑟를 封호야 那坡利斯細細利王을 삼고 其弟 羅以를 封호야 荷蘭王을 삼다

澳特利司戰勝의際를當ᄒᆞ야法軍이英水師에게拉發而翫에서敗홈을忽聞ᄒᆞ고拿坡崙이怒ᄒᆞ야日我가能히彼此에兼顧치못ᄒᆞ어늘읏지我가아닌즉能히勝리못ᄒᆞ눈냐時에法으로더부러敵이되눈英相뿰特이已死ᄒᆞ고繼홀者는好克司勃雷라此人이言利를素喜ᄒᆞ고主戰홈을厭터아니ᄒᆞ야비로소拿坡崙으로더부러各有의士地를議分홀서言이好에歸ᄒᆞ고繼ᄒᆞ야다시新黨勞特而로ᄒᆞ야곰法에至ᄒᆞ야和約을重議ᄒᆞ니읏지拿坡崙이細細利로써約瑟를奪고奪ᄒᆞ눈고此時에細細利가法에敗라안코英船이爲ᄒᆞ야保護ᄒᆞ야他國으로써易易코조ᄒᆞ니拿坡崙이允티아니ᄒᆞ야事가阻閡홈이多ᄒᆞ더니未幾에好克司勃雷가卒ᄒᆞ니議和의事가遂寢ᄒᆞ더라

第六十六節　遜拿之戰

普魯士가비록中立이라稱ᄒᆞ고四國으로더부러聯盟티아니ᄒᆞ나然ᄒᆞ나法의欺陵홈을深恨ᄒᆞ야法兵이奧에在홀時에가만이兵으로써聯軍을助ᄒᆞᆯ旁으로죠쳐法을攻ᄒᆞ야斯獲이大有ᄒᆞ니拿坡崙이憾ᄒᆞ야是年冬에師를與ᄒᆞ야普를伐홀서其屬地에據ᄒᆞ야凌辱홈고迫ᄒᆞ야곰戰ᄒᆞ되書를柏靈에게馳ᄒᆞ야德意志各邦으로ᄒᆞ야곰相助ᄒᆞ라ᄒᆞ니兵이普에至ᄒᆞ니普에聯邦이薩克思義一小邦쓴이라薩克思義가備施ᄒᆞ고法兵을隨ᄒᆞ야普에出兵ᄒᆞ기를願터아니ᄒᆞ눈지라十月十四日에法이普로더부러蘧拿와奧兒斯打臨口에셔戰ᄒᆞ니普兵은奮男ᄒᆞ나오즉그主將이謀略이無ᄒᆞ야克蔵煞甫로더부러無異ᄒᆞ야法軍에게그死命을制홈이되니普兵殺傷이二萬이

이요 礙械를 奪獲홈이 筭이 無호지라 是役에 法將 勃納度脫의 功이 最多호니 拿坡崙이
忌호야 稱호기를 軋司格人이라호나 勃納度脫이 듯고 曰 吾는 吾의 本分만다 홀따름이
라 吾를 비록 軋司格人이라호나 然호나 彼에게 甚호니 만일 面호야 我
로더부러 言호면 吾스스로 對호리라호더라 我에게 甚호더욱 我의 敗兵이 重圍에 困호야
다 法에 降호니 五座 礙臺의 守兵이 始終에 一礙도 未發호고 坐相率호야 降호니 人이 疑
호더라 普統領이 或 貳心이 有호야 大非得立의 開創에 普國으로 호야금 數禮中에 傾覆호
야다 호더라 此國은 本이 諸小省을 合호야 成호재 未久에 強敵을 猝遇호야 滅
亡홈을 幾致호니 맛참닉 大非得立이 臨死의 言에 日梨未熟호야 已破란홈과 如호도다
拿坡崙이 大非得立의 墓에 親至호야 그 膞巾과 寶劍을 觀호고 携호야 歸호니 此二物
은 前王의 遺器라 호야 普人이 奉호야 國寶를 삼엇더니 今에 拿坡崙의 取호빈되니 普人
이 相顧失色호고 莫敢誰何러라

第六十七節　禁各國與英通商·

拿坡崙이 普京을 雖破호나 然호나 英이 其兵을 克勒白黎의 敗홈을 聞호고 心에 더욱 不
悅호더니 又 聞英人에 貿易이 寢廣호야 商務의 盛홈이 歐洲에 徧호얏다 호니 心에 더욱
忌호되 竊意컨디 만일 能히 彼에 通商을 阻호야곰 可圖홀 利가 無케호면 반다시 多
金으로써 大洲에 軍費를 暗助티 못호리니 是와 如호면 奧가 我로더부러 敵이 되지 아니
호고 俄普가 또 臣服호리라 호고 一千八百六年 十一月 二十一日에 柏靈으로부터 各

拿坡崙史

國에 傳諭ᄒᆞ야 英으로부터 通商ᄒᆞᆷ을 許타 아니ᄒᆞ고 各海岸을 堵止ᄒᆞ야 英船에 入口ᄒᆞᆷ을 準리말되 만일 私與貿易ᄒᆞᄂᆞᆫ 者 有ᄒᆞ면 査出ᄒᆞ야 重刑에 處ᄒᆞ거이오 므릇 英의 製造物과 殖民地所産의 物은 禁物이라 槪稱ᄒᆞ야 購買티 못ᄒᆞ고 在ᄒᆞᄂᆞᆫ 者ᄂᆞᆫ 律로 公에 充ᄒᆞ고 英으로부터 來徃ᄒᆞᄂᆞᆫ 書札은 반다시 書信舘에 折開査驗ᄒᆞ을 由ᄒᆞ여 投遞ᄒᆞᆯ 方準ᄒᆞ니 엿더니 一千八百七年 十一月에 迫ᄒᆞ야 英政府가 一論을 始出ᄒᆞ야 報ᄒᆞ더라

第六十八節 普耳脫哀롱飛麗欄之戰

是時에 普法의 戰이 尙未停此ᄒᆞ야 普王이 科尼司에 遁居ᄒᆞ니 俄皇이 佛斯脫拉河에 進兵ᄒᆞ야 助普政法ᄒᆞᄂᆞᆫ 거늘 拿坡崙이 波蘭舊京을 方據라가 開ᄒᆞ고 決意코 出兵迎敵ᄒᆞᆯᄉᆡ 비록 天寒雪凍ᄒᆞ나 能히 阻止치 아니ᄒᆞ고 十二月 二十八日에 俄兵으로더부러 普耳脫에셔 大戰ᄒᆞ야 擊敗ᄒᆞ야 遑ᄒᆞ얏다가 一千八百七年 二月에 다시 哀롱에셔 戰ᄒᆞᆯᄉᆡ 法은 戰兵 二萬八千과 備兵 一萬이 有ᄒᆞ야 後路에 駐ᄒᆞ야써 接應ᄒᆞᆷ을 備ᄒᆞ고 俄將皮利孫의 統ᄒᆞᆫ바 俄軍은 戰兵 七萬五千만 有ᄒᆞ니 兩軍이 黎明時로부터 大雪中開戰ᄒᆞ야 夜半에 至ᄒᆞ야 始罷ᄒᆞ니 法兵이 初有小勝ᄒᆞ나 繼ᄒᆞ야 俄의 薩克兵에 乘ᄒᆞ되야 戰兵 二萬八千과 備兵 一軍이 大敗ᄒᆞ야 退ᄒᆞ며 死傷이 一萬三千人이라 俄兵이 狂追ᄒᆞ지 못ᄒᆞ야 村落에 拷辭라에 所領 馬兵 一萬五千人이 俄兵에게 驅逐이 되야 國ᄒᆞ셔 披甲馬兵 一ᄒᆞ앗더니 誤勿脫의 所統 馬兵 一萬五千人이 俄兵에게 驅逐이 되야 國ᄒᆞ셔 披甲馬兵 一

132

拿坡崙史 133

隊가 別有ᄒᆞ야 皮尾孫兵陣의 隙에 衝入ᄒᆞ야 그 輜重을 直逼ᄒᆞ다가 可薩克兵에 圍흔비 되야 그 馬를 斬ᄒᆞ고 그 甲을 剝ᄒᆞ야 殺ᄒᆞ니 逃回흔 者ㅣ 겨우 十餘人이오 代服ᄒᆞᆫ바 一隊가 俄普兩軍이 合力擊退ᄒᆞ되 니 法將의 至勇흔 者인 內將軍이라 旭第汀村을 占據ᄒᆞ얏더니 未幾에 俄兵에 빅 馳散ᄒᆞ빈 된지라 이에 法軍이 佛斯體拉河에 退駐ᄒᆞ니 普軍이 科尼司에 復還ᄒᆞᆫ지라 拿坡崙이 一隊를 別出ᄒᆞ야 蘭을 旁侵ᄒᆞ야 奪ᄒᆞ며 據ᄒᆞ니 三月에 俄奧가 再欲宣戰ᄒᆞ다가 英相이 力勸ᄒᆞᆷ으로ᄡᅥ 이에 止ᄒᆞ다 拿坡崙이 俄로 進攻ᄒᆞᆯᄉᆡ 六月에 飛麗欄에서 大戰ᄒᆞ니 此地ᄂᆞᆫ 哀몌에 離흠이 不過數里라 拿坡崙이 哀 몌에 在ᄒᆞ야 將士를 調遣ᄒᆞ니 初無定見이라 開戰時에 俄兵이 內將軍의 營을 來攻ᄒᆞ야 兵을 荷蘭과 意大利와 來因河同盟國에 徵ᄒᆞ니 共히 二十萬이라 波蘭에 聚ᄒᆞ야 俄토을 兩翼을 撼ᄒᆞ니 法兵이 跟踵遁歸ᄒᆞ거늘 俄兵이 潮와 如히 湧進ᄒᆞ야 法將 西内郞에 所 그에 在ᄒᆞ야 將士를 調遣ᄒᆞ니 初無定見이라 開戰時에 俄兵이 內將軍의 營을 來攻ᄒᆞ야 署礦位의 口에 衝至ᄒᆞ니 法將이 彈藥으로ᄡᅥ 擊ᄒᆞᆷ애 俄兵이 阿拉河에 退ᄒᆞ얏다가 다시 步 兵으로ᄡᅥ 此兵士와 器械를 來奪ᄒᆞ고 時에 天氣가 昏黑ᄒᆞ니 이에 法兵이 一無所獲ᄒᆞ고 橫ᄒᆞᆫ 屍骸뿐이라 法兵이 太半이나 損失ᄒᆞ야 其隊의 小者ᄂᆞᆫ 겨우 一人만 存ᄒᆞᆫ 者ᄂᆞᆫ 오쥭 戰場에 存ᄒᆞᆫ 者ᄂᆞᆫ 오쥭 士가 兵革을 厭ᄒᆞ야 法俄가 從此로 息戰ᄒᆞ얏더니 一千八百十二年에 至ᄒᆞ야 비로소 英 斯科의 役에 有ᄒᆞ더라

第六十九節 鐵耳屑和約

俄法兩君이急히言和코즈ᄒ야六月二十五日에尼河中의木筏에會ᄒ니俄皇은年少ᄒ야法皇의籠絡을受ᄒ는지라鐵耳屑城에同居ᄒ니普王이后로더부러相近ᄒ馬廠의居ᄒ다七月七日에拿坡崙이俄普兩君으로더부러鐵耳屑에셔簽約ᄒᆞᆯ시普王에게一半屬地를允還ᄒ고愛而勃河로부터界ᄒ고나然ᄒ나所有礮臺와險要와通商과城鎭은法에均歸ᄒ고普時普王에得흔바波蘭의地는繳出ᄒ야歸公ᄒ고一國을另立ᄒ니名曰瓦沙大公國이라ᄒ야波蘭親王에管理를用터이아니ᄒ고所愛의薩克思義王으로써領ᄒ고普王을復逼ᄒ야丹錫一國을護出ᄒ니此國은이의自由라聲明ᄒ야薩克思義에保護의國이되얏더니至是에法의隷ᄒ는지라다시普王으로ᄒ야곰和約內에英船으로ᄒ야곰進口흠을不許ᄒ는一語를增入ᄒ라ᄒ니普王이允許ᄒ거늘拿坡崙이普王으로ᄒ야곰位를復ᄒ고俄에讓ᄒ야그國을自立ᄒ라ᄒ니俄는閉關拒英흠으로써報ᄒ다初에拿坡崙이和約이旣定에拿坡崙이巴黎에返ᄒ야保民會員의苏蘭을取ᄒ야政權을收回ᄒ후에忽言ᄒ야그國이波蘭에在ᄒᆞᆯ時에拿坡崙이瑞典의苏蘭을保護ᄒ야自立의國됨을會許ᄒ더니後에忽食言ᄒ야그國으로ᄒ야곰波蘭豪傑이法皇을助ᄒ면摩勒維와佛立基兩地로亦許ᄒ고約이我를佐ᄒ야日만일法을爲ᄒ야戰을助ᄒ면摩勒維와佛立基兩地로亦許ᄒ고法皇이我를誘ᄒ야曰만일法을爲ᄒ야戰ᄒ다ᄒ더니至是에一無所獲ᄒ야怨言이有ᄒ거ᄂᆞᆯ그大彼得侵占ᄒ야地를佐ᄒ야日만일法을爲ᄒ야戰ᄒ다ᄒ더니至是에一無所獲ᄒ야怨言이有ᄒ거ᄂᆞᆯ웃지拿坡崙이立約時에俄皇으로더부러密謀ᄒ야土耳其의地를瓜分코즈ᄒᆞᆯ줄知ᄒ

앗스리요장챵士王을亞洲에逐ᄒᆞ야歐洲內의立國ᄒᆞᆷ을容티아니ᄒᆞ니國勢가危ᄒᆞᆫ지라是時에德意志가同盟ᄒᆞᆫ各邦이셔로聯屬ᄒᆞ야勢力이孤弱ᄒᆞ거늘拿坡崙이그凱雪爾와白倫思維兩小邦을奪ᄒᆞ야合ᄒᆞ야威士法利亞國이라ᄒᆞ고그弟葉落密을封ᄒᆞ야王을삼다十一月三十日에葡萄牙가柏靈의諭를不遵ᄒᆞᆷ으로써仇瑠를命ᄒᆞ야民을率ᄒᆞ고그京城을攻ᄒᆞ니葡에駐ᄒᆞᆫ英使臣이葡君을力勸ᄒᆞ야法兵이未至ᄒᆞᆷ을乘ᄒᆞ야南美洲의巴西로避往ᄒᆞ다拿坡崙이密倫에復至ᄒᆞ야愛爾魄士山外에武可克尼를奪ᄒᆞ야法에倂入ᄒᆞ고其女王에게葡萄牙의地로써與ᄒᆞ다仝마참니與치아니ᄒᆞ다十二月十二日에密倫으로브러各國商船에傳諭호ᄃᆡ만일英政府에諭를遵ᄒᆞᄂᆞᆫ者면法이곳親ᄒᆞ리라明年에法意兩國海口에셔美國商船을拿獲ᄒᆞ야써公坐法의所爲國政府가비록靑虐를遭ᄒᆞ나力이能히抗치못ᄒᆞ야卒擩을知ᄒᆞ고其計의不가美國을激怒ᄒᆞ야英의諭를阻ᄒᆞ야되게ᄒᆞᆷ이된지라坐羅馬海口를堵塞코다是時에武司克尼의通商海口岸이法에게據ᄒᆞᆷ이된지라坐羅馬海口를堵塞ᄒᆞ야墮ᄒᆞ다是時에武司克尼의通商海口岸이法에據ᄒᆞᆷ이된지라坐羅馬海口를堵塞ᄒᆞ야써英船을阻코ᄌᆞᄒᆞ야敎皇에게謂ᄒᆞ야曰汝ᄂᆞᆫ맛당이我를助ᄒᆞ야英을敵ᄒᆞ라ᄒᆞᆫᄃᆡ敎皇曰我乃傳敎의主라敎國으로더브러反對ᄒᆞ니ᄐᆞ지더브러敵이되기를願치안노라拿坡崙이曰我가沙鳘曼의大人을嗣續에國이라吾敎로더브러反對ᄒᆞ니엇지能히戰을助ᄒᆞ리오拿坡崙이曰我가沙鳘曼의大人을嗣續民貧ᄒᆞ고無兵無餉ᄒᆞ니엇지能히戰을助ᄒᆞ리오拿坡崙이曰吾가國小ᄒᆞᆷ과如히ᄒᆞ야맛당이沙鳘曼야天主敎를保護ᄒᆞᆷ과如히ᄒᆞ야敎外와國을敵ᄒᆞ리라ᄒᆞ

디 敎皇이 堅執不從ᄒᆞᆫ지라 拿坡崙이 怒ᄒᆞ야 威司克尼로브터 兵을 擧ᄒᆞ야 羅馬를 攻ᄒᆞ고 苗白力을 命ᄒᆞ야 其政權을 執ᄒᆞ고 敎皇의 兵으로ᄡᅥ 麾下의 隷ᄒᆞ고 西方의 帝라 自稱ᄒᆞ고 天下에 布吿ᄒᆞ야 普와 奧와 德과 荷蘭과 那坡利斯各王으로ᄒᆞ야곰 皆臣屬國이 되야셔 其詔諭를 遵好ᄃᆡ 비록 約瑟과 羅勳이라도 쏘ᄒᆞᆫ 其國을 自主치 말고 事를 반다시 稟命ᄒᆞᆫ 後에 行ᄒᆞ니 千年前에 沙聲曼이 帝가되야 슬 ᄯᅢ에 較ᄒᆞ면 權勢가 更大ᄒᆞ지라 이에 功臣을 大封ᄒᆞᆯᄉᆡ 貴族의 名號를 重立ᄒᆞ고 凡革命 時에 廢ᄒᆞᆫ 바를 一切復ᄒᆞ니 封ᄒᆞᆷ에 貴族이 武가 文보다 多ᄒᆞ야 武職中에 勃納度脫과 菩西耶로 王을 삼고 文職中에 오쥭 塔烈蘭으로 王을 삼고 餘ᄂᆞᆫ 다 公과 侯와 伯과 子와 男 等에 爵을 封ᄒᆞ고 곳 所封의 地로ᄡᅥ 名ᄒᆞ되 內將軍을 愛琴에 封ᄒᆞᆷ으로 愛琴公爵이라 ᄒᆞ고 沙爾脫를 大梅希에 封ᄒᆞᆷ으로 大梅希公爵이라 稱ᄒᆞᆷ과 如ᄒᆞ니 餘皆倣此요 그 俸祿은 戰勝의 國에 稅項을 取ᄒᆞ야 給ᄒᆞ고 子孫이 世襲ᄒᆞ야 替ᄋᆞᆷ이 無케 ᄒᆞ랴 ᄒᆞ다

第七十節　英國孤獨

是時에 英이 獨立의 國이 되야 一聯邦도 無ᄒᆞ니 拿坡崙이 俄皇으로더부러 私約ᄒᆞ야 丹麥의 水師로ᄡᅥ 法에 歸ᄒᆞ고 俄와 荷에 戰艦을 幷借ᄒᆞ야 水道로由ᄒᆞ야 英을 伐ᄒᆞᆯᄉᆡ 英이 此事를 逆料ᄒᆞ고 먼져 水陸의 師로ᄡᅥ 丹麥을 夾攻ᄒᆞ야 곰 戰艦을 交出ᄒᆞ야 英에 質ᄒᆞ라 ᄒᆞ니 丹國이 從차안ᄂᆞᆫ지라 이에 岸에 登ᄒᆞ야 其城을 攻毁ᄒᆞ니 丹國이 비로소 允ᄒᆞᄂᆞᆫ지라 ᄃᆡ여 大小戰艦으로ᄡᅥ 英水師提督 該皮耶에게 交ᄒᆞ야 倫敦에 帶同ᄒᆞ다 拿坡

崙이英이丹麥中立의國을犯하니此師를興하야써討호다聲言하니俄皇이陽爲附和되되其實은英人이此驚奇의擧홈을暗喜하더라此時에英在北方하야雖無聯邦이나拿坡崙이南方의絶妙戰場으로써却與하는은拿坡崙이貪得無厭홈을緣홈이요西班牙와葡萄牙兩國의地를據取하야兩國의地를合하야곰英을合하야써法을拒하거늘塔烈蘭이諫曰西班牙一戰에足히君의死命을制하얏스니此乃滅亡의根源이니라拿坡崙이怒하야西班牙王을삼고妹聟誤勒脫로써那波利斯王을삼으니法에歸附케하고셔敗하에地에謫하야그윽히憂하야西班牙王을不許하얏더니拿坡崙이雖敗命踐位하나心에그윽히憂하야巴黎에復을홈을不許하얏더니拿坡崙이을戒하야曰征服의地가已多하니息兵安民하야써那波利斯王族을暗誘하야法에이約瑟을再冒하야窮兵黷武하야生靈을荼毒지말나하니拿坡崙이不聽하거늘約瑟이可히危險人에大顯홀지라法兵이西班牙에初至홈에土股의戰이果有하야英將惠靈呑이威名을歐洲에血栅이開하야未幾에土股의戰이果有하야英將惠靈呑이威名을歐洲이요餘皆兵革의死하고英과西班牙兩國의兵도死호者坐오十萬이러니後에國의回護者二十五萬常의浩劫이라하더라九月에拿坡崙이俄皇을歐念하야오히려蹰躇하다가俄에任하야土에事를議홀시오즉土京이何國에屬홈을默念하야오히려蹰躇하다가俄에任하야土의邊境을侵掠하니自此로東方이쏘戰釁을開하야一千八百十二年에俄法이絶交하

拿坡崙史　138

니俄는退回自保호야土國으로더부러搆兵터아니호고拿坡崙은英에敗호니英을恨호이愈甚호야決意코西班牙를親征홀서約懇을命호야英人을驅逐호고法旗를葡京에樹호니拿坡崙이至홈에迫호야다부러相遇치아니호더라

第七十一節　代奧受驚

一千八百九年에奧廷이力을竭호야兵四十萬을添호야法을伐호야其歐洲를統一호랴는盛勢를阻호니拿坡崙이듯고急히西班牙로부터返師호야兵을白凡利亞에聚호니來因河同盟國과奧國이白凡利亞를私結호야相助호고自主의權으로써還호기를許호니白凡利亞八이同心호야能히踐諸지아니호고仍折호야法을助호는지라四月九日에奧將楷爾司가이해兵으로써白凡利亞를襲호거놀拿坡崙이師를率호고屋斯堡에至호야用計호야奧軍을衝斷호고遇克木耳에셔戰勝호야楷爾司를强逼호니奧人이無故이相侵호다호야力을奮호야禦호거놀拿坡崙이師를率호고屋斯堡에攻호니楷爾司가또兵을臺紐勃江西岸에進兵호야路를讓出호는지라五月十二日에法兵이江을渡호야京城에再追호니楷爾司가또兵을臺紐勃江西岸에聚호는지라拿坡崙이江을渡호야攻홀서五月二十一日에屋斯堡에셔大戰홀시日暮홈에始罷호니法兵에損失홈이有호야來告曰後路에橋梁이水에衝斷호야能히維也納에回티못홀지라호고拿坡보다多호고또大將數人을失호다明晨에再戰호지라忽然이人이

139 拿坡崙史

崙이 大驚ᄒ야 急히 軍士로 ᄒ야곰 江中 勞鮑小島에 退至ᄒ매 受傷의 兵이 治療를 醫藥이 無ᄒ야 痛絶ᄒ매 江에 投ᄒ야 死ᄒᄂᆫ者 相績ᄒ야 絶치 아니ᄒ고 奧兵이 坐ᄒ야 數次圍攻ᄒ다가 卽退ᄒᄂᆫ지라 法兵이 島中에 陷ᄒᆫ지 第四十餘日의 粮이 絶ᄒᆫ지 二日이라 拿坡崙이 焦急萬狀ᄒ야 그 自大의 心을 去ᄒ고 援兵이 大集ᄒ야 浮橋를 重造ᄒ고 危險ᄒ흠을 始免ᄒ더라 人이 疑호되 此中에 法兵이이의 魚가 釜中에 在ᄒ흠과 如ᄒ거ᄂᆯ 楷爾司가 웃지 一蹴ᄒ야 殲치 아니ᄒ고 此中에 奸謀가 必有ᄒ다ᄒ고 或云 法皇이 出戰ᄒᆯ 時에 金幣를 甚多이 携帶ᄒ고 出ᄒ얏다가 巴黎에 帶回치 아니ᄒ고 此 財를 何處에 用ᄒ고 可히 知ᄒᆯ지라 ᄒ더라 七月 初에 奧將으로 더부러 惠格蘭에셔 戰ᄒ야 勝敗가 互有ᄒ나 大將 二人과 小將 二十一人과 兵三萬三千을 損失ᄒᆫ지라 拿坡崙이 怒ᄒ야 勃納度가 脫이 能히 盡力지 아니ᄒ흠을 責ᄒ니 對日 今日에 兵이 或本國으로 바븨쳐로 勇ᄒ고 善戰치 못ᄒ니 그런고로 今日의 敗흠은 將의 罪가 아니오 兵의 劣흠이라 法軍이 비록 敗ᄒ얏스나 興이오 오히려 減치 아니ᄒ고 奧將이 坐再戰ᄒ야ᄡᅥ 雌雄을 決코즈 ᄒ더니 忽然이 奧軍機가 促ᄒ야 그 兵을 收ᄒ고 血伯倫에셔 和를議ᄒᆯᄉᆡ 十月中에 簽字ᄒ고 約內에 條欵은 奧先開釁ᄒ으로ᄡᅥ 受觀흠이 尤甚ᄒ고 是役에 普魯士가 中立ᄒ야 戰을 助치 아니ᄒ되 오즉 俄가 法에 出師흠을 助ᄒ야 掘立希에 至ᄒ나 其實은 俄兵이 出力지 아니ᄒ고 奧로 ᄒ야곰 一軍을 多

發호야防禦호매不過호지라拿坡崙이俄兵이甚히相助치아니홈을微覺호고戰場에
逼호야倒戈相向홀가恐호故로도흐如意호防호더라英이法兵에空虛홈을乘호
야이에水師로써荷蘭比利時에直趨홀서伏乞倫으로부터岸에登호야攻호니法將佛
克輜이來救호다가惠靈呑에게大敗호니此挫敗의信을비록書信縮이多方으로阻捨
호딕歐洲에仍爲傳播호니歐洲人이듯고다惠靈呑에게屬目호야그法皇을制服호고
써各國敗北의恥를雪호기를冀호더라

第七十二節 泰魯復叛

德意志北部가法人에게虐待를久受호야民心이思亂호니魁傑斯曁爾者가有호야同黨
數千人을號召호야起兵叛호니意大利의泰魯而人이奧에素忠호더니至是에亦起
兵叛法호이어눌法人이禦호다가反爲所敗호야兵士를損傷홈이多호니拿坡崙이因
此로戒心이稍有호야진짓血白倫和約內에要求호눈비多치아니호나然호나奧人이
堀五六處와民二兆半을已讓호지라奧而에在호딕奧將乞鐵勒이法人에게執호되
야槍으로써艶코즈호니奧將浮森伏夫가拿坡崙이將을害호면奧도맛당이三將이
야奧에被執호얏스니今에法이我의將을害호면奧도맛당이三將으로써抵償홍리
拿坡崙이怒호야座에大呼曰만일汝가三者에一이라도눅호면我가곳擒홀
바兵萬人으로써一律로擊死호고奧公主六人과貴族夫人二十餘人을幷將호야營中
鼓手에게發給호야辱호리라호니雖一時恐喝의詞나然호나粗暴을免티못호더라

에 坯德伯爵絲汀의 罪를 定홀싀써 호딕 德이 奧民이 아니어놀 웃시 奧를 助호야 法을 攻호고 호고 倡亂의 斯를 爾와 밋 그 羽黨을 幷將호야 刑員에게 發호야 密訊治罪호고 十月 十三日에 拿坡崙이 血白倫을 閱操홀신 少年이 有호야 人叢에 擴入호거놀 左右扶出호야 그 身빠에 物이 有홈을 覺호고 搜호야 果然히 兵器를 得호지라 就히 拿坡崙이 親自讞鞠호거놀 少年이 自供호되 我는 德意志人이요 名은 司塔斯요 年은 十九歲로라 問曰 兵器를 懷挾호고 此에 來홈은 웃짐인고 答曰 汝를 刺코즈홈이로다 問曰 何故刺我즈홈이 汝로써 世에 在호면 我國의 太平의 日이 永無홀故로 汝를 殺호야써 我國을 安코즈홈이 노라 問曰 汝가 我를 謀殺홈은 上帝에 許호신바냐 答曰 吾甚히 上帝가 我를 助호야 此大事를 成홈을 望호노라 問曰 偏吾赦汝면 何如오 答曰 吾終必殺汝라호야 노이에 營務處에 交호야 極刑에 處호다 未幾에 德의 駐使臣 培瑟斯가 忽然히 德의 南部에서 失去호야 踪跡이 杏然호니 拿坡崙이 其司塔斯로더부러 同謀홈者에 英相警脫이人으로호야곰 行刺의 事를 疑호나 然호나 此乃 猜測의 辭요 初無實據호니 豊者에 培瑟斯가 波羅的海에 將至호야 道를 康斯坦丁에 取치 아니호고 小路로 從호야 冒險호고 行호다가 드듸여 拿坡崙의 暗巡捕솔佛來에 毙호빅되얏더니 後에 人아 有호야 白倫登堡에서 그 屍를 見호니 一僕屍로더부러 深暗호河底에 同臥호야더라

拿坡崙史 142

第七十三節 廢約瑟芬娶奧公主爲后

拿坡崙이 巴黎에 還ᄒᆞ야 約瑟芬이 年長無子홈으로써 廢ᄒᆞ기를 決意ᄒᆞ고 謂ᄒᆞ야 曰吾 年少의 婦를 娶ᄒᆞ야 써 生男ᄒᆞ야 嗣續두기를 期ᄒᆞ노라 約瑟芬이 悲慘無言이어놀 拿坡 崙이 죠금도 感動치 아니ᄒᆞ고 初에 拿坡崙이 俄皇으로 더부러 厚伏의 會ᄒᆞ야 실ᄶᅵ 其 妹를 娶ᄒᆞ고ᄌᆞ ᄒᆞ되 俄太后가 彼此에 異敎로써 他日에 或 參商이 有홀가ᄒᆞ야 許치 아니ᄒᆞ거눌 後에 奧王으로 더부러 皿白倫에셔 簽約ᄒᆞ고 이에 奧王의 女를 求ᄒᆞ야 后를 삼고ᄌᆞ ᄒᆞ니 拿坡崙이 正히 奧王과 그 勢力을 畏ᄒᆞᆷ이더부러 結納ᄒᆞ야 써 侵伐홈을 免홀가 ᄒᆞ야 이에 許ᄒᆞ니 上議院에 大臣을 召集ᄒᆞ야 此事를 面議ᄒᆞ고 三月 十一日에 奧公主를 維也納에 親迎ᄒᆞ야 一千八百十年 二月에 休書를 冊에 登記ᄒᆞ더라 約瑟芬이 慨然이 允ᄒᆞ는지라 이에 舅氏飛司主敎長으로 써 證婚 을 삼어서 封ᄒᆞ야 后를 삼으니 各國親王이 來賀ᄒᆞ는者 道에 絶치 아니ᄒᆞ고 約瑟芬 을 納伐에 另居ᄒᆞ고 그 同族으로 ᄒᆞ야 保護ᄒᆞ다

第七十四節 疆域之廣

一千八百十年으로 十一年에 至ᄒᆞ야 拿坡崙에 權勢가 益盛ᄒᆞ니 世人이 拭目ᄒᆞ고 驚視 ᄒᆞ야써 ᄒᆞ되 亙古에 無匹이라 ᄒᆞ고 有識者는 此極盛의 際에 衰敗의 基가 己伏홈을 知ᄒᆞ고 그 好勝의 心이 오히려 自足지 못ᄒᆞ야 반다시 進ᄒᆞ야 愈上코ᄌᆞ ᄒᆞ다가 써 一蹶不振에 至ᄒᆞ니 吁홉다 可嘅ㄴ져 其弟羅以가 諸昆季中에 性이 가장 和平ᄒᆞ야 荷蘭을 强逼ᄒᆞ야

權勢를屈服케홈이不忍ᄒ야事事이그自由홈을聽ᄒ니拿坡崙이怒ᄒ야其主位를奪ᄒ야荷蘭으로써法에改屬ᄒ고도飛麗欄諸地를取ᄒ야編호十部를삼고敎皇의地를取ᄒ야分ᄒ야兩部를삼으니一曰羅馬요一曰雪臘斯閘이라羅馬로써法의部都를삼으니此時에法帝國撫有의地가北으로丹麥에至ᄒ고南으로那坡利斯에至ᄒ야歐洲大半의地를跨ᄒ니疆域이亦云廣이라ᄒ더라

第七十五節　執羅馬敎皇

初에敎皇이法의欺陵홈을痛恨ᄒ야一諭를出ᄒ야法皇을敎外에屛ᄒ고其天帝를違背ᄒ는罪를聲코자ᄒ나然ᄒ나그勢燄을畏ᄒ야敢히即發치못ᄒ고이에主敎長潑克을召ᄒ야議ᄒ니潑克이曰此等의關係가至大ᄒ야敢히嘗試에輕히못ᄒ겟ᄂ이다ᄒ로써我에게與ᄒ야可타ᄒ니敎皇이天을良久히視ᄒ다가奮然ᄒ야曰吾意가已決ᄒ니利害는計홀비아니라ᄒ고이에此諭를衆에게宣示ᄒ니拿坡崙이一笑ᄒ고置ᄒ다此論가中紀時에在ᄒ얏던頗히國王으로ᄒ야서能히國王의位를失去케ᄒ얏더니今에는一紙空文과等홀ᄯᆞ름이라然ᄒ나此諭가有홈으로부터敎民이크게震動ᄒ야法皇의暴虐홈을益怒ᄒ더니十九世紀에至ᄒ야는一紙空文과等홀ᄯᆞ름이라然ᄒ나此諭期白特과意大利諸國의法에屬홈을願치아니ᄒ고羅馬와那坡利斯와葡萄牙가本이法으로되다仇가되여서至是에더욱忿恨ᄒ고그곳法軍中에他國으로由ᄒ야抽調훈兵은또갈개勢苦를忍耐ᄒ야衝鋒陷陣치아니ᄒ니數年이못ᄒ

拿坡崙史

야 法皇이 드듸여 顚覆호니 足히 敎皇의 此論가 全局에 大有礙홈을 見홀지라 後에 拿坡崙이 또호 敎皇을 苛待홈이 太甚홈을 自知호고 嘗言호되 此年老의 羅馬人이 비록 戈矛를 不操호얏스나 然호나 聯邦이 合호야써 謀호면 더욱 害가 될지라 一千八百九年 七月 初五日 夜半에 敎皇의 宮이 忽然이 法兵의 圍홈이 되나 此兵은 賴第의 所統이니 名曰 憲兵이라 羅馬土人이 有호야 導入호니 勢甚 兇猛호야 宮門 衛士가 敢히 攔阻치 못호거늘 憲兵이 敎皇 臥內에 直造호야 敎士 數人을 集호며 幷爲護去호야 自衛兵은 賴第가 簽字與我호라 이 謂호야 曰 汝맛당이 前論을 收回호고 管理 地方의 權을 幷爲 護去호야 宮에 出호니 敎皇이 蹴踐良久에 曰 敎皇이 前論을 乃不能이로라 賴第脫이 曰然則隨我 至 法호즈 호고 敎皇이 簽字거늘 賴第 脫이 我의 服權은 乃不能이로라 賴第 脫이 日 此必不能이로라 敎書一冊이라 호고 賴第 脫이 日 然則隨我 至 法호즈 호고 敎皇이 乘호니 憲兵이 簇擁호고 車行이 如此 迅速호야 顚撲 不停호니 我가 相隨치 못호는지라 敎皇이 曰 我年老體衰호고 車行이 如此 迅速호야 顚撲 不停호니 我가 相隨치 못호는지라 我의 迎候홈는지라 挾天主敎書 一冊이라 호고 賴第脫을 隨호야 去호니 敎皇이 馬車 가 已有호야 迎候홈는지라 敎皇이 乘호니 憲兵이 簇擁호고 車行이 如此 迅速호야 顚撲 不停호니 我가 相隨치 못호는지라 敎皇이 曰 我年老 體衰호고 車行이 如此 迅速호야 顚撲 不停호니 死호리로다 賴第脫이 在後 督隊호되 恐컨되 鄕民이 敎皇인즐 認識호고 派兵 協解호야 按汧 遞換호야 英般에 親見홈을 防호야 行舟 多時에 不敢 由 陸 行走호고 海島沿岸으로 從行호야 仍復 登岸이라 逼 緯 撤印 平地을 석 又 奔馳 炎天烈日 中호야 抵 受苶魄士山麓호니 敎皇이 疲乏已極호야 憲兵에게 問호야 曰 法皇이 汝을 이如 飛호고 山石이 礔礰호야 車輪을 激撞 有聲이라

命호야 我를 執호되 장찻 死者로써 報命호라 던
生者로써 報命호라 호니 이 抑킨되 生者로써 報命홈
이 疲勞호야 만일 晝夜兼行호면 此馬軍의 中은 我我命
已호야 從호고 明晨에 愛爾魄士山을 踰호야 法의 邊
監獄에 閉호니 拿坡崙이 忽然이 憲兵을 解散호야 敎
那礙臺에 暫係호고 越三日에 坐法京에 放弑曰 那宮
者敎皇의 年老홈을 哀憐히 녀기고 法皇을 憤恨히 녀
이 나 心에 憾홈이 積日久호야 되여 一毒呪를 放弑白羅宮墻에 結홈과 似호더라

第七十六節 羅馬王生

一千八百十一年 三月에 法后 孃利耶羅伊薩이 子를 生호니 拿坡崙이 喜甚호야 羅馬王
을 封호니 意大利人이 듯고 互相驚訝曰 法皇이 曾許羅馬호야 白爲一國이러니 今에 子
를 生홈에 王位로써 封호니 웃지 自私가 아처로 甚호고 是時에 法의 新舊俳春에 地가 共
히 一百三十部요 人民이 四十兆요 此外에 도 意大利의 朝百特과 尾尼司와 馬提諾과 勃
羅那等處와 人民이 六兆요 伊立里와 那皮利斯等處와 人民이 五兆요 또 兄弟를 分封호
國은 約懿의 西班牙와 羅以의 荷蘭과 葉落密의 威士法利亞와 倍膝과 勃納皮脫의 瑞典과 那威와
來因河外保護의 國은 煞思義와 白凡利亞와 佛郎敦堡와 倍膝과 德意志礴邦과 普魯
士王國샤지 軍費를 供給호고 그 約束을 遵호니 法皇 所轄애 人民을 計호면 共히 八十餘

史畧坡拿

兆가되는지라 上古에 羅馬帝國이 滅亡혼 後로부터 如許혼 國土와 人民이 一人에게 屬
혼者 未有하니 法皇의 威權이 是와 如히 盛혼으로 奧王이 그 勢燄을 畏하야 더부러 結婚
하고 俄皇은 心에 기許를 存하야 外示和好하되 西班牙의 民이 間不服從하고 彼此搆兵하야 細利와 匍
匋牙를 奪하야 盡 保護의 歸호되 人은 그 威權을 慴하고 爵位를 貪홈에 不過하야 流血이
未已하더니 盡各國이 法에 屈服호는 彼此搆兵하야 其細細利와 匍
여 桎梏로써 自縛하고 大洲의 鐵練에 就繫홈과 如호되 貴族士民의 志識이 稍有혼者는
依舊이 熱心으로 決意再戰하야 所望이 別有하고 奴隷를 甘作홈은 其利源의 富와 兵力의 强홈을 恃홈이라 各國으
志堅固하고 決意再戰하야 自由의 國을 成하니 警컨되 一手로는 提鋃하야 乘機進取
하고 一手로는 執盾하야 竭力禦侮홈은 其心이 并無혼 故로 英人이 立
로부터 聯和타아니하고 其氣를 稍綏케 하니 法皇이 반다시 英을 蹴코즈하다가 그 敗
亡을 致홈이 맛당하다 하더라

第七十七節　與俄決裂

俄가 法皇에 柏靈密倫의 約을 承認홈으로 부터 英國으로 더부러 通商치 못하야 本國貴
族業戶가 能히 內地所産의 貨物로써 海口에 運出치 못하야 商務가 因하야 大絀혼지라
俄의 土産을 查홈에 牛皮와 火油와 麥木藤等이 싸은 篆重의 物이되야서 陸地로 運載홈
이 至極히 艱難하고 大洲上의 法과 德과 奧等國에 兵戈가 擾攘하야 銷路가 甚稀하면 出
海하야 英國에 售홈을 全恃하야 絕好혼 市塲을 삼거늘 法皇이 强阻를 經하야 商路로

야곰窒塞케호고 英人이 坐戰船으로써 그 海口를 堵호야 商船에 出入을 不準호야써 報復호니 俄人에 入歡이 減少호야 生計가 日貧호고 英人이 苦호야 俄皇께 羣請호야 法의 聯盟을 解散호고 英人으로더부러 通商케호라호니 全國人이 皆苦호야 俄皇께 羣請호야 一日에 俄皇이 各海關에 傳諭호되 英國外에 他國의 屬호 貨物은 悉準入口호라호니 此 乃掩飾의 詞나 實은 英人으로더부러 貿易호니 雖謂禁令이나 已開라홈은 可커이와 坐 法國製造貨의 進口稅를 重徵홈은 드디여 法皇의 怒를 激動호고 俄皇이 坐鐵耳屑의 約을 違背홈을 怒호야 그 土地를 奪호니 彼此의 芥蔕를 均存호고 坐波蘭은 俄法에 共思染 指의 國이 되야셔 法皇의 血白倫和約內에 西革里希와 克立谷으로써 瓦沙에 屬호야 薩 克思義王으로호야곰 管理케호고 此時에 坐波蘭의 國을 勸호야 自由의 國이 되니 俄皇 이 聞호고 大爲不悅이러니 又聞法皇이 娶奧公主爲后호니 반다시 奧를 聯호야써 俄를 敵호을 知호고 法皇이 坐俄皇에 結姻을 不許홈으로써 怨恨을 頗懷호야 決裂의 端이 此 로부터 啓홀뿐더러 俄人이 私自與英通商홈을 及聞호고 乃曰彼가 大洲의 約을 違치아 니호니 吾반다시 逼호야 곰 行케호리라호고 坐監稅官을 波羅的海에 將設호되 法兵 으로더부러 同一히 善戰호는 者를 募호야 我에 實소야 可히 他慮가 無케홀거이오 坐 得堡에 直至호되 彼가 만일 相助호면 即與開戰이요 吾장 찻兵을 普魯士에 徵호야 我用이되 지아니호면 맛당이 그 親王으로써 新附의 國이반다시 我樂호야 我用이되 十五艘를 造호야 波羅的海에 縱橫호야 英船으로호야곰 相近케아니홈이 吾에 欲호는

비라ᄒᆞ고 일즉 拖來哩宮에셔 羣臣이 朝會ᄒᆞᆯ際에 俄使臣을 對ᄒᆞ야 色을 厲ᄒᆞ고 言ᄒᆞ야 曰 반다시 吾에 氣運의 旺홈과 兵卒에 强홈을 勿論ᄒᆞ고 每戰에 必勝ᄒᆞ니 吾財力이 富足ᄒᆞ야 홈을 應知ᄒᆞᆯ지라 庫中에 佛郞 二百兆가 有ᄒᆞ고 境內外에 徵兵이 八十萬이라 伐俄의 外에도 오히려 可히 西班牙를 兼伐ᄒᆞᆯ지라 비록 勝敗는 可히 預知치 못ᄒᆞ나 然ᄒᆞ나 俄로 一戰ᄒᆞ야 雌雄을 決ᄒᆞ리라 ᄒᆞ고 佐國의 大臣에게 謂ᄒᆞ야 曰 鐵耳屑의 約을 立홈 은 俄로 ᄡᅥ 英好를 絶홈이어ᄂᆞᆯ 今에 彼가 無故히 渝盟ᄒᆞ니 誰가 能히 我에게 進兵ᄒᆞ야 彼得 堡나 或 莫斯科都城에 至홈을 阻ᄒᆞ랴 만일 吾가 겨우 法王만 되얏스면 一國만 保守홈이 可ᄒᆞ려이와 今에 大洲의 帝가 되얏스니 웃지 能히 羣雄을 壓服ᄒᆞ야 昔日의 沙皇 曼과 如 히 ᄒᆞ랴 ᄒᆞ리요 ᄒᆞ니 瑞典 諸國이 法 이 장찻 北方에 有事홈을 聞ᄒᆞ고 大爲震動ᄒᆞ야 隱然 아 俄로 더부러 聯合의 心이 有ᄒᆞ더라 拿坡崙이 瑞典의 心이 有홈을 令ᄒᆞ야 英商務를 阻ᄒᆞ고 其違 禁商船 五十艘를 執ᄒᆞ니 瑞典의 民이 大譁ᄒᆞᄂᆞᆫ지라 一千八百十二年 正月에 또 代服斯 脫 노ᄒᆞ야 芬瑞典의 一城과 一島를 據ᄒᆞ니 此ᄂᆞᆫ 可懼의 侵伐이라 ᄒᆞ여 勃納度 脫 노ᄒᆞ 야 곰 付俄의 心을 堅固케 호미러라 四月에 瑞典과 俄과 聯盟의 約을 互換ᄒᆞ고 代脫斯脫ᄒ 이 또 芬俄에 附ᄒᆞ야 勃納度脫 노더부러 芬蘭에 會ᄒᆞ야 拒法의 策을 密議ᄒᆞ더라 此時를 當ᄒᆞ야 人이 法皇을 諫阻치 아니홈이 無ᄒᆞ나 敢히 其非를 直斥지 못ᄒᆞᆷ은 塔烈蘭 과 如히 受辱홈이 恐홈이요 오즉 巡捕甫氣가 侵俄의 害를 痛陳ᄒᆞ니 拿坡崙이 謝ᄒᆞ야 曰 吾의 行事홈이 兵力을 視ᄒᆞ고 進退ᄒᆞ거ᄂᆞᆯ 今에 兵 八十萬이 有ᄒᆞ니 全歐에 馳騁ᄒᆞ야 天

下룩鞭笞홈이不難ᄒᆞ고吾에建혼바功業이오히려完全치못ᄒᆞ야盡圖와如히外廓만有혼지라然ᄒᆞ나반다시竭力ᄒᆞ야布滿케ᄒᆞ리니吾將쫏歐洲를合ᄒᆞ야一國을삼고巴黎로써帝京을삼고公共의律法을訂ᄒᆞ고大同의貨幣를製ᄒᆞ고度量權衡을定ᄒᆞ야各國君長으로ᄒᆞ야곰一僚에咸統케然後에야吾願이始遂할거이오今에藉手할바를己得ᄒᆞ야天下를專制할機가有ᄒᆞ니웃지可히半途에止ᄒᆞ리요ᄒᆞ고提發拉에投戈케ᄒᆞ면英人이聞ᄒᆞ고吾의威를必畏ᄒᆞ야西班牙로써相讓ᄒᆞ리니是와如히ᄒᆞ면吾가謂曰吾가俄를滅홈이니맛당이俄皇으로ᄒᆞ야곰屈膝캐ᄒᆞ고俄兵이吾가天下에共主가될지라賢을擇ᄒᆞ야傳ᄒᆞ고西班牙로더부러相涉지못ᄒᆞ게ᄒᆞ야오즉吾에餘地를留홈이可ᄒᆞ다ᄒᆞ고장ᄎᆞ出征할시먼저誤勒脫脫에ᄒᆞ야곰빗을英便臣開斯理에게致ᄒᆞ야議利의事를陳說ᄒᆞ고略謂호되目前所有의城를各照ᄒᆞ야不相侵ᄒᆞ고細細利로飛蝶南에게讓ᄒᆞ야管理케ᄒᆞ고葡匋牙로써菩倫根에게讓ᄒᆞ야管理케호되오즉西班牙로써其兄約瑟에게與ᄒᆞ야不可刪의欵을삼게ᄒᆞ나開斯理가辭ᄒᆞ야曰西班牙로써飛蝶南에與홈은可커니와約瑟에게約홈은不可라ᄒᆞ니開斯理의此言은十股에一에不當ᄒᆞ고도飛蝶南는大將軍黑靈呑의勇略이可히特용만ᄒᆞ고俄皇의堅心이可히特용만ᄒᆞᆷ을深知ᄒᆞ고도法에侵俄홈이반다시奇禍가有할을預料홈故로嚴詞로拒ᄒᆞ니其卓識이英廷에第一이되더라

第七十八節 與師伐俄

拿坡崙史 150

五月初에俄使臣이巴黎에猶在ᄒ야謨勒奮에게謂ᄒ야曰法이진실노瓦沙와澄拔尼의兵을撒ᄒ면俄가곳法으로더부터好를修ᄒ거이요만일勢力을挾ᄒ야써俄屬을侵ᄒ고其無厭의求를肆ᄒ면非特俄가不相護ᄒ라上帝가쏘ᄒ그身에降禍ᄒ리라ᄒ니拿坡崙이듯고大怒ᄒ야俄使에게謂ᄒ야曰汝가照를速領ᄒ고回國ᄒ야我怒에搜홈이되지말나ᄒ니俄使가卽日에辭歸ᄒᄂᆫ지라拿坡崙이伐俄의志가益決ᄒ야비록人이有ᄒ야婉轉勸諭ᄒ나不爲少動ᄒ니生平에危險을厭胃ᄒ야大位에登ᄒᆫ故로此에膽略이그平日에益雄ᄒ야반다시歐洲를統一코즈ᄒᄂᆫ願을質ᄒ며抑制치아니ᄒ니一時에侍從諸臣이忽然이消滅홈을覺ᄒ더라蓋東北의俄와西方의英은法兵이未嘗戰勝ᄒ여ᄂᆫ을今에一身으로써兩國을敵ᄒ랴ᄒ니그戰策이何에在홈을不知홀저라是月九日에拿坡崙이嬌利耶羅伊薩로더부러巴黎首途ᄒ야德境에進홈이에膽臺를察看ᄒ고借兵에事를商議홀시城에旣出홈애沿途父老가歡迎ᄒ고德境에進홈이斯頓에會ᄒ고明日에掘離城에至ᄒ야徼臺를察看ᄒ고十一日에梅恩寺에至ᄒ니十六日에薩克思義王이后로더부터來迎ᄒ고또護送ᄒ야國勒斯頓에至ᄒ니各國君王과將相이陸續히至ᄒ야大洲의帝에게共拜ᄒ니榮耀가四이無ᄒ더라兩日後에奧王이后로더부러偕至ᄒ고二十六日에普王이亦至ᄒ야相見時에功을歌ᄒ고德을頌홈이ᄒ거ᄂᆯ이에奧王을命ᄒ야兵三萬을出ᄒ고普王이二萬이라ᄒ니莫敢不從ᄒᄂᆫ지라諂諛의詞가아니미無ᄒᆫ지라拿坡崙이傀儡와幾如ᄒ야任意로指揮ᄒ야率動

俄皇이 維那에 在홈을 旋聞ᄒ고 이에 巡捕鼎飽尼를 遣ᄒ야 書를 俄皇에게 致ᄒ야 掘勒斯頓의 會에 臨ᄒ기를 請ᄒ니 俄皇이 辭ᄒ고 不赴ᄒ거눌 拿坡崙이 大兵에게 傳令ᄒ야 各國徵調의 兵으로더부러 離門河에 會ᄒ니 兵數가 旣衆홈으로써 巨餉을 難籌ᄒ야 그 民財를 掠取ᄒ야써 軍餉에 不足을 濟홈을 聽ᄒ니 其兵數가 合이 四十九萬八千內에 波蘭이 六萬이요 薩克思義가 二萬이요 奧國의 三萬이요 白凡利亞가 三萬이요 普國이 二萬二千이요 威士法利亞가 二萬이요 德意志聯邦이 二萬二千이요 意大利와 那坡利斯가 共二萬이요 西班牙와 葡萄牙가 共四千이요 瑞士가 一萬이요 本國이 二十五萬이니 拿坡崙이 嬨利耶羅利薩를 掘勒斯頓에 留ᄒ고 兵力의 厚ᄒ는 旦古에 未聞일나 而旣 而요 波蘭의 進ᄒ고 六月二日에 橋三座를 築ᄒ고 離홈兵隊를 自率ᄒ고 程에 登ᄒ야 三十日에 丹錫의 至ᄒ고 二十四日에 科諾의 經ᄒ고 興會ᄒ러니 相距가 三百를 緊頓ᄒ고 初六日에 丹錫의 至ᄒ고 二十四日에 科諾의 經ᄒ야 興會擧ᄒ러니 相距가 三百河를 渡ᄒ고 左翼墨克杜帽而ᄂᆞ 白格河를 過ᄒ야 後路預備兵아애이에 盡ᄒ니라 拿坡崙이 高ᄒ야 望ᄒ니 隊伍가 整齊ᄒ야 由ᄒ야 鐵耳屑로 由ᄒ야 離門河下流를 河를 渡ᄒ야 黎界城을 攻ᄒ고 右翼血順保ᄂᆞᆫ 甚히 戰事로더부러 害가 有ᄒᆞ거ᄂᆞᆯ 利源을 資ᄒ야써 軍費을 供ᄒ고 血戰을 難免이라ᄒ英里러니 以後에ᄂᆞ 愈罹愈遠ᄒ야 甚히 戰事로더부러 害가 有ᄒᆞ거ᄂᆞᆯ 利源을 資ᄒ야써 軍費을 供ᄒ고 血戰을 難免이라ᄒ數日을 遲至ᄒ야 大隊에 方進홀시 俄皇이 法兵이 將近홈을 知ᄒ고 本國兵 十五萬야어에 土耳其와 瑞典聯和로더부러 그 將ᄒ야 維那에 駐ᄒ고 第二隊를 聚ᄒ야 三隊로 分ᄒ니 第一隊兵은 九萬이니 羅克雷가 將ᄒ야 維那에 駐ᄒ고 第二隊

史畧坡拿

兵은四萬五千이니白克輿이將ㅎ야舞皐肥에駐ㅎ고第二隊兵은二萬五千이니某將軍이將ㅎ야斯刻에駐ㅎ고또可薩克騎兵一萬은鉢烈拓富가將ㅎ야白克輿의調遣에歸ㅎ다俄皇이維那別墅에方在ㅎ야幕臣으로더부러宴飮ㅎ다가法軍이離門河에已渡혼報를接ㅎ고急히國民에勵力ㅎ야써開戰의義를申明ㅎ더이에保敎保國으로써爾將士는務各同心勠力ㅎ야써王家를衞ㅎ라ㅎ니衆皆應命ㅎ더라初에拿坡崙으로지라罷克雷가俄皇을勸ㅎ야避去ㅎ고더라軍裝局을焚毁ㅎ고橋梁을炸斷ㅎ라ㅎ고이에止ㅎ다二十八日에兵을引ㅎ고退進ㅎ야路賽尼에至ㅎ야其城을降ㅎ고兵은三禮拜를駐ㅎ고路賽尼에暫時政府를設ㅎ야各屬國에遞進稟牘을批答ㅎ더法帝國에關ㅎ미有ㅎ는事甚繁頗ㅎ지라俄皇이法兵의數를間ㅎ고大驚ㅎ야鉢烈拓富로ㅎ야곰法이不許ㅎ고末幾에俄將罷克雷로더부러窟力寨에行成ㅎ니法이不許ㅎ고末幾에俄將罷克雷로더而오罷克雷가忽然이營壘를棄ㅎ고尾斯脫城ㅎ야退至ㅎ니俄兵이步步退守ㅎ다가旣ㅎ더니七月二十日에法兵이俄兵에櫻城守護홈을見ㅎ고甚喜ㅎ야白克輿로더부러可히搏戰ㅎ기다리더니不意에俄兵이夜間에城中積聚를燒ㅎ고遁ㅎ야法兵에火光에衝天홈을見ㅎ고何故홈을不知ㅎ더니曉起ㅎ야視ㅎ니俄兵이無一存者라其城에入ㅎ야三禮拜를留ㅎ니城民이俄兵을已隨逃避ㅎ고滿目荒凉ㅎ야人烟이寂無ㅎ니法兵이無所擄掠이어눌拿坡崙이進退無主ㅎ야諸將에게商議ㅎ니다旋師홈으로써爲言이라가

拿坡崙史　153

罷克雷가 이믜 白克興으로 더부러 斯毛倫古에 聯營흠을 忽聞ᄒᆞ고 拿坡崙이 分散의 兵을 立聚ᄒᆞ야 八月 十三日에 尾斯脫의 離ᄒᆞ야 俄軍이 交戰홀서 俄軍이 坐斯毛倫古를 棄ᄒᆞ고 遁ᄒᆞ니 其後隊兵이 堅守不動ᄒᆞ야써 法兵을 阻ᄒᆞ고 俄境에 前除가 一律로 退盡ᄒᆞ야 然後에 城을 燒ᄒᆞ고 逸去ᄒᆞ거늘 法兵이 前追ᄒᆞ야 不及ᄒᆞ고 俄入ᄒᆞ야써 來흠으로 부터 節節이 留滯ᄒᆞ야 兩月ᄒᆞ기 及ᄒᆞ니 可實의 時日을 虛擲ᄒᆞ야 場中에 失去흔 兵士가 이믜 二萬이 고 그 飢餓困頓ᄒᆞ고 疫에 染ᄒᆞ야 死흔者 可히 勝ᄒᆞ야 紀치 못홀지라 拿坡崙이 悔懼의 意가 漸有ᄒᆞ더라

第七十九節　白羅提諾之戰

俄營將士가 擢敗홈을 未遭ᄒᆞ고 節節이 退謨홈으로 써 心實不甘ᄒᆞ야 法軍으로 더부러 決戰ᄒᆞ야 同仇敵愾의 氣로써 佛코 ᄌᆞᄒᆞ니 俄皇이 許ᄒᆞ고 이에 克託率甫를 命ᄒᆞ야 全軍을 統領ᄒᆞ니 克託率甫에 年이 이믜 七十이라 澳特利司의 戰에 法에게 敗ᄒᆞ얏더라 이에 威名이 稍滅ᄒᆞ얏더니 土耳其의 役에 法皇을 毫紐勃江에서 敗ᄒᆞ야 威名이 復振ᄒᆞ니 至是에 軍符를 接領ᄒᆞ고 九月 初三日에 軍隊를 白羅提諾에 安置ᄒᆞ니 初五夜에 法兵이 大至ᄒᆞ야 明日에 兩軍이 備戰ᄒᆞ고 各自噉諭其兵ᄒᆞ고 法皇은 오즉 戰勝의 榮을 鋪張ᄒᆞ야 謂ᄒᆞ딕 莫斯科 都城을 唾手可得이라 ᄒᆞ니 克託率甫는 言ᄒᆞ딕 百姓의 家室이 法의 蹂躪홈을 受ᄒᆞ고 敎堂과 祭臺가 法의 褻瀆흠을 受ᄒᆞ얏다 ᄒᆞ야 써 軍士와 豪傑의 心을 激動ᄒᆞ는 지라 將戰의 夕에 法將 呼皮耶가 來告ᄒᆞ딕 西班牙가 失守ᄒᆞ야 惠靈吞이 法軍을 沙拉蠻克

拿坡崙史

에셔 戰勝하고 麻得特京城을 遂占하얏다하니 拿坡崙이 듯고 大驚하야 俄境에셔 喪師함을 痛恨하고 英人에게 失地함을 復傷하야 心緒가 紛如하고 懷恨이 無已하야 明日에 白羅提諸에셔 開戰하야 兩軍이 悉敵하야 殺戮이 甚多한지라 戰至日暮에 勝負를 未定하고 法兵에 死者가 二萬二千餘人이요 俄兵에 死戮者가 二萬八千餘人이요 勇將의 白克興이 陣亡하니 克託率甫가 隊를 收하야 擁衞에 民과 救援의 兵이 甚衆하고 法皇은 孤軍이 敵에 陷하고 別隊가 遠離하야 可히 告助가 無할지라 初八日에 可戰의 兵을 聚集하니 前夜에 俄兵이 겨우 相距一英里의 摩崖司에 退至 하야 는 法兵이 急追하다가 俄의 後隊兵에게 駆逐함이 되야 回하니 俄師가 이에 從容 히 退去하더라

第八十節   據莫斯科都城

十四日에 俄軍이 莫斯科都城을 行經하져 過하고 入지아니하니 俄城으로써 敵에 讓하는 듯하거늘 法人이 俄의 用計를 不知하고 依然前進하야 望見莫斯科城하고 踊躍爭先하는듯 歡呼하고 入하더니 그 京都를 據하야 俄皇이 반다시 俯首하고 納降 하리라 하더니 熟意衆兵이 蕩飮할際에 忽見城中에 烟燄이 徹天하고 四面火發하며 風이 扇하야 不可撲滅이라 焚하天明에 全城이 俱燒하고 積聚가 一空하니 拿坡崙이 城 外로 逃至하야 俄皇의 避暑宮에 暫居하얏다가 十八日에 俄營의 復回함이 可히 駐足할길이 無하야 十月十三日에 勞憊敎으로하야 곰 俄營에 至하야 統領으로더

부러 議和ᄒᆞᆯ시 克託牽甫가 無權으로써 辭ᄒᆞ니 勞靈敦이 俄皇에게 自達ᄒᆞᆷ을 請ᄒᆞ니 不許ᄒᆞ고 오즉 巡捕를 遣ᄒᆞ야 轉達ᄒᆞᆷ을 允ᄒᆞ고 巡捕는 一去에 復音이 杳無ᄒᆞ니 拿坡崙이다시 勞靈敦으로 ᄒᆞ야 곰 前往ᄒᆞ야 間ᄒᆞ되 確耗가 仍無ᄒᆞ더라

第八十一節 退兵之苦

是時에 法의 前鋒이 謨勒脫에 一軍이 俄에 攻ᄒᆞ빅 되야 逼ᄒᆞ야 退回ᄒᆞ니 始則 法으로써 俄를 攻ᄒᆞ던 者가 今에 轉ᄒᆞ야 俄에 攻ᄒᆞ빅 되니라 俄軍이 西班牙를 據ᄒᆞᆫ 信음을 聞ᄒᆞ고 大喜ᄒᆞ야 謂ᄒᆞ되 法皇이 進退에 據를 失ᄒᆞ얏스니 能히 役이 되지 아니ᄒᆞᆯ지라 장찻 此機會를 乘ᄒᆞ야 一鼓에 殲ᄒᆞ리라 ᄒᆞ더라 法軍中 혹이 莫斯科가 空城인줄 知ᄒᆞ고 반다시 能守치 못ᄒᆞ리라 ᄒᆞ야 十九日에 班師ᄒᆞᆯ시 諸將의 意에 退兵ᄒᆞ면 바야 흐로 此 一行이 엿시 退코ᄌᆞ 호ᄃᆡ 오즉 法皇은 반다시 俄皇이 利를 請ᄒᆞ야 안穩홈을 得ᄒᆞ리라 ᄒᆞ더니 不意에 虛望을 竟成ᄒᆞ니 此時에 되지 아니ᄒᆞ고 歸途에 ᄯᅩ한 安穩홈을 得ᄒᆞ리라 ᄒᆞ더니 不意에 俄皇이 和를 請ᄒᆞᆯ 後에 退兵ᄒᆞ면 바야 호로 此 一行이 엿시 克託牽甫가 戰士를 休養홀ᄌᆞ 月餘에 다시 新兵을 添ᄒᆞ야 戰을 助ᄒᆞ니 軍威가 復振ᄒᆞ는 지라 장찻 波蘭大隊로써 法兵에 歸路를 阻截코ᄌᆞ ᄒᆞ야 疾行爭先ᄒᆞ니 法軍이 他途로 走ᄒᆞ야 嚴陣以待ᄒᆞ야 大戰一次에 就ᄒᆞᆯ시 十月二十四日에 半道에 行至ᄒᆞ니 雖法兵이 勝ᄒᆞ나 然ᄒᆞ나 能히 攔路의 俄兵을 衝개치 못ᄒᆞ고 已得已ᄒᆞ야 原路로 仍回ᄒᆞ야 戰ᄒᆞ다 戰ᄒᆞ던 前日에 缺烈拓富가 薩克兵으로 ᄒᆞ야 곰 來追ᄒᆞ야 中軍에 逼近홈으로써 拿坡崙이 擒ᄒᆞᆯ가 恐ᄒᆞ더니 다행이 左

史崙坡拿

右가 救ᄒᆞ야 乃免ᄒᆞ니라 十一月六日에 天氣가 驟冷ᄒᆞ야 雨雪이 道에 載ᄒᆞ니 行軍홈이 更苦ᄒᆞ야 비록 年壯ᄒᆞ者라도 雪中에 傾跌ᄒᆞ야 能히 起立지못ᄒᆞ니 其他를 可히 知ᄒᆞ지라 盖北地가 苦寒ᄒᆞ야 法人에 能히 忍受치못ᄒᆞᆯ빈요 且在外日久ᄒᆞ야 衣食이 缺乏ᄒᆞᆷ에 漸就ᄒᆞ니 飢寒이 交迫ᄒᆞ고 四面에 敵兵이 逼近홈을 深慮ᄒᆞ야 有時行 深林中ᄒᆞ야 黑暗不見天日ᄒᆞ고 有時行廣漠中ᄒᆞ야 沙礫이 一望無際ᄒᆞ고 河港에 橋梁이 均經折斷ᄒᆞ고 水勢가 瀰漫ᄒᆞ야 可히 徒涉지못ᄒᆞᆯ지라 반다시 他途로 遠繞ᄒᆞ여야 彼岸에 始達ᄒᆞᆯ거이오 到坐眠ᄒᆞᆯ時가 多ᄒᆞ고 日字가 甚短ᄒᆞ고 夜쭁가 甚長ᄒᆞ야 每日暢行의 時가 少ᄒᆞ고 最苦ᄒᆞ는 是時에 從古로 行軍의 苦가 此보다더 甚ᄒᆞ者는 未有ᄒᆞ더라

初九日에 斯毛倫古에 至ᄒᆞ야 數日를 休息ᄒᆞ고 再行코ᄌ호되 城郭에 荒凉ᄒᆞᆫ데 食과 衣를 覓ᄒᆞᆯ곳이 無ᄒᆞ고 俄兵이 ᄯᅩ追至ᄒᆞᆫ놀ᄒᆞᆯ길음서 依舊이 前行ᄒᆞ行의 時가 二十五日에 跋西諸河에 至ᄒᆞ니 內將軍이 殿ᄒᆞ니 全軍이 恃ᄒᆞ야 恐ᄒᆞᆷ이 無ᄒᆞ나 然이나 未幾에 內將軍이 俄軍에게 圍ᄒᆞᆫ바 되야 兵三分의 二를 失ᄒᆞ고 幾遭不測이라가 二十六日에 拿坡崙이 麾兵左右三面에 敵兵이 此危險의 際를 當ᄒᆞ야 進退兩難ᄒᆞᆯ지라 拿坡崙軍이 猛戰ᄒᆞ야가 居然이 奪路ᄒᆞ니 常渡河時에 俄가 다시 白後로開砲ᄒᆞ거늘 居民이 聲을듯고 恐懼ᄒᆞ야 扶老携幼ᄒᆞ야 出ᄒᆞ니 法兵으로더부러 爭先ᄒᆞ야 奪橋行走ᄒᆞᆯ서 一時에 互相踐踏ᄒᆞ야 河中에 死ᄒᆞ者不止 一萬이러라 十二月三日에 拿坡崙이 諸將으로더부러 絲馬呢ᄒᆞ야 巴黎에 報ᄒᆞ되 戰敗의 狀으로써 告ᄒᆞ고 翌日에 拿坡崙이 諸將으로더부러 絲馬呢을 發

에 會ᄒᆞ야 軍隊를 離ᄒᆞ야 巴黎로 返ᄒᆞ다 聲明ᄒᆞ고 軍事로써 護勒頓에게 付ᄒᆞ다 初十日에 拿坡崙이 五沙에 獨至ᄒᆞ야 十四日에 薩克思義王을 撼勒斯頓에셔 召見ᄒᆞ고 一八夜에 拖來哩宮에 進ᄒᆞ야 守ᄒᆞ니 者大驚ᄒᆞ더라 俄의 在ᄒᆞ는 兵이 千辛萬苦ᄒᆞ야 俄境에 始出ᄒᆞ야 六月間 征俄의 兵을 回憶ᄒᆞ니 五十萬人에 幾及ᄒᆞ얏더니 今에 生還혼者ㅣ 겨우 四萬數千人뿐이라 在翼墨克杜惱而와 右翼血順保 兩營이 오히려 俄境에 在ᄒᆞᆫ 未回ᄒᆞᆫ지라 俄法兩軍의 死亡數와 밋 平民의 兵革에 罹혼者를 計ᄒᆞ면 約 一兆가 되니 진실노 生民의 未有ᄒᆞᆫ 浩劫일너라

第八十二節　墨勒弎謀叛

黑勒弎이 拿坡崙을 從ᄒᆞ야 意大利와 來因河를 征ᄒᆞ야 功이 有ᄒᆞ되오 卽 民主의 心을 暗存ᄒᆞ야 항상 拿坡崙의 權勢를 裁抑ᄒᆞ니 拿坡崙이 其携貳흠을 疑ᄒᆞ야 獄에 下ᄒᆞ얏다가 獄中으로 由ᄒᆞ야 赦出ᄒᆞ야 捕房晉管에게 交ᄒᆞ니 墨勒弎이 銜恨흠이 刺骨ᄒᆞ야 항상 害코즈호되 其隙을 得지 못ᄒᆞ얏더니 拿坡崙이 羅馬를 占據흠에 適當ᄒᆞ야 敎皇을 凌虐ᄒᆞ니 敎民이 同深忿恨ᄒᆞᆫ지라 歲思 報復이라가 乃乘此機會ᄒᆞ야 倡亂흠을 서 俄를 征흘際에 迫ᄒᆞ야 巴黎人이 捷音을 盼望ᄒᆞ더니 莫斯科에 遇火의 信을 忽得ᄒᆞ고 衆皆失望이라 墨勒弎이 同繫인 罪人 雷紡와 賴拖兩人으로 더부러 上議院에 簽字와 諭를 僞造ᄒᆞ야 謂호되 拿坡崙이 己死ᄒᆞ니 暫時 政府를 應立이라 ᄒᆞ고 夜半에 捕房으로 從ᄒᆞ야 出ᄒᆞ야 名姓을 改易ᄒᆞ고 僞諭로써 軍營에 傳布ᄒᆞ니 軍士가 信ᄒᆞᄂᆞᆫ지라 먼져 巡捕兩人

拿坡崙史

을執ᄒᆞ니 一은 煞佛來요 一은 潑司克이라 ᄯ巴黎總督黑靈을 執ᄒᆞ고 ᄌᆞᆨ지 黑靈에 識ᄒᆞ미 되야 其奸謀를 知ᄒᆞ고 營務處에 執送ᄒᆞ야 審訊治罪ᄒᆞᆯ줄 知ᄒᆞ얏ᄉᆞ나 黑ᄂᆞᆫ 비록 成事ᄂᆞᆫ 못되얏ᄉᆞ나 人心이 激動이 된故로 拿坡崙이 毛斯倫古에 在ᄒᆞ야 急히 巴黎에 回ᄒᆞ야 群臣에게 責問ᄒᆞ야 天主敎人이 敎皇에 被執ᄒᆞᆷ으로ᄡᅥ 心絞不服ᄒᆞᆷ을 旋知ᄒᆞ고 이에 敎皇을 放脫自羅宮에셔 厚待ᄒᆞ니 供帳이 甚善ᄒᆞ고 敬禮가 有加ᄒᆞ야 明年에 數次 親往ᄒᆞ야 相見ᄒᆞ고 和約을 立ᄒᆞ고 舊好를 重修ᄒᆞᆷ을 議ᄒᆞ되 敬體內에 係欸으로ᄡᅥ 官報에 印ᄒᆞ니 敎民에 隱恨이 愈深ᄒᆞ고 若ᄒᆞ나 敎皇의 簽字ᄒᆞᆫ 者와 一若ᄒᆞ나 敎皇이 其欺騙ᄒᆞᆷ을 覺ᄒᆞ고 利約을 遵치 아니ᄒᆞ니 敎外에 民도 其征俄에 不利ᄒᆞᆷ과 士股의 兵이 英將에게 屢敗ᄒᆞᆷ을 見ᄒᆞ고 ᄯᅩ 其善用兵ᄒᆞᆷ을 不信ᄒᆞ더라

第八十三節 俄普奧聯軍伐法

譏勤脫에 統ᄒᆞᆫ 바 軍이 俄境으로브터 逃出ᄒᆞ야 離門河左近에 至ᄒᆞ니 內에 普軍一隊가 有ᄒᆞ야 俄兵에 截擊ᄒᆞ빈 되야 普將 堯克이 力竭投降ᄒᆞ고 十二月三日에 俄統領으로더부러 結盟ᄒᆞ야 兩月의 中立이 되니 其君을 勸ᄒᆞ야 法을 背叛케 ᄒᆞ고 ᄯᅩᄒᆞᆫ 普民이 다 普屬의 民이 有ᄒᆞ야 不測의 서 人을 遣ᄒᆞ야 代ᄒᆞ니 普民이 다 普屬의 民이 有ᄒᆞ야 不測의 所事에 忠ᄒᆞ니 不得艷辱이요 ᄯᅩ 普君이 謀叛ᄒᆞ니 將ᄎᆞᆺ 變이 有ᄒᆞ리라 ᄒᆞ거ᄂᆞᆯ 普王이 法으로 絶交ᄡᅥ 民欲을 從ᄒᆞ고 特別이 避ᄒᆞ야 白來斯撈에 至ᄒᆞ야 敢히 京城에 復居치 못ᄒᆞ거ᄂᆞᆯ 俄皇이 法兵을 驅ᄒᆞ야 境에 出ᄒᆞ고 다시 德

界에追至ᄒᆞ다一千八百十三年正月에俄先鋒이佛斯鐵拉河에至ᄒᆞ야所經의處를出
示ᄒᆞ고謂호ᄃᆡ法人을專討ᄒᆞ고他國은不犯호다ᄒᆞ니德人이둣고大喜ᄒᆞ더라二月에
普王이使民備戰ᄒᆞᆯ서俄皇이普王을白來斯撈에會ᄒᆞ고聯兵의約을簽立ᄒᆞ고俄兵十
五萬과普兵八萬을出ᄒᆞ야同心伐法흠을訂明ᄒᆞ니瑞典이亦入會盟ᄒᆞ야兵三萬을出
ᄒᆞ거ᄂᆞᆯ英이坯卡奪洛의地를俄에讓ᄒᆞ야써俄의進兵을便케ᄒᆞ니奧
가비록法으로더부러結姻ᄒᆞ얏스나然ᄒᆞ야心實不睦ᄒᆞ고聯軍의相通흠을知ᄒᆞ고乒數를大增
面見ᄒᆞ면自稱中立勸和의人이라ᄒᆞ나拿坡崙이聯軍의事용을專用ᄒᆞ야써敵을禦흠
ᄒᆞ야勇氣를鼓舞ᄒᆞ고平靖内亂의事는不問에誓置ᄒᆞ고全力을專用ᄒᆞ야써敵을禦흠
시議院大臣에게謂ᄒᆞ야曰鴉眼和約이決裂흔後로브터吾與大洲承乎ᄒᆞ야四次向英
求和러니英不戰戈ᄒᆞ고歐洲에게兵禍를仍煽ᄒᆞ야다시俄와普로더부러聯兵을
줄을누가知ᄒᆞ얏스라오吾不得不軍餉을多抽ᄒᆞ고督兵ᄒᆞ기를願치아니ᄒᆞ야統領의任을辭
俄兵이佛斯鐵拉河를過ᄒᆞ니讃勒脫亞勤白哈奈로代ᄒᆞ야나然ᄒᆞ나能히俄兵에渡河
ᄒᆞ니拿坡崙이甚怒ᄒᆞ야意大利總督亞勤白哈奈로代ᄒᆞ야나能히俄兵에渡河
흠을阻치못ᄒᆞ고柏靈에退出ᄒᆞ야受而勃河에至ᄒᆞ야四月에써拿坡崙을
으로더부러遇ᄒᆞ야交戰ᄒᆞ다가勝치못ᄒᆞ고其后嬤利耶羅伊薩에게付호ᄃᆡ大權은自
ᄒᆞ더라初에拿坡崙이出師ᄒᆞᆯ際에國事로써其后嬤利耶羅伊薩에게付호ᄃᆡ大權은自
握에仍歸ᄒᆞ니라三月三十日에皇后가衆에게譽告ᄒᆞ되國事를代理ᄒᆞᄂᆞᆫ人이되야다

拿坡崙史

ᄒ더라 四月十五日에 拿坡崙이 軍을 領ᄒ고 梅恩寺에 至ᄒ니 意大利와 他處의 兵이 約 二十五萬이라 澄拉雪에 行抵ᄒ야 聯軍으로더부러 小戰一次ᄒ고 五月二日에 路甑에 셔 大戰ᄒ야 聯軍이 敗退ᄒ거늘 法軍이 握勒斯頓城에 進ᄒ니 俄普敗兵이 師魄里河에 退至ᄒ야 礟臺를 築ᄒ고 自守ᄒ거늘 拿坡崙이 其礟臺를 攻ᄒ얏스나 兵數가 甚小ᄒ야 足히 禦敵지 못ᄒ지라 二十日에 拿坡崙이 다시 多兵을 用ᄒ야 攻ᄒ얏서 摠戰二日에 其微 臺를 强過ᄒ야 退出케ᄒ고 俄普交鋒數次에 俄兵이 大敗ᄒ야 이에 法으로더부러 暫時息 戰의 約을 議ᄒ니 拿坡崙이 俄普의 交을 破코ᄌᄒ야 俄로더부러 另立 和約을 請ᄒ니 俄皇이 不允ᄒ거늘 또더 相見ᄒ기를 請ᄒ고 六月四日에 拿坡崙이 與王에 從中勸 和ᄒᆞᆷ을 因ᄒ야 이에 息戰六禮拜의 約을 允立ᄒ고 拍渤維에 篆字ᄒ더 嗣後 戰의 約을 開戰코ᄌᄒ나 反다시 六月前에 預相知照ᄒᆞᆷ을 訂明ᄒ니라 十五日에 俄普與三 國이 法國을 共傾ᄒ고ᄌᄒ는 約을 理慶接에셔 私訂ᄒ니 七月初에 聯軍이 惠靈呑이 法 兵을 西班牙을 共傾ᄒ고 勝戰ᄒᆞᆫ 信을 得ᄒ고 軍心이 大震ᄒ야 南北歐洲가 變動의 勢가 俱有ᄒ 지라 拿坡崙이더욱 兵을 增ᄒ야 戰을 備ᄒ더니 是時에 奧國이 聯軍을 顯助ᄒ야 名將 血順 保로ᄒ야곰 聯軍에 統帥를 삼고 八月十一日에 戰書를 宣示ᄒ니 맞참닉 法將 緒營가 美 洲로부터 至ᄒ니 俄皇이 其助戰ᄒᆞᆷ을 請ᄒ는이에 無ᄒ야셔 ᄒ니 統計聯軍의 調聚 兵이 約一百萬이라 世人이 듯이 無ᄒ야셔호 되 此戰에 數國成敗가 關繫ᄒᆞᆫ 故로 歐人이 翹首企足ᄒ야 其如何 結局ᄒᆞᆷ을 觀처아니ᄒ

리 無ᄒᆞᆫ지라 二十七八兩日에 聯軍이 法으로더부러 掘靭斯頭에서 戰ᄒᆞ야 聯軍이 大敗
ᄒᆞ야 兵士와 器械를 損傷ᄒᆞ야 甚多ᄒᆞ고 譟咎가 嫩彈에 兩足을 擊傷ᄒᆞ야 忍痛殺去
ᄒᆞ니 越五日에 身死ᄒᆞᆫ지라 俄皇이 香料로써 其遺骸를 裹ᄒᆞ야 俄國에 携歸ᄒᆞ야 葬彼得
堡에 葬ᄒᆞ다 革命으로써 他邦을 爲ᄒᆞ야 戰死ᄒᆞ니 또奇ᄒᆞ도다 法兵이 戰勝
ᄒᆞ야 日의 當ᄒᆞ다가 法將 羂克杜懷面가 凱士白에서 聯軍에게 敗ᄒᆞ야 攻擊ᄒᆞ야 바야흐로 致敗의 兵을 引ᄒᆞ고
退코ᄌᆞᄒᆞ다가 德將 姿羅葛의 前鋒에게 誤犯ᄒᆞ야 또利害에 敗ᄒᆞ야 攻擊을 受ᄒᆞ니 致敗의 兵이
零落ᄒᆞ야 能히 成行치 못ᄒᆞ고 瑞典王勃納度脫이 또法의 別隊를 命ᄒᆞ야 大隊를 統率ᄒᆞ고 聯軍의
破ᄒᆞ고 逼令 退歸ᄒᆞ다 明日에 拿坡崙이 部將文達姆를 命ᄒᆞ야 大隊를 統率ᄒᆞ고 聯軍의
後를 抄擊ᄒᆞ니 敵將 拗斯透們이 設計ᄒᆞ야 却ᄒᆞ니 全軍은 潰散ᄒᆞ고 文達姆는 被擒ᄒᆞ고
九月十五日에 內將軍이 또代尼維司에서 普軍에게 敗ᄒᆞ되 被逐ᄒᆞ야 歸ᄒᆞ니 聯軍
이 轉敗爲勝ᄒᆞ야 喜色이 均有ᄒᆞ더라 拿坡崙이 敗信을 連接ᄒᆞ고 憂慮를 頓增ᄒᆞ야 柏靈의 地에서
을 會集ᄒᆞ야 勝코ᄌᆞ ᄒᆞ더 此際에 所關이 甚巨ᄒᆞ니 倘能戰勝ᄒᆞ면 可히 歐洲를 統
一ᄒᆞ고 各國의 聯盟을 艾除ᄒᆞ고 슈읍년데 웃지ᄒᆞ리요 四面이 合圍ᄒᆞ야 號令ᄂᆞᆯ 遵케ᄒᆞ고
로되 聯兵에 羽黨을 艾除ᄒᆞ고 슈읍년데 웃지ᄒᆞ리요 四面이 合圍ᄒᆞ야 號令ᄂᆞᆯ 遵케ᄒᆞ고
못ᄒᆞᄂᆞᆫ지라 十月十六日에 兩軍이 拉潑쎼에서 大戰ᄒᆞ야 法軍이 敗績ᄒᆞ고 明日에
復戰ᄒᆞ기를 準備ᄒᆞ다가 十八夜에 法兵 排立의 隊가 忽然이 聯軍에게 衝散ᄒᆞᆫ고 煞克
思義의 兵이 또한 叛ᄒᆞ야 敵에게 降ᄒᆞ니 此時에 法兵이 退코ᄌᆞᄒᆞ되 可치아니ᄒᆞᆫ지라 諸

將이法皇의前에 蝥聚ᄒᆞ야相視無言ᄒᆞ고 不知所措러니 俄히敵人이急히相追치아니ᄒᆞ야 오히려領軍ᄒᆞ고退ᄒᆞᆯᄉᆡ 弟後面에一止狹路가長은二英里며 中隔愛而脫河ᄒᆞ고上有一橋ᄒᆞ며 退兵의諭를草ᄒᆞ야 追兵이處處可入홀지니 至危險이라 拿坡崙이疲乏已甚ᄒᆞ되 强起挑燈ᄒᆞ고退ᄒᆞ야 菩西耶에 게交ᄒᆞ야軍中에宣示ᄒᆞ고 이에軍을領ᄒᆞ고 狹路로由ᄒᆞ야 拉潑雪城에셔宿ᄒᆞ고 天未明에 接隊啓行ᄒᆞ니 或云此次十月十六日早九點鍾에 聯軍이礟을鳴ᄒᆞ야 斷頭機로ᄡᅥ法后謨利阿託脫을處死홈으로더부리 開戰의期를表明ᄒᆞ니二十年前에拿坡崙이羅伯斯比爾에附ᄒᆞ야 兵中에傳令ᄒᆞ더 兵隊가退避ᄒᆞ든곳受而脫橋를折毀ᄒᆞ야 後隊兵二萬五千과礟二百등과輜重器械가 다敵에게奪을줄웃지 웃지아니ᄒᆞ라

ᄒᆞ는者不知其數라 前隊의軍은비록危險을 得脫ᄒᆞ얏스나狼狽의情狀이 莫斯科에셔逃回홀時보다 부러無已ᄒᆞ니 兵心이非常慌亂ᄒᆞ야 隊伍가錯雜ᄒᆞ니 비록中途에倒ᄒᆞ야歇宿ᄒᆞ나 仍不能整肅이라 哈奈地方에行至ᄒᆞ니 部下白几利亞一軍이忽然이來하야 搏戰一次ᄒᆞ야其鋒을 摧折ᄒᆞ고 暢行無礙홈을始得ᄒᆞ니라 聯軍이得勝호後에 拉潑雪城에進讒ᄒᆞ다 十月初四日에俄普奧三國의君이 佛倫刻伏戩城에又進ᄒᆞ니 旌旆가耀日ᄒᆞ고 戈甲이如雲ᄒᆞ

拿坡崙史

야 法人을 氣呑홀 槪가 有ᄒ더라 法軍이 來홈이 河로부터 退歸ᄒ니 所謂 他國의 兵이 沿途에 星散ᄒ고 平日 歐洲의 分布혼 守兵이 或 投降ᄒ며 或 逃避ᄒ야 存者ㅣ 無幾ᄒ고 德意志의 地를 其 君에게 交還홈을 因ᄒ야 法人 統轄에 歸치 아니ᄒ고 各 人民이 其 二十年 中에 全歐를 擾亂ᄒ야 生靈을 塗炭에 入케 홈이 可히 勝紀홀 슈 업슴으로써 다 法을 敵홀 意가 有ᄒ야 一唱 白和ᄒ야 써 곰 顯蹟혼 後에 말코 져 ᄒ니 初九日에 拿坡崙이 거우 本國 敗殘의 兵을 携ᄒ고 巴黎에 遁回ᄒ야 城 中에 民이 ᄒ나도 出迎ᄒ는 者 無ᄒ니 拿坡崙이 愧恨이 交集ᄒ야 以 雪其恥ᄒ기를 仍思ᄒ니 十九日에 議院 大臣이 議員을 密遣ᄒ야 佛倫 刻伏武城에 至ᄒ야 拿坡崙과 聯邦 議和의 事를 訪査ᄒ고 其 擧動을 幷爲 伺察ᄒ야 二十八日에 議院게 歸報ᄒ니 一紙에 印出ᄒ야 衆에게 示ᄒ고 拿坡崙에게 幷爲 要求ᄒ되 此 次 議和는 반다시 定律을 按照ᄒ야 百姓에 自由를 保全ᄒ고 壓制를 仍 受치 아니ᄒ나 ᄒ니 拿坡崙이 大怒ᄒ야 査訪혼 員을 立拘ᄒ야 謂호 딕 我의 擧動을 웃지 他人에게 伺察홈을 容ᄒ리요 이에 議院을 痛恨ᄒ고 政權을 自爲 統握코 져 ᄒ야 一千八百十四年 正月 一日에 議院 諸臣을 集ᄒ고 演說 曰 汝等이 民心 屬望의 人이 아니요 衆에 推戴혼 바 者ㅣ 我를 擁ᄒ야 將이 되者 四次오 百姓이 我를 擧ᄒ야 君을 삼은 者 五兆라 我ㅣ 一身을 不顧ᄒ리요 法으로써 來ᄒ야셔 로 慰藉치 아니ᄒ고 도리여 我의 危홈을 乘ᄒ야 己에 有홀 私홈이 리오 ᄒ고 곰 歐洲에 雄國이 되고 져 홈일 니 今에 偶然이 挫敗 ᄒ야 患亂을 遭ᄒ되 好言으로

其凌侮를 施ᄒᆞ니 엇지 我가 眞실노 可히 殺ᄒᆞ야 辱지 못할 줄을 知ᄒᆞ리요 我ᄂᆞᆫ 天이 堅定의 心을 賜ᄒᆞ야 危險을 經ᄒᆞ되 變치 아니ᄒᆞ로 大擧를 重圖ᄒᆞ야ᄡᅥ 耻를 刷ᄒᆞ리니 勝ᄒᆞ면 名을 史冊에 留할거시요 勝치 못ᄒᆞ고 바ㅣ아ᄒᆞᆷ로 刎頸할지라 我가 議院中에 반다시 結黨謀叛ᄒᆞᄂᆞᆫ者ㅣ有ᄒᆞᆷ을 知ᄒᆞ니 諸公은 休ᄒᆞ야 다시 多言을 말지어다 ᄒᆞ고 이에 議院은 撤ᄒᆞ랴라가 ᄯᅩ 過激에 擧ᄒᆞᆷ을 恐ᄒᆞ야 國民이 不服ᄒᆞᆯ가 恐ᄒᆞ야 沙場에셔 刎頸할지라 我가 議院中에 지 못ᄒᆞ다 ᄒᆞ고 드ᄃᆡ여 敎皇의 幽禁을 釋ᄒᆞ나 然ᄒᆞ나 羅馬에ᄂᆞᆫ 放歸치 아니ᄒᆞ야 憮慰ᄒᆞᆫ 눈이 만갓 牙全境ᄋᆞ로ᄡᅥ 飛蝶南舊君에게 讓還ᄒᆞ야 더부러 和約을 立ᄒᆞ더 ᄯᅩᆨ條欵內에 英ᄋᆞ로 ᄒᆞ야곰 和를 絶게ᄒᆞ고 ᄯᅩ ᄒᆞ니 此ᄂᆞᆫ ᄯᅩ 梟雄의 故智니 度量이 寬宏타 謂ᄒᆞ지 아니치 못할 너라

第八十四節 聯軍이 圍巴黎

聯邦의 君이 佛倫克 伏ᄯᅥ에 在ᄒᆞ야 法國處置의 事를 會議할셰 法皇ᄋᆞ로 ᄒᆞ야 곰 得ᄒᆞᆫ바 意大利와 德意志와 荷蘭各國에 屬地로ᄡᅥ 一律로 繳出ᄒᆞ고 겨우 比利時를 留ᄒᆞ야 其統轄에 歸ᄒᆞ고 英人에 通商自由를 幷準ᄒᆞ랴 ᄒᆞ니 此欵이 비록 猛烈에 近ᄒᆞ나 然ᄒᆞ나 오히려 法國에 固有의 地ᄂᆞᆫ 아니니 만일 拿坡崙이 能히 見機應許ᄒᆞ얏더면 其王位를 仍保ᄒᆞ고 國體에도 오히려 大損ᄒᆞᆷ이 無ᄒᆞ거이어ᄂᆞᆯ 其好高의 心을 스스로 抑制치 못ᄒᆞ야 려 乘時 再擧ᄒᆞ야ᄡᅥ 聯邦의 合從을 散코ᄌᆞᄒᆞ야 諸할 不允ᄒᆞ니 此 相持의 際에 當ᄒᆞ야 瑞士와 丹麥과 德意가 다 法을 叛ᄒᆞ고 聯盟의 人ᄒᆞ며 ᄯᅩ 大將 數人이 가만이 聯邦ᄋᆞ로 더부

러 交通하야 聯邦의 兵力이 頓增하고 聲勢가 益壯호되 拿城崙不知하고 오히려써 冒險一戰하야 散하리라하고 二十五日에 聯軍으로더부러 白利恩에셔 戰하야 普將柏馬王을 擕하고 統領其子羅馬王을 擕하고 統領 聯邦에 意見이 不齊하야 반다시 同心合力지아니한다하야 장찻其不睦함을 乘하야

所에 至하야 二十九日에 聯軍이 倂力來攻하야 却하고 初十一十四等日에 勝伏을 疊獲하되 末을 驅散하니 二月一日에 聯軍이 倂力來攻하야 却하고 初十一十四等日에 勝伏을 疊獲하되 末次의 勝이 더욱 確名을 著하얏스니 되지 衆寡不敵하야 萬難抵拒의 時에 能히 神威를 大장찻巴黎를 攻함을 聞하고 力戰하야 却하고 云호되 六萬式이展하야 轉敗爲勝함은 진실노 罕有의 事라 巴黎人이 聞하고 喜躍지아니하나히 업고 四面으로 敵兵이 潮와 如히 湧來하야 愈集拿坡崙이 坐호 轉機의 望이 有하다하나 웃지리요 英俄普奧가 却前鐵郞에셔 議約重定하고 云호되 各國愈榮혼金을 公籌하고 可恃의 兵十五萬式各出호되 法이 만일 不敎의 慮가 有거든 六萬式再이 軍餉을 公籌하고 可恃의 兵十五萬式各出호되 法이 만일 不敎의 慮가 有거든 六萬式再添하고 合力黏法하고 一面으로 議를 仍申하야 謂호디 法皇이 만일 各侵地를 交出 하면 來國河써 西를 許割하야 法帝國의 界를 삼으리라 하니 拿坡崙이 仍執하야 久許치아 니하고 三月初旬에 普軍으로더부러 交戰하야 始勝終敗하니 聯軍이 乘勝하야 巴黎를 進攻홀시 沿途에셔 法民을 愚瞽케하고 已의 尊榮을 圖하며 他人을 危難에 陷하니 可히 의 政治를 行하야 其民을 法民에 阻栢을 被하야 이에 諭를 衆에게 出示하야 曰 法皇이 專制 臨民의 任으로써 서 치 못할지라 맛당이 其帝位를 撤하야 放爲 庶民하고 鮑旁故王을 仍

迎ᄒᆞ야舊統을復承케ᄒᆞ다이에聯軍이巴黎城下에至ᄒᆞ니法兵이오히려抗拒ᄒᆞ거ᄂᆞᆯ殘忍相殺ᄒᆞ야積屍가山을成ᄒᆞ니맛참ᄂᆡ寡로ᄡᅥ衆을敵지못ᄒᆞ야能히堅守ᄒᆞᆯ슈업서·三十一日에巴黎城이降ᄒᆞ다先時에拿坡崙이矮雪司에在ᄒᆞ야回兵ᄒᆞᆯ져ᄎᆞ聯兵의後를躡ᄒᆞ야ᄡᅥ威嚇ᄒᆞ다가밋京城戒嚴의信을得ᄒᆞ고巴黎에行至ᄒᆞ야이의失守ᄒᆞᆷ을知ᄒᆞ고嬪利耶羅伊薩와其子로더부러白龍으로ᄡᅥ避亂至ᄒᆞ야奥王의保護에就ᄒᆞ니此로브터妻子로더부러다시相見치못ᄒᆞ고이에兵을引ᄒᆞ고放弑白羅에退至ᄒᆞ니라聯軍이旣進巴黎ᄒᆞ니法人이棄甲投戈ᄒᆞ고歡然이迎ᄒᆞ야衆口가다知케ᄒᆞ고初六日에營을設立ᄒᆞ야塔烈蘭으로써長을삼고明日에諭ᄒᆞ야一度를出ᄒᆞ야拿坡崙에帝位가退ᄒᆞᆷ을襲ᄒᆞ고前法國人民을從ᄒᆞ야ᄂᆞᆯ王位에奉登ᄒᆞ고一切政治를舊章에仍照ᄒᆞ야ᄂᆞᆯ王位에奉登ᄒᆞ거ᄂᆞᆯ上議院이暫時政府除ᄒᆞ고드듸여此論으로ᄡᅥ境內各部에傳示ᄒᆞ거ᄂᆞᆯ拿坡崙이心意의誓를一槪銷意第十八을迎ᄒᆞ야俄로부터國에歸ᄒᆞ야곰다다知케ᄒᆞ고新六日에營ᄒᆞ니法民이從此로心志를改易ᄒᆞ야舊日愛戴의皇을摧陷ᄒᆞ고今日新立의君을逢迎ᄒᆞ더라

第八十五節　拿坡崙退位居愛來巴島

拿坡崙이使人으로ᄡᅥ至巴黎ᄒᆞ야訪問消息ᄒᆞ야廢立의信을得ᄒᆞ고勃然震怒ᄒᆞ야抗ᄒᆞ야詔를奉치아니ᄒᆞ고迫令將士로助政巴黎ᄒᆞ라ᄒᆞ니應ᄒᆞᄂᆞᆫ者ㅣ도無ᄒᆞ지라不得已ᄒᆞ야是月四日에退位의書를自簽ᄒᆞ야日聯邦이某로ᄡᅥ歐洲太平을阻礙ᄒᆞᄂᆞᆫ人이라

167　拿坡崙史

ᄒ니今에位를吾子나或皇后에게讓ᄒ야代政ᄒ고帝國憲法을願爲保守라ᄒ야使人으로齎至巴黎ᄒ나聯軍이不許ᄒ는지라拿坡崙이知ᄒ고益怒ᄒ야擧兵犯闕코즈ᄒ더手無寸權ᄒ고兵皆離散ᄒ야法國과意大利王位를棄去ᄒ야곰有益ᄒ事가되게ᄒ노라ᄒ고十一日에英俄奧普諸君으로더부러退位의紙에簽字ᄒ니聯邦公議가地中海의愛來巴島로써拿坡崙을封ᄒ야自由의國을삼고人民의産業을專制ᄒ야每年에二兆佛郞으로써拿坡崙과其妻子의用을供給ᄒ다十二夜에拿坡崙이忿甚ᄒ야毒藥을飮ᄒ고自裁코즈ᄒ다가人灌救ᄒ이되야死치아니ᄒ고二十日에放脫白羅兵에서離ᄒ야島에至ᄒ니

英俄奧普가各派一員ᄒ야隨ᄒ는지라馬車를登ᄒ時에舊衛兵을聚ᄒ야演說後에別ᄒ고法의奧境에至ᄒ야其攝影ᄒ者와似ᄒ야種種僇辱ᄒ니다可히彈逃치못ᄒ지라五月四日에島의抵ᄒ야此島는幅幀이甚小ᄒ야居民이無多ᄒ고거우兩鎭과數村이有ᄒ야田土가肥饒ᄒ고空氣가淸淑ᄒ야可히樂土라稱ᄒ지라拿坡崙이抵島後에周圍와形勢를視察ᄒ고一小朝廷을設ᄒ고兵官數人과愛ᄒ는舊衛兵으로더부러同居ᄒ고賓客을延接ᄒ야酒를飮ᄒ며劇을觀ᄒ고意頗欣然ᄒ야일즉洪洪ᄒ大國의帝王되

야던者를自忘ᄒᆞ는것갓더라 英政府가放脫白羅의約으로써拿坡崙의帝號를削去치
못ᄒᆞ얏더니 오즉此約이발셔公同簽字ᄒᆞ야可히挽回치못ᄒᆞᄂᆞ라 前月二十三日에法
王魯意第十八이聯邦으로더부러息戰ᄒᆞ는約을論訂ᄒᆞ고是月三十日에共保太平의約
을又定ᄒᆞᄂᆞ니名은巴黎約이라其第二條에云ᄒᆞ되法國이舊界를完全이ᄒᆞ야一千七百
九十二年正月一日以前의所有地로써爲斷ᄒᆞ고도一條에云ᄒᆞ되凡拿坡崙에取흔바
隣近諸國貨物은免令交還이라ᄒᆞ니 此二欵은法에便利가最有ᄒᆞ되오즉法民이拿坡
崙에壓制ᄒᆞᆯ久受ᄒᆞ야驚懼의中에植黨結民ᄒᆞ야民主君主가五相爭論ᄒᆞ야紛紜糾葛ᄒᆞ
王에荏弱홈을久受ᄒᆞ고도暗中에日在ᄒᆞ야敢히貳心을稍有치못ᄒᆞ더니今에는憂意
딕히究詰홀슈읍고意졸王이鈴制홀術이無ᄒᆞ고도能히和解치못ᄒᆞ야黨毓이日熾ᄒᆞ
ᄒᆞ야叛迹이彰露ᄒᆞ니諸大臣이憂ᄒᆞ야扼腕歎曰拿坡崙을迎ᄒᆞ야國에回치아니ᄒᆞ
면可치아니ᄒᆞ다ᄒᆞ니 拿坡崙이島中에雖在ᄒᆞ나巴黎의情狀과歐洲의擧動을人이有
ᄒᆞ야隨時遞告ᄒᆞᄂᆞ故로事를知치못홈이無ᄒᆞ더니巴黎兩黨의紛爭ᄒᆞᆷ이魯意王에約
束을服지아니ᄒᆞᆷ을듯고大喜日此ᄂᆞᆫ吾에復辟의機라ᄒᆞ더라

第八十六節　潛回巴黎

一千八百十五年二月二十六日에英隨員厭魄白爾가拿坡崙에密謀를知ᄒᆞ고不日에
장ᄎᆞᆺ變動이有ᄒᆞ리라ᄒᆞ야急히書를馳ᄒᆞ야英廷에告ᄒᆞ아詗호되만일脫逃ᄒᆞ면能
이獲追리요ᄒᆞ야書를市繕ᄒᆞ애拿坡崙이곳此夜에島를潛離ᄒᆞ야侍從諸人과精兵四

拿坡崙史

百을 携帶호고 船六艘를 乘호고 海를 渡호야 國에 一回홀시 舟中에서 徵二度를 草호야 一은 法兵에게 示호고 一은 法民에게 示호다 三月一日에 船을 開호야 呢에 泊호고 岸에 登호야 安鐵毗에 行至호니 守將이 兵으로써 阻호야 衛兵二十五人을 擊殺호되 拿坡崙이 죠금도 邽지아니호고 仍復冒險前進호야 愛爾魄士山麓에 至호야 이에 依附에 民數千人을 得호야 瑯納薄城에 經홀시 守兵이 預擬攔阻호야 列陣호고 써 待호기놀 拿坡崙이 其前에 馳至호야 胸을 袒호고 擊호니 衆兵이 棄械호고 大呼日 願컨딘 皇 帝는 萬歲호소셔 호야 謂曰 汝等이 我를 殺호고즈호논냐 謂컨딘 槍을 開 호라호고 因植立不動호니 呼聲이 雷動호눈지라 因호야 城民이 夾道歡迎호야 凱旋홈이 無己호야 行호다 初七日에 振旅호야 瑯納薄城에 入호니 魯意王이 奔호고 邽호라 호니 곳 前徽으로써 衆에게 散示호니 反附호야 軍中에 揚言호되 鮑旁의 失位홈이 不遠호다 호더라 軍이 拿坡崙에 急히 巴黎호야 兼程호야 進홀서 二十夜에 拖來哩宮에 猝至호니 魯意王이 前數點鍾에 閒風호고 己走호야 巴黎城外의 赫爾地方에 暫駐호니 二十五日에 朝廷이 佛 蘭特에 遷호얏더니 後에 拿坡崙이 第二次退位홈에 至호야 回國홈을 始得호니라 前年 七月二十九日에 聯邦君臣이 巴黎和約을 既訂호고 維也納에 彼此 爭辦不決호야 同室操 議호믈 幾致重擬호더니 十月一日에 延至호야 議會를 始開호니 俄가 大牛의 屬地를 擴充 戈홍을 幾致호니 其啓爭의 由는 호고 波蘭을 吞滅코즈호야 康

拿坡崙史

斯坦丁大公爵을 命ㅎ야 兵으로써 據ㅎ고 普亦 薩克思義를 乘涎ㅎ야 다 巴黎의 約을 背 ㅎ고 維也納의 盟을 藐視ㅎ니 英廷의 意를 微窺ㅎ고 各法으로써 阻撓ㅎ야 ㅎ야 곰 選치 못ㅎ고 俄普을 强迫ㅎ야 巴黎原約을 遵照 ㅎ되 만일 不允ㅎ 면 英法奧 三國이 密約을 簽定ㅎ고 法奧二國으로부터 是年二月三日에 馬步兵十五萬을 各出ㅎ야 聲ㅎ리라 ㅎ더니 三月初七日에 迫ㅎ야 英使臣墨突泥區가 拿坡崙이 擗納薄城에 已進홈을 忽聞ㅎ고 衆이 더욱 驚恐ㅎ야 비록 此會議事가 大定 쳐 못ㅎ얏스나 不得不 猜嫌을 各 釋ㅎ고 合力ㅎ야 서 大敵을 攻홈을 云ㅎ고 十三日에 聯邦 이 拿坡崙에게 公檄ㅎ야 曰 汝盟誓를 違違ㅎ고 禍心을 包藏ㅎ야 離島 回國ㅎ니 此ト 保 護의 利를 自失ㅎ라 吾等이라 故不俾力擊汝홈을 天下後世에 맛당이 共諒 ㅎ리라 ㅎ고 二十五日에 또 拿坡崙 이 共傾홀 約을 申訂ㅎ되 每一國이 馬步兵 若干을 共出 가 만일 英이 出兵치 아니ㅎ거나 或兵費를 出ㅎ야 代ㅎ라면 每一馬步兵에 餉銀二十 磅과 步兵에 二十磅으로써 計算ㅎ라 ㅎ니 此는 最大호 預備라 籌畫ㅎ기를 旣定홈애 이 拿坡崙이 巴黎에 至ㅎ야 百事를 整頓ㅎ시 百姓이이 再 受壓制홈을 由ㅎ야 ㅎ거늘 拿坡崙이 詔ㅎ 야 日吾가 自由를 願ㅎ야 自由로써 許ㅎ야 應得의 權利를 環求ㅎ거늘 拿坡崙이 詔ㅎ 야 日吾가 自由를 願ㅎ야 少年時에 形相夢寐러니 今에 已成의 功이 발셔 毁壞ㅎ 을 經ㅎ야 能히 復振키 難 ㅎ지라 汝等이 만일 自由코ㅈ ㅎ다시 我들 助ㅎ야 敵을 拒 ㅎ라 能히 一戰에 勝ㅎ야 可히 各國會盟을 散ㅎ면 吾가 君民에 共主政府를 卽設ㅎ고 民

에 議員을 選擧홈과 政事 共理홈을 聽ㅎ야써 自由의 樂을 極盡이ㅎ리이 吾가 年老ㅎ야 不復他求ㅎ니 오즉 民으로더부러 昇平을 共樂ㅎ야 他日에 君民主의 國으로써 吾子에 게 傳ㅎ기를 冀ㅎ노니 오즉 吾願뿐이로다 만此事가 易치 못ㅎ거던 汝等으로 吾后에 萬을 添ㅎ야아비로 小功을 奏홀지라 然ㅎ나 吾計가 如홀진딘 決斷코 汝等으로써 兵 五十 야곰 失望케 ㅎ리라 ㅎ고 坐責ㅎ고 聯邦이 放脫 白羅의 約을 不遵ㅎ야 其子로써 送還치 아니ㅎ고 其身을 保護치 아니ㅎ야 聯邦의 中途에 在ㅎ야 不測을 幾遭홀쎠난 고 二兆佛郎을 如數히 付給지 아니ㅎ니 此로써 聯邦의 失信홈을 深怨ㅎ야 四月 一日에 保ㅎ다 云云ㅎ니 聯軍에게 致ㅎ야 謂호딘 再登ㅎ야 곳 歐洲로더부러 太平의 局을 共 坐書를 聯軍에 戰志가 己次ㅎ야 其甘言에 所誘가 再爲치 아니ㅎ리라 ㅎ고 拒 ㅎ야 許치 아니ㅎ다

第八十七節 滑鐵盧之戰

拿坡崙이 竭力徵兵ㅎ서 暫時 政府를 巴黎에 設ㅎ고 兄 約瑟로써 長을 삼어서 政事를 代 理ㅎ고 六月 十二日에 巴黎로부터 統領所에 至ㅎ야 兵을 引ㅎ고 程에 登ㅎ야 十四日에 愛維呢에 至ㅎ야 聯兵이 卽來홀줄을 預度ㅎ고 敢히 留滯치 못ㅎ고 光陰이 是寶라 此時에 俄 境을 經ㅎ야 其兵으로써 數處에 分ㅎ야 河를 渡ㅎ야서 竊念컨딘 此時에 比利時 邊 奧의 兵이 未至홈을 乘ㅎ야 前에 英普 兩軍을 先擊ㅎ야 普將 步魯格과 英將 惠 靈吞으로 ㅎ야곰 彼此 隔絶ㅎ야 能히 兼顧치 못ㅎ게 ㅎ면 聯軍을 可히 散홀거이오 戰勝을

可期라 ᄒᆞ야 이에 內將軍으로 ᄒᆞ야곰 兵을 帶ᄒᆞ고 苦惑白雷에 至ᄒᆞ야 十六日에 惠靈呑
으로 더부러 交戰ᄒᆞ야 敗ᄒᆞ니 英軍中에 礮臺가 無ᄒᆞ고 比利時에 馬兵이 坐戰場으로 브
터 逸去ᄒᆞ니 惠靈呑이 撤敎으로 ᄒᆞ야 大捷을 仍得ᄒᆞ고 歸ᄒᆞ니 內將軍의 馬兵을 來衝ᄒᆞ니 坐戰場으로
이 危急ᄒᆞᆯ 際애 援兵이 適至ᄒᆞ야 大捷을 仍得ᄒᆞ고 歸ᄒᆞ니 內將軍이 同日에 拿坡崙에 奮
擊ᄒᆞᆫ되야 惠佛而 退至ᄒᆞ니 惠靈呑이 步魯格에 敗信을 得ᄒᆞ고 決意코 滑鐵
盧에 退至ᄒᆞ야 十七日早에 奇內 滑鐵盧村에 行經ᄒᆞ야 法兵이 追及ᄒᆞ야 其擊散됨을 被ᄒᆞ
더니 이에 英軍이 沿途에 無阻ᄒᆞ야 滑鐵地方에 夜至ᄒᆞ니 大雨가 來ᄒᆞ다 가 明晨에
稍晴ᄒᆞ거ᄂᆞᆯ 兩軍이 對壘ᄒᆞ고 陣ᄒᆞ니 다 法兵은 七萬一千과 礮가 二百四十六 尊이요 英兵
은 六萬七千과 礮가 一百五十六 尊이라 一點 鍾時에 拿坡崙이 麾兵 猛攻ᄒᆞ야 其前隊을
破ᄒᆞ니 附和의 比利時와 荷蘭兵이다 潰散호ᄃᆡ 英兵은 栢立 如墻호야 堅守 不動ᄒᆞ고 普
兵에 來救홈을 急盼ᄒᆞ거ᄂᆞᆯ 拿坡崙이 屢次 猛撲ᄒᆞ야 不進ᄒᆞ야 坐後 隊兵에 來助홈을 望
ᄒᆞ더니 七點 鍾時에 內將軍이 後 隊兵을 率ᄒᆞ고 至ᄒᆞ니 普將이 步魯格으로써
擊ᄒᆞ거ᄂᆞᆯ 惠靈呑이 膽氣가 益壯ᄒᆞ야 全隊로써 法軍을 衝突ᄒᆞ야 普軍
이 奮力ᄒᆞ야 助ᄒᆞ니 法兵이 縱橫 掃盪ᄒᆞ야 奇勝을 大獲ᄒᆞ니 法兵이 棄械
奔逃ᄒᆞ거ᄂᆞᆯ 普軍이 蹤追ᄒᆞ니 拿坡崙이 敗兵中에 雜ᄒᆞ야 倉皇이 鼠竄을서 艱窘을 備歷
ᄒᆞ야 十九日에 佳里龍에 至ᄒᆞ고 二十日에 利昂에 至ᄒᆞ고 二十一日에 巴黎에 回ᄒᆞ다

第八十八節 拿坡崙 再退位

黎巴城中에 謠言이 蜂起ᄒᆞ야 人人이 怨恐ᄒᆞ니 勢將生變이로되 拿坡崙이 仍欲統握兵權이어늘 雷佛脫議院中에셔 利害의 詞로 演說ᄒᆞ되 國勢의 危急음이 此보다더 甚ᄒᆞ미 업스니 諸君은 맛당이 同心協力ᄒᆞ야 此難을 救ᄒᆞ되 만일 拿坡崙이 一點鍾에 스스로 退位치 아니ᄒᆞ면 吾輩가 共撤ᄒᆞ조ᄒᆞ니 羅勳이 그 兄을 勸ᄒᆞ야 議院을 解散ᄒᆞ고 政權을 收回ᄒᆞ라 ᄒᆞ 놀 拿坡崙이 遲疑不斷ᄒᆞ야 敢히 先發치 못ᄒᆞ고 始用威嚇이라가 終乃哀求ᄒᆞ야 그 位를 仍復코조 ᄒᆞ더니 議院이 그 罪를 明定ᄒᆞ야 곰 可히 置喙ᄒᆞ을 슈음스니 不得不俯降服ᄒᆞ야 退位의 書를 自簽ᄒᆞ니 時則 六月二十二日이러라 其書에 日吾가 國民自由를 保守코조ᄒᆞ 눈 故로 冒險出戰ᄒᆞ을 不憚ᄒᆞ얏더니 不意에 事가 願으로 더부러 違ᄒᆞ야 羣雄이 相遇ᄒᆞ니 吾가 自爲犧牲ᄒᆞᆷ을 期ᄒᆞ얏더니 不意에 事가 願으로 더부러 違ᄒᆞ야 羣雄이 相遇ᄒᆞ니 吾가 自爲犧牲ᄒᆞᆷ을 期ᄒᆞ야 敵人의 慾을 消ᄒᆞ노니 더만 敵人의 慾을 消ᄒᆞ노니 더만 恨ᄒᆞ을 消ᄒᆞ노니 死나도 恨홀지 無ᄒᆞ지라 吾退位 後에 맛당이 權만 削ᄒᆞ고 吾子의 位를 奪치 아니ᄒᆞᆯ듯 ᄒᆞ다가 敵人의 慾을 消ᄒᆞ노니 名ᄒᆞ야 拿坡崙 第二라 ᄒᆞ야 곰 位에 登ᄒᆞ고 諸臣은 暫時議院을 設立ᄒᆞ고 代理의 人을 選擧ᄒᆞ야 吾子의 成立ᄒᆞ기를 待ᄒᆞ야 곰 親政케 ᄒᆞ되 諸臣은 爲國宣力ᄒᆞ야 自私의 心을 存치 말나 如是ᄒᆞ면 今太平을 可期요 自由의 國을 可히 永保ᄒᆞ리라 ᄒᆞ니 이에 政府中 執政者가 五人이니 曰格尼亞요 曰罄拉祭이요 曰魁納忒이요 曰甫氣라 拿坡崙의 子가 嗣位ᄒᆞ을 不容ᄒᆞ거 놀 羅勳이 오히려 그 兄을 助ᄒᆞ야 爭ᄒᆞ다가 맛참닉 勢力으로 쎠 議會를 壓服지 못ᄒᆞ고 이에 恨을 抱ᄒᆞ고 他去ᄒᆞ니라 拿坡崙이 買麥遜別墅

拿坡崙史 174

에 退ᄒᆞ야 去留를 不能自決ᄒᆞ더니 政府의 論를 忽接ᄒᆞ니 此에 逼迫ᄒᆞᆷ을 許치아니ᄒᆞ지라 二十九日 薄暮에 곳 買麥邁으로 由ᄒᆞ야 出奔ᄒᆞᆯᄉᆡ 馬車로ᄡᅥ 什物를 搬載ᄒᆞ고 스스로 僕從車中에 雜行ᄒᆞ야ᄡᅥ 不測을 防ᄒᆞ더라 七月三日에 羅氣福에 至ᄒᆞ야 美洲에 入ᄒᆞ야 避禍ᄒᆞ기를 擬ᄒᆞ고 賴賽兒船을 因ᄒᆞ야 出海ᄒᆞ니 누가 英巡船이 密守海口ᄒᆞ야 猝不能出ᄒᆞᆯ줄을 知ᄒᆞ얏스리요 羅福氣로 佇回ᄒᆞ다 當時에 英普의 師가 法兵을 旣敗ᄒᆞ고 곳 勝을 乘ᄒᆞ야 巴黎를 進攻ᄒᆞᆯᄉᆡ 數日에 至ᄒᆞ니 巴黎諸臣이 力不能守ᄒᆞᆷ을 自擂ᄒᆞ고 故로 城中에 駐軍ᄒᆞ고 降書를 納ᄒᆞ니 聯軍이 城에 進ᄒᆞ야 房屋을 母毁ᄒᆞ라 ᄒᆞ니 初八日에 魯意第 十八이 復位ᄒᆞ니 惡靈呑이 力을 得ᄒᆞ니 此는 惡靈呑의 力일너라 是時에 地中海의 英巡船이 有名ᄒᆞᆫ 帛勒風이란者ᄂᆞᆫ 船主曰 梅特倫이니 羅福氣人에 無月日의 信를 忽接ᄒᆞ고 謂호되 拿坡崙이 瞬息間에 脫逃ᄒᆞ리니 곰 漏網케말나 ᄒᆞ얏거ᄂᆞᆯ 梅特倫이 加意ᄒᆞ야 防守ᄒᆞ더니 初十日에 初旬에 見ᄒᆞ니 一扯白旗ᄒᆞ고 小船이 派를 迎ᄒᆞ야 來ᄒᆞ는 書를 携ᄒᆞ고 其人이 煞佛來가 賴開西로부러 或 中立國의 船을 乘ᄒᆞ고 自由出海ᄒᆞᆯᄐᆞ이니 英廷이 能히 允準치아니ᄒᆞ멘 梅特倫이 法船에 致ᄒᆞ야 書를 提督에게 代達ᄒᆞ니 開西가 다 梅特倫에게 函詢ᄒᆞ얏거ᄂᆞᆯ 梅特倫이 覆書를 得지못ᄒᆞᆷ으로ᄡᅥ 告ᄒᆞ고 十三日에 장ᄎᆞᆺ 廢皇을 拘獲ᄒᆞᆯ 意가 有ᄒᆞᆷ을 隱露ᄒᆞ얏거ᄂᆞᆯ 賴開西가 拿坡崙에게 示ᄒᆞ니

拿坡崙이 梅氣福으로부터 書를 英太子에게 致ᄒᆞ야 其庇護ᄒᆞᆷ을 求ᄒᆞ고 또 賴開西로ᄒᆞ야곰 梅特倫處에 復至ᄒᆞ야 倫敦에 徑赴코ᄌᆞᄒᆞᆷ으로써 告ᄒᆞ야ᄂᆞᆯ 梅特倫이 過誤ᄒᆞᆷ이 有ᄒᆞᆯ가 慮ᄒᆞ야 乃言曰 만일 吾船에 來ᄒᆞᆯ진ᄃᆡ 擅自 登岸치 말고 반다시 政府에 命이 有ᄒᆞᆷ을 候ᄒᆞ야 可라ᄒᆞ니 賴開西가 允ᄒᆞ고 곳 拿坡崙을 往招ᄒᆞ야 登舟코ᄌᆞᄒᆞ거ᄂᆞᆯ 梅特倫아 力止日 吾朝命을 奉치 못ᄒᆞ얏스니 私自 接納ᄒᆞ면 吾에게 不便ᄒᆞᆯ ᄲᅮᆫ 有ᄒᆞᆯ가 恐ᄒᆞ야 計컨딘 오즉 英儲君에게 竭力保護ᄒᆞᆷ으로 速求ᄒᆞ여야이에 無差ᄒᆞᆷ을 得ᄒᆞ리라ᄒᆞ니 拿坡崙이 帛勒船에 登ᄒᆞ야 梅特倫에게 謂ᄒᆞ야 曰 吾來ᄂᆞᆫ 命을 英太子仁饼下의 託ᄒᆞ노라 未幾에 英水師提督이 至ᄒᆞ야 彼此拜謁ᄒᆞ고 疑忌가 絶無ᄒᆞ니 拿坡崙이 舟中에 在ᄒᆞ야 衆兵官으로 더부러 任意로 閑談ᄒᆞᆯᄉᆡ 英水師에 整頓調練의 事를 討論ᄒᆞ고 意甚 喜悅ᄒᆞ야 兵官으로 더부러 局戲로써 消遣ᄒᆞ더니 一人이 有ᄒᆞ야 局에 入ᄒᆞ기를 願치 아니ᄒᆞ거ᄂᆞᆯ 間호ᄃᆡ 何故오日 無財로다 拿坡崙이 笑日 吾助汝ᄒᆞ리니 後日에 償ᄒᆞᆷ이 可라ᄒᆞ고 其魄力毛에 泊ᄒᆞᆫ지 二十一日에 英政府가 定議ᄒᆞ고 拿坡崙을 希利納島에 放ᄒᆞ거ᄂᆞᆯ 拿坡崙이 痛恨日 我로써 鮑旁王에게 交ᄒᆞ야 治罪ᄒᆞ면 반다시 即死치 아니ᄒᆞᆯ 거이어ᄂᆞᆯ 이듯고 何 炎熱의 地에 置ᄒᆞ니 是ᄂᆞᆫ 我의 死ᄒᆞᆷ을 速ᄒᆞ게 ᄒᆞᆷ이라ᄒᆞ고 죠금 잇다가 ᄯᅩ 가로ᄃᆡ 勢力 所逼이라 我固無可如何로다 然ᄒᆞ나 吾心에 不願ᄒᆞᄂᆞᆫ 바라ᄒᆞ고 八月四日에 書를

英廷에致ᄒᆞ야其相待의過刻홈을責ᄒᆞ고越數日에從者와흠ᄭᅴ鐃琵勃來船을改乘ᄒᆞ고大西洋에出ᄒᆞᆯ서梅特倫을別ᄒᆞᆯ時에謝ᄒᆞ야曰英廷이待我ᄒᆞ니吾에所望者로더부러大相徑庭ᄒᆞᆫ지라吾知君必早有所聞이로되오히려殷殷이延接ᄒᆞ야禮貌가不褻ᄒᆞ니眞實노君子人이로다ᄒᆞ고十月五日에希利納島에至ᄒᆞ야岸에登ᄒᆞ다

第八十九節　拿坡崙卒

拿坡崙이島中에在ᄒᆞ니景況이凄凉ᄒᆞ야悲홈을自勝치못ᄒᆞ고僕從輩가恒常島中總督으로더부러每日반다시一次式驗査ᄒᆞ야其逃逸홈을防ᄒᆞ니拿坡崙이憤홈을能耐치못ᄒᆞ야心常抑鬱ᄒᆞ야體質이衰頹에日就ᄒᆞ니비록多方으로療治ᄒᆞ나病이날노益劇ᄒᆞ야一千八百二十一年四月二十九日에敎士를特請ᄒᆞ야嗣後神不守舍홈을視告ᄒᆞ시恍惚中에不連續의語를發ᄒᆞ더니五月五日에至ᄒᆞ야氣가絕ᄒᆞ야死ᄒᆞ니年이五十二歲라醫가其屍를驗ᄒᆞ야胃癰의病인줄知ᄒᆞ고越四日에島中에葬ᄒᆞ다

第九十節　總論

嗚呼라人이世에生홈에劤ᄒᆞ고老ᄒᆞ야死홈으로부터流星의熖耀홈과如ᄒᆞ야忽然이掩滅ᄒᆞ니是ᄂᆞᆫ身이邱墓에歸홈으로써人이곳忘ᄒᆞ니비록親愛의人이라도思ᄒᆞ기를久토록ᄒᆞ나然ᄒᆞ나맛참니忘ᄒᆞᆯ時가有ᄒᆞ니響이寂ᄒᆞ고곰이沈ᄒᆞ야恍然이世上에是人이有ᄒᆞᆫ지아니ᄒᆞᆷ과갓고만일大業을建ᄒᆞ고大權을握ᄒᆞᆫ者ᄂᆞᆫ不然ᄒᆞ야그聲

名이 天地의 在홈이 空氣가 寰中의 布滿홈과 갓타셔 無論山巓水涯 고 그 姓氏를 知치 못ᄒᆞᄂᆞᆫ이가 음셔 旣死復生홈과 갓치 永永히 死치 아니ᄒᆞ나 닛지 忘치 을 得ᄒᆞ리요 오즉 吾가 生前의 權力을 觀건디 其所爲의 事가 每與初願이 될지라 反ᄒᆞᄂᆞᆫ 故로 善과 惡이 雜蹂ᄒᆞ고 毁와 貶이 混淆ᄒᆞ니 斯가 不得不 不公道의 品評이 될지라 拿坡崙의 爲人이 譽ᄒᆞᄂᆞᆫ 者도 有ᄒᆞ고 毁ᄒᆞᄂᆞᆫ 者도 有ᄒᆞ야 使人으로 迷惑憫亂無可論斷 ᄒᆞ니 응당 其心이 平히 ᄒᆞ야 衡으로 ᄡᅥ 量ᄒᆞ면 可定ᄒᆞ야 功도 有ᄒᆞ고 罪도 有ᄒᆞᆫ이라 ᄒᆞ리 로다 맛당이 法國革命ᄒᆞᆯ 時에 紛紜擾攘ᄒᆞ야 百姓이 困苦가 甚ᄒᆞ더니 拿坡崙이 出ᄒᆞ야 平定ᄒᆞ고 東縛을 解ᄒᆞ니 此固莫大의 功이요 亂黨을 旣平ᄒᆞ여ᄂᆞᆯ 此 意大利 의 心을 能存ᄒᆞ야 自由로 ᄡᅥ 許ᄒᆞ니 百姓이 可定ᄒᆞ야 一代의 仁君이 될 거이어늘 此 意에 務치아니ᄒᆞ고 未盡의 欲이 有ᄒᆞ야 반다시 他國을 幷呑ᄒᆞ고 歐洲를 混一ᄒᆞ야 意大利 에 務치아니ᄒᆞ고 疆隅를 保守ᄒᆞ고 內治를 整頓홈은 可하ᄒᆞ거이와 此 意大利 의 心을 能存ᄒᆞ야 自由로 ᄡᅥ 許ᄒᆞ니 百姓이 困苦가 有ᄒᆞ고 罪도 有ᄒᆞᆫ이라 ᄒᆞ리 의 鐵冠을 戴ᄒᆞ고 英俄의 欲이 有ᄒᆞ야 반다시 他國을 幷呑ᄒᆞ고 歐洲를 混一ᄒᆞ야 意大利 功을 盡棄ᄒᆞ니 蓋其性이 好勝ᄒᆞ야 질겨 人에게 下치 아니ᄒᆞ드뎌여 一敗塗地홈을 致ᄒᆞ야 前 니ᄒᆞ면 止치 아니ᄒᆞ야 每一戰勝홈에 반다시 數萬人을 傷ᄒᆞ고 歐洲를 專制ᄒᆞᄂᆞᆫ 權勢가 컨 혀 人血로ᄡᅥ 陶鑄ᄒᆞ야 成ᄒᆞ니 惜ᄒᆞᆯ바 權勢의 基를 堅固의 地에 築지 아니ᄒᆞ고 戀軟의 沙 士에 築홈 故로 風潮가 一至ᄒᆞ에 곳 飛散ᄒᆞᄂᆞᆫ도다 世人이 아ᄌᆞ久厭用兵ᄒᆞ야 東征西討홈에 戰無已時라 맛참니 列邦이 羣起ᄒᆞ야 攻홈애 帝位가 顚覆ᄒᆞ야 憂悶ᄒᆞ야 卒ᄒᆞ니 此乃 窮兵黷武의 報라 生平에 慣以 權力으로 服人ᄒᆞ고 順境의 中에 沈醉ᄒᆞ야 拂逆의 事를 能

史崙坡拿 178

耐치못ᄒᆞ더니 一日에 被拘ᄒᆞ야 苦況을 備受ᄒᆞ니 後世에 作福作威ᄒᆞᄂᆞᆫ 者로ᄒᆞ야곰 聞ᄒᆞ면 徹懼ᄒᆞ야 ᄯᅩ 謂호ᄃᆡ 彼蒼이 重罰을 其身에 已加ᄒᆞ야다 ᄒᆞᆯ지라 然ᄒᆞ나 그 一生行事가 絶斷ᄒᆞᆫ 흔줄을 不知ᄒᆞ고 힘ᄡᅥ 權勢를 擴張코즈 ᄒᆞ야 已上의 다시 握權혼 人이 有ᄒᆞᆷ을 不信ᄒᆞ고 其 臨死時에 ᄯᅩ 沙場에셔 不死ᄒᆞ고 善終ᄒᆞᆷ을 得ᄒᆞᆷ으로ᄡᅥ 上帝의 賜ᄒᆞ심을 叩謝ᄒᆞ니 其 言行의 不符홈이 若此ᄒᆞ도다 그 用兵을 잘ᄒᆞ야 百戰百勝ᄒᆞᆷ에 至ᄒᆞᄂᆞᆫ 大將이 無愧ᄒᆞ고 一釼을 提ᄒᆞ야ᄡᅥ 羣雄을 撻ᄒᆞᆷ으로 全歐가 爲ᄒᆞ야 政事의 才를 塵土 逆取ᄒᆞ고 順守치못ᄒᆞ고 드ᄃᆡ여 戰鬪의 績으로ᄡᅥ 權勢를 奪ᄒᆞ야 맛참ᄂᆡ 尊榮을 長享치못ᄒᆞ고 數兆의 命 에 委ᄒᆞ며 畢生의 力을 竭ᄒᆞ야 自由를 博ᄒᆞ다가 맛참ᄂᆡ 圈禁을 自免치못ᄒᆞ니 匹夫로부터거ᄂᆞ야 帝王이 을 殘ᄒᆞ야고 帝王으로부터 降ᄒᆞ야 罪囚가되니 成敗의 速이 輕氣飛升에 速으로 더부러 相等ᄒᆞ 되고 亞歷山大ᄂᆞᆫ 壯盛의 年에 死ᄒᆞ고 羅馬該撒은 刺客의 手에 死ᄒᆞ고 拿坡崙은 荒島의 도다 中에 死ᄒᆞ니 古今에 一轍이라 진실노 可히 慨흠도다 然ᄒᆞ나 그 好勝의 心을 觀컨ᄃᆡ 進ᄒᆞ 야 더욱 上호ᄃᆡ 世界가 오히려 小ᄒᆞ야 足히 그 展布ᄒᆞᆷ을 供ᄒᆞᆯ 것가 타나니 비록 功敗垂 成ᄒᆞ야 宏願을 未酬ᄒᆞ나 그 所建의 事業과 所握의 權勢가 史冊을 歷觀호ᄃᆡ 能히 及ᄒᆞᆯ 者가 未有ᄒᆞ니 진실노 古往今來에 第一雄主라 읏지 사ᄅᆞᆷ으로ᄒᆞ야곰 歷久토록 不忘치아니 ᄒᆞ리요

隆熙二年十二月　日印刷
隆熙二年　　月　日發行

版權所有

定價金四十錢

譯述者　博文書舘編輯部
發行者　盧益亨
發行所　博文書舘
印刷所　搭印社

發賣所
京城南大門內尙洞 博文書舘
開城鍾路 興學書舖
平壤鍾越 太極書舘
京鄕各書舖

本舘新刊書籍目錄

物理學初步 全一冊 定價金 五十錢
國語文典音學 全一冊 全 三十錢
答問初等大韓新地誌 全一冊 全 二十五錢
初等小學筭術書 全一秩三冊 全 六十錢
漢字初習 全一冊 全 十五錢
松籟琴 全一冊 全 二十五錢
伊太利建國三傑傳 全一冊 全 二十錢
羅蘭夫人傳 全一冊 全 四十錢
越南亡國史 全一冊 全 十錢
國漢文法 全一冊 全 八十五錢
純國文皇拿巴崙傳 全一冊 全 二十錢
國文初學 全一冊 全 四十錢
韓日會話 全一冊 全 二十五錢
日語獨學